JN426739

東洋古典譯註叢書 202

出土文獻 補註

譯註 說文解字注 2

【011. 屮部】-【014. 茻部】

著者 許愼　注 段玉裁

책임번역 李忠九
공동번역 金奎璇 成唐濟 林在完 趙成德
책임연구 元勇準
공동연구 金正男 金 赫 朴載福

전통문화연구회

飜譯委員

企劃編輯　東洋古典飜譯編輯委員會
飜譯硏究管理　南賢熙
責任飜譯　李忠九
共同飜譯　金奎璇 成唐濟 林在完 趙成德
責任硏究　元勇準
共同硏究　金正男 金　赫 朴載福
潤　文　南賢熙
校　訂　朴相水
出　版　白俊哲
裝　幀　김진디자인

圖書管理

企劃管理　金康潤
弘報管理　李和春
普　及　徐源英
古典情報化　安成守

東洋古典飜譯編輯委員會

委員長　宋載卲
委　員　金慶浩 柳浚弼 李東哲 張元泰 田好根 河元洙

任　員

顧　問　琴章泰 宋載卲 沈在箕 安炳周 李龍兌 李澤徽
鄭愚相 鄭太鉉 趙富英 崔大權
理事長　李啓晃
會　長　朴洪植
副會長　金千式 宋丙大 李戊澈 金　炫
管理理事　白漢基
理　事　金東柱 金炳愛 金昌辰 朴錫興 朴勝珠 徐形來
宋基采 沈慶昊 安秉杰 吳圭根 李建一 李光虎
李英姬 李仁皓 李忠九 張元泰 全廣鎭 田好根
趙源喆 河元洙 韓熙喆 咸明淑 許敬震 許鎬九
監　事　崔鐘文 元周用

東洋古典譯註叢書를 발간하면서

우리의 古典國譯事業은 민족문화 진흥의 기초사업으로 1960년대부터 政府 支援으로 古文獻 現代化 작업을 추진하여 많은 成果를 거두었다. 당시 이 사업 추진의 先行課題로 東洋古典이라 일컬어지는 중국의 基本古典을 먼저 飜譯하여야 한다는 學界의 주장이 있었음에도 불구하고 우리 고전이 아니라는 일부의 偏狹한 視角과 財政 事情 등으로 인하여 배제되어 왔다.

전통적으로 중국의 기본고전은 우리 歷史와 함께 숨쉬며 각종 교육기관의 教科書로 활용됨은 물론이고 지식인들의 必讀書가 되어 왔으며, 우리 文化의 基底에 자리잡고 거의 모든 방면의 體系와 根幹을 형성하여 왔다. 그래서 학문연구의 기본서 역할을 해 왔을 뿐만 아니라 오늘날에도 우리의 國學徒 및 東洋學 研究者들에게 같은 역할을 하고 있음은 주지의 사실이다. 그럼에도 불구하고 中國古典은 우리 것이 아니라 하여 專門機關의 飜譯對象에 포함하지 않음으로써, 대부분 原典에서의 직접 번역이 아닌 重譯이나 拔萃譯의 방식이 주를 이루면서 教養水準으로 出版되어 왔다.

오늘날 東洋 三國 중에서 우리의 東洋學 연구가 가장 부진한 이유는, 東洋基本古典에 대한 폭넓은 이해의 부족과 漢文古典 讀解力의 저하에 기인함을 우리는 솔직히 인정하여야 한다. 따라서 이들 중국고전에 대한 신뢰할 만한 國譯이 이루어지는 것이 한국학 연구를 촉진시키는 시급한 先行課題라 할 수 있다.

이에 韓國學 및 東洋學의 연구와 古典現代化의 基盤構築을 위해서는, 전문기관으로 하여금 동양고전을 단기간에 각 분야의 專門 研究者와 漢學者가 상호 협동하여 연구번역하여 飜譯의 傳統性과 效率性, 研究의 專門性을 높일 수 있도록 政策的 配慮가 있어야 한다.

이에 本會에서는 元老 및 中堅 漢學者와 斯界의 專攻者로 하여금 協同硏究飜譯하여 공부하는 사람들이 믿고 引用하거나 깊이 있는 註釋 등을 활용할 수 있게 하고, 知識人들의 敎養을 증진시켜 줄 수 있는 東洋古典의 國譯書 간행을 지속적으로 추진해 왔다. 근래에 다행히 이 사업에 대하여 각계 지도층의 폭넓은 이해와 지원에 힘입어 2001년도부터 國庫補助를 받아 東洋古典譯註叢書를 간행하게 되었다. 이를 계기로 우리 先學의 註釋과 見解를 반영하는 등 국역사업의 內實을 기하게 되었음을 이 자리를 빌어 衷心으로 감사드리며, 아울러 國譯에 參與하신 관계자 여러분의 勞苦에 깊은 謝意를 표한다.

끝으로 우리의 이러한 작업은 오랜 역사 위에 축적된 先賢들의 業績과 現代學問을 이어주는 튼튼한 架橋와 礎石이 되어 진정한 韓國學과 東洋學 발전에 기여할 것을 굳게 믿으며, 21세기를 우리 文化의 世紀로 열어 가는 밑거름이 되도록 우리의 力量을 本 事業에 경주하고자 한다. 江湖諸賢의 부단한 관심과 지원을 기대해 마지않는다.

社團法人 傳統文化硏究會 理事長 李啓晃

凡 例

1. 본서는 ≪譯註 說文解字注≫의 제2책이다.
2. 본서는 段玉裁의 ≪說文解字注≫(上海古籍出版社, 1995. 7次 印刷)를 底本으로 삼았다.
3. 본서는 원전의 傳統性과 번역의 現代性을 구현하기 위해 노력하였다.
4. 標題字는 原本의 小篆을 제시하고, 頭註로 底本에 기재된 楷書는 ( ) 속에 제시하였다. 그리고 〔 〕 속에 訓과 音을 제시하였다.
5. 標題字 앞에 卷數, 部首番號, 문자일련번호를 제시하여 색인 등에 편리하게 하였다. 표제자와 함께 그 예를 보이면 다음과 같다.

02-011-0213 屮 (示) 〔싹틀/철〕 補

02는 2권이고, **011**은 11번째 부수이고, **0213**은 글자 전체의 순서가 213번임을 나타낸다.

字源 解說이 부록으로 추가되는 글자는 훈음 뒤에 補로 표시하였다.

6. 原文은 字解 설명을 중심으로 구성되어 독자들의 이해도를 높이기 위해 懸吐하지 않고 본회의 기준에 따른 標點으로 처리하였다.
7. '从'자는 '……을 따르다'로 해석하였는데, 이는 '해당 部首에 從屬되다'는 의미로 쓰이는 文字學 용어이다.

'ㅅ작'이다. 一을 따르고 兀(올)은 소리이다. 始也. 从一, 兀聲

8. 段玉裁 注는 ≪說文解字≫ 原文에 '①, ②……'로 표시하고 그 아래에 번역문과 원문을 제시하였다.
9. 讀音이 특수하거나 僻字인 경우에는 ( ) 속에 音價를 달아주었다.
10. 飜譯은 原意에 충실하고, 이해가 어려운 부분은 補充譯과 意譯을 하였다.
11. 用語 등에 대한 설명이 필요할 경우 註釋, 間註, 脚註를 달았다.

12. 飜譯文은 한글과 漢字를 混用하였으며, 맞춤법과 띄어쓰기는 한글 맞춤법과 표준어 규정을 따르는 것을 원칙으로 하였다.
13. 校勘은 원문의 衍字, 誤字, 脫字, 倒文 등을 대상으로 하였다.
14. 주요한 글자는 出土文獻 자료를 補註를 달아 해설하였다.
15. 본서의 校勘에 사용된 符號는 다음과 같다.

( )〔 〕: (저본의 誤字)〔교감한 正字〕

〔 〕: 저본의 脫字 보충

( ): 저본의 衍字 삭제

16. 본서에 사용된 주요 符號는 다음과 같다.

“ ”: 對話, 각종 引用

‘ ’: “ ” 안에서 再引用, 强調

「 」: ‘ ’ 안에서 再引用, 强調

( ): 원문에서는 讀音이 다른 글자나 僻字의 音
번역문에서 간단한 間注

〔 〕: 번역문의 이해를 돕기 위한 原文의 漢字나 句節
譯註에서 인용한 原文
疏에서 설명 대상으로 제시한 經이나 傳의 단어나 구절

≪ ≫: 書名이나 典據

〈 〉: 篇章名, 作品名, 補充譯

- -: 原注를 표기한 句節

目 次

第2卷

說文解字注 第1篇 下

【011. 屮部】

【012. 艸部】

【013. 蓐部】

【014. 茻部】

〔補 註〕

〔附錄 1〕 - 索引

〔附錄 2〕 - 參考資料

出土文獻 補註

譯註 說文解字注 2

【011. 屮部】-【014. 茻部】

第2卷

說文解字注 第1篇 下

【011. 屮部】

02-011-0213 屮(屮)〔싹틀/철〕補

'초목이 처음으로 자라나는 것'이다. 丨(신)[1]이 위로 올라온 모습에 가지와 줄기가 있는 것을 본뜬 것이다.[2] 古文에는 이 글자를 艸(풀/초)자로도 보았다.[3] 屮은 徹(철)과 같이 읽는다. 屮에 속하는 글자는 모두 屮을 따랐다. 尹彤[4]의 설이다.

艸木初生也. 象丨出形有枝莖也.① 古文或以爲艸字.② 讀若徹.③ 凡屮之屬, 皆从屮. 尹彤說.④

① 丨은 囟(신)과 같이 읽으니 끌어 올리는 것이다. 枝는 좌우 양쪽(凵)을 이르고, 莖은 가지의 기둥이니[5] 丨을 이른다. 屮보다 크게 자라면 㞢(㞢, 之)가 되고,[6] 아래로 뿌리

---

1) 丨(신) : 屮의 丨을 段玉裁는 초목이 아래에서 위로 싹터서 올라가는 모양으로 설명하였다. 끌어 올릴 때는 음이 '신', 끌어 내릴 때는 음이 '퇴'이다. 1편 上 丨部에서 "丨은 위아래로 통하는 것이다.'이다. 끌어 올리면 '囟(신)'과 같이 읽고, 끌어 내리면 '退(퇴)'와 같이 읽는다.〔丨 上下通也 引而上行 讀若囟 引而下行 讀若退〕"라고 하였다.

2) 丨(신)이……것이다 : 나오는 모양을 본뜬 것은 丨을 말하고, 가지와 줄기는 凵(감)을 말한다. 살펴보면 屮은 초목이 처음 자라 나오는 모양을 본떴는데, 王筠의 ≪說文句讀≫, 饒炯의 ≪部首訂≫ 등은 모두 상형으로 풀이하였다. 그러나 초목이 처음 나오는 것은 움직임에 대항 추상적 모양이어서 실제 형체를 본뜰 수 없으므로, 지사자가 된다. 고문에서는 '艸(풀/초)'자가 되니, 艸의 모양을 본뜬 것이다.〔象出形 謂丨也 有枝莖 謂凵也 按屮象草木初生之形 王筠說文句讀 饒炯部首訂等竝以象形釋之 然草木初生 乃抽象之動象 無實體可象 故爲指事字 古文以爲艸字 象艸之形〕(≪中文大辭典≫ 屮部)

≪六書尋源≫에는 "艸木의 뿌리・줄기 및 가지는 모두 같은 모양이므로 이것은 丨을 따랐으니, 뿌리・줄기의 모양을 본떴다. 地面 위로는 끌어 올린 것이고, 地面 아래로는 끌어 내린 것이다.〔艸木之根莖及枝柯皆同樣 故此从丨 象根莖之形 其地面以上引而上行 其地面以下引而下行者也〕"라고 하여, 자형을 地面 위와 아래로 구분하였다.

3) 古文에는……보았다 : '以爲'가 假借를 표현한 것이어서, 屮이 가차로 쓰이면〔以爲〕 屮(풀/초, 艸)의 뜻이 된다는 것이다.

4) 尹彤 : ?～?. 당시 文字를 해설한 사람으로, 〈說文解字敍〉에 말한 '통달한 사람에게 널리 채집했다.'라는 것이다.〔尹彤 當時說文字者 所謂博采通人也〕(≪說文解字詁林≫ 〈說文解字繫傳〉)

5) 莖은……기둥이니 : ≪說文解字≫ 艸部의 莖자에 "莖은 초목의 줄기이다.〔莖 艸木榦也〕"라고 하였는데, 이는 段玉裁는 ≪玉篇≫에 의거하여 바꾼 것이다. 許愼은 "莖 枝柱也"라고 하였다.

를 내리면 米(木)이 된다.[7]

丨讀若囟, 引而上行也. 枝謂兩旁, 莖枝柱謂丨也. 過乎屮則爲㞢, 下垂根則爲米

② 漢나라 사람들이 〈屮을 艸로〉 사용한 것은 변함이 없었다. 或이라는 말에는 '有(있다)'는 뜻이 있지만, 모두 다 그렇지는 않다. '古文에서 어떤 글자가 된다.〔古文以爲某字〕'라고 한 것은 六書 중의 假借임을 밝힌 것이다. 以는 '用(사용하다)'이다. 본래는 某字가 아닌데 고문에서 이를 써서 某字라고 한 것이다.[8]

예컨대 고문에서는 洒(씻을/세. 洗의 古字)를 灑埽(물뿌릴/쇄, 쓸/소), 疋(발/소)를 ≪詩經≫ 大雅의 雅(바를/아),[9] 丂(기운막힐/고)를 巧(재주/교),[10] 臤(굳을/간)을 賢(재주많을/현), 㐽(군대/려)를 魯衛의 魯(나라/로),[11] 哥(소리/가)를 歌(노래/가), 詖(변론할/피)를 頗(치우칠/파), 䀠(눈언저리/권)을 靦(볼/전)으로 가차하고, 籒文에서는 爰(끌어당길/원)을 車車轅의 轅으로 가차하였다.[12] 모두가 옛날에는 문자가 적었기 때문에 소리에 의거해서 의미를 붙였다.[13] 고문에서 屮(철)을 艸(초), 疋(소)를 足(족), 丂(고)를 亐(탄식소리/

6) 屮보다……되고 : 㞢(之)자는 본래 발 모양(止)에 출발선을 의미하는 一로 구성된 지사자인데, 段玉裁는 변형된 소전의 자형을 토대로 屮보다 크게 자란 것〔過乎屮〕으로 다르게 이해하고 있다.

7) 아래로……된다 : ≪說文解字≫ 6편 上 木에 "屮을 따르고 아래는 그 뿌리를 본떴다.〔从屮下象其根〕"라고 하여, 아랫부분〔巾〕을 뿌리〔根〕로 설명하였다.

8) 본래는……것이다 : 屮은 '싹틀/철'인데, 艸(풀/초)로 假借되었다는 뜻이다.

9) 疋(발/소)를……雅(바를/아) : ≪說文解字≫에는 疋部에서 "疋는 足이다. 古文에서는 ≪詩經≫의 大疋(대아)로 사용하며, 또 足자로 가차하여 사용한다.〔疋 足也 古文以爲詩大疋字 亦以爲足字〕"라고 하였다. 단옥재가 "이는 자형이 비슷한 것으로 가차하였으니 변례이다.〔此則以形相似而叚借 變例也〕"라고 주석하여, 字音의 가차가 아니고, 변례인 疋와 足의 자형이 비슷하여 이루어진 가차라고 하였다.

10) 丂(기운막힐/고)를 巧(재주/교) : 丂는 '기운이 막힌다'이다. ≪說文解字≫ 丂部에 "丂는 고문에서 亐자로 쓰며, 또 巧자로 쓴다.〔丂 古文以爲亐字 又以爲巧字〕"라고 하여, 丂가 亐와 巧자로 가차된다고 하였다.

11) 㐽(군대/려)를……魯(나라/로) : ≪說文解字≫에서는 㐽를 '旅(군대/려)의 古文'으로 수록하였는데, ≪說文解字詁林≫ 〈惠記〉에서는 "㐽(군대/려)는 旅의 古文이다. 고문에서는 이를 魯衛의 魯(나라/로)로 사용한다.〔㐽 古文旅 古文以爲魯衛之魯〕"라고 하여, 㐽가 '군대/려, 나라/로' 2가지 音義로 쓰임을 나타냈다. 그리고 ≪說文解字詁林≫ 〈說文解字校錄〉에서는 "石經古文에서는 魯를 𣥠(나라/로)로 쓴다.〔石經古文魯作𣥠〕"라고 하여, 字形을 '𣥠'로 나타냈다.

12) 爰(끌어당길/원)을……가차하였다 : 자형이 '轅'으로 되어 있으나, 受部 爰자의 籒文 설명에는 '轅'으로 되어 있다.

13) 소리에……붙였다 : 원문이 '依聲託事'인데 假借를 말한 것이다. 許愼은 〈說文解字敍〉에서 "가차는 본래 해당 글자가 없고, 소리에 의거하여 의미를 붙이는 것이다. 令과 長이 바로 이것이다.〔假借者 本無其字 依聲託事 令長是也〕"라고 하였다. 이에 대하여 ≪說文解字研究法≫(102쪽)에서는 "本無其字는 字形을 말하고, 依聲은 字聲을 말하고, 託事는 字義를

우),[14] 侯(딸려 보낼/잉)을 訓(가르칠/훈), 臭(윤택할/고)를 澤(윤택할/택)으로 가차하였는데, 이런 문자는 소리에 의거하는 데 속하는 것이 아니며 간혹 자형이 비슷해서 가차한 것이니, 후대 사람들이 잘못된 것을 본받도록 해서는 안 된다.

漢人所用尙爾. 或之言有也, 不盡爾也. 凡云古文以爲某字者, 此明六書之叚借. 以, 用也. 本非某字, 古文用之爲某字也. 如古文以洒爲灑埽字, 以疋爲詩大雅字, 以丂爲巧字, 以臤爲賢字, 以衺爲魯衛之魯, 以哥爲歌字, 以詖爲頗字, 以圕爲靦字, 籒文以爰爲車轅字. 皆因古時字少, 依聲託事. 至於古文以屮爲艸字, 以疋爲足字. 以丂爲亐字. 以侯爲訓字, 以臭爲澤字, 此則非屬依聲, 或因形近相借, 無容後人效尤者也.

③ 윗글 〈"古文或目爲艸字"에서〉 '以爲'라고 하고, 또 '或'이라고 한 것은 본래 屮이 '艸'자가 아니라는 뜻이다. 그렇다면 屮은 어떻게 읽어야 하는가. 徹과 같이 읽어야 한다. 徹은 '통하다〔通〕'는 뜻이다. 의미가 소리에 있다는 것은 尹彤의 설이다. 윤동은 漢나라 사람들이 艸木이란 글자에 '屮'자를 많이 사용하고, 세상에서 屮을 艸로 잘못 알고 있다고 여겼기 때문에 이를 바로잡았는데, 假借는 반드시 소리에 따라서 의미를 붙였음을 말한 것이다.

屮과 艸의 음은 차이가 현격하게 다르다. 古文의 가차에는 오히려 그럴 수가 있지만 지금은 더 이상 그럴 필요가 없다. 丑과 列의 반절이다. 제15部에 있다.

上言以爲, 且言或, 則本非艸字. 當何讀也. 讀若徹. 徹, 通也. 義存乎音, 此尹彤說. 尹彤見漢人艸木字多用此, 俗誤謂此卽艸字, 故正之, 言叚借必依聲託事. 屮艸音類遠隔, 古文叚借尙屬偶爾, 今則更不當爾也. 丑列切. 十五部.

④ 〈尹彤說〉 3글자는 "凡屮之屬 皆从屮" 앞에 있어야 하는데, 옮겨 쓰는 사람이 순서를 바꾼 것이다. 일반적으로 '某說'이라고 하는 것은 〈說文解字敍〉에 말한 '통달한 사람들〔通人〕의 의견을 널리 채집했다.〔博采通人〕'는 것이니, 字義를 설명한 것이 있고, 字形을 설명한 것이 있으며, 字音을 설명한 것이 있다.

三字當在凡屮上. 轉寫者倒之. 凡言某說者, 所謂博采通人也. 有說其義者, 有說其形者, 有說其音者.

02-011-0214  (屯) 〔어려울/둔〕 補

'어렵다'이다.[15] 屯은 초목이 처음 생겨날 때의 힘들고 어려운 모습을 본뜬 것이다.

말한다.〔本無其字 謂字形 依聲 謂字聲 託事 謂字義〕"라고하여, 形・聲・義로 분석하였다.

14) 丂(고)를 亐(탄식소리/우) : 亐는 于(탄식소리/우)와 同字이다.

15) 屯은 어렵다이다 : ≪六書尋源≫에는 "屯은 七을 따르고 가운데는 屮을 따랐다. 七은 素數의 나눌 수 없는 것이고, 屮은 '草昧(혼몽함)'이다. 그러므로 ≪周易≫ 屯卦에서 "屯은 천지 개시의 혼몽할 때이다."라고 하였다.〔此从七 中从屮 七者 素數之不可分者也 屮者草昧也

싹〔屮〕이 땅〔一〕을 뚫고 올라오다가 굽은 것을 따른 것이다. 一은 땅이다. ≪周易≫ 屯卦에서 "屯은 剛과 柔가 처음 어우러져 어려움이 생긴다."라고 하였다.

難也. 屯,① 象艸木之初生, 屯然而難. 从屮貫一, 屈曲之也. 一, 地也.② 易曰, "屯, 剛柔始交而難生."③

① ≪古今韻會擧要≫[16]에 있다.
韻會有.

② 이 구절은 ≪九經字樣≫[17]과 ≪衆經音義≫[18]에서 인용한 것을 따랐다. ≪說文≫에서 一을 地로 설명한 것이 많고 간혹 天으로 설명하였는데, 象形이다. '屮貫一'은 木이 土를 이기는 것이고, '屈曲之'는 펼치지 못한 것이다. 〈본서 14편 하〉 乙部의 〈'乙'자에〉 "봄에 초목이 구불구불 나오지만 음기가 여전히 강하여 간신히 나온다."라고 하였다. '屯'자는 屮을 따르고 그 모습을 본뜬 것이다. 陟과 倫의 반절이다. 제13部에 있다.
此依九經字樣, 衆經音義所引. 說文多說一爲地, 或說爲天, 象形也. 屮貫一者, 木剋土也, 屈曲之者, 未能申也. 乙部曰, "春艸木冤曲而出, 陰气尙彊, 其出乙乙." 屯字, 从屮而象其形也. 陟倫切. 十三部.

③ ≪周易≫ 屯卦 〈彖傳〉에 있는 글이다. ≪春秋左氏傳≫ 閔公 원년 기사에 "屯卦는 견고하고 比卦는 진입하는 것이다."라고 하였다. ≪周易≫ 〈序卦傳〉에서 "屯은 가득 찬 것이다."라고 하였다. 견고하지 않고 가득 차지 않으면 나올 수가 없다.
周易彖傳文. 左傳曰, "屯固比入." 序卦傳曰, "屯者, 盈也." 不堅固, 不盈滿, 則不能出.

02-011-0215 (每) 〔풀이 무성하게 솟아오를/매〕 補

'풀이 무성하게 위로 솟아오르는 것'이다. 屮을 따르고 母(모)가 소리이다.

艸盛上出也.① 从屮, 母聲.②

① ≪春秋左氏傳≫ 僖公 28년에 "뭇사람들이 노래하기를, 들판에 풀이 무성하다."라고 하였다. 杜預 注에 "晉軍이 뛰어나고 강성하여 마치 들판의 풀이 무럭무럭 자라는 것 같

故易曰屯天造草昧也]"라고 하여, 七과 屮로 분석하였다.

16) 古今韻會擧要 : 元나라 熊忠(?~?)이 지은 韻書로, 줄여서 ≪古今韻會≫ 혹은 ≪韻會≫라고 한다.

17) 九經字樣 : 唐나라 唐玄度(?~?)가 편찬한 字書이다. 唐 文宗 7년(833)에 開成石經을 세울 때 주도적인 역할을 하였다.

18) 衆經音義 : 唐나라 玄應(?~?)이 편찬한 저서인 ≪一切經音義≫를 말한다. 大藏經에 수록되어 있는 經典의 음과 뜻을 해설하였다.

다."라고 하였다. 左思의 〈魏都賦〉[19]에 "물가에 난초가 무성하다."라고 하면서 '每'자를 사용하였는데 세속에서 '莓'자로 고쳤다. 살펴보건대, 每는 '풀이 무성하다'인데, 引伸하여 일반적으로 盛하다는 뜻이 되었다. 예컨대 "品庶每生"[20]에서의 每의 의미는 '탐하다〔貪〕'이다. 每懷는 '사심을 품은 것'인데, 모두 '성하다'의 뜻이다.

〈≪詩經≫ 〈皇皇者華〉의〉 毛亨 傳에 "每는 雖이다."[21]라고 하였다. 일반적으로 '雖'라고 말하는 것은 모두 유추하는 말이다. 지금 俗語에서 '每每'라고 말하는 것은 '한 가지 일이 아니다.'는 말이고, 모두 '성하다'는 것이다.

左傳"輿人誦曰, 原田每每." 杜注"晉(君)〔軍〕[22]美盛, 若原田之艸每每然." 魏都賦"蘭渚每每."用此, 俗改爲莓. 按每是艸盛, 引伸爲凡盛. 如"品庶每生." 貪也. 每懷, 懷私也, 皆盛意. 毛公曰, "每, 雖也." 凡言雖者, 皆充類之辭. 今俗語言每每者, 不一端之辭, 皆盛也.

② 武와 罪의 반절이다. ≪左傳音義≫[23]에는 "亡과 回의 반절, 梅와 對의 2가지 반절이다."라고 하였다. 古音은 제1部에 있다. 李善[24]은 "莫과 來의 반절이다."라고 하였다.
武罪切. 左傳音義"亡回, 梅對二反." 古音在一部. 李善"莫來反."

02-011-0216  (毒) 〔두터울/독〕 補 【重文 1】[25]

'두텁다'이다. 풀 중에 사람을 해치는 풀이 가끔 생긴다. 屮을 따르고 毐(애)가 소리이다. 䓯(篰)은 毒의 古文이니, 刀(도)·䈞(독)을 따랐다.

厚也.① **害人之艸, 往往而生.** 从屮, ② 毐聲.③ 䓯, **古文毒,** 从刀䈞.④

① 毒과 厚는 疊韻으로 〈六書音均表〉 제3部와 제4部에 함께 들어있다. 毒은 善惡을 겸한 말로, 祥이 吉凶을 겸하고 臭가 향기와 악취를 겸한 경우와 같다. ≪周易≫ 師卦 〈彖傳〉에

---

19) 魏都賦 : ≪文選≫ 권6에 보인다.

20) 品庶每生 : 백성은 삶을 탐한다. 漢나라 賈誼의 〈鵩鳥賦〉에 "명예를 좋아하는 사람은 권세 때문에 죽고, 백성은 삶을 탐한다.〔夸者死權兮 品庶每生〕"라고 하였다. 이 구절에서 삼국시대 魏나라 학자인 孟康은 '每'를 '탐하다〔貪〕'라고 주석하였다.

21) 每는 雖이다 : ≪詩經≫ 〈皇皇者華〉의 "每懷未及"에서 毛公이 "每 雖"라고 하였다.

22) (君)〔軍〕 : 저본에는 '君'으로 되어 있으나, ≪春秋左傳正義≫에 의거하여 '軍'으로 바로잡았다.(≪標點本 十三經注疏≫, 北京大學校出版部, 李學勤主編, 1999.)

23) 左傳音義 : 陸德明의 ≪經典釋文≫ 중에서 ≪春秋左氏傳≫ 부분을 말한다.

24) 李善 : 630?~689. 唐나라 江都 사람으로, 宗賢館直學士 겸 沛王侍讀를 지냈다. 저서로 ≪文選注≫가 있다.

25) 重文 : 音과 訓이 같지만 字形이 다른 異體字를 이른다. ≪說文解字≫에 正文 9,353字, 重文 1,163자가 실려 있다.

서 "성인이 이로써 천하에 후하게 은덕을 내리니 백성이 따라온다."라고 하였다. 老子 ≪道德經≫ 51장에 "만물을 기르고 후하게 해 준다."라고 하였는데, 모두 백성의 삶을 넉넉히 해 주는 것을 이른다. 毒은 竺·篤과 同音으로 통용된다. ≪書經≫ 〈微子〉에 "하늘이 혹독하게 재앙을 내린다."라고 하였는데, ≪史記≫ 〈宋微子世家〉에는 "天篤"으로 되어 있다.

毒厚疊韻, 三部四部同入也. 毒兼善惡之辭, 猶祥兼吉凶, 臭兼香臭也. 易曰, "聖人以此毒天下而民從之." 列子書[26]曰, "亭之毒之." 皆謂厚民也. 毒與竺篤同音通用. 微子篇"天毒降災." 史記作"天篤."

② 글자의 뜻을 '두텁다'로 풀이하였는데, 字形은 무엇 때문에 屮을 따랐는가. 아마도 글자를 만든 본래 뜻이 사람을 해치는 풀이 왕왕 생기는 것에 기인한 듯하다. 往往은 '歷歷'과 같다. 풀이 무성하게 자라면 폐해가 더욱 많다. 그러므로 글자가 屮를 따른다고 하였으며 引伸되어 일반적으로 '두텁다'는 뜻이 되었다.

字義訓厚矣, 字形何以从屮. 蓋製字本意, 因害人之艸, 往往而生. 往往, 猶歷歷也. 其生蕃多, 則其害尤厚. 故字从屮, 引伸爲凡厚之義.

③ 毐는 제1部에 있고, 毒은 제3部에 있는데, 合韻이며 매우 가까이 있다. 徒와 沃의 반절이다.

毐在一部, 毒在三部, 合韻至近也. 徒沃切.

④ 刀를 따르는 것은, 刀가 사람을 해치기 때문이다. 䈞을 따르는 것은 聲符가 되는 것이다.〔从䈞爲聲〕[27] 䈞은 '두텁다'는 뜻인데, 篤(독)과 같이 읽는다. '𥝊'자는 徐鍇本·≪汗簡≫[28]·≪古文四聲韻≫[29]에는, 위는 竹을 따랐으니 오류가 아니지만, 아래에는 잘못해서 副를 따르고 𠠍를 따랐다. 徐鉉本에는 竹이 또 잘못되어 艸로 되어 있다. 築의 古文은 𥳑(축)인데 또한 䈞이 소리이다.

从刀者, 刀所以害人也. 从䈞爲聲. 䈞, 厚也, 讀若篤. 𥝊字, 鍇本及汗簡·古文四聲韻, 上从竹不誤, 而下譌从副从𠠍. 鉉本則竹又誤爲艸矣. 古文築作𥳑, 亦䈞聲.

02-011-0217 (芬)〔향기/분〕【重文 1】

26) 列子書 : ≪道德經≫의 잘못으로 보인다. 그 아래에 인용된 "亭之毒之"는 ≪도덕경≫ 51장에 보인다.

27) 䈞을……것이다.〔从䈞爲聲〕: ≪說文≫ 本文에서는 "刀·䈞를 따랐다.〔从刀䈞〕"라고 하여 會意로 해설되어 䈞이 의미로 풀이된 것인데, 이 䈞을 聲符로 전환한 것이다. 朱駿聲은 "刀을 따르고 䈞이 소리이니, 小徐本이 옳다.〔按从刀 䈞聲 小徐本是也〕"라고 하여, 形聲의 표현인 '䈞聲'으로 나타냈다.(≪說文解字詁林≫ 〈說文通訓定聲〉)

28) 汗簡 : 宋나라 郭忠恕(?~977)의 저작으로, 전국시대의 문자를 정리한 것이다.

29) 古文四聲韻 : 宋나라 夏竦(985~1051)의 저작이다.

'풀이 처음 자라면서 그 향기가 퍼지는 것'이다. 屮을 따르고 分(분)이 소리이다. (분)은 芬의 **或體**이니 艸를 따랐다.

艸初生, 其香分布也.① 从屮, **分聲.**② (芬), 芬**或从艸**.

① ≪衆經音義≫에서 ≪說文≫의 "芬은 향기이다."라는 글을 두 차례 인용하였는데, 그 근거한 판본이 다르다. 살펴보건대 艸部에서 "芳은 '풀향기'이다."라고 하였다. ≪詩經≫에서 향기를 설명할 때 대부분 '苾芬(필분)'이라고 하였다. 〈≪시경≫ 〈大雅 鳧鷖〉의 "구운 고기가 향기롭다.〔燔炙芬芬〕"에 대한〉 毛亨 傳에서 "芬芬은 香이다."라고 하였다. 그렇다면 玄應이 근거로 삼은 것은 바로 古本이다.
衆經音義兩引說文"芬, 芳也." 其所據本不同. 按艸部"芳, 艸香也." 詩說馨香, 多言苾芬. 大雅毛傳曰, "芬芬, 香也." 然則玄應所據, 正是古本.

② 撫와 文의 반절이다. 제13部에 있다.
撫文切. 十三部.

02-011-0218 (兴)〔버섯/륙〕【重文 1】

'**菌**兴(균륙)'이니 '**地蕈**(지심)'이다. 논에서 무더기로 자란다. 屮을 따르고 六(륙)이 소리이다. (䔡)은 兴의 **籀文**이니, 세 개의 兴을 따랐다.

菌兴,① **地蕈.**② **叢生田中.**③ 从屮, **六聲.**④ , 籀**文**兴, 从三兴.⑤

① 逗(句讀)이다.
逗.

② ≪爾雅≫ 〈釋艸〉에서 "中馗는 菌이다."라고 하였는데, 郭璞 注에서 "地蕈인데 일산과 비슷한 모양이다. 지금 江東에서 '土菌'이라 부르며, 또한 '馗廚(구주)'라고도 한다."라고 하였다. 또 〈〈석초〉에서〉 "出隧는 蘧蔬이다."의 주석에 "蘧蔬는 土菌과 비슷하며 菰草에서 자란다."라고 하였다.
살펴보건대, 馗廚, 蘧蔬, 菌兴 세 가지는 한 가지 음이 시대와 지방에 따라 바뀐 말이다. 菌兴은 ≪玉篇≫에 "囷兴"으로 되어 있다.
釋艸曰, "中馗, 菌." 注 "地蕈也, 似蓋. 今江東名爲土菌, 亦曰馗廚." 又 "出隧, 蘧蔬." 注 "蘧蔬似土菌, 生菰草中." 按馗廚・蘧蔬・菌兴三者, 一音之轉語. 菌兴, 玉篇作"囷兴."

③ 陳藏器[30]가 "땅에서 자라는 것을 菌, 나무에서 자라는 것을 檽(이)라 한다."라고 하였다.

30) 陳藏器 : 687~757. 唐나라의 의학자이다. 저서로 ≪本草拾遺≫가 있다.

살펴보건대 楩는 萸(연)과 같다. 許愼이 "蕈은 뽕나무에서 자라는 버섯이다."라고 하였다. 그러므로 땅에서 자라는 버섯을 '地蕈'이라고 한다.

陳藏器曰, "地生者爲菌, 木生者爲楩." 按楩同萸. 許云 "蕈, 桑萸也." 故謂地生者爲地蕈.

④ 力과 竹의 반절이다. 제3部에 있다.

力竹切. 三部.

⑤ 무더기로 자라는 모습을 본뜬 것이다. 陸의 籒文도 兴을 따랐다.

象叢生之狀也. 籒文陸字从此.

02-011-0219  (熏)〔연기 올라갈/훈〕 補

'불꽃 연기가 위로 올라가는 것'이다. 屮을 따르고 黑(흑)을 따랐다. 屮과 黑은 불꽃 연기가 위로 올라가는 모양이다.

火煙上出也.① **从屮,**② **从黑. 屮黑熏象.**③

① ≪詩經≫ 〈豳風 七月〉에 "방안의 빈틈을 막고 쥐구멍에 불을 놓아 연기를 피운다."라고 하였다.

豳風曰, "穹窒熏鼠."

② 屮은 연기가 위로 올라가는 것을 본뜬 것이며, 이 글자는 六書 중의 假借이다.[31)]

象煙上出, 此於六書爲叚借.

③ 학자들이 會意를 이해하지 못할까 염려되어 이를 밝혀 屮이라 말하고 黑을 이어 말하였다. 이 연기가 위로 올라가 연기가 도달한 곳에 흑색을 이루는 모양이다. 두 개 字體(屮과 黑)가 합해져 會意가 되었다. 上體인 〈屮을〉 단독으로 말하면 假借가 된다. 璗(황금/탕)은 본래 金이지만 玉을 따른 것과 의미가 같다.[32)] 그러므로 屮部의 끝에 두었다. 許와 云의 반절이다. 제13部에 있다.

此恐學者不達會意, 故發明之曰屮, 而繼之以黑. 此煙上出, 而煙所到處, 成黑色之象也. 合二體爲會意, 單言上體則爲叚借. 與璗本金而从玉同意, 故居部末. 許云切. 十三部.

屮部에서 다룬 한자는 모두 7자이고, 重文은 3자이다.

文七 重三

---

31) 이……假借이다 : 屮은 本義가 초목이 싹트면서 위로 올라가는 모양인데, 연기가 위로 올라가는 모양으로 빌려 쓰여서 假借라고 한 것이다.

32) 璗(황금/탕)은……같다 : 璗은 황금이 아니지만 玉자가 들어간 것은, 옥이 황금과 같은 색깔이기 때문이다.

【012. 艸部】

02-012-0220 (艸)〔온갖 풀/초〕補

'온갖 풀'이다. 2개의 屮을 따랐다.[1] 艸에 속하는 글자는 모두 艸를 따랐다.

百芔也.① 从二屮.② **凡艸之屬, 皆从艸.**

①'茻'자에서 "茻는 艸의 총체적인 명칭이다."[2]라고 하였는데 이것은 艸와 茻가 轉注 관계임을 말한 것이다.[3] 屮이 두 개〔艸〕이든지, 屮이 세 개〔芔〕이든지 의미는 동일하다. 引伸되어 艸稿・艸具[4]의 艸가 되었다.

茻下曰, "艸之總名也." 是謂轉注. 二屮三屮一也. 引伸爲艸稿, 艸具之艸.

② 倉과 老의 반절이다. 古音은 제3部에 있다. 세속에서 草(도토리/조)를 艸의 의미로 사용하자 이를 구별하기 위해 皁(도토리/조)를 '草'자 대신 사용하게 되었다.

倉老切. 古音在三部. 俗以草爲艸, 乃別以皁爲草.

---

1) 屮을 따랐다 : ≪六書尋源≫에는 "艸類의 열매가 열리는 것은 곧은 뿌리에 곁으로 가는 털이 있을 뿐이므로 '屮'자는 위가 가지・줄기를 본떴고, 아래가 곧은 뿌리의 모양을 본떴다. 뿌리가 나는 것과 같은 경우는 뿌리가 곁으로 가서 떨기로 자라므로 2개의 屮을 따랐다.〔凡艸類之實生者 惟直根而旁有細毛而已 故屮字上象其枝莖 下象其直根之形也 若根生者 其根旁行而叢生 故此从二屮〕"라고 하여, 屮이 枝莖・直根의 모양인데 대하여 艸는 叢生의 모양이라고 설명하였다.

艸(온갖 풀/초)는 屮의 文이 두 개 모인 글자이므로, 會意가 된다. 左右 자형은 모두 똑같이 屮로 써야 할 것이지만, 앞의 字形은 楷書에서 변형하여 屮(왼손/좌)의 모양으로 쓰고 있다. ≪廣韻≫에서 "艸는 字形이 篆字인데, 隸變에서 ++(풀/초)로 쓴다.〔艸 篆文 隸變作++〕"라고 하였다. 그리고 ≪今字解剖≫에서 "지금은 草(도토리/초)로 艸자로 쓰니, 가차이다.〔今以草爲艸字 假借也〕"라고 하였다. 그리고 ≪今字解剖≫에서 "지금은 草(도토리/초)를 '艸'자로 쓰니, 가차이다.〔今以草爲艸字 假借也〕"라고 하였다.

2) 艸의……명칭이다 : ≪說文解字≫ 1편(02-012-0607)에서 "茻 艸之總名也"라고 하였다.

3) 艸와……것이다 : 艸의 '百芔'와 茻의 '艸之總名'이 같은 의미라고 보아 서로 풀이된 것이므로 轉注가 되는 것이다.

4) 艸具 : 조촐한 식사를 말한다.

02-012-0221 𦬕(莊)〔큰 풀/장〕 補 【重文 1】

〈후한 2대〉 황제인 明帝의 이름이다. 𦬕(𦬕)은 莊의 古文이다.

上諱.① **𦬕, 古文莊.**②

① 示部에 보인다.[5] 〈莊의〉 해설은 마땅히 “풀이 큰 것이다. 艸를 따르고 壯이 소리이다.” 라고 해야 한다. 그 순서는 마땅히 蓟・蘄 사이에 들어가야 한다. 이 '莊'자는 형성 겸 회의이다.[6] 壯은 '크다'는 뜻이다. 그러므로 莊을 '풀이 크다'고 풀이한 것이다. 古書에는 莊과 壯이 대부분 통용되었다. 引伸하여 '굳세고 엄숙하다.'는 뜻이 되었다. ≪論語≫ 〈爲政〉에 “엄숙하게 백성들을 대한다.”라고 하였는데 苞咸이 “莊은 엄숙한 것이다.”라고 한 것이 이것이다. 側과 羊의 반절이다. 제10部에 있다.

見示部. 其說解當曰, “艸大也, 从艸, 壯聲.” 其次當在蓟蘄二字之閒. 此形聲兼會意字. 壯訓大. 故莊訓艸大. 古書莊壯多通用. 引伸爲凡壯盛精嚴之義. 論語“臨之以莊.” 苞咸曰, “莊, 嚴也”是也. 側羊切. 十部.

② 표제자인 '莊'자는 본래 쓰여 있지 않았다. 지금 쓰여 있는 것은 후대 사람이 보충한 것이다. 그렇다면 古文을 기록해서 “莊의 고문이다.”라고 주석하였는데, 또한 아마도 후대 사람이 추가한 것 같다. 또 그 자형도 본래 '莊'자가 아니며 '奘'자를 잘못 쓴 것이라고 해야 한다. 士의 고문을 간혹 冄로 쓰기도 하는데 卪로 잘못 쓰는 것과 같다. 대체로 고문이 후대 사람의 轉寫를 거쳐 애매모호하여 알기 어려운 것은 대개 䇓(독/독, 毒의 古文)・奘(큰 풀/장, 莊의 고문) 두 자를 실례로 삼아 탐구해야 한다.

莊字篆文本不書. 今書之者, 後人補也. 然則錄古文注之曰, “古文莊.” 亦恐後人所加. 且其形本非莊字, 當是奘字之譌. 古文士或作冄, 譌爲卪也. 凡古文, 經後人轉寫茫昧難知者, 擧以䇓奘二字爲例求之.

02-012-0222 蓏(蓏)〔풀 열매/라〕 補

나무에 열리는 열매를 '果', 풀에 열리는 열매를 '蓏'라 한다. 艸・㼌(유)를 따랐다.

在木曰果, 在艸曰蓏.① **从艸㼌.**②

① 각 판본에는 땅에서 열리는 것을 '蓏'라고 하였는데 지금 바로잡았다. ≪齊民要術≫[7]

---

5) 示部에 보인다 : 1편 上 示部 祜자에 上諱라는 말이 있으며, 단옥재가 “上諱”라고 주석한 것이 5차례 나온다고 하였다.

6) 형성 겸 회의이다 : 形聲일 경우에는 '从艸 壯聲'이고, 會意일 경우에는 '从艸 从壯'이다.

을 고찰하니 ≪說文≫을 인용하여 "나무〔木〕에 열리는 열매를 '果', 풀에 열리는 열매를 '蓏'라 한다."라고 하면서 許愼이 ≪淮南子≫를 주석할 때 "나무〔樹〕에 열리는 열매를 '果', 땅에 열리는 열매를 '蓏'라 한다."라고 한 것과 구별하였다.[8] 그러하니 賈思勰이 근거한 것은 착오가 아니다.

후대 사람이 許愼의 ≪淮南子≫ 주석과 臣瓚[9]의 ≪漢書≫ 주석을 이용하여 고쳤다. 풀에 열린 것을 '蓏'라고 하였으므로 '蓏'자는 艸를 따랐다. 일반적으로 註釋家는 大義를 위주로 설명하고, 字書[10]를 저술하는 사람은 字形을 위주로 설명한다. 이것이 許愼 한 사람이 ≪회남자≫를 주석하고 ≪說文≫을 지었지만 상호 차이가 나는 까닭이다.

應劭·宋衷이 "나무에 열리는 열매를 '果', 풀에 열리는 열매를 '蓏'라고 한다."라고 하였는데 ≪說文≫의 내용과 부합한다. 張晏은 "씨가 있으면 '果', 씨가 없으면 '蓏'이다."라고 하였고, 臣瓚은 "나무에서 열매가 열리면 '果', 땅 위에서 열매가 열리면 '蓏'이다."라고 하였고, 馬融·鄭康成은 "'果'는 桃李에 속하는 종류이고, '蓏'는 瓜瓠에 속하는 종류이다."라고 하였고, 高誘[11]는 ≪呂氏春秋≫ 주석에서 "열매가 있으면 '果', 열매가 없으면 '蓏'이다."라고 하였고, 沈約은 ≪春秋元命苞≫ 주석에서 "나무에 열리는 열매를 '果'라 하고, '蓏'는 瓜瓠에 속하는 종류이다."라고 하였고, 韓康伯은 ≪易傳≫ 주석에서 "果蓏는 식물의 열매이다."라고 하였다.

설명은 각각 다르지만 모두 적합하지 않음이 없다. 高誘가 "열매가 있다 없다."라고 한 것은 '씨가 있다 없다.'라고 한 것이다.

各本作在地曰蓏, 今正. 考齊民要術, 引說文"在木曰果, 在艸曰蓏." 以別於許愼注淮南云"在樹曰果, 在地曰蓏." 然則賈氏所據未誤. 後人用許淮南注·臣瓚漢書注改之. 惟在艸曰蓏, 故蓏字从艸. 凡爲傳注者主說大義, 造字書者主說字形. 此所以注淮南, 作說文出一手而互異也. 應劭·宋衷云"木實曰果, 艸實曰蓏." 與說文合. 若張晏云"有核曰果, 無核曰蓏." 臣瓚云"木上曰果, 地上曰蓏." 馬融·鄭康成云"果, 桃李屬. 蓏, 瓜瓠屬." 高注呂氏春秋云"有實曰果, 無實曰蓏." 沈約注春秋元命苞云"木實曰果. 蓏, 瓜瓠之屬." 韓康伯注易傳云"果蓏者, 物之實." 說各不同, 皆無不合. 高云"有實無實." 卽有核無核也.

② 蓏는 두 개 字體(艹와 㼌)를 합한 會意字이다. 㼌는 "本(덩굴)이 末(오이)을 감당하지 못

7) 齊民要術 : 北魏의 賈思勰(?~?)이 지은 農書로 현존하는 농업관계 저서 중에 가장 오래되었다.

8) 나무〔樹〕에……구별하였다 : 果는 字形이 木과 田(과일 모양)이 결합된 合體象形이다.

9) 臣瓚 : ?~?. 西晉의 학자로 ≪漢書≫를 주석하였지만 저서로는 발간하지 못하였고, 唐의 顔師古(581~645)가 ≪漢書≫ 주석을 할 때 신찬의 설을 많이 인용하였다.

10) 字書 : 字形書로 ≪說文解字≫, ≪玉篇≫ 등을 말한다.

11) 高誘 : ?~?. 後漢의 학자이다. 저서로 ≪呂氏春秋注≫, ≪淮南子注≫, ≪戰國策注≫ 등이 있다.

하는 것으로, 미약한 것이다."[12]라고 하였다. 대체로 풀이 열매를 맺어 瓜瓞(큰 오이와 작은 오이/과질)처럼 아래로 축 드리워진 것을 말하니 총괄하여 '蓏'라고 한다.

〈蓏는〉 郎과 果의 반절이다. 제17部에 있다. 徐鍇本에는 呱聲이라고 하였는데 잘못이다. 呱는 窳聲으로 제5부에 있다. 이것이 會意字와 形聲字가 반드시 변별되어야 하는 까닭이다.

此合二體會意. 㼌者, "本不勝末, 微弱也." 謂凡艸結實如瓜瓞下垂者, 統謂之蓏. 郎果切. 十七部. 鍇本作㼌聲, 誤. 㼌, 窳聲, 蓋在五部. 此會意形聲之必當辨者也.

02-012-0223 芝 (芝) 〔신령한 버섯/**지**〕 補

'신령한 버섯'이다. 艸를 따르고 之(지)가 소리이다.

神芝也.① **从艸, 之聲.**②

① ≪爾雅≫ 〈釋艸〉에 "苬는 芝이다."[13]라고 하였고, ≪論衡≫ 권19 〈驗符〉에 "흙 기운이 부드럽기 때문에 芝艸가 자란다."라고 하였다.

釋艸曰, 苬, 芝. 論衡曰, 土氣和, 故芝艸生.

② 止와 而의 반절이다. 제1部에 있다.

止而切. 一部.

02-012-0224 萐 (萐) 〔상서로운 풀/**삽**〕

萐莆(삽보)이니 '상서로운 풀'이다. 堯임금 시대에 부엌에서 자라고 이 풀이 부채질하여 더위를 식혀 시원하게 하였다. 艸를 따르고 疌(섭)이 소리이다.

萐莆,① **瑞艸也. 堯時生於庖廚, 扇暑而涼.**② **从艸, 疌聲.**③

① 逗(句讀)이다.

逗.

---

12) 本(덩굴)이……것이다 : 7篇 下 瓜部에 "㼌者 本不勝末 微弱也"라고 하였으며, 段玉裁는 "本은 '줄기'이고, 末은 '오이'이다. 줄기는 하나이고 오이는 많으니 줄기가 미약한 것이다.〔本者 蔓也 末者 瓜也 蔓一而瓜多 則本微弱矣〕"라고 주석하였다.

13) 苬는 芝이다 : 邢昺(932~1010)의 ≪爾雅疏≫에서 "서초의 명칭이다. 한 해에 세 번 꽃이 피는데 일명 '苬', 일명 '芝'라고 한다.〔瑞草名也 一歲三華 一名苬 一名芝〕"라고 하였다. 淸의 학자 郝懿行(1757~1825)의 ≪爾雅義疏≫에서 苬는 菌이며, 苬芝는 菌芝로 동일하게 보았다.

② ≪白虎通≫ 〈封禪〉에 "효도가 지극하면 萐莆가 부엌에서 자란다. 萐莆(삽보)는 나무 이름이다. 잎이 문짝보다 크다. 흔들지 않아도 저절로 바람을 일으켜 음식을 시원하게 해서 어른에게 음식을 올릴 때 도움을 준다."라고 하였다. ≪論衡≫ 권17 〈是應〉에 "箑脯"라고 하였고 "부엌에서 저절로 자라난다. 肉脯같고 부채처럼 얇다. 흔들려서 바람을 일으켜 음식물을 차갑게 한다."라고 하였다.

白虎通曰, "孝道至則萐莆生庖廚. 萐莆者, 樹名也. 其葉大於門扇. 不搖自扇, 於飮食淸涼, 助供養也." 論衡作"箑脯." 言"廚中自生. 肉脯薄如箑. 搖鼓生風, 寒涼食物."

③ 山과 洽의 반절이다. 제8部에 있다.

山洽切. 八部.

02-012-0225  (莆) 〔상서로운 풀/보〕 補

'萐莆(상서로운 풀/삽보)'이다. 艸를 따르고 甫(보)가 소리이다.

萐莆也. 从艸, 甫聲.①

① 方과 矩의 반절이다. 제5部에 있다. 徐鍇本에는 苗·莆 2자가 '蒔'자 아래 '荼'자 위에 있다.

方矩切. 五部. 鍇本, 苗莆二字在蒔下荼上.

02-012-0226  (虋) 〔붉은 곡식 싹/문〕

'붉은 차조기'이니 '좋은 곡식'이다. 艸를 따르고 釁(흔)이 소리이다.

赤苗,① **嘉穀也.**② **从艸, 釁聲.**③

① 逗(句讀)이다.

逗.

② ≪詩經≫ 〈大雅 生民〉에 "아름다운 곡식을 내려 주었는데 붉은 차조와 흰 차조이다."라고 하였다. ≪爾雅≫ 〈釋艸〉와 毛亨 傳에는 모두 "虋은 붉은 차조, 芑는 흰 차조이다."라고 하였다.

살펴보건대 ≪倉頡篇≫[14]에서 "苗는 禾가 아직 이삭이 나오지 않은 것이다."라고 하였다. 禾는 지금의 좁쌀이다. 赤苗·白苗는 벼 줄기에 赤白의 구분이 있는 것이고 열매를 말하는 것은 아니다. 嘉穀이라고 말한 것은 ≪詩經≫ 〈大雅 生民〉에 의거하여 말

14) 倉頡篇 : 秦나라 李斯(B.C. 284~B.C. 208)가 지은 字書이다.

한 것이다. 지금 ≪시경≫에는 嘉種으로 되어 있다. 許愼이 "아름다운 곡식을 내려 주었는데 검은 찰기장과 검은 기장이다."라는 구절을 인용하면서 虋・芑 이하를 모두 '嘉穀'이라고 하였다.

大雅曰, "誕降嘉穀. 維虋維芑."[15] 爾雅・毛傳皆曰, "虋, 赤苗. 芑, 白苗." 按倉頡篇曰, "苗者, 禾之未秀者也." 禾者, 今之小米. 赤苗・白苗謂禾莖有赤白之分, 非謂粟. 云 "嘉穀" 者, 據生民詩言之. 今詩作"嘉種." 許君引"誕降嘉穀, 維秬維秠." 虋芑下皆曰嘉穀.

③ 莫과 奔의 반절이다. 제13部에 있다. 지금의 ≪詩經≫에는 虋이 穈로 되어 있는데 잘못이다.

莫奔切. 十三部. 今詩作穈非.

02-012-0227 荅(荅)〔좀콩/답〕補

'小尗(좀콩/소숙)'이다. 艸를 따르고 合(합)이 소리이다.

小尗也.① 从艸, 合聲.②

① ≪周禮≫〈秋官 掌客〉주석에 "麻荅"이라는 단어가 있다. ≪廣雅≫에 "팥〔小豆〕이 荅이다."라고 하였다. 가차해서 '응답하다〔酬荅〕'의 荅이 되었다.[16]

禮注有"麻荅." 廣雅云 "小豆, 荅也." 叚借爲酬荅.

② 都와 合의 반절이다. 제7部에 있다.

都合切. 七部.

02-012-0228 萁(萁)〔콩 줄기/기〕補

'콩 줄기'이다. 艸를 따르고 其(기)가 소리이다.

豆莖也.① 从艸, 其聲.②

① 尗이라고 해야 하는데 '豆'라고 한 것은 漢나라 시대의 언어를 따른 것이거나, 혹은 후인이 고친 것이다. ≪前漢書≫ 권66〈楊惲傳〉에 "한 이랑의 콩을 심었는데 콩이 떨어지고 줄기만 남았다."라고 하였다. ≪孫子兵法≫에서 "콩 줄기 1섬이 우리에게는 20섬

---

15) 誕降嘉穀 維虋維芑 : ≪詩經≫〈大雅 生民〉에는 "誕降嘉種 維穈維芑"로 되어 있다.

16) 廣雅에……되었다 : 荅의 '팥'의 本義가 '대답'으로 가차된 것을 말한다. ≪廣韻≫〈合韻〉에 "答은 '합당함'이다. 또한 '荅'으로도 쓴다.〔答 當也 亦作荅〕"라고 하였다.

에 해당된다."라고 하였는데 曹操가 "萁는 음이 忌로 콩 줄기이다."라고 주석하였다.

살펴보건대 萁는 곧 萁이다. 潘岳[17]의 〈馬汧督誄〉에 "콩 줄기에 매달린 콩깍지가 텅 비었다."라고 하였는데, 萁를 '萁', 稈을 '秆'자의 의미로 사용하였다.

當云尗而曰豆, 從漢時語也, 或後人改之. 楊惲傳"種一頃豆, 落而爲萁." 孫子兵法曰, "萁秆一石, 當吾二十石." 曹操注"萁音忌, 豆稭也." 按萁卽萁字. 潘岳馬汧督誄曰, "萁稈空虛." 用萁秆字.

② 渠와 之의 반절이다. 제1部에 있다.

渠之切. 一部.

02-012-0229 (藿)〔어린 콩 싹/곽〕補

'콩의 어린싹'이다. 艸를 따르고 靃(곽)이 소리이다.

尗之少也.① **从艸, 靃聲.**②

① 少는 養幼少의 少로 읽어야 한다.[18] ≪詩經≫의 毛亨 傳에 "藿은 싹이다.〔藿猶苗也〕"[19]라고 하였는데 이것이다. 李善이 ≪說文≫을 인용하면서 "콩의 잎이다.〔豆之葉〕"라고 하였는데,[20] 〈士喪禮〉[21]의 주석과 일치한다.

少讀養幼少之少. 毛詩傳曰, "藿猶苗也." 是也. 李善引說文作"豆之葉也", 與士喪禮注合.

② 虛와 郭의 반절이다. 제5部에 있다.

虛郭切. 五部.

02-012-0230 (莥)〔녹곽 열매/뉴〕

'鹿藿(쥐눈이 콩/녹곽)의 열매' 이름이다. 艸를 따르고 狃(뉴)가 소리이다.

---

17) 潘岳 : 247~300. 晉나라의 문장가로, 자는 安仁이다. 작품으로 〈西征賦〉, 〈秋興賦〉 등이 있다.

18) 少는……한다 : 少를 '어리다'는 去聲으로 읽어야 한다는 뜻이다. 少數의 少는 上聲이다.

19) 藿은 싹이다〔藿猶苗也〕 : ≪詩經≫ 〈小雅 白駒〉에 나오는 구절이다.

20) 李善이……하였는데 : ≪文選≫ 권23에 나오는 阮籍 〈詠懷詩〉 제3首의 李善 注에 보인다.

21) 士喪禮 : 〈士喪禮〉에 보이지 않고, ≪儀禮≫ 〈公食大夫禮〉에 "藿은 콩잎이다.〔藿 豆葉也〕"라는 구절이 있다.

鹿藿之實名也.① 从艸, **狃聲.**②

① ≪爾雅≫ 〈釋艸〉에 보인다.[22]
見釋艸.

② 敕과 久의 반절이다. 제3部에 있다.
敕久切. 三部.

02-012-0231 (蓈) 〔어린 강아지풀/랑〕 【重文 1】

禾粟의 강아지풀이 자라다가 이삭을 맺지 못한 것을 '童蓈(어린 강아지풀/동랑)'이라 한다. 艸를 따르고 郎(랑)이 소리이다. (稂)은 蓈의 或體이니, 禾를 따랐다.

禾粟之莠, 生而不成者, 謂之童蓈.① 从艸, **郎聲.**② (稂), 蓈**或从禾.**③

① 莠는 각 판본에는 采(수)[23]로 되어 있다. 徐鍇는 음이 穗(이삭/수)라고 하였다. 童은 각 판본에는 董으로 되어 있다. 지금은 ≪詩經≫·≪爾雅≫의 〈音義〉[24]에 따른다. 자라다가 이루지 못한 것은 莠(이삭)이 패지 못했음을 말한다. 이삭을 맺지 못했으면 '童蓈', 이미 이삭을 맺으면 '莠'라고 한다. 이 '蓈莠' 2자는 連綿字[25]이다. "화속의 강아지풀〔禾粟之莠〕"이라고 하는 것은 강아지풀이 벼와 비슷한 것을 미워하여 구별한 것이다.

≪詩經≫ 〈小雅 大田〉에서 "어린 강아지풀이 아니며 성장한 강아지풀이 아니다.〔不稂不莠〕"라고 하였다. ≪爾雅≫와 毛亨 傳에서 모두 "稂은 童粱이다."라고 하였는데 童粱은 곧 '童蓈'이다. 陸璣[26]는 ≪毛詩草木鳥獸蟲魚疏≫[27]에서 "禾莠가 자라 이삭이 때

---

22) 爾雅……보인다 : "蔨은 鹿藿이고 그 열매가 莥이다.〔蔨 鹿藿 其實莥〕"(≪爾雅≫ 〈釋艸〉)

23) 采(수) : 徐鉉本에서는 '벼과의 이삭〔禾粟之采〕'이라고 하였는데, 段玉裁가 '벼과의 강아지풀〔禾粟之莠〕'로 수정한 것이다. 采에 대하여 7편 상 禾部에 "禾가 자라 秀가 되며 사람들이 수확한다. 爪·禾를 따랐다.〔禾成秀 人所以收者也 從爪禾〕"라고 하였다. 이어서 "穗는 采의 속자로 禾를 따르고 惠(혜)가 소리이다.〔穗(穟)俗 从禾惠聲〕"라고 하였다.

24) 詩經……音義 : 陸德明(550?~630?)의 ≪經典釋文≫ 가운데 〈詩經音義〉와 〈爾雅音義〉를 말한다.

25) 連綿字 : 항상 2자가 연결되어야 의미를 지니는 글자이다. 예를 들면 關關, 造次, 顚沛 등이다.

26) 陸璣 : ?~?. 삼국시대 吳나라 사람으로, 자는 元恪이다. 저서로 ≪毛詩草木鳥獸蟲魚疏≫ 등이 있다.

27) 毛詩草木鳥獸蟲魚疏 : ≪詩經≫에 기록된 176종의 동식물에 대해 주해한 저작으로, 이후

는데 성장하지 못하면 뒤섞여 가지런하지 않은 모양이 되며, 이것을 '童粱'이라고 한다."[28]라고 하였다. 今本에는 莠를 '秀'라고 한 것은 오류이다.

莠各本作采. 鍇音穗. 童各本作董. 今依詩爾雅音義. 生而不成, 謂不成莠也. 不成謂之童蓈, 已成謂之莠. 此蓈莠二字連屬之義. 云禾粟之莠者, 惡其類禾而別之也. 小雅曰, "不稂不莠." 爾雅・毛傳皆曰, "稂, 童粱也." 童粱卽童蓈. 陸璣疏云 "禾莠爲穗而不成, 崱嶷然謂之童粱." 今本莠作秀, 誤.

② 魯와 當의 반절이다. 제10部에 있다.

魯當切. 十部.

③ 지금의 ≪詩經≫과 ≪爾雅≫에는 모두 이 글자(稂)로 되어 있다. 禾가 아닌데 禾를 따랐으니, 공자가 강아지풀을 싫어한다는 뜻은 아니다.[29]

今詩・爾雅, 皆作此字. 非禾而從禾, 非孔子惡莠意.

02-012-0232 莠 (莠) 〔강아지풀/유〕 補

禾粟의 아래에서 위로 뻗어 자라는 '강아지풀'이다. 艸를 따르고 秀(수)가 소리이다. 酉(유)와 같이 읽는다.

禾粟下揚生莠也.① **从艸, 秀聲. 讀若酉.**②

① '禾粟의 아래'는 '禾粟 사이'와 같은 말이다. 禾粟은 지금의 좁쌀〔小米〕이다. 莠는 지금의 강아지 풀〔狗尾艸〕이다. 줄기・가지・이삭이 모두 벼와 비슷하다. 그러므로 ≪孟子≫ 〈盡心 下〉에서 "강아지풀을 미워하는 것은 벼에게 피해를 줄까 걱정해서이다."라고 한 것이다. 苗는 禾이다. 일반적으로 벼 이삭은 아래로 드리운다. 그러므로 ≪淮南子≫ 〈繆稱訓〉에서 "뿌리로 향한다.",[30] 張衡[31]이 〈思玄賦〉에서 "뿌리를 돌아본다."[32]라고 하면

연구에 영향을 끼쳤다.

28) 禾莠가……한다 : ≪詩經≫ 〈曹風 下泉〉에 나오는 '浸彼苞稂'에 대한 구절에 陸璣가 주석을 한 것이다.

29) 공자가……아니다 : ≪孟子≫ 〈盡心 下〉에 "강아지풀을 미워하는 것은, 벼에게 피해를 줄까 걱정해서이다.〔惡莠恐其亂苗也〕"라고 하였다.

30) 뿌리로 향한다 : ≪淮南子≫ 〈繆稱訓〉의 高誘 注에 나오는 말이다. 孔子가 벼가 세 번 변하는 것을 보고 탄식하기를 "여우도 죽을 때면 제가 살던 언덕으로 머리를 향하는데 나는 저 벼이삭을 본보기로 삼아야겠다.〔夫子見禾之三變也 滔滔然曰 狐鄉丘而死 我其首禾乎〕"라고 하였다. 이 구절에 대해 高誘가 "벼 이삭이 아래로 드리워 뿌리로 향하니, 군자가 근본을 잊지 않는다는 것이다.〔禾穗垂而向根 君子不忘本也〕"라고 주석하였다.

31) 張衡 : 78~139. 後漢의 문장가이자 과학자이다. 자는 平子으로, 渾天儀를 만들었다. 저

서 찬미하였다. 莠는 采와 같은데 위로 뻗고 아래로 드리우지 않는다. 그래서 ≪詩經≫ 〈齊風 甫田〉에서 "풀이 무성하다"[33]라고 풍자하였다. 이것은 군자와 소인을 구별한 것이다. ≪시경≫ 〈豳風 七月〉에서 毛亨 傳에 "揚은 가지가 뻗는 것이다."라고 하였다.

禾粟下, 猶言禾粟閒也. 禾粟者, 今之小米. 莠, 今之狗尾艸. 莖葉采皆似禾. 故曰, "惡莠恐其亂苗." 苗者, 禾也. 凡禾采下垂. 故淮南書謂之"向根", 張衡賦美其"顧本." 莠則采同而揚起不下垂. 故詩刺其"驕驕桀桀." 此君子小人之別也. 七月傳曰, "揚, 條揚也."

② 與와 久의 반절이다. 제3部에 있다. 古書에는 대다수 '秀'자로 가차되었다.

與久切. 三部. 古書多借爲秀字.

02-012-0233 𦬁(萉)〔삼씨/비〕 𩋤 【重文 1】

'삼씨'이다. 艸를 따르고 肥(비)가 소리이다. 𪎊(黂)는 萉의 或體이니 麻·賁를 따랐다.

枲實也.① **从艸, 肥聲.**② **𪎊(黂)萉或从麻賁.**③

① 枲는 麻이다. 枲實은 삼씨이다. ≪爾雅≫ 〈釋艸〉에는 '黂'으로, ≪周禮≫ 〈天官 籩人〉과 〈地官 艸人〉에는 '蕡'로 되어 있다. ≪儀禮≫ 〈喪服傳〉에 "苴絰[34]에서 苴는 麻에 씨가 있는 것이다."라고 하였다. 살펴보건대 삼씨〔麻實〕를 '萉'라고 부르며, 이 때문에 麻 역시 '萉'라고 불렀다. 〈地官 艸人〉에는 "蕡"를 사용하고, ≪설문≫ 7편 下 林部에서 "林는 萉의 총칭이다."라고 한 것이 모두 이것이다.

枲, 麻也. 枲實, 麻子也. 釋艸作"黂", 周禮籩人·艸人作"蕡." 喪服傳云 "苴絰, 苴麻之有萉者也."[35] 按麻實名萉, 因之麻亦名萉. 艸人用蕡. 說文林下云 "萉之總名." 皆是.

② 房과 未의 반절이다. 제15部에 있다.

작으로 〈西京賦〉, 〈東京賦〉, 〈思玄賦〉 등이 있다.

32) 뿌리를 돌아본다 : "이삭을 드리우며 뿌리를 돌아보네, 역시 옛 고향을 중요하게 생각함이로다.〔旣垂穎而顧本兮 亦要思乎故居〕"라고 하였다.(≪文選≫ 권15)

33) 풀이 무성하다 : 원문 '驕驕桀桀'는 〈齊風 甫田〉에 "큰 밭을 농사짓지 말아라. 강아지풀이 무성하고 무성하다. 큰 밭을 농사짓지 말라. 강아지풀이 무성하고 무성하다.〔無田甫田 維莠驕驕 無田甫田 維莠桀桀〕"라고 하였다. 朱子는 莠를 "싹에 해를 끼치는 풀이다.〔害苗之草〕"라고 하였다.

34) 苴絰 : 喪中에 있는 상제가 머리에 두르는 띠와 허리에 두르는 띠인데, 주로 삼베로 만든다.

35) 苴絰 苴麻之有萉者也 : 今本 ≪儀禮≫에는 "苴絰은 마의 씨가 있는 것이다.〔苴絰者 麻之有蕡者也〕"라고 하였다.(≪儀禮≫ 권11 〈喪服傳〉)

房未切. 十五部.

③ 살펴보건대 賁聲은 본래 제15部에 있었는데, 音이 바뀌어 제13部로 轉入되었다. 그러므로 蕡 또한 符와 刃·符와 分의 반절이다.

按賁聲本在十五部. 音轉入十三部. 故蕡亦符刃·符分切.

02-012-0234 (芓)〔암삼/자〕

'麻母(암삼)'이다. 艸를 따르고 子(자)가 소리이다. 일설에는 芓를 '枲'라고도 한다.

麻母也.[①] **从艸, 子聲.**[②] **一曰芓卽枲也.**[③]

① ≪爾雅≫〈釋艸〉에 보인다. 지금의 ≪이아≫에는 '荸'로 되어 있다. 살펴보건대 〈석초〉에 "蕡는 삼씨〔枲實〕이다."라고 하였는데, 枲實을 '麻實'이라고 하는 것과 같다. ≪儀禮≫〈喪服傳〉에 "牡麻는 수삼이다."라고 하였다. 그렇다면 枲는 씨가 없고 芓는 씨가 있는 것이다. 합해서 말하면 모두 '枲'라고 하고, 나누어서 말하면 씨가 있는 것을 '芓', 씨가 없는 것을 '枲'라고 한다. 麻母는 말하자면 '암삼'인데, 〈喪服傳〉의 이른바 '苴'이다.
≪禮記≫〈間傳〉에서 "참최의 모양은 암삼과 같고, 자최의 모양은 숫삼과 같다.〔斬衰皃若苴 齊衰皃若枲〕"라고 하였으며, 암삼은 수삼보다 거칠다. ≪詩經≫〈豳風 七月〉에 "9월에 암삼의 씨를 거둔다.〔九月叔苴〕"라고 하였는데, 삼씨를 '苴'라고 하는 것이다.
見釋艸. 今爾雅作"荸." 按釋艸云 "蕡, 枲實." 枲實猶言麻實耳. 儀禮傳云 "牡麻者, 枲麻也." 然則枲無實, 芓乃有實. 統言則皆偁枲, 析言則有實者偁芓, 無實者偁枲. 麻母言麻子之母, 喪服所謂'苴.' "斬衰皃若苴, 齊衰皃若枲." 苴麤於枲矣. 詩"九月叔苴", 則又評麻子爲苴.

② 疾과 吏의 반절이다. 제1部에 있다.
疾吏切. 一部.

③ 이것은 字義에 대한 다른 해설이다. 芓와 枲는 구분이 되지 않으므로 '枲實'이라고 하였다.
此字意之別說也. 芓枲不分, 故云枲實.

02-012-0235 (䓃)〔암삼/이〕[補]

'芓(암삼)'이다. 艸를 따르고 異(이)가 소리이다.

芓也. 从艸, 異聲.[①]

① 羊과 吏의 반절이다. 제1部에 있다.
羊吏切. 一部.

02-012-0236 蘇(蘇) 〔차조기/소〕

'桂荏(차조기/계임)'이다. 艸를 따르고 穌(소)가 소리이다.

桂荏也.① 从艸, 穌聲.②

① '桂'자 위에 徐鍇本에는 '蘇'자가 있는데, 이것은 隸書로 옮겨 적을 때 刪削해야 하는데 그러지 못한 것이다.[36] "蘇는 '차조기'이다.〔蘇 桂荏〕"라는 것은 ≪爾雅≫ 〈釋艸〉에 나오는 글이다. ≪禮記≫ 〈內則〉의 注에 "薌은 차조기의 종류이다."라고 하였다.
≪方言≫ 권3에 "蘇 또한 荏이다. 關東과 關西에서 '蘇'라 부르기도 하고, '荏'이라 부르기도 한다."라고 하였다. 郭璞은 〈釋艸〉 注에서 "蘇는 荏에 속하는 종류이다.〔蘇 荏類〕"라고 하였다. 이것은 나누어서 말하면 蘇와 荏은 두 가지 사물이고 합해서 말하면 구별이 되지 않는다. 桂荏은 지금의 紫蘇이다. 蘇는 樵蘇로 가차되었다.[37]
桂上鍇本有蘇字, 此複寫隸字刪之未盡者. "蘇, 桂荏", 釋艸文. 內則注曰, "薌, 蘇荏之屬也." 方言曰, "蘇亦荏也. 關之東西或謂之蘇, 或謂之荏." 郭(樸)〔璞〕[38]曰, "蘇, 荏類." 是則析言之則蘇荏二物, 統言則不別也. 桂荏今之紫蘇. 蘇之叚借爲樵蘇.
② 素와 孤의 반절이다. 제5部에 있다.
素孤切. 五部.

02-012-0237 荏(荏) 〔차조기/임〕

'桂荏'이니 '蘇(차조기)'이다. 艸를 따르고 任(임)이 소리이다.

桂荏,① 蘇也.② 从艸, 任聲.③

① 逗(句讀)이다.
逗.

---

36) 隸書로……것이다 : 篆書로 쓰인 표제자의 이해를 돕기 위해 후대에 隸書로 기록해 두었는데, 나중에 刪削하지 않아 예서가 그대로 남아 있었다는 뜻이다.
37) 蘇는……가차되었다 : 蘇의 원래 뜻은 '차조기'이다. '땔나무를 하고 풀을 벤다.'는 뜻의 樵蘇로 假借되어 蘇가 '풀을 벤다.'는 의미로 사용된다는 말이다.
38) (樸)〔璞〕: 저본에는 '樸'으로 되어 있으나, 문맥을 살펴 '璞'으로 바로잡았다.

② 이러한 것을 轉注라고 한다. 전주에는 각각 部에서 상호 보인 것이 있고 같은 部에서 部類로 보인 것이 있다.[39] 荏의 다른 뜻은 荏染[40]이다.
是之謂轉注. 凡轉注有各部互見者, 有同部類見者. 荏之別義爲荏染.

③ 如와 甚의 반절이다. 제7部에 있다.
如甚切. 七部.

02-012-0238 茦(苵)〔채소이름/시〕

'채소이름'이다. 艸를 따르고 矢(시)가 소리이다.

菜也. 从艸, 矢聲.①

① 失와 匕의 반절이다. 제15部에 있다.
失匕切. 十五部.

02-012-0239 䓫(䓫)〔미나리/기〕

채소 가운데 맛있는 것은 雲夢의 '미나리'이다. 艸를 따르고 豈(기)가 소리이다.

菜之美者, 雲夢之䓫.① **从艸, 豈聲.**②

① ≪呂氏春秋≫ 권14 〈本味〉에 伊尹이 湯에게 "채소 가운데 맛있는 것은 雲夢의 미나리이다.〔菜之美者 雲夢之芹〕"라고 대답하였으며, 高誘 注에 "雲夢은 옛날 楚澤[41]이며 미나리가 물가에 자란다."라고 하였다. 許愼은 '䓫'라고 하였다. 대개 殷·微 2韻은 옮기기가 가장 가깝다.[42]

---

39) 전주에는……있다 : '荏 桂荏 蘇也'라고 하고, '蘇 桂荏也'라고 하여, 같은 艸部로서 상호 풀이한 轉注이다. 各部에서 상호적으로 보인 것은 ≪爾雅≫ 〈釋詁〉 첫머리의 '初·哉·首·基' 등의 부수가 다르면서 '始'의 의미로 풀이한 轉注가 있다.

40) 荏染 : '유약하다'는 뜻이다. ≪詩經≫ 〈小雅 巧言〉에 "부드러운 나무를 군자가 심었다.〔荏染柔木 君子樹之〕"의 荏染을 毛亨 傳에는 '柔意', 朱子 集傳는 '柔貌'라고 하였다.

41) 楚澤 : 옛날 楚나라 지역의 못으로 총 7곳이 있다고 하였으며, 雲夢은 楚澤 가운데 하나이다.

42) 대개……가깝다 : 芹은 平聲 欣韻이고, 殷도 平聲 欣韻인데다 芹은 또 平聲 微韻으로도 성조가 나타나므로 殷·微 두 성조는 옮겨갈 접근성이 높은 것이다. 그리고 芹와 䓫의 聲의 관계는 "芹와 䓫는 聲이 서로 가깝다.〔芹䓫聲相近〕"라고 하였다.(≪說文解字義證≫)

許愼은 ≪伊尹書≫[43]에서 자료를 가져와서 ≪여씨춘추≫와는 글자는 다르지만 音義가 같다. ≪廣韻≫에서는 "萱菜는 고사리와 비슷하고 물에서 자란다."라고 하였다. 설명하는 사람이 ≪詩經≫ 〈大雅 文王有聲〉의 "풍수에 芑가 있다.〔豐水有芑〕"라고 한 것이 바로 이것이다.

呂氏春秋, 伊尹對湯曰, "菜之美者, 雲夢之芹." 高注"雲夢, 楚澤. 芹生水涯." 許作萱. 蓋殷微二韻, 轉移冣近. 許君采自伊尹書, 與呂覽字異, 音義則同. 廣韻曰, "萱菜似蕨, 生水中." 說者謂"豐水有芑", 卽此.

② ≪廣韻≫에는 〈萱는〉 袪와 豨의 반절이라고 한 것이 이것이다. ≪唐韻≫에 〈萱는〉 驅와 喜의 반절이라고 하였다. 대개 萱는 '芑'자이다. 제15部에 있다.

廣韻"袪豨切." 是. 唐韻作"驅喜." 蓋謂萱卽芑字也. 十五部.

02-012-0240 (葵)〔아욱/규〕 補

'채소이름'이다. 艸를 따르고 癸(癸/계)가 소리이다.

菜也.① **从艸, 癸聲.**②

① 崔寔[44]이 "6월 6일에 아욱을 심을 수 있고, 中伏 후에는 겨울아욱을 심을 수 있고, 9월에서 아욱 김치와 말린 아욱을 만들 수 있다."[45]라고 하였다. ≪齊民要術≫ 권3 〈種葵〉에 '아욱 심는 법〔種葵法〕'과 '겨울 아욱 심는 법〔種冬葵法〕'이 있다.

崔寔曰, "六月六日可種葵, 中伏後可種冬葵, 九月可作葵菹・乾葵." 齊民要術有種葵法, 種冬葵法.

② 彊과 惟의 반절이다. 제15部에 있다. 지금은 葵로 되어 있다.

彊惟切. 十五部. 今作葵.

02-012-0241 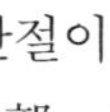(薑)〔생강/강〕 補

'습한 기운을 막아주는 채소'이다. 艸를 따르고 彊(강)이 소리이다.

御溼之菜也.① **从艸, 彊聲.**②

---

43) 伊尹書 : 商나라 湯王 때 재상을 지낸 伊尹(?~?)의 저서이다. 殘本이 清나라 馬國翰(1794~1857)이 편집한 ≪玉函山房輯佚書≫에 수록되어 있다.

44) 崔寔 : 103?~170?. 후한 초기의 農學家이며, 저서로 ≪四民月令≫이 있다.

45) 6월……있다 : ≪齊民要術≫ 권3 〈種葵〉에 보이는 구절이다.

① 御는 徐鉉本에는 禦로 되어 있다. ≪神農本草經≫[46]에 "말린 생강은 風邪를 쫓고, 濕痺-濕病이다-, 腸澼-匹과 辟의 반절이다. 腸 사이에 물이 있는 것이다.-, 설사에 주효하다. 생것이 더욱 좋으며 장복하면 몸의 악취를 없애고 神明에 통한다."라고 하였다.

살펴보건대 생것이 더욱 좋다는 것은 말린 생강 중에 덜 여문 상태의 생것을 말한다. 요즈음 사람들은 말리지 않은 것을 '生薑'이라고 하는데 잘못된 것이다.

御, 鉉作禦. 神農本艸經曰, "乾薑主逐風, 溼痹-溼病也-, 腸澼-匹辟切, 腸閒水-, 下痢. 生者尤良, 久服去臭氣, 通神明." 按, 生者尤良, 謂乾薑中之不孰而生者耳. 今人謂不乾者爲生薑, 失之矣.

② 居와 良의 반절이다. 제10部에 있다.

居良切. 十部.

02-012-0242 蓼 (蓼)〔여뀌/료〕補

'매운 채소'이니 '薔虞(장우)'이다. 艸를 따르고 翏(료)가 소리이다.

辛菜,① 薔虞也.② 从艸, 翏聲.③

① 句(句讀)이다.

句.

② 蓼는 매운 채소이다. 그러므로 ≪禮記≫〈內則〉에 '〈이것을〉 사용하여 맛을 낸다.'[47]라고 하였는데 줄기와 잎을 사용하고 열매는 사용하지 않는다. 薔虞는 아래 글의 '薔'자의 아래에 보인다. 여기서는 "蓼 薔虞也"라고 하였고, 아래 글에서는 "薔虞 蓼也"라 하였는데, 이것은 轉注이다. 蘇를 '桂荏', 桂荏을 '蘇'라고 하는 것과 마찬가지이다. 다만 표제자인 篆文과 籒文이 있는 곳이 다를 뿐이다.

≪急就篇≫[48] 顔師古 注에 "虞蓼는 일명 '薔'이다. 叔重(許愼의 字)이 蓼를 일명 '薔虞'라 하였는데, 이는 잘못이다."라고 하였다.

≪爾雅≫〈釋艸〉1편과 許愼이 독음을 달리하는 곳이 더러 있는데 이것이다. 萌虇蕍을 夢灌渝로, 鎬侯莎를 莎鎬侯로, 蒸月爾를 綦土夫로, 蒩葑蓯을 葑須從으로 읽는 경우

46) 神農本草經 : 중국에서 가장 오래된 藥物學 전문 서적으로 ≪本草經≫, ≪本經≫이라고도 한다. 後漢부터 三國시대 사이에 만들어졌다고 한다. 이후 계속 시대에 따라 증보하여 ≪唐本草≫, ≪開寶本草≫, ≪嘉祐本草≫가 만들어 졌다.

47) 사용하여……낸다 : ≪禮記≫〈內則〉에 "돼지고기에는 봄에는 부추를 쓰고 가을에는 여뀌를 사용한다.〔豚春用韭 秋用蓼〕"라고 하였다.

48) 急就篇 : 漢나라의 史游(?~?)가 지은 字書이다. 唐나라의 顔師古(581~645)가 주석을 하였다.

이다. 〈그러하니〉 蓼를 薔虞로 읽는데 무슨 의심이 있는가. 某氏・孫炎[49]・郭璞은 모두 薔을 한 구절, 虞蓼를 한 구절로 보았다. 蓼는 蓼蕭의 蓼로 假借하였는데,[50] 의미는 長大한 모습이다.

蓼爲辛菜. 故內則用以和, 用其莖葉, 非用實也. 薔虞見下文薔字下. 此云 "蓼, 薔虞也." 下文云 "薔虞, 蓼也." 是爲轉注. 正與蘇 桂荏也, 桂荏蘇也同. 特以篆籒異其處耳. 顏注急就篇乃云 "虞蓼一名薔. 叔重云蓼一名薔虞, 非也." 夫釋艸一篇, 許君偁用異其讀者, 往往而是. 其萌蘿蕍爲夢灌渝也, 鎬侯莎爲莎鎬侯也, 蓁月爾爲蓁土夫也, 蕦葑蓯爲葑須從也. 何所疑於蓼評薔虞哉. 某氏・孫炎・郭璞皆薔爲句, 虞蓼爲句. 蓼借爲蓼蕭之蓼, 長大皃.

③ 盧와 鳥의 반절이다. 古音은 제3部에 있다.

盧鳥切. 古音在三部.

02-012-0243 蒩(蒩)〔채소이름/조〕

'채소이름'이다. 艸를 따르고 租(조)가 소리이다.

菜也.① 从艸, 租聲.②

① ≪廣雅≫에서 "蒩는 蕺(어성초/즙)이다."라고 하였다. 崔豹[51]가 ≪古今注≫에서 "荊州・楊州 사람들은 蒩를 '蕺'이라 한다."라고 하였다. 左思의 〈蜀都賦〉에 劉逵[52]가 "蒩는 또한 '土茄'라고 부른다. 잎은 땅을 덮은 채로 자라고 뿌리는 먹을 수 있다. 사람들이 주리면 이것으로 식량을 이어간다."라고 주석하였다.

≪風土記≫에서 "蕺(집)은 향기로운 채소이다. 뿌리는 띠의 뿌리〔茅根〕와 비슷하다. 蜀사람들은 '蒩香'이라 부른다."라고 하였다. 段公路[53]는 ≪北戶錄≫에서 "蕺은 秦사람들은 '菹子'라고 불렀다."라고 하였다.

살펴보건대 蕺은 蕺과 같은 식물이며 側과 立의 반절이다. 蕊(예)라고 쓰는 것은 잘

49) 孫炎 : ?~?. 삼국시대 魏나라 학자이다. 鄭玄의 제자이고 자는 叔然이다. 反切法을 만들었다고 한다.

50) 蓼는……假借하였는데 : 蓼의 본뜻은 '채소이름'인데 이것이 '長大하다'는 뜻으로 가차되었다는 말이다. ≪詩經≫ 〈小雅 蓼蕭〉에 "장대한 저 쑥대에 이슬방울이 사라진다.〔蓼彼蕭斯 零露消兮〕"라고 하여, 蓼이 '장대하다'는 뜻으로 사용되었다.

51) 崔豹 : ?~?. 晉나라의 학자이며, 저서로 ≪古今注≫가 있다. 名物을 고증하여 엮은 책으로 3권으로 이루어져 있다. 내용은 輿服・都邑・音樂・鳥獸・魚蟲・草木・雜注・問答釋義 등 8편으로 이루어졌다.

52) 劉逵 : ?~?. 晉나라의 학자이다. 〈吳都賦〉, 〈蜀都賦〉를 주석하였다.

53) 段公路 : ?~?. 唐나라의 학자이다. 저서로 ≪北戶錄≫이 있다.

못이다. 蒩를 蒩·菹로 쓰는 것도 모두 잘못이다. ≪說文≫에는 '蕺'자가 없다. 지금의 '魚腥艸'이며 흉년에 사람들이 캐먹는다.

≪廣雅≫"蒩, 蕺也." 崔豹古今注"荊楊人謂蒩爲蕺." 蜀都賦劉注曰, "蒩亦名土茄. 葉覆地生, 根可食. 人饑則以繼糧." 風土記曰, "蕺, 香菜. 根似茅根. 蜀人所謂蒩香." 段公路北戶錄曰, "蕺, 秦人謂之菹子." 按, 蕺與蕺同, 側立切. 作蕊者誤. 蒩作蒩菹皆誤. 說文無蕺字. 卽今魚腥艸也. 凶年人掘食之.

② 則과 古의 반절이다. 제5部에 있다.

則古切. 五部.

02-012-0244 蘧(蘧)〔채소이름/거〕

'채소이름'이다. 차조기와 비슷하다. 艸를 따르고 豦(거)가 소리이다.

菜也. 佀蘇者.① **从艸, 豦聲.**②

①〈蘧는〉≪齊民要術≫의 "蘘荷芹蘧"에서 말하는 蘧이다. ≪嘉祐本艸≫에서는 새로 보충하여 "苦苣(고들빼기)"라고 하였다. "야생하는 것을 '褊苣'라고 부른다. 가정에서 일상적으로 먹는 것은 '白苣'이다. 江外·嶺南·吳에는 白苣가 없다. 예전에 野苣를 심어서 주방 음식으로 공급했다."라고 하였다. '蘧'자는 간혹 藘로도 쓰는데 민간에서는 잘못하여 苣로 쓴다.

≪廣雅≫ 〈釋艸〉에 "蕒(매)는 藘이다."라고 하였다. 曹憲[54]이 "白藘는 苦蕒와 매우 다르다."라고 하였는데 잘못인 듯하다. ≪廣韻≫에서 "苦蘧는 江東에서는 '苦蕒'라고 부른다."라고 하였다. 賈思勰은 ≪詩義疏≫[55]를 인용하여 "蘧는 苦葵이다. 靑州에서는 '芑'라고 한다."라고 하였다.

此齊民要術"蘘荷芹蘧"之蘧. 本艸新補之"苦苣"也. "野生者, 名褊苣. 人家常食爲白苣. 江外·嶺南·吳人無白苣. 嘗植野苣以供廚饌." 字或作藘, 俗譌作苣. 廣雅云 "蕒, 藘也." 曹憲云 "白藘與苦蕒大異." 恐非. 廣韻曰, "苦蘧, 江東呼爲苦蕒." 賈思勰引詩義疏云 "蘧, 苦葵也. 靑州謂之芑."

② 其와 呂의 반절이다. 또 彊과 魚의 반절이다. 제5部에 있다.

其呂切. 又彊魚切. 五部.

---

54) 曹憲 : 541~645. 隋·唐 때의 학자로, 고문자에 정통하였다. 저서로 ≪博雅音≫, ≪古今字圖雜錄≫, ≪文子指歸≫ 등이 있다.

55) 詩義疏 : 陸璣의 ≪毛詩草木鳥獸蟲魚疏≫를 말한다.

02-012-0245 (薇)〔채소이름/미〕【重文 1】

'채소이름'이다. 콩잎과 비슷하다. 艸를 따르고 微(미)가 소리이다. (𦳝)는 籒文이며 薇의 생략형이다.

菜也.① **佀藿.**② **从艸, 微聲.**③ **, 籒文薇省.**

① 〈≪詩經≫ 〈小雅 采薇〉의〉 毛亨 傳에 보인다.[56)]
見毛傳.

② 콩잎과 비슷한 것을 말한다. 陸璣가 ≪毛詩草木鳥獸蟲魚疏≫에서 "薇는 '산나물'이다. 줄기와 잎 모두 팥과 비슷하며 덩굴로 자란다. 맛 또한 팥과 같다. 藿은 국으로 끓여 먹을 수도 있고 날로 먹을 수도 있다. 지금 관아 정원에 심고서 종묘의 제사에 공급한다."라고 하였다. 項安世[57)]가 "薇는 지금의 野豌豆이다. 蜀 사람들은 '大巢菜'라고 한다."라고 하였다.

살펴보건대 지금의 四川 사람은 豌豆의 부드러운 싹을 따서 먹고 이것을 '豌豆顚顚'이라고 한다. 옛날에 산에서 채취한 것은 野生한 것이다. 〈釋艸〉에서 "垂水"라고 하였는데 薇의 俗名이다. 물가에서 자란다고 해석해서는 안 된다.[58)]
謂似豆葉也. 陸璣詩疏曰, "薇, 山菜也. 莖葉皆似小豆, 蔓生. 其味亦如小豆藿. 可作羹, 亦可生食. 今官園種之, 以供宗廟祭祀." 項安世曰, "薇, 今之野豌豆也. 蜀人謂之大巢菜." 按今四川人掐豌豆煗梢食之, 謂之豌豆顚顚. 古之采於山者, 野生者也. 釋艸云 "垂水", 薇之俗名耳. 不當以生於水邊釋之.

③ 無와 非의 반절이다. 제15部에 있다.
無非切. 十五部.

02-012-0246 (蓶)〔채소이름/유〕

'채소이름'이다. 艸를 따르고 唯(유)가 소리이다.

---

56) 毛亨 傳에 보인다 : ≪詩經≫ 〈召南 草蟲〉에 "저 남산에 올라 薇를 캔다.〔陟彼南山 言采其薇〕"라고 하였다. ≪詩經≫ 〈小雅 采薇〉에서 "고사리 캐세 고사리 캐세, 고사리도 연하게 자랐으니〔采薇采薇 薇亦作止〕"라고 하였다. 毛亨 傳에서 薇를 '菜'라고 하였으며 어떤 특정한 식물로는 지칭하지 않았다. 지금은 대부분 薇를 '고사리'라고 한다.

57) 項安世 : 1129~1208. 宋나라 학자이다. 자는 平父, 호는 平菴이다. 저서로 ≪易玩辭≫, ≪項氏家說≫ 등이 있다.

58) 물가에서……안 된다 : ≪爾雅≫ 〈釋艸〉의 "薇는 수수이다.〔薇 垂水〕"에서 郭璞 注에 "물가에서 자란다.〔生於水邊〕"라고 하였다.

菜也.① **从艸, 唯聲.**②

① ≪齊民要術≫에서 "蓶菜의 蓶는 음이 '唯'이다. 맥문동〔烏韭〕과 비슷하면서 노랗다."라고 하였다.
齊民要術曰, "蓶菜音唯. 似烏韭而黃."

② 以와 水의 반절이다. 제15部에 있다.
以水切. 十五部.

02-012-0247 [篆書] (菦) 〔채소이름/근〕

'채소이름'이다. 쑥과 비슷하다. 艸를 따르고 近(근)이 소리이다. ≪周禮≫〈天官 醢人〉에 "菦菹이다."라는 글이 있다.

菜. 類蒿.① **从艸, 近聲.**② **周禮有菦菹.**③

① ≪詩經≫과 ≪周禮≫에는 모두 芹으로 되어 있다. ≪시경≫〈小雅 采菽〉의 "미나리를 캔다.〔言采其芹〕"의 鄭玄 箋에 "芹은 채소이다. 절일 수 있는 것이다."라고 하였다. ≪시경≫〈魯頌 泮水〉의 "미나리를 캔다.〔薄采其芹〕"의 鄭玄 箋에 "芹은 水菜이다."라고 하였다. ≪爾雅≫〈釋艸〉와 ≪주례≫〈醢人〉의 주석에는 "芹은 楚葵이다."라고 하였다.

살펴보건대 요즈음 사람이 먹고 있는 것은 芹菜이다. 현재 통용되는 ≪설문≫의 각 판본에는 艾·葦 2字 아래에 또 '芹'자가 나오며,[59] '芹'자에 대해 "芹은 楚葵이다. 艸를 따르고 斤이 소리이다.〔楚葵也 從艸斤聲〕"라고 하였다. 이것은 아마도 菦이 芹임을 모르는 자가 함부로 ≪爾雅≫를 사용하여 '芹'자를 추가한 것이다.[60]

陸德明의 ≪經典釋文≫〈周禮音義〉를 고찰하면 "芹은 ≪說文≫에는 菦으로 되어 있다."라고 하였으니, ≪설문≫에는 菦이 있고 芹이 없음이 분명하다. 또 ≪詩經≫의 鄭玄 箋에서는 ≪周禮≫의 芹菹를 인용하였고,[61] ≪설문≫에서는 ≪주례≫의 菦菹를 인용하였으니, 어찌 菦과 芹을 다른 식물이라고 할 수 있겠는가.

詩, 禮皆作芹. 小雅箋曰, "芹, 菜也. 可以爲菹." 魯頌箋曰, "芹, 水菜也." 釋艸及周禮注

---

59) 艾……나오며 : 1편 하에 나온다.

60) 爾雅를……것이다 : ≪爾雅≫〈釋艸〉에 "근은 楚葵이다.〔芹 楚葵〕"라고 하였으며, 郭璞 注에 "지금 물속의 근채이다.〔今水中芹菜〕"라고 하였다. 원래 ≪說文≫에는 芹자가 없었는데 ≪爾雅≫〈釋艸〉에 나오는 芹자를 근거로 해서 추가한 것을 말한다.

61) 鄭玄……인용하였고 : ≪詩經≫〈小雅 采菽〉의 "미나리를 캔다.〔言采其芹〕"에서 鄭玄이 "≪周禮≫에 미나리 절임과 기러기 젓갈이다.〔周禮 芹菹鴈醢〕"라고 주석하였다.

曰, “芹, 楚葵也.” 按卽今人所食芹菜. 今說文各本於芀䓫二字之下又出芹字. “訓楚葵也. 从艸斤聲.” 此恐不知莛卽芹者妄用爾雅增之. 攷周禮音義曰, “芹, 說文作莛.” 則說文之有莛無芹明矣. 且詩箋引周禮芹菹, 說文引周禮莛菹. 豈得云二物也.

② ≪經典釋文≫ 〈周禮音義〉에는 ≪說文≫을 인용하여 音이 ‘謹’이라고 하였다. ≪唐韻≫에는 〈莛은〉 巨와 巾의 반절이라고 하였다. 옛날에는 〈近은〉 제13部에 있었다. ≪本艸≫에는 靳으로 되어 있다.

周禮音義引說文音謹. 唐韻巨巾切. 古在十三部. (部)[62]本艸作靳.

③ ≪周禮≫ 〈天官 醢人〉에 보인다. 莛은 대개 ≪周禮≫의 故書[63] 글자이다.

見醢人. 莛蓋周禮故書字.

02-012-0248 (蘘)〔채소이름/양〕

‘채소이름’이다. 艸를 따르고 襄(양)이 소리이다.

菜也.① **从艸, 襄聲.**②

① ≪方言≫에서 “차조기〔蘇〕를 沅水와 湘水의 남쪽에서는 䔄이라고 부르며 작은 것을 ‘蘘葇(양유)’라고 한다.”라고 하였다. 허신의 설명이 반드시 이와 같은 것은 아니다. ≪齊民要術≫에서는 저장용 절임이며 人과 丈의 반절이라고 하였다. ≪禮記≫ 〈內則〉의 鄭玄 注에는 柔蘘이라고 하였으며 艸를 따르지 않았다.[64]

方言曰, “蘇, 沅湘之南, 或謂之䔄-音車轄-, 其小者謂之蘘葇.” 許所說未必此也. 齊民要術以爲藏菹之蘘, 人丈切. 內則注柔蘘, 不从艸.

② ≪玉篇≫에서는 ≪설문≫을 인용하여 而와 丈의 반절이라고 하였다. ≪唐韻≫에는 女와 亮의 반절이라고 하였다. 제10部에 있다.

玉篇引說文而丈切. 唐韻女亮切. 十部.

02-012-0249 (莧)〔비름나물/현〕 補

‘비름나물’이다. 艸를 따르고 見(견)이 소리이다.

---

62) (部) : 저본에는 ‘部’가 있으나, 문맥에 의거하여 衍文으로 처리하였다.

63) 故書 : ≪周禮正義≫에 故書라는 말이 자주 보이는데, 鄭玄이 ≪周禮≫를 주석하기 이전에 있었던 여러 종류의 판본이라고 하였다.

64) 柔蘘이라고……않았다 : 柔蘘의 蘘에 艹가 없다는 뜻이다.

莧菜也.① 从艸, 見聲.②

①'菜'자 앞에 있는 '莧'자는, 隸書를 거듭 쓰면서 刪削해야 하는데 겨우 남아있게 된 것이다. ≪설문≫의 예를 찾아보면 "芺菜·葵菜·蘸菜·蘮菜·薇菜·嶉菜·莚菜·蘱菜·莧菜이다."라고 하였는데, 莧菜로 표제자인 莧을 풀이한 것이다.

葵(葵)는 字形이고, 葵가 '채소'라는 것은 字義이다. 예컨대 水部의 河(河)는 字形이고, 河가 '물'이라는 것은 字義라고 하는 것과 같다. 표제어가 葵菜라고 하는 것은, 표제어가 '河水'라고 말하는 것과 같다. 대개 중복되는 글자를 산삭했어야 하는데 이것은 학문이 없는 과오이다.

≪經典釋文≫의 〈周易音義〉에서 宋衷[65]의 말을 인용하여 "莧은 莧菜이다.〔莧 莧菜也〕"라고 하였으니, 이 글로 증명할 수 있다. ≪爾雅≫ 〈釋艸〉에서 "蕢는 붉은 비름이다.〔蕢 赤莧〕"라고 하였고 郭璞 注에 "오늘날 人莧은 줄기가 붉다."라고 하였다. 살펴보건대 '人莧'은 '비름'의 명칭이다.

菜上莧字, 乃複寫隸字刪之僅存者也. 尋說文之例云, 芺菜, 葵菜, 蘸菜, 蘮菜, 薇菜, 嶉菜, 莚菜, 蘱菜, 莧菜以釋篆文. 葵者, 字形, 葵, 菜也者, 字義. 如水部河者, 字形, 河, 水也者, 字義. 若云此篆文是葵菜也, 此篆文是河水也. 槩以爲複字而刪之, 此不學之過. 周易音義引宋衷云 "莧, 莧菜也." 此可以證矣. 爾雅"蕢, 赤莧." 郭注 "今人莧, 赤莖者." 按人莧, 莧名.

② 侯와 澗의 반절이다. 제14部에 있다.
侯澗切. 十四部.

02-012-0250 芌(芋)〔토란/우〕補

큰 잎과 튼실한 뿌리가 사람을 놀라게 하여 '芌(우)'라고 한다. 艸를 따르고 亐(우)가 소리이다.

大葉實根駭人, 故謂之芌也.① 从艸, 亐聲.②

①〈2편 상〉 口部에서 "吁는 놀라게 하다."라고 하였고, ≪詩經≫ 〈大雅 抑〉의 毛亨 傳에서 "訏는 크다."[66]라고 하였다. 于가 聲符인 글자는 대부분 '크다'는 뜻으로 풀이한다. 토란이라는 식물은 잎이 크고 뿌리가 튼실하다. 잎과 뿌리가 모두 사람을 놀라게 하므

---

65) 宋衷 : ?~?. 後漢 末期의 訓詁學者로 자가 仲子이며, 저서로 ≪周易注≫가 있다.

66) 訏는 크다 : ≪詩經≫ 〈大雅 抑〉의 "원대한 계책으로 국가의 정책을 결정하다.〔訏謨定命〕"에서 毛亨이 訏를 '大'라고 주석하였다.

로 '芋'라고 이른다. 글자는 艸를 따르고 于가 소리이다.

≪詩經≫ 〈小雅 斯干〉에서 "군자가 존대하게 있을 곳이다.〔君子攸芋〕"[67]라고 하였는데 毛亨 傳에서 "芋는 '크다'는 뜻이다."라고 하였고, ≪毛詩正義≫에서 "〈군자는〉 가운데 거처하여 저절로 광명정대하다."라고 하였으며, 鄭玄 箋에서는 "芋는 幠가 되어야 한다."라고 하였다.

口部曰, "吁, 驚也" 毛傳曰, "訏, 大也." 凡于聲字多訓大. 芋之爲物. 葉大根實. 二者皆堪駭人, 故謂之芋. 其字从艸于聲也. 小雅"君子攸芋." 毛傳"芋, 大也." 謂"居中以自光大." 箋云 "芋當作幠."

② 王과 遇의 반절이다. 제5部에 있다.

王遇切. 五部.

02-012-0251 (莒)〔토란/거〕 補

齊나라에서는 芋(우)를 '莒'라고 한다. 艸를 따르고 呂(여)가 소리이다.

齊謂芋爲莒.① 从艸, 呂聲.②

① 이른바 각 나라의 方言이다. 假借하여 國名이 되었다.[68]

所謂別國方言也. 借爲國名.

② 居와 許의 반절이다. 제5부에 있다. ≪顔氏家訓≫18편 〈音辭〉에서 "북방 사람들의 발음은 대다수가 擧와 莒를 대개 '矩(거)'라고 한다. 다만 李季節[69]이 '齊 桓公이 管仲과 누대 위에서 莒나라를 정벌하려고 계획을 세웠다. 東郭牙는 桓公이 입을 벌린 채 다물지 못하는 것을 보고서, 말하는 곳이 莒나라임을 알았다. 그렇다면 莒와 矩는 반드시 發聲이 같지 않을 것이다.'라고 하였는데, 이 사람은 音을 안다고 할 것이다."라고 하였다.

살펴보건대 ≪廣韻≫은 莒·矩를 語·麌의 韻으로 나누어 놓기는 하였지만 雙聲으로 發聲이 같다. 顔之推가 "북방 사람들이 擧·莒를 矩와 같이 발음한다."라고 한 것은 ≪唐韻≫에서 "矩는 其와 呂의 반절이다."라고 하였고 북방 사람들이 擧·莒를 읽을 때

---

67) 군자가……곳이다〔君子攸芋〕: 淸나라의 학자 王引之는 ≪經義述聞≫에서 芋는 집을 뜻하는 宇의 가차로 사용되었다고 보았다.

68) 假借하여……되었다 : 莒의 본뜻은 '토란'인데, 나라 이름으로 假借되었다는 뜻이다.

69) 李季節 : ?~?. 南北朝時代의 北齊 학자이다. 季節은 字이며 이름은 槩이다. 저서로 ≪修續音韻決疑≫와 ≪音譜≫가 있었다고 전한다. ≪通志≫ 권155의 〈李公緒傳〉에 "이공서의 아우는 槩이다. 자는 季節이다. 젊어서 학문을 좋아하였으나 성품이 거만하였다.〔公緒弟槩 字季節 少好學 然性倨傲〕"라고 하였다.

矩와 발음을 같이 하였기 때문이다. 李季節의 ≪音譜≫에는 擧・莒를 居와 許의 반절이라고 하였다. 그렇다면 矩가 其와 呂의 반절이라는 것과는 발성이 같지 않고, ≪管子≫에서 말한 "입을 벌린 채 다물지 못했다."는 사실과 부합된다.

≪廣韻≫에서 "矩는 俱와 雨의 반절이다."라고 하였으니, ≪唐韻≫에서 예전에 말한 것과 같지 않다.[70] 또 살펴보건대 ≪孟子≫ 〈梁惠王 下〉에서 "莒나라를 공격하러 가는 군대를 막았다.〔以遏徂莒〕"라고 하였으며, ≪詩經≫ 〈大雅 皇矣〉에서는 "徂旅"[71]라고 하였다. 莒는 呂가 聲符인 것을 따라서 본래 呂처럼 발음하는 것을 알았다. 이런 까닭에 입을 벌린 채 다물지 못한 것이니, 李季節이 말한 것과는 다르다.

居許切. 五部. 顔氏家訓云 "北人之音多以擧莒爲矩. 唯李季節云'齊桓公與管仲於臺上謀伐莒. 東郭牙望桓公口開而不閉, 故知所言者莒也. 然則莒・矩必不同呼.' 此爲知音矣." 按, 廣韻莒・矩雖分語・麌. 然雙聲同呼. 顔氏云 "北人讀擧莒同矩"者, 唐韻"矩其呂切", 北人讀擧莒同之也. 李季節音譜讀擧莒居許切, 則與矩之其呂不同呼, 合於管子所云 "口開而不閉."[72] 廣韻"矩俱雨切", 非唐韻之舊矣. 又按, 孟子"以遏徂莒." 毛詩作"徂旅." 知莒從呂聲, 本讀如呂. 是所以口開不閉, 不第如李季節所云也.

02-012-0252 (蘧)〔패랭이꽃/거〕補

'패랭이꽃'이다. 艸를 따르고 遽(거)가 소리이다.

蘧麥也.① **从艸, 遽聲.**②

① 3자가 한 句이다. ≪爾雅≫ 〈釋艸〉에서 "大菊은 蘧麥이다."라고 하였다. ≪本艸≫에서 "瞿麥이다."라고 하였으니, 일명 '巨句麥'이다. ≪廣雅≫에서 "紫萎이다."라고 하였으니, 일명 '麥句薑'이다. 민간에서 "洛陽花이다."라고 하였으니, 일명 '石竹'이다.
三字一句. 釋艸曰, "大菊蘧麥." 本艸謂之"瞿麥." 一名"巨句麥." 廣雅謂之"紫萎." 一名"麥句薑." 俗謂之"洛陽花." 一名"石竹."

② 彊과 魚의 반절이다. 제5部에 있다.
彊魚切. 五部.

02-012-0253 (菊)〔대국/국〕

70) 廣韻에서……않다 : ≪唐韻≫에서 "矩는 其와 呂의 반절이다."라고 하였다.
71) 徂旅 : 毛亨은 旅는 地名이라고 하였는데, 이 旅는 莒의 假借로 사용된 것이다.
72) 口開而不閉 : ≪管子≫ 권16 〈小問〉에는 "口開而不闔"으로 되어 있다.

'大菊'이니 '蘧麥'이다. 艸를 따르고 匊(국)이 소리이다.

大菊,[①] **蘧麥. 从艸, 匊聲.**[②]

① 逗(句讀)이다.
逗.

② 居와 六의 반절이다. 제3部에 있다.
居六切. 三部.

02-012-0254  (葷) 〔훈채/훈〕

'냄새가 나는 채소'이다. 艸를 따르고 軍(군)이 소리이다.

臭菜也.[①] **从艸, 軍聲.**[②]

① 특이한 냄새가 나는 채소를 말한다. ≪儀禮≫ 〈士相見禮〉에 "밤에 군자를 모실 때, 밤 시간을 묻거나 훈채를 차리게 하면 물러나기를 청하는 것이 옳다."라고 하였다. 鄭玄 注에 "葷은 매운 식물로 파·염교 같은 종류이다. 이것을 먹고 눕고 싶은 마음을 떨쳐버린다. 葷이 古文에는 薰으로 되어 있다."라고 하였다.

≪禮記≫ 〈玉藻〉에 "임금에게 올리는 음식에 훈채·복숭아·갈대꽃이 있다."라고 하였는데, 鄭玄 注에 "葷은 생강과 매운 맛이 나는 채소〔辛菜〕이다. 葷은 혹 焄으로도 쓴다."라고 하였다. 살펴보건대 ≪儀禮≫ 〈士相見禮〉의 鄭玄 注에는 "파·염교 같은 식물이 辛物이다."라고 하였는데, ≪예기≫ 〈옥조〉의 정현 주에서 말한 "辛菜"이다.

≪예기≫ 〈옥조〉의 정현 주에서 생강을 먼저 언급한 것은 생강은 맵지만 탁한 냄새가 나지 않기 때문이다. 가을 채소는 맛이 맵고 비리다.[73] 파·염교 같은 식물은 모두 맵고 냄새가 나지만 실은 생강과 같은 종류이다. 葷의 古文은 薰이고, 혹은 焄으로도 쓴다. 악취가 나는 것도 '薰'이라고 하는데 治(다스리다)의 뜻으로 '亂'자를 말하는 것과 같다. ≪예기≫ 〈祭儀〉의 정현 주에 "焄은 香臭를 이른다."라고 하였다.

謂有气之菜也. 士相見禮"夜侍坐, 問夜, 膳葷, 請退可也." 注"葷, 辛物. 葱·薤之屬, 食之以止臥. 古文葷作薰." 玉藻"膳於君, 有葷·桃·茢." 注"葷, 薑及辛菜也. 葷或作焄." 按儀禮注謂"葱薤之屬爲辛物." 卽禮記注所謂"辛菜"也. 禮記注先以薑者, 薑辛而不葷. 金辛之臭

73) 가을……비리다 : 원문은 '金辛之臭腥'이다. ≪禮記≫ 〈月令〉에 "가을 9월에는……맛이 맵고, 냄새가 비리다.〔季秋之月……其味辛 其臭腥〕"라 하였다. 鄭玄 注에는 "맛이 맵고 냄새가 비린 것은 金의 냄새와 맛이다. 맵고 비린 식물은 모두 여기에 속한다.〔其味辛 其臭腥 金之臭味也 凡辛腥者皆屬焉〕"라고 하였다. 가을은 五行 가운데 金에 속한다.

腥. 葱・薤之屬, 皆辛而葷, 實與薑同類也. 葷古作薰. 或作焄者. 殠得名薰, 猶治曰亂. 祭義注"焄謂香臭也."

02-012-0255 蘘(蘘)〔양하/양〕補

'蘘荷'[74]이다. 일명 '菖蒩(복조)'이다. 艸를 따르고 襄(양)이 소리이다.

蘘荷也.① **一名菖蒩.**② **从艸, 襄聲.**③

① 3자가 한 句이다. 蘘荷는 司馬相如의 〈上林賦〉, 劉向의 〈九歎〉, 張衡의 〈南都賦〉, 潘岳의 〈閒居賦〉에 보인다.

三字句. 蘘荷見上林賦, 劉向九歎, 張衡南都賦, 潘岳閒居賦.

② ≪史記≫ 〈司馬相如傳〉의 〈子虛賦〉에는 "猼且(박저)", ≪前漢書≫ 〈司馬相如傳〉에는 "巴且(파저)", 王逸은 "蓴菹(박저)", 顔師古는 "蓴苴(박저)", ≪名醫別錄≫[75]에는 "覆葅(복저)"로 되어 있으니, 모두 글자는 다르지만 음은 비슷하다. 景瑳의 〈大招〉에는 앞뒤를 바꾸어 "苴蓴(저박)", 崔豹의 ≪古今注≫에는 "생강과 비슷한데 그늘진 수목이 무성한 곳에 잘 자란다."라고 하였다.

顔師古는 "뿌리 주위에 자라는 죽순으로 절임을 만들 수 있고, 또 蠱毒을 치료한다."라고 하였다. 宗懍[76]은 ≪荊楚歲時記≫에서 "11월에 蘘荷를 소금에 절여 월동에 대비한다."라고 하였으며, ≪急就篇≫에서는 "老菁[77]・蘘荷를 겨울철에 저장한다."라고 하였다.

史記子虛賦"猼且", 漢書"巴且", 王逸"蓴菹", 顔師古"蓴苴", 名醫別錄"覆葅", 皆字異音近. 景瑳大招則倒之曰, "苴蓴", 崔豹古今注曰, "似薑, 宜陰翳地." 師古曰, "根旁生笋, 可以爲葅, 又治蠱毒." 宗懍荊楚歲時記云 "仲冬以鹽藏蘘荷, 以備冬儲." 急就篇所云 "老菁・蘘荷, 冬日藏也."

③ 汝와 羊의 반절이다. 제10部에 있다.

汝羊切. 十部.

---

74) 蘘荷 : 생강과의 여러해살이 풀이름이다.

75) 名醫別錄 : 漢나라 때 만들어진 本草書이다.

76) 宗懍 : 502~565. 南北朝時代 北周의 大臣이자 학자로 자는 元懍이다. 저서로 ≪荊楚歲時記≫가 있다. 이 책은 양자강 중류의 옛적 荊나라 楚나라의 풍속을 기록한 것이다.

77) 老菁 : 순무를 말하는데, 가을에 심어 겨울에 수확한다. 蔓菁・冥菁・蕪菁・芴菁이라고도 한다.(≪佩文韻府≫ 권37 〈菁〉)

02-012-0256 (菁)〔구화/청〕 補

'부추꽃'이다. 艸를 따르고 靑(청)이 소리이다.

韭華也.① **从艸, 靑聲.**②

① ≪周禮≫ 〈天官 醢人〉의 "菁菹(청저)이다."라고 하였고, 鄭玄은 "菁菹는 부추꽃 절임이다.〔韭華菹〕"라고 하였다. 현재 ≪주례≫ 각 판본에는 '華'자가 누락되었으니 어떻게 윗글의 韭菹(구저)와 구별할 수 있겠는가. ≪廣雅≫에는 "부추꽃을 '菁'이라고 한다."라고 하였다. 張衡의 〈南都賦〉에서는 "가을 부추와 겨울 순무이다."라고 하였으니, 두 가지 식물이다. 史游는 ≪急就篇≫에서 이른바 "순무를 겨울에 저장한다."라고 하였다.
周禮, 菁菹, 先鄭曰, "菁菹, 韭華菹也." 今各本脫華字, 則何以別於上文之韭菹乎. 廣雅曰, "韭, 其華謂之菁." 若南都賦曰, "秋韭・冬菁", 則是二物. 史游所云 "老菁, 冬日藏也."

② 子와 盈의 반절이다. 제11部에 있다.
子盈切. 十一部.

02-012-0257 (蘆)〔무/로〕

'무'이다. 일설에는 '薺根(제근)'이라고 한다. 艸를 따르고 盧(로)가 소리이다.

蘆菔也. 一曰薺根.① **从艸, 盧聲.**②

① 〈'一曰薺根'은〉 '蘆'자의 뜻에 대한 별도의 설명으로, 냉이의 뿌리를 '蘆'라고 함을 말한 것이다.
此字義別說, 謂薺根謂之蘆也.

② 落과 乎의 반절이다. 제5部에 있다.
落乎切. 五部.

02-012-0258 (菔)〔무/복〕

'무'이다. 蕪菁와 비슷하며 열매는 小尗(소숙)과 같다. 艸를 따르고 服(복)이 소리이다.

蘆菔. 佀蕪菁, 實如小尗者.① **从艸, 服聲.**

① 지금의 蘿蔔이다. ≪爾雅≫ 〈釋艸〉에는 "葖(돌)은 무이다.〔葖 蘆萉〕"라고 하였다. 郭璞 注에 "萉는 菔이 되어야 한다. 蘆菔은 순무 종류이다. 꽃은 자줏빛이고 뿌리는 크다. 일명 '葖'이라고 한다.〔一名葖〕[78] 민간에서는 '雹葖'이라고 한다."라고 하였다. 살펴보건대 튼실한 뿌리가 사람을 놀라게 하므로 突이라고 부르면서 또 艸를 추가하기도 한 것이다. 蕪菁은 '蔓菁'이다.

今之蘿蔔也. 釋艸"葖, 蘆萉." 郭云 "萉當爲菔. 蘆菔, 蕪菁屬. 紫花大根, 一名葖, 俗呼雹葖." 按, 實根駭人, 故呼突, 或加艸耳. 蕪菁卽蔓菁.

② 蒲와 北의 반절이다. 제1部에 있다.

蒲北切. 一部.

02-012-0259  (苹) 〔개구리밥/평〕 補

'개구리밥'이다. 뿌리 없이 물에 떠다니며 자라는 것이다. 艸를 따르고 平(평)이 소리이다.

蓱也. 無根浮水而生者. ① **从艸, 平聲.** ②

① ≪詩經≫ 〈小雅 鹿鳴〉에 "매에매에, 사슴이 울며 들판의 개구리밥을 먹는다."라고 하였는데, 毛亨 傳에는 "苹은 개구리밥이다."라고 하였다. ≪爾雅≫ 〈釋艸〉에는 '苹'자가 두 번 나오는데 하나는 蓱, 하나는 藾蕭(쑥의 일종/뢰소)이다. 鄭玄 箋은 '물속의 풀로 사슴이 먹는 것이 아니다.'라고 하면서 毛亨 傳 주석을 바꾸어 "苹은 쑥이다."라고 하였다.

≪禮記≫ 〈月令〉에 "蓱은 개구리밥이다."라고 하였다. ≪周禮≫ 〈秋官 萍氏〉에 ≪爾雅≫ 〈釋艸〉의 "萍은 蓱이다."라는 구절을 인용하여 萍은 '수초', 苹은 '뇌소'로 구별하는 듯하다. 鄭玄은 ≪이아≫ 〈석초〉의 "萍은 蓱이다."라는 글에 근거를 두었다. 그리고 ≪詩經≫ 〈小雅 鹿鳴〉과 ≪大戴禮記≫ 〈夏小正〉에서는 苹을 '개구리밥'으로 보았다. 모두 假借에 속한다. 許愼은 苹·蓱·萍 3자는 동일한 식물이고, 苹을 假借로 보지 않았다.

○ 李善은 〈高唐賦〉[79]를 주석할 때 ≪說文≫을 인용하여 "苹苹은 풀의 모양이다. 음은 平이다."라고 하였다.

小雅"呦呦鹿鳴, 食野之苹." 傳曰, "苹, 蓱也." 釋草苹字兩出, 一曰蓱, 一曰藾蕭. 鄭箋'以水中之艸非鹿所食', 易之曰, "苹, 藾蕭也." 於月令"曰蓱, 萍也." 於周禮萍氏引爾雅萍蓱, 似分別萍爲水艸, 苹爲藾蕭. 鄭所據爾雅自作萍蓱. 而毛詩·夏小正以苹爲萍. 皆屬叚借.

78) 일명……한다〔一名葖〕: 이 구절은 邢昺 疏에 나오는데, 잘못해서 郭璞 注로 들어갔다.

79) 高唐賦 : 전국시대 楚나라 문장가 宋玉(B.C. 290?~B.C. 222?)의 작품으로, ≪文選≫ 권19에 보인다.

許君則苹蓱萍三字同物, 不謂苹爲叚借. ○ 李善注高唐賦引說文"苹苹, 艸皃. 音平."

② 符와 兵의 반절이다. 제11部에 있다.
符兵切. 十一部.

02-012-0260 (茞) [풀이름/신]

'풀이름'이다. 艸를 따르고 臣(신)이 소리이다.

艸也.① **从艸, 臣聲.**②

① 풀이름을 말한다.
謂艸名.

② 稹과 鄰의 반절이다. 제12部에 있다.
稹鄰切. 十二部.

02-012-0261 (薲) [큰 개구리밥/빈]

'큰 개구리밥'이다. 艸를 따르고 賓(빈)이 소리이다.

大蓱也.① **从艸, 賓聲.**②

① ≪爾雅≫ 〈釋艸〉에 "苹은 개구리밥인데, 큰 것을 蘋이라고 한다."라고 하였다. ≪詩經≫ 〈召南 采蘋〉의 毛亨 傳에 "蘋은 큰 개구리밥이다."라고 하였다. 薲과 蘋은 古今字이다.
釋艸曰, "苹, 蓱, 其大者蘋." 毛傳曰, "蘋大蓱也." 薲蘋古今字.

② 符와 眞의 반절이다. 제12部에 있다.
符眞切. 十二部.

02-012-0262 (藍) [쪽/람] 補

'청색으로 물들이는 풀'이다. 艸를 따르고 監(감)이 소리이다.

染靑艸也.① **从艸, 監聲.**②

① ≪詩經≫ 〈小雅 采綠〉의 "아침 내내 쪽풀을 캐다.[終朝采藍]"에서 鄭玄 箋에 "藍은 염료로 사용하는 풀이다."라고 하였다.

小雅傳曰, "藍, 染艸也."

② 魯와 甘의 반절이다. 제8部에 있다.
魯甘切. 八部.

02-012-0263 (藼)〔원추리, 망우초/**훤**〕【重文 2】

'사람의 근심을 잊게 해주는 풀'이다. 艸를 따르고 憲(헌)이 소리이다. ≪詩經≫〈衛風 伯兮〉에 "어디에서 원추리를 얻겠는가?"라고 하였다. (蕿)은 藼의 **或體**이니 煖을 따랐다. (萱)은 藼의 혹체이니 宣을 따랐다.

令人忘憂之艸也.① **从艸, 憲聲.**② **詩曰, "安得藼艸."**③[80] (蕿)**或从煖.**④ (萱)**或从宣.**⑤

① ≪詩經≫〈衛風 伯兮〉의 毛亨 傳에 보인다. 藼이라는 말은 '諼'이다. 諼은 '잊다'이다.
見毛傳. 藼之言諼也. 諼, 忘也.

② 況과 袁의 반절이다. 제14部에 있다.
況袁切. 十四部.

③ ≪詩經≫〈衛風 伯兮〉의 글이다. 지금 ≪詩經≫에는 "焉得諼草"로 되어 있다.
衛風文. 今詩作"焉得諼草."

④ 煖이 소리이다. 이 글자〈蕿은〉徐鍇本에는 없다. 張次立[81]이 보충하였는데 刪削해도 좋다.
煖聲. 此字小徐無. 張次立補, 可刪.

⑤ 宣이 소리이다.
宣聲.

02-012-0264 (营)〔궁궁이/**궁**〕【重文 1】

'营藭'이니 향기로운 풀이다. 艸를 따르고 宮(궁)이 소리이다. (芎)은〈营의 **或體**이니〉司馬相如는 弓을 따랐다고 말하였다.

营藭,① **香艸也.**② **从艸, 宮聲.**③ (芎), **司馬相如說或从弓.**④

---

80) 安得藼艸 : 十三經注疏本에는 "焉得諼草"로 되어 있다.

81) 張次立 : 1010?~1063. 宋나라의 학자로 문자학에 밝았으며, 徐鍇의 ≪說文解字繫傳≫을 교정하였다.

① 逗(句讀)이다.
逗.

② ≪春秋左氏傳≫ 宣公 12년에 "鞠窮"으로 되어 있는데, 賈逵는 "습한 기운을 막는 것이다."라고 하였다. 살펴보건대 今本의 ≪춘추좌씨전≫에는 "山鞠窮이 있는가."라고 하였는데, '山'자는 注와 疏에서 모두 해석을 하지 않았으니 衍文인 듯하다. 혹 다른 본에는 䓛으로 되어 있는데 잘못해서 2자가 된 것이다.
左傳作"鞠窮." 賈逵云 "所以禦溼." 按, 今本左傳"有山鞠窮乎." 山字, 注疏皆不釋, 疑衍. 或本作䓛, 而譌爲二字.

③ 去와 弓의 반절이다. 제9部에 있다.
去弓切. 九部.

④ 대개 司馬相如의 〈凡將〉에는 芎으로 되어 있다. 弓聲은 제6부에 있다. 古音은 肱과 같이 읽는데[82] 음이 제9부로 轉換되었다. '船'자 또한 躬의 或體인 弓聲을 따른 것과 같다.
蓋凡將篇如此作. 弓聲在六部. 古音讀如肱, 音轉入九部. 如船字亦或弓聲.

02-012-0265 藭(藭) 〔궁궁이/궁〕

'营藭'이다. 艸를 따르고 窮(궁)이 소리이다.

营藭也. 从艸, 窮聲.①

① 渠와 弓의 반절이다. 제9部에 있다. 营과 窮은 疊韻이다.
渠弓切. 九部. 营窮疊韻.

02-012-0266 蘭(蘭) 〔향초/란〕 補

'향기로운 풀'이다. 艸를 따르고 闌(란)이 소리이다.

香艸也.① 从艸, 闌聲.②

① ≪周易≫ 〈繫辭傳 上〉에 "그 향기가 마치 난초와 같다."라고 하였으며, ≪春秋左氏傳≫ 宣公 3년에 "난초에는 아름다운 향기가 있다."라고 하였다. 설명하는 사람이 쉽싸리〔澤蘭〕와 비슷하다고 하였다.

82) 같이 읽는데 : 원문은 讀如인데 假借를 말한다. 讀若이라고도 한다.

易曰, "其臭如蘭." 左傳曰, "蘭有國香."[83] 說者謂似澤蘭也.

② 落과 干의 반절이다. 제14部에 있다.
落干切. 十四部.

02-012-0267 (葌)〔향기로운 풀/간〕

'향기로운 풀'이다. 오림산에서 난다. 艸를 따르고 姦(간)이 소리이다.

香艸也.① 出吳林山.② 从艸, 姦聲.③

① ≪衆經音義≫에 의거하여 〈香也〉 2자를 보충하였다.
依衆經音義補二字.

② ≪山海經≫ 〈中山經〉에 "吳林山에 葌草가 많다."라고 하였으며, 또 "葌山에 葌水가 나온다."라고 하였으며, 또 "풀이 있는데 그 모습이 葌草와 비슷하다."라고 하였다. 郭璞이 "葌은 菅이다."라고 하였는데 잘못이다.
中山經曰, "吳林之山, 其中多葌草." 又云 "葌山有葌水出焉." 又云 "有艸, 其狀如葌." 郭云 "葌卽菅." 誤.

③ 古와 顏의 반절이다. 제14部에 있다.
古顏切. 十四部.

02-012-0268 (葰)〔생강/유〕

'생강의 종류'이다. 입을 향기롭게 할 수 있다. 艸를 따르고 俊(준)이 소리이다.

薑屬. 可㠯香口.① 从艸, 俊聲.②

①≪의례≫ 〈旣夕禮〉에 "〈棺의 아래를〉 綏와 澤으로 채운다."라고 하였는데, 鄭玄 注에 "綏(유)는 廉薑(생강의 일종)이다. 澤은 澤蘭(쉽싸리)이다. 모두 향기도 나고 습기를 막는 것을 취한 것이다."라고 하였다. 살펴보건대 綏는 葰의 가차자이다.[84] 일명 '山辣'이며 지금 약재 중의 三柰이다. 左思의 〈吳都賦〉[85]에는 "薑彙"라고 하였다.

---

83) 國香 : 蘭草의 별명이다.

84) 綏는……가차자이다 : 綏는 本義가 '수레에 오를 때 잡는 끈'인데, '생강〔葰〕'의 의미로 쓰여 가차가 되었다는 것이다.

85) 吳都賦 : ≪文選≫ 권5에 보인다.

既夕禮"實綏澤焉", 注"綏, 廉薑. 澤, 澤蘭也. 皆取其香且禦溼." 按, 綏者, 葰之叚借字. 一名山辣, 今藥中三柰也. 吳都賦謂之"薑彙."

② 息과 遺의 반절이다. 제15部에 있다.
息遺切. 十五部.

02-012-0269 (芄)〔왕골/환〕

'芄蘭(왕골/환란)'이니 莞이다. 艸를 따르고 丸(환)이 소리이다. ≪詩經≫〈衛風 芄蘭〉에 "환란의 가지이다."라고 하였다.

芄蘭,① **莞也.**② **从艸, 丸聲.**③ **詩曰, "芄蘭之枝."**④

① 逗(句讀)이다.
逗.

② ≪爾雅≫〈釋艸〉에 "雚은 '환란'이다."라고 하였으니, 여기의 莞은 마땅히 雚이 되어야 한다.[86] ≪說文≫에서는 莞을 藺(골풀/린)·蒲(부들/포)와 같은 종류로 분류하고, 芄蘭을 香艸와 같은 종류로 분류하며, 따로 나누었으니 결단코 같은 식물이 아니다. 어떤 사람은 "莞은 衍字이다."라고 하였다. 鄭玄·陸璣·郭璞이 芄蘭에 대해 설명한 것이 모두 같다. 許愼은 芄蘭을 香草에 포함시켰는데, 그들의 해석이 같은지 다른지는 모르겠다.
釋艸"雚, 芄蘭." 此莞當爲雚. 說文莞與藺·蒲爲類, 芄蘭與香艸爲類, 割分異處, 斷斷非一物. 或曰, "莞, 衍字." 鄭·陸·郭說芄蘭皆同. 許君以芄蘭列於香艸. 未審其意同否也.

③ 胡와 官의 반절이다. 제14部에 있다.
胡官切. 十四部.

④ ≪說苑≫〈修文〉에는 또한 '枝'로 되어 있다. 지금의 ≪詩經≫에는 '支'로 되어 있다.
說苑亦作枝. 今詩作支.

02-012-0270 (虈)〔구릿대/효〕

楚나라에서는 '蘺', 晉나라는 '虈', 齊나라는 '茝'라고 한다. 艸를 따르고 嚻(효)가 소리이다.

86) 莞은……한다 : 원문은 '莞當爲雚'이다. ……當爲……는 '마땅히 ……가 되어야 한다'로 번역하는 문자학적 용어이다. 字形이 잘못되었을 경우 '……當爲……'라고 표현한다.

楚謂之蘺, **晉謂之**虈, **齊謂之**茝.① **从艸, 嚻聲.**②

① 이것은 동일한 식물인데 지방에 따라 이름이 다른 것이다. 茝는 ≪本艸經≫에서는 "白芷(구릿대)"라고 하였다. 茝와 芷는 같은 글자이다. 茝聲과 止聲이 똑같이 1部에 있다. ≪禮記≫ 〈內則〉에 "허리에 차는 수건과 구릿대이다.〔佩帨茝蘭〕"라고 하였다. 掌禹錫[87]이 "춘추시대의 范蠡[88]와 計然[89]이 '白芷는 齊郡에서 난다.'고 말했다."라고 하였다. 王逸[90]이 ≪楚辭章句≫ 〈九思 逢尤〉에서 "향긋한 구릿대여. 꺾어져 시들었구나.〔芳虈兮挫枯〕"라고 하였다.

≪埤蒼≫[91]에 "齊나라에서는 茝를 일명 '虈'라고 부른다."라고 하였다. 살펴보건대 屈原이 지은 賦인 〈離騷〉에는 茝가 있고 芷가 있으며, 또 葯이 있다. 王逸이 "葯은 白芷이다."라고 주석하였다. ≪廣雅≫ 〈釋艸〉에 "白芷는 그 잎을 葯이라 이른다."라고 하였다. ≪說文≫에는 '葯'자가 없다. 虈聲・約聲은 모두 2部에 있는데 虈・葯은 아마도 같은 글자인 듯하다.

다만 또 "楚나라에서는 '蘺'라고 부른다."라고 하고서 바로 아래에 표제자 蘺를 연계시키고 "江蘺는 蘼蕪이다."라고 하였다. 茝・江蘺・蘼蕪가 동일한 식물인지는 분명하지 않다. ≪離騷≫에 "江蘺와 辟芷를 몸에 걸치다."라고 하였으니, 동일한 식물이 아님은 분명하다.

此一物而方俗異名也. 茝, 本艸經謂之"白芷." 茝・芷同字. 茝聲・止聲, 同在一部也. 內則曰, "佩帨茝蘭." 掌禹錫曰, "范子・計然云'白芷出齊郡.'" 王逸九思曰, "芳虈兮挫枯." 埤蒼曰, "齊茝一曰虈." 按, 屈原賦有茝有芷又有葯. 王注曰, "葯, 白芷也." 廣雅曰, "白芷, 其葉謂之葯." 說文無葯字. 虈聲・約聲, 同在二部. 疑虈・葯同字耳. 但又曰, "楚謂之蘺", 下卽系以蘺篆云"江蘺蘼蕪." 以茝・江蘺・蘼蕪爲一物, 殊不可曉. 離騷曰, "扈江蘺於辟芷兮",[92] 非一物明矣.

② 許와 驕의 반절이다. 제2部에 있다.

許驕切. 二部.

---

87) 掌禹錫 : 990~1066. 宋나라의 학자이다. 嘉祐 年間(1056~1063)에 ≪嘉祐補注本草≫를 지었는데 ≪補注神農本草≫라고도 한다.

88) 范蠡 : B.C. 536?~B.C. 448. 춘추시대 越나라 宰相이다.

89) 計然 : ?~?. 춘추시대 越나라 사람으로 특히 致富術에 뛰어났다. 范蠡가 계연의 계책을 써서 巨富가 되었다고 한다.

90) 王逸 : 89?~158. 後漢의 학자이다. 저서로 ≪楚辭章句≫가 있다.

91) 埤蒼 : 魏나라 학자 張揖(?~?)이 지은 문자학서이다. 저서로 ≪埤蒼≫, ≪廣雅≫가 있다.

92) 扈江蘺於辟芷兮 : 今本 ≪離騷≫에는 "扈江離與辟芷兮"로 되어 있다.

02-012-0271 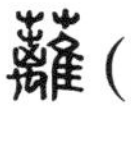(蘺)〔구릿대/리〕

'江蘺(구릿대/강리)'이니 '궁궁이의 싹〔蘪蕪(미무)〕'이다. 艸를 따르고 離(리)가 소리이다.

江蘺, 蘪蕪.① **从艸, 離聲.**②

① 司馬相如의 〈子虛賦〉에 "芷若・射干・穹窮・昌蒲.・江離・蘗蕪"라고 하였고, 또 〈上林賦〉에 "江離를 몸에 걸치고 蘗蕪도 뒤섞었다.〔被以江離 糅以蘗蕪〕"라고 하였으니 각각 다른 식물임이 분명하다. 그런데 해설하는 사람이 ""江蘺와 蘪蕪는 모두 芎藭의 싹인데, 2종이 있다. 槀本(향초의 일종) 비슷한 것은 江蘺이고, 蛇牀(뱀도랏)과 비슷하면서 향기가 나는 것은 蘪蕪이다."라고 하였으니, 芎藭・江蘺・蘪蕪는 동일한 식물이다.

徐之才[93]가 ≪藥對≫에서 또 "蘪蕪는 일명 '江蘺'이고 芎藭의 싹이다."라고 하였다. ≪說文≫에서는 蘪蕪를 江蘺로 풀이하였다. 또 江蘺를 초나라 사람들이 '茝'라고 부르는 것은, 단지 초나라에서는 茝를 '蘺'라고 하였지 茝를 '江蘺'라고 하지 않았기 때문이다. 대개 ≪爾雅≫〈釋艸〉의 "蘄茝는 蘪蕪이다.〔蘄茝 蘪蕪〕"이란 글이 있어서 종합하였다. 그렇지만 茝와 蘄茝가 반드시 같은 식물은 아니다.

相如賦云 "芷若・射干・穹窮・昌蒲.・江離・蘗蕪", 又云 "被以江離, 糅以蘗蕪." 是各物明矣. 而說者云 "江蘺, 蘪蕪, 皆芎藭苗也, 有二種. 似槀本者爲江蘺, 似蛇牀而香者爲蘪蕪." 則芎藭・江蘺・蘪蕪爲一. 徐之才藥對亦云 "蘪蕪一名江蘺, 芎藭苗也." 而說文以蘪蕪釋江蘺. 且以江蘺卽楚人謂茝者, 但楚謂茝爲蘺, 不云謂茝爲江蘺也. 蓋因釋艸有"蘄茝, 蘪蕪"之文而合之. 茝與蘄茝, 又未必一物也.

② 呂와 支의 반절이다. 古音은 제16部에 있다.
呂支切. 古音在十六部.

02-012-0272 (茝)〔구릿대/채〕 補

'虈(구릿대/효)'이다. 艸를 따르고 𦣞(채)가 소리이다.

虈也. 从艸, 𦣞聲.①

① 昌과 改의 반절이다. 〈𦣞는〉 제1部에 있다.
昌改切. 一部.

---

93) 徐之才 : 505~572. 남북조 시대의 名醫이다. 저서로 ≪藥對≫가 있다.

02-012-0273 𧀵(虋)〔구릿대/미〕

'虋蕪(구릿대/미무)'이다. 艸를 따르고 麋(미)가 소리이다.

虋蕪也.① **从艸, 麋聲.**②

① 3자가 한 句이다. 虋과 蕪는 雙聲이다.
三字句. 虋蕪雙聲.

② 靡와 爲의 반절이다. 古音은 제15部에 있다.
靡爲切. 古音在十五部.

02-012-0274 𦿰(薰)〔향초/훈〕

'향초'이다. 艸를 따르고 熏(훈)이 소리이다.

香艸也.① **从艸, 熏聲.**②

① ≪春秋左氏傳≫ 僖公 4년에 "하나는 향기로운 풀이고, 하나는 악취가 나는 풀이다.〔一薰一蕕〕"라고 하였다. 左思의 〈蜀都賦〉에 劉逵가 "잎을 '蕙', 뿌리를 '薰'이라고 부른다."라고 주석하였다. 張揖은 사마상여의 〈上林賦〉을 "蕙는 '薰艸'이다."라고 주석하였다. 陳藏器는 "薰은 零陵香이다."라고 하였다. ≪山海經≫ 〈西山經〉의 郭璞 注에 "蕙는 蘭에 속하는 식물이지, 薰의 잎이 아니다."라고 하였다.
左傳曰, "一薰一蕕." 蜀都賦劉注曰, "葉曰蕙, 根曰薰." 張揖注上林賦曰, "蕙, 薰艸也." 陳藏器曰, "薰卽是零陵香也." 郭注西山經曰, "蕙, 蘭屬也. 非薰葉."

② 許와 云의 반절이다. 제13部에 있다.
許云切. 十三部.

02-012-0275 𧃲(藩)〔물에서 자라는 마디풀/독〕

'水萹茿(물에서 자라는 마디풀/수편축)'이다. 艸・水을 따르고 毒(독)이 소리이다. 督(독)과 같이 읽는다.

水萹茿也.① **从艸水, 毒聲. 讀若督.**②

① 물에서 자라는 마디풀을 '藩'이라고 한다. 통틀어서 말하면 '萹茿(편축)', 나누어서 말

하면 물과 땅에서 자라는 차이가 있고 그 명칭이 다른 것에 따라 그 글자도 다르다. ≪詩經≫ 〈衛風 淇奧〉에 "푸른 대나무가 무성하다.〔綠竹猗猗〕"라고 하였는데, 陸德明의 ≪經典釋文≫ 〈毛詩音義〉에 "竹이 ≪韓詩≫에는 '薄'으로 되어 있으니 萹茿이다. 石經에도 薄으로 되어 있다."라고 하였다.

살펴보건대 石經은 漢나라의 一字石經[94]인데 ≪魯詩≫가 적혀 있다. 張衡의 〈西京賦〉를 李善이 주석하면서 ≪韓詩≫의 "푸른 마디풀이 가득 쌓아 있는 듯하다.〔綠薄如簀〕"는 구절을 인용하였다. ≪玉篇≫에는 "薄은 薄과 같다."라고 하였다.

謂萹茿之生於水者, 謂之薄也. 統言則曰萹茿, 析言則有水陸之異, 異其名, 因異其字. 詩衛風"綠竹猗猗", 音義曰, "竹, 韓詩作薄, 萹茿也. 石經亦作薄." 按石經者, 蓋漢一字石經, 魯詩也. 西京賦李注引韓詩"綠薄如簀." 玉篇曰, "薄同薄."

② 徒와 沃의 반절이다. 제3部에 있다.

徒沃切. 三部.

02-012-0276 萹(萹)〔마디풀/편〕

'萹茿(마디풀/편축)'이다. 艸를 따르고 扁(편)이 소리이다.

萹茿也.① 从艸, 扁聲.②

① 3자가 한 句이다. ≪爾雅≫ 〈釋艸〉에 "竹은 '萹蓄'이다."라고 하였다. 살펴보건대 竹은 ≪시경≫ 〈衛風 淇奧〉에 나오는 "푸른 대나무가 무성하도다.〔綠竹猗猗〕"의 竹(마디풀/죽)을 풀이한 것이다. ≪韓詩≫와 ≪魯詩≫는 모두 "薄"(마디풀/독)으로 되어 있고, ≪詩經≫에는 유독 假借하여 竹으로 되어 있다.[95] ≪이아≫는 ≪모시≫의 해석과 일치한다. 茿과 蓄은 疊韻으로 통용된다. ≪本艸經≫에는 또한 "萹蓄"으로 되어 있다.

三字句. 釋艸云 "竹, 萹蓄." 按, 竹者, 釋毛詩衛風之竹也. 韓・魯詩皆作薄, 毛詩獨叚借作竹. 爾雅與毛詩合. 茿蓄疊韻, 通用. 本艸經亦作"萹蓄."

② 方과 沔의 반절이다. 제12部에 있다.

方沔切. 十二部.

---

94) 一字石經 : 漢나라 때 隸書로 쓰여진 石經을 말한다. 漢 靈帝 熹平 4년(175) 3월에 五經 문자의 서로 다르고 와전되고 탈락된 것을 교정하여, 石碑에 새겨 太學의 문 밖에 세웠던 것이다. 熹平石經・鴻都石經・今字石經 등 여러 이름이 있다. 蔡邕(132~192)이 썼다고 전해진다.

95) 詩經에는……있다 : 竹의 本義 '대나무'가 萹蓄(마디풀)'이라는 竹으로 가차되었다는 것이다.

02-012-0277 (蓫)〔마디풀/축〕

'萹筑(마디풀/편축)'이다. 艸를 따르고 筑(축)의 생략형이 소리이다.

萹筑也. 从艸, (蓫)〔筑〕[96]省聲.①

① 陟과 玉의 반절이다. 제3部에 있다. 살펴보건대 여기에서 '巩(공)이 소리이다〔巩聲〕'라고 하지 않고 '筑의 생략형이 소리이다.〔筑省聲〕'라고 한 것은, '巩'자는 工이 소리이고 筑자는 竹이 또한 소리이기 때문이다.[97] 蓫의 표제자가 徐鍇本에는 뒤쪽의 '菩'자의 아래 '范'자의 위에 있다.

陟玉切. 三部. 按, 此不云巩聲而云筑省聲者, 以巩字, 工聲. 筑字, 竹亦聲也. 蓫篆鍇本在後菩下范上.

02-012-0278 (藒)〔향초/걸〕

'藒車(향초/걸거)'이니 '芞輿(향초)'이다. 艸를 따르고 楬(걸)이 소리이다.

藒車,① 芞輿也.② 从艸, 楬聲.③

① 逗(句讀)이다.

逗.

② 각 판본에는 '藒車' 2자가 없다. 지금 ≪古今韻會擧要≫에서 인용한 것에 의거하여 보충한다. 藒芞와 車輿는 모두 疊韻이다. ≪爾雅≫의 어떤 판본에는 간혹 '車'자가 없다고 해서 이 때문에 ≪說文≫을 고칠 수는 없다. ≪離騷≫와 〈上林賦〉에는 모두 "揭車"로 되어 있다. ≪廣志≫[98]에 "누런 잎에 흰 꽃이다.〔黃葉白華〕"라고 하였다.

各本無藒車二字. 今依韻會所引補. 藒芞・車輿皆疊韻. 爾雅本或無車字, 不得以之改說文也. 離騷・上林賦皆作"揭車." 廣志曰, "黃葉白華."

③ 去와 謁의 반절이다. 제15部에 있다. ≪玉篇≫에는 "藒"로 되어 있으며 木을 따랐다.

去謁切. 十五部. 玉篇作"藒", 從木.

---

96) (蓫)〔筑〕: 저본에는 蓫으로 되어 있으나, 段玉裁 注에 의거하여 '筑'으로 바로잡았다.

97) 巩(공)이……때문이다 : 蓫이 入聲이므로 그 聲符는 입성인 筑(축)이 되어야 하고, 上聲인 巩이 소리가 되지 않는다는 것이다.

98) 廣志 : 晉나라 郭義恭(?~?)이 지었다.

02-012-0279 (芞)〔향초/걸〕

'향초'이다. 艸를 따르고 气(걸)이 소리이다.

芞輿也.① **从艸, 气聲.**②

① 3자가 한 句이다.
三字句.

② 去와 謁의 반절이다. 제15部에 있다.
去謁切. 十五部.

02-012-0280 (莓)〔마매/매〕[補]

'馬莓'이다. 艸를 따르고 母(모)가 소리이다.

馬莓也.① **从艸, 母聲.**②

① ⿱艹歬(葥과 同字)의 표제자가 여기에 배열되어 있지 않으니 山莓가 아니다.
⿱艹歬篆不廁於此, 則非山莓也.

② 母와 辠의 반절이다. 古音은 제1部에 있다.
母辠切. 古音在一部.

02-012-0281 (茖)〔풀이름/각〕[補]

'풀이름'이다. 艸를 따르고 各(각)이 소리이다.

艸也.① **从艸, 各聲.**②

① ≪爾雅≫ 〈釋艸〉에 "茖은 山葱이다."라고 하였다. 살펴보건대 ≪이아≫에 이 글자가 있으나 許愼이 과연 ≪이아≫를 사용했다면 어찌하여 '山葱'이라 하지 않고 '풀이름'라고 하였을까. 대체로 모르는 것은 차라리 빼버리는 것이 낫겠다.
釋艸"茖, 山葱." 按, 爾雅雖有此字, 然許君果用爾雅, 何以不云山葱而云艸也. 凡所不知, 寧從蓋闕.

② 古와 額의 반절이다. 古音은 제5部에 있다.
古額切. 古音在五部.

02-012-0282  (苷) 〔감초/감〕

'甘艸'이다. 艸를 따르고 甘(감)이 소리이다.

甘艸也.① 从艸, 甘聲.②

① 이른바 약재 중의 國老(감초의 별명)이다. 72종의 돌과 1,200종의 풀을 알맞게 배합한 것이다.
所謂藥中國老. 安和七十二種石, 一千二百種艸者也.

② 이 글자는 形聲이면서도 會意를 포함한다. 古와 三의 반절이다. 제8部에 있다.
此以形聲包會意. 古三切. 八部.

02-012-0283  (芧) 〔풀이름/저〕 補

'풀이름'이다. 艸를 따라고 予(여)가 소리이다. 새끼를 만들 수 있다.

艸也.① 从艸, 予聲.② 可㠯爲繩.

① ≪史記≫의 〈上林賦〉에 "줄풀·모시풀·사초〔蔣芧青薠〕"에 대하여 張揖은 "芧는 三棱草(매자기)이다."라고 하였으며 郭璞은 "음이 杼이다."라고 하였다. 살펴보건대 三棱草는 蘇頌[99]의 ≪圖經≫에 이른바 "잎은 莎艸 비슷하지만 매우 길고, 줄기는 三陵이 뾰족하게 나온 듯하며 높이가 5, 6척이며, 줄기 끝에 꽃이 핀다."라고 하였으니, 이것이다.
江蘇 지방에 蘆灘에 매우 많으며 '馬芧'라고 부르며 音은 宁와 같다. 줄기로 물건을 맬 수 있고 또 엮어서 노끈을 만들 수 있다. 張衡의 〈南都賦〉에 "기름새·모시풀·사초·왕골〔蔗苧薠莞〕"에 대하여, 李善이 주석하면서 ≪說文≫의 "모시풀로 새끼를 엮을 수 있다.〔苧可以爲索〕"라는 글을 인용하였다. 대개 ≪史記≫ 〈上林賦〉에는 본래 '芧'로 되어 있지만 ≪文選≫ 〈上林賦〉에는 또한 '苧'로 되어 있다. 苧는 芧의 別字이다.
上林賦"蔣芧青薠", 張揖曰, "芧, 三棱也." 郭璞"音杼" 按, 三棱者, 蘇頌圖經所謂"葉似莎艸極長, 莖三陵如削, 高五六尺, 莖端開花"是也. 江蘇蘆灘中極多, 呼爲馬芧, 音同宁. 莖可繫物, 亦可辮之爲索. 南都賦"蔗苧薠莞", 李注引說文"苧可以爲索." 蓋賦文本作'芧', 文選上林賦亦作'苧.' 苧者, 芧之別字.

---

99) 蘇頌 : 1020~1101. 宋나라의 문신이며 학자이다. 醫藥學과 天文學에 크게 공헌하였으며 저서로 ≪圖經≫이 있는데, ≪本草圖經≫ 또는 ≪圖經本草≫라고도 한다.

② 直과 呂의 반절이다. 제5部에 있다.
直呂切. 五部.

02-012-0284 (藎)〔풀이름/신〕補

'풀이름'이다. 艸를 따르고 盡(진)이 소리이다.

艸也.① **从艸, 盡聲.**②

① 蘇恭[100]·掌禹錫이 모두 "俗名은 '菉蓐艸'이다. ≪爾雅≫에 이른바 '王芻'이고, ≪詩經≫ 〈衛風 淇奧〉에서는 淇水 물굽이의 菉(조개풀/록)이다."라고 하였다. 살펴보건대 ≪說文≫에는 '藎'자를 두고, 또 따로 '菉'자를 두었다. 허신은 藎이 菉이 아니라고 여긴 것이다.
蘇恭·掌禹錫皆云"俗名菉蓐艸. 爾雅所謂王芻, 詩淇澳之菉也." 按, 說文有藎, 又別有菉, 則許意藎非菉矣.

② 徐와 刃의 반절이다. 제12部에 있다. ≪詩經≫ 〈大雅 文王〉에는 藎을 進으로 풀이하였다.[101]
徐刃切. 十二部. 大雅以爲進字.

02-012-0285 (蒁)〔풀이름/술〕補

'풀이름'이다. 艸를 따르고 述(술)이 소리이다.

艸也.① **从艸, 述聲.**②

① 陳藏器가 ≪本艸拾遺≫에서 "蓬莪茂-〈茂은〉 旬과 律의 반절이다.-에 대하여, 일명 '蓬莪', 일명 '蒁', 일명 '波殺'"이라고 하였다. 徐鍇가 인용하였는데 맞는지 모르겠다.
陳藏器本艸"蓬莪茂-旬律切-, 一名蓬莪, 二名蒁, 三名波殺." 徐鍇引之, 未知是否.

② 食과 聿의 반절이다. 제15部에 있다.
食聿切. 十五部.

---

100) 蘇恭 : ?~?. 唐의 醫學者이며 ≪唐本草≫를 편찬할 때 참여하였다.

101) 詩經……풀이하였다 : ≪詩經≫ 〈大雅 文王〉의 "王之藎臣"에서 朱熹 傳에 "藎은 進이다.〔藎 進也〕"라고 하였다.

02-012-0286 (荵)〔인동초/인〕

'荵冬艸'이다. 艸를 따르고 忍(인)이 소리이다.

荵冬艸.① **从艸, 忍聲.**②

① 3자가 한 句이다. ≪名醫別錄≫[102]에는 '忍冬'이라 되어 있다. 지금의 金銀藤이며 그 꽃을 '金銀花'라고 한다.
三字句. 名醫別錄作忍冬. 今之金銀藤也, 其花曰金銀花.

② 而와 軫의 반절이다. 제12部에 있다.
而軫切. 十二部.

02-012-0287 (萇)〔다래/장〕補

'萇楚(다래/장초)'이니 '銚弋(다래나무)'이다. 일설에는 '羊桃(다래나무)'라고 한다. 艸를 따르고 長(장)이 소리이다.

萇楚,① 銚弋.② **一曰羊桃.**③ **从艸, 長聲.**④

① 逗(句讀)이다.
逗.

② ≪詩經≫〈檜風 隰有萇楚〉와 ≪爾雅≫〈釋艸〉와 毛亨 傳에 보인다.
見檜風・釋艸・毛傳.

③ 陸璣・張揖은 모두 "羊桃이다."라고 하였다.
陸璣・張揖皆曰, "羊桃也."

④ 直과 良의 반절이다. 제10部에 있다.
直良切. 十部.

02-012-0288 (薊)〔엉겅퀴/계〕

'芺(엉겅퀴/요)'이다. 艸를 따르고 魝(계)가 소리이다.

薊, 芺**也.**① **从艸,** 魝**聲.**②

---

102) 名醫別錄 : 梁나라 陶弘景(456~536)이 지었다고 전해지는 의학서이다.

① ≪爾雅≫ 〈釋艸〉에 "芺는 薊이고 그 열매는 荂(과)이다."라고 하였는데, 郭璞은 "芺는 薊와 비슷하다."라고 하였다. 許愼은 芺로 薊를 풀이하여 같은 식물로 여기면서도 '芺' 자를 또 여기에 같은 종류로 배열하지 않았다. 〈이것에 대한〉 자세한 설명은 듣지 못하였다.

釋艸曰, "芺, 薊, 其實荂." 郭云 "芺似薊." 許以芺釋薊, 則爲一物, 而芺字又不類列於此. 未聞.

② 古와 詣의 반절이다. 제15部에 있다.

古詣切. 十五部.

02-012-0289 𦱀(莛)〔풀이름/리〕

'풀이름'이다. 艸를 따르고 里(리)가 소리이다. 釐(리)와 같이 읽는다.

艸也.① 从艸, 里聲. 讀若釐.②

① 아래 글의 苗(소루쟁이/적)이다. ≪本艸經≫에 "羊蹄"라고 하였다. ≪詩經≫ 〈小雅 我行其野〉에서 "蓫(소루쟁이/축)"이라고 하였는데, 蓫은 苗(소루쟁이/축)이며 또한 蓄으로도 쓴다. ≪廣韻≫ 〈一屋〉에 "莛는 許와 竹, 丑과 六의 두 가지 반절이다. 羊蹄菜이다."라고 하였다.

下文之苗也. 本艸經曰, "羊蹄." 小雅謂之"蓫", 蓫卽苗字, 亦作蓄. 廣韻一屋"莛, 許竹丑六二切. 羊蹄菜也."

② 里와 之의 반절이다. 제1部에 있다. 살펴보건대 ≪廣韻≫에서 莛는 許와 竹, 丑과 六의 반절이라고 한 것은, 莛와 蓄이 같은 식물이므로, 莛를 蓄이라고 잘못 읽은 것이다.[103]

里之切. 一部. 按, 廣韻莛讀許竹丑六切者, 因莛蓄同物而誤讀莛同蓄也.

02-012-0290 藋(藋)〔바꽃/조〕 補

'堇艸(바꽃/근초)'이다. 일설에는 '拜商藋'[104]라고 한다. 艸를 따르고 翟(적)이 소리

103) 廣韻에서……것이다 : ≪廣韻≫에는 "蓄 許竹切 又丑六切", 그리고 "莛 許竹切 又丑六切"이라고 하여, 莛와 蓄의 반절이 똑같다. 莛는 '里之切'('리')이라야 하는데 '許竹切 又丑六切'('휵', '축')로 잘못 표기된 것은 莛가 蓄의 의미와 같아서 莛를 蓄의 반절로 잘못 읽은 것이라고 밝힌 것이다.

104) 拜商藋 : ≪爾雅≫ 〈釋艸〉에 "배는 '상조'이다.〔拜 蔏藋〕"라고 하여 拜와 蔏藋를 따로 구분

이다.

堇艸也.① **一曰拜商藋.**② **从艸, 翟聲.**③

① ≪集韻≫·≪類篇≫·李仁甫本[105]에 의거하여 "堇"으로 썼다. ≪廣雅≫에 "堇-음은 謹이다.-은 藋이다."라고 하였고, ≪名醫別錄≫에는 "蒴藋인데 일명 '堇草', 일명 '芨'이라고 한다."라고 하였다. 살펴보건대 아래의 籒文에 '堇'자가 있는데, "뿌리가 냉이 같고 잎이 가는 버들과 같다."라고 하였다. 동일한 식물인지 아닌지는 모르겠다.

○ 대체로 이름은 다르지만 실제로는 같은 식물이 있다. ≪爾雅≫ 〈釋艸〉에 "芨은 堇艸이다."[106]고 하였다. 陸德明은 "≪本艸≫의 蒴藋(말오줌나무/삭조)라고 하였다." 살펴보건대 郭璞은 '烏頭'라고 하였다. 烏頭를 '堇'이라고 부른 것은 ≪國語≫ 〈晉語 二〉에 보이지만[107] 芨이라는 이름은 보이지 않는다. 陸德明의 설이 낫다. 徐鍇本에는 堇이 蓳로 되어 있다.

依集韻·類篇·李仁甫本作"堇." 廣雅"堇-謹音-藋也", 名醫別錄"蒴藋, 一名堇草, 一名芨." 按, 下籒文內有堇字, 云 "根如薺, 葉如細栁." 未知是一否. ○ 凡物有異名同實者. 釋艸曰, "芨, 堇艸." 陸德明謂"卽本艸之蒴藋." 按, 郭釋以烏頭. 烏頭名堇, 見國語. 而芨名無見. 陸說爲長. 鍇本堇作蓳.

② ≪爾雅≫ 〈釋艸〉에 商은 蔏으로 되어 있다.[108] ≪說文≫에서 '一曰'이라고 한 것에는 두 가지 예가 있다. 하나는 다른 설을 겸하여 채택하는 것이고, 하나는 같은 사물에 이름이 둘인 경우이다. 여기서 '一曰'은 어디에 속하는지 모르겠다. 아마도 堇艸를 蒴藋으로, 拜商藋을 지금의 灰藋(좀명아주/회조)로 여긴 듯하다. 灰藋는 藜(명아주/려)와 비슷하다.

≪春秋左氏傳≫ 昭公 16년에 "쑥과 명아주를 베다.〔斬之蓬蒿藜藋〕"라고 하였다. 李燾本에는 商이 啻로 되어 있다. 宋의 麻沙[109]된 大徐本에도 역시 啻로 되어 있다. 대개 許愼이 의거한 ≪爾雅≫는 지금 통행되는 ≪이아≫와는 다르다.

하였으며, 商이 蔏으로 되어 있다. 郭璞 注에 "蔏藋 역시 藜(명아주)와 비슷하다.〔蔏藋亦似藜〕"라고 하였다.

105) 李仁甫本 : 宋나라 학자 李燾(1115~1184)이 지은 ≪說文解字五音韻譜≫를 말한다. 李燾의 자가 仁甫이다.

106) 芨은 堇艸이다 : 堇艸는 毒草인 '바꽃'이다. '투구꽃'이라고도 한다. 郭璞 注에 "'오두'이다. 강동에서는 '근'이라 부른다.〔卽烏頭也 江東呼爲堇〕"라고 하였다.

107) 烏頭를……보이지만 : ≪國語≫ 〈晉語 二〉의 "寘堇于肉"에서 韋昭 注에 "堇은 '烏頭'이다.〔堇 烏頭也〕"라고 하였다.

108) 商은……있다 : "拜는 상조이다.〔拜 蔏藋〕"의 郭璞 注에 "蔏藋 역시 명아주와 비슷하다.〔蔏藋亦似藜〕"라고 하였다.(≪爾雅≫ 〈釋艸〉)

109) 麻沙 : 판본 상태가 좋지 않은 조잡한 서책을 이른다.

釋艸啇作藡. 說文言一曰者, 有二例. 一是兼採別說, 一是同物二名. 此一曰未詳何屬. 疑堇艸爲蒴藋, 拜啇藋爲今之灰藋也. 灰藋似藜. 左傳"斬之蓬蒿藜藋." 李燾本啇作啻. 宋麻沙大徐本亦作啻. 蓋許所據爾雅, 不同今本.

③ 徒와 弔의 반절이다. 제2部에 있다.
徒弔切. 二部.

02-012-0291 (芨) 〔바꽃/급〕

'堇艸(바꽃/근초)'이다. 艸를 따르고 及(급)이 소리이다. 急(급)과 같이 읽는다.

堇艸也.① **从艸, 及聲. 讀若急.**②

① 앞에 보인다.
見上.

② 居와 立의 반절이다. 제7部에 있다.
居立切. 七部.

02-012-0292 (葥) 〔산딸기/전〕

'山苺(산딸기/산매)'이다. 艸를 따르고 歬(전)이 소리이다.

山苺也.① **从艸, 歬聲.**②

① ≪爾雅≫ 〈釋艸〉에 보인다.[110)]
見釋艸.

② 子와 賤의 반절이다. 古音은 제12部에 있다.
子賤切. 古音在十二部.

02-012-0293 (蓩) 〔독초/무〕

'毒艸'이다. 艸를 따르고 務(무)가 소리이다.

110) 爾雅……보인다 : "葥은 산딸기이다.〔葥 山苺〕"라고 하였으며, 郭璞 注에 "지금의 木苺이다. 열매는 산딸기 비슷하면서 크니 또 먹을 수 있다.〔今之木苺也 實似藨苺而大 亦可食〕"라고 하였다.

毒艸也.① **从艸, 務聲.**②

① 徐鉉本・徐鍇本에는 표제자가 모두 蓩로 되어 있고, 艸를 따르고 敄(목)이 소리라고 하였다. 徐鉉本에는 蓩 아래에 또 莃의 표제자를 내고 "卷耳이다. 艸를 따르고 務가 소리이다.〔卷耳也 從艸 務聲〕"[111]라고 하였다. 徐鍇本에는 莃가 없어 張次立이 徐鉉本에 따라 보충하였다.

살펴보건대 ≪後漢書≫ 〈劉聖公傳〉의 "무향에서 전투를 벌이다.〔戰於莃鄉〕"에 대하여, 李賢 注에 "莃는 음이 莫과 老의 반절이다."라고 하였고, ≪字林≫에서 "독초이다. 이를 지명으로 삼았다."라고 하였다. ≪廣韻≫에는 "莃는 독초이다. 武와 道의 반절이며 또 지명이다."라고 하였다. 이상의 글에 의거하면 毒艸라는 글자는 力을 따르고 攵를 따르지 않은 것이 분명하다. ≪玉篇≫에서 "莃는 莫과 屋, 莫과 老의 2가지 반절이며, 독초이다."라고 하였다. 이것이 顧野王[112]의 原本이다. 그런데 莃아래에 ≪說文≫의 "卷耳也"를 인용하고, 또 '蓩'자를 내어서 莫과 候(후)의 반절이며 ≪설문≫의 "毒艸也"를 인용하였다. 이것은 孫强[113]과 陳彭年[114] 등의 학자가 당시 통용되던 ≪설문≫에 의거하여 보충한 것이다.

지금은 표제자를 改正해서 "莃 毒艸也"로 하고 "莃 卷耳也"라고 한 것을 刪削하였다. 卷耳를 진실로 '莃'라고 한다면 의당 "苓 卷耳也"라는 글과 함께 있어야 한다. 또 살펴보건대 ≪古今韻會擧要≫는 ≪後漢書≫의 注를 인용하여 "菽鄉"이라고 하였다. ≪설문≫에 있는 '菽'자는 "가는 풀이 무더기로 자란다.〔細艸叢生〕"라고 하였다.

鉉・鍇本篆皆作蓩, 從艸, 敄聲. 鉉本蓩下又出莃篆, 云卷耳也, 從艸, 敄聲. 鍇本無莃, 張次立依鉉補之. 攷後漢書劉聖公傳"戰於莃鄉." 注曰, "莃音莫老反." 字林云 "毒艸也. 因以爲地名." 廣韻"莃, 毒艸. 武道切, 又地名." 據此則毒艸之字, 從力不從攵明矣. 玉篇云 "莃, 莫屋莫老二切, 毒艸也." 此顧野王原本. 而莃下引說文"卷耳也", 又出蓩字, 莫候切, 引說文"毒艸也." 此孫强・陳彭年輩, 據俗本說文增之. 今改正篆文作"莃, 毒艸也." 而刪"莃, 卷耳也"之云. 卷耳果名莃, 則當與"苓, 卷耳也"同處矣. 又按, 韻會引後漢書注作"菽鄉." 說文有菽字, 云 "細艸叢生也."

② 古音은 제3部에 있다.
古音在三部.

---

111) 卷耳이다……소리이다.〔卷耳也 从艸 務聲〕: 徐鉉本 ≪說文≫에는 莃를 '卷耳'로 풀이하였고, 莃는 '毒艸'로 풀이하였다.

112) 顧野王 : 519~581. 남북조시대 梁나라 문신이자 학자이다. 저서로 ≪玉篇≫이 있다.

113) 孫强 : ?~?. 唐의 학자로, 顧野王의 ≪玉篇≫을 증보하였다.

114) 陳彭年 : 966~1017. 宋의 학자로, 顧野王의 ≪玉篇≫을 증보하였다.

02-012-0294 蓡(葠)〔인삼/삼〕

'人葠'이니 약초이다. 上黨[115]에서 생산된다. 艸를 따르고 寖(침)이 소리이다.

人葠,① 藥艸.② 出上黨.② 从艸, 寖聲.③

① 逗(句讀)이다.
逗.

② 句이다.
句.[116]

③ ≪本艸經≫에는 人參으로 되어 있다.
本艸經作人參.

④ 葠은 山과 林의 반절이다. 제7部에 있다.
山林切. 七部.

02-012-0295 虃(虃)〔순채/란〕

'鳧葵(순채/부규)'이다. 艸를 따르고 攣(련)이 소리이다.

鳧葵也. 从艸, 攣聲.②

① 뒷부분[117]에서 또 "茆는 鳧葵이다."라고 하였다. 虃·茆가 있는 자리가 같지 않은 것은 小篆과 籀文을 구별하기 때문이다. 虃과 茆는 雙聲이다. ≪廣雅≫에 "虃과 茆는 鳧葵이다."라고 하였다. 살펴보건대 虃과 蓴은 古今字이다. 古字는 虃으로 쓰고, 今字는 蓴·蒓으로 쓴다.
後又云 "茆, 鳧葵也." 二字不同處者, 以小篆, 籀文別之也. 虃茆雙聲. 廣雅曰, "虃, 茆, 鳧

---

115) 上黨 : 지금의 山西省 長治市에 해당하는 곳이다.

116) 逗……句 : 앞에는 逗, 뒤에는 句가 쓰였는데, '句逗'의 개념은 다음과 같다.
구투(句投)는……구두(句讀)이다.……경서에 글을 이루어 말이 끊어지는 곳을 '句'라 말하고, 말은 끊어지지 않으나 점으로 나누어 誦詠을 편하도록 한 것을 '讀(두)'라 말한다.……讀는 '逗(두)'와 통하고, 逗는 또 '投'와 통한다.〔句投……句讀也……凡經書 成文語絶處 謂之句 語未絶而點分之 以便誦詠 謂之讀……蓋讀與逗通 逗又與投通也〕(≪別雅≫ 권4 〈句投〉)
'人葠'에 '逗'를 표시하여 말이 끊어지지 않음을 보이고, '藥艸'에 '句'를 표시하여 '葠'의 설명이 완결됨을 보인 것이다. '出上黨'은 보충 설명이다. '句'와 '逗'에 의하여 '人葠藥艸出上黨' 등으로 이해될 개연성이 없어진 것이다.

117) 뒷부분 : 1편 下 51쪽에 "茆 鳧葵也"라고 하였다.

葵也." 按, 虇蔞古今字. 古作虇, 今作蔞作蒬.

② 洛과 官의 반절이다. 曹憲은 力과 船, 力과 舂 두 가지 반절이라 하였다. 제14部에 있다.

洛官切. 曹憲力船力舂二切. 十四部.

02-012-0296 𦸗(莀) 〔풀이름/려〕

'풀이름'이다. 갈황색으로 물들일 수 있다. 艸를 따르고 戾(려)가 소리이다.

艸也. 可㠯染留黃.① 从艸, 戾聲.②

① ≪說文≫ 糸部의 綟에서 "비단을 莀艸로 염색한 것이다."라고 하였다. 留黃을, 문장가 대다수가 流黃으로 쓴다. 皇侃[118]이 ≪禮記義疏≫에서 "駵黃은 土가 水를 이기기 때문에 중앙의 閒色은 駵黃이며 黃黑色이다."라고 하였다.[119] 漢나라의 제후왕은 盭綬(황금빛 인끈/여수)를 찬다. 晉灼[120]은 "盭는 풀이름이다. 琅邪 平昌縣에서 난다. 쑥과 비슷하며 황색으로 물들일 수 있다. 그러므로 인끈의 이름이 되었다."[121]라고 하였다.
내(단옥재)가 생각하건대 盭는 同音假借字이다.[122] 한나라 제도에 盭綬는 紫綬의 위에 있다. 그 색이 황색이면서 녹색에 가까우므로 徐廣[123]은 "녹색에 가깝다."라고 하였다. 혹자는 "紫綬와 비슷한 것을 '緺綬(왜수)'라고 부른다."라고 하였는데, 잘못이다. 緺는 紫青色으로 綟와는 같지 않다.

糸部綟下曰, "帛莀艸染色也." 留黃, 辭賦家多作流黃. 皇侃禮記義疏作"駵黃. 土剋水, 故中央駵黃色, 黃黑也." 漢諸侯王盭綬. 晉灼曰, "盭, 艸名. 出琅邪平昌縣. 似艾, 可染黃. 因以爲綬名." 玉裁按, 盭, 同音叚借字也. 漢制盭綬在紫綬之上. 其色黃而近綠, 故徐廣云

118) 皇侃 : 488~545. 남북조시대 梁나라의 經學家이다. 國子助教, 員外散騎侍郎 등을 지냈다. 三禮와 ≪論語≫, ≪孝經≫에 정통하였다. ≪禮記義疏≫, ≪禮記講疏≫ 등을 지었으나 모두 없어지고, 지금은 ≪論語義疏≫와 ≪禮記皇氏義疏≫만 전한다.

119) 皇侃이……하였다 : ≪禮記義疏≫ 〈玉藻〉에서 "黃色은 중앙의 정색이고, 駵黃은 중앙의 閒色이다. 中央의 土는 水를 이긴다. 水는 흑색이므로 駵色은 黃黑色이다.〔黃是中央正 駵黃是中央閒 中央土剋水 水黑 故駵色 黃黑也〕"라고 하였다.

120) 晉灼 : ?~?. 晉의 학자이며 저서로 ≪漢書音義≫가 있다.

121) 盭는……되었다 : ≪前漢書≫ 권19상 〈百官公卿表〉에 나오는 "황금 옥새와 황금 인수〔金璽盭綬〕"에 대하여 晉灼이 주석을 한 내용이다.

122) 盭는 同音假借字이다 : 盭는 本義가 '어긋나다'인데, '莀(염료 만드는 풀)'의 의미로 쓰여 가차가 되었다는 것이다.

123) 徐廣 : 352~425. 晉나라의 학자이며, 저서로 ≪史記音義≫가 있다.

"似綠." 或云 "似紫綬, 名緺綬者", 非也. 緺, 紫青色. 與綟不同.

② 郎과 計의 반절이다. 제15部에 있다.
郎計切. 十五部.

02-012-0297 (荍)〔당아욱/교〕

'蚍衃(당아욱/비부)'이다. 艸를 따르고 收(수)가 소리이다.

蚍衃也.① **从艸, 收聲.**②

① ≪爾雅≫ 〈釋艸〉에 "荍는 蚍衃(비배)이다."라고 하였고, ≪詩經≫ 〈陳風 東門之枌〉의 毛亨 傳에 "荍는 芘芣(비부)이다."[124)]라고 하였다. ≪說文≫과 자형은 다르지만 음은 같다. 陸璣의 ≪毛詩草木鳥獸蟲魚疏≫에서 "일명 '荊葵'이다. 순무와 비슷하고 꽃은 자주색을 띤 녹색이다. 먹을 수 있는데 약간 쓰다."라고 하였다. 蚍衃의 음은 毗浮(비부)이다.
釋艸曰, "荍, 蚍衃." 毛傳曰, "荍, 芘芣也." 與說文, 皆字異音同. 陸璣曰, "一名荊葵. 似蕪菁, 華紫綠色. 可食, 微苦." 蚍衃音毗浮.

② 渠와 遙의 반절이다. 古音은 제3部에 있다.
渠遙切. 古音在三部.

02-012-0298 (蓖)〔쑥/비〕

'쑥'이다. 艸를 따르고 毗(毗의 本字/비)가 소리이다.

蒿也. 从艸, 毗聲.①

① 房과 脂의 반절이다. 제15部에 있다.
房脂切. 十五部.

02-012-0299 (萬)〔풀이름/우〕 補

'풀이름'이다. 艸를 따르고 禹(우)가 소리이다.

---

124) 荍는 芘芣(비부)이다 : ≪詩經≫ 〈陳風 東門之枌〉의 "너를 보기를 당아욱처럼 한다.〔視爾如荍〕"에서 荍에 대하여, 毛亨이 '芘芣'라고 주석한 것이다.

艸也. 从艸, 禹聲.①

① 王과 矩의 반절이다. 제5部에 있다. 살펴보건대 ≪周禮≫〈考工記 輪人〉故書에 "禹之以眡其匡"라고 하였다.[125] 鄭衆은 '萬'로 읽고 鄭玄은 '萬蔞'라고 하였는데, 무슨 물건인지 모르겠다.
王矩切. 五部. 考工記故書, "禹之以眡其匡." 先鄭讀爲萬, 鄭云萬蔞. 未詳何物.

02-012-0300 苐(苐)〔풀이름/제〕補

'풀이름'이다. 艸를 따르고 弟(제)가 소리이다.

艸也.① 从艸, 弟聲.②

① 徐鍇本에는 荑로 되어 있고 夷가 소리이다. 徐鉉本에는 苐로 되어 있다. 지금 徐鉉本의 표제자는 아직 완전히 잘못된 것은 아니다. 살펴보건대 ≪廣韻≫·≪玉篇≫·≪類篇≫에는 모두 ≪說文≫에 의거하여 "苐는 풀이다."라고 하였다. ≪集韻≫에서는 苐와 荑를 합쳐 한 글자로 만든 오류를 범했음을 알 수 있다. 荑는 ≪詩經≫에 보이는데,[126] '띠가 처음 생겨나는 것'이라고 하였다.
鍇本作荑, 夷聲. 鉉本作苐. 今鉉本篆體, 尚未全誤. 攷廣韻·玉篇·類篇, 皆本說文云"苐, 艸也." 知集韻合苐荑爲一字之誤矣. 荑見詩, 茅之始生也.
② 杜와 兮의 반절이다. 제15部에 있다.
杜兮切. 十五部.

02-012-0301 薛(薛)〔풀이름/설〕補

'풀이름'이다. 艸를 따르고 辥(설)이 소리이다.

艸也.① 从艸, 辥聲.②

---

125) 故書에……하였다 : 鄭玄 注에 "故書에는 萬가 禹로 되어 있으며, 鄭司農(鄭衆)이 禹를 萬로 읽었다.〔故書萬作禹 鄭司農云禹讀爲萬〕"라고 하였다. 段玉裁는 무슨 물건인지 모른다고 하였으나 ≪漢語大詞典≫에서는 萬는 矩과 통용된다고 하였다. 즉 禹之以眡其匡는 "곡척자로 바로 잡아서 그 테두리를 본다."라고 해석할 수 있다. 萬는 풀을 의미하는 것이 아니라 矩의 假借로 여겨진다.

126) 荑는……보이는데 : ≪詩經≫〈邶風 靜女〉에 "들판에서 띠 싹을 보낸다.〔自牧歸荑〕"에서 毛亨 傳에는 "荑는 띠가 처음 생겨난 것이다.〔荑 茅之始生也〕"라고 하였다.

① 司馬相如의 〈子虛賦〉에 "높고 건조한 곳에 쑥이 자란다."라고 하였는데, 張揖은 "薛은 賴蒿(쑥의 일종/뢰호)이다."라고 하였다. 살펴보건대 賴蒿는 대개 藾蕭이다.
子虛賦"高燥生薛."[127] 張揖曰, "薛, 賴蒿也." 按, 賴蒿, 蓋卽藾蕭.

② 私와 列의 반절이다. 제15部에 있다.
私列切. 十五部.

02-012-0302 苦(苦) 〔대고/고〕 補

'大苦'이니 '苓'이다. 艸를 따르고 古(고)가 소리이다.

大苦,① 苓也.② 从艸, 古聲.③

① 逗(句讀)이다.
逗.

② ≪詩經≫ 〈邶風〉·〈唐風〉의 毛亨 傳에 보인다.[128] ≪爾雅≫ 〈釋艸〉에는 苓이 蘦으로 되어 있다.[129] 孫炎 注에 "지금의 '감초'이다.〔今甘艸也〕"라고 하였다.[130] 살펴보건대 ≪說文≫의 '苷'자 해석에 "甘草"라고 하였다. 만약 감초를 또 '大苦'라 부르고, '苓'이라고 불렀다면 어찌하여 같은 종류로 열거하지 않고 다른 곳에 나누어 두었는가. 또 여기에서 "大苦는 '苓'이다."라고 한 다음에 중간에 백 수십 자를 건너뛰어 또 표제자 蘦을 꺼내어 "〈蘦은〉 '大苦'이다."라고 하였다. 여기의 苓을 반드시 蘦으로 고친 이후에야 해설이 일치할 것이다. 해설이 일치하면 또 어찌하여 같은 종류로 열거하지 않은 것인가.

살펴보건대 周나라 시대의 音韻에 대체로 令聲은 모두 제12部에 있는데 지금의 眞·臻·先이다. 대체로 霝聲은 모두 제11部에 있는데 지금의 庚·耕·淸·靑이다. ≪詩經≫ 〈邶風 簡兮〉에서는 苓과 榛·人이 韻이고,[131] ≪시경≫ 〈國風 采苓〉에서는

---

127) 子虛賦 高燥生薛 : 지금의 〈子虛賦〉에는 "높고 건조하면 葴菥苞荔가 자란다.〔高燥則生葴菥苞荔〕"라고 하여 차이가 난다. 葴菥苞荔는 모두 식물이름으로 葴(마람), 菥(귀리), 苞(기름새), 荔(꽃창포)이다.

128) 邶風……보인다 : ≪詩經≫ 〈邶風 簡兮〉의 "隰有苓"에 대해 毛亨 傳에는 "苓 大苦"라고 하였고, 〈唐風 采苓〉의 "采苓采苓"에 대한 毛亨 傳에는 "苓 大苦"라고 하였다.

129) 爾雅……있다 : ≪爾雅≫ 〈釋艸〉에는 "蘦은 大苦이다.〔蘦 大苦〕"라고 하였다.

130) 孫炎……하였다 : ≪詩經≫ 〈邶風 簡兮〉의 "隰有苓"에 대하여 ≪毛詩正義≫에 있는 孫炎의 글을 인용한 것이다.

131) 苓과……韻이고 : ≪詩經≫ 〈邶風 簡兮〉의 "산에는 개암나무 진펄엔 감초가 있네. 누구를 그리워하는가 서쪽의 미인이다.〔山有榛 隰有苓 云誰之思 西方美人〕"에서 韻字인 榛·苓·人을 말한다. ≪詩經世本古義≫에는 '苓'에 대하여 "叶韻이 眞韻이다. 鄰과 같이 읽

苓과 顚이 韻이다.[132] 만약 고쳐서 蘦으로 만들면 音은 맞더라도 본래의 韻은 아니다. 그렇다면 ≪이아≫ 〈석초〉에 "蘦"으로 되어 있는 것보다는 毛詩가 더 낫다.[133]

許愼은 '苦'자에서 毛詩를 답습하고[134] '蘦'자에서≪이아≫ 〈석초〉를 답습하여[135] 두 곳에 나누어 놓아 앞과 뒤를 서로 돌아보지 않은 것은 결코 아니다. 뒷글에 나오는 표제자 蘦은 반드시 식견이 낮은 학자가 ≪이아≫ 〈석초〉에 의거하여 함부로 증보한 것이다. 그리고 여기에서 "大苦 苓也"라고 한 것은 참으로 잘못이 아니다. 그렇다면 大苦는 '卷耳'인가. 대답은 '아니다.'이다. ≪시경≫ 〈周南 卷耳〉의 毛亨 傳과 ≪爾雅≫에는[136] 모두 "卷耳는 苓耳이다."라고 하였다. ≪설문≫은 표제자 '苓'자에 의당 "苓은 苓耳이니-句讀이다.- 卷耳(도꼬마리/권이)이다."라고 했어야 하는데, 今本은 식견이 낮은 학자가 苓耳라는 글자를 산삭한 것이다. 卷耳는 본래 '苓耳'라고 불렀지, '苓'이라고 부른 것이 아니다.

대체로 2글자를 합쳐 이름으로 삼은 것은, 1글자를 산삭해서 다른 식물과 동일하게 여겨서는 안 된다. 예컨대 蘭을 단독으로 말하면 '芄蘭'이 아니며, 葵를 단독으로 말하면 '鳧葵(순채/부규)'가 아닌 것이 이것이다. 여기의 大苦는 단연코 苓이 아니다. 그리고 표제자 苦와 표제자 苓이 순서대로 배열되지 않은 것이 또한 그 증거이다. 그렇다면 大苦는 무슨 식물인가.

沈括[137]이 ≪夢溪筆談≫ 권26 〈藥議〉에서 "≪이아≫ 〈석초〉에서 '蘦은 大苦이다.'라고 하였는데, 郭璞 注에 '덩굴로 뻗으며 자라는데 잎은 연〔荷〕과 비슷하고 푸르며 줄기는 붉다.'라고 하였다. 이것은 바로 黃藥이다. 맛이 매우 쓰므로 '大苦'라 부르는데, 郭璞이 大苦를 '甘草'라고 한 것은 잘못이다. 甘草의 가지와 잎은 大苦과 전혀 같지 않

는다.〔叶眞韻 讀如鄰〕"라고 하여, 윗 구절의 末字 '榛', 아래 구절의 '人'과 같은 '眞韻'으로 압운이 됨을 제시하였다.

132) 苓과……韻이다 : 〈國風 采苓〉에 "감초를 캐고 감초를 캐네. 수양산 남쪽의 산마루에서 하네.〔采苓采苓 首陽之顚〕"에서 韻字인 苓과 顚을 말한다. ≪詩經世本古義≫에는 '苓'에 대하여 "叶韻이 眞韻이다.〔叶眞韻〕"라고 하여, 아래 구절의 末字 '顚'과 같은 '眞韻'으로 압운이 됨을 제시하였다.

133) 毛詩가 더 낫다 : 〈邶風 簡兮〉 "隰有苓"과 〈唐風 采苓〉 "采苓采苓"에서 毛亨 傳에 "苓 大苦"이라고 한 것을 말한다.

134) 苦자에서……답습하고 : 毛詩는 ≪詩經≫의 毛亨 傳을 말한다. 苦에서 許愼이 "大苦 苓"이라고 한 것은, 모형 전의 "苓 大苦"를 답습했다는 뜻이다.

135) 蘦자에서……답습하여 : 許愼이 "蘦 大苦也"라고 한 것은, ≪爾雅≫ 〈釋艸〉의 "蘦 大苦"를 답습했다는 뜻이다.

136) 毛亨 傳과 爾雅에는 : ≪詩經≫ 〈周南 卷耳〉의 "采采卷耳"에 대한 毛亨 傳에는 "卷耳 苓耳"라고 하였고, ≪爾雅≫ 〈釋艸〉에는 "菤耳 苓耳"라고 하였다.

137) 沈括 : 1031~1095. 宋나라의 문신이며 과학자이다. 天文學과 藥學에 밝았으며, 저서로 ≪夢溪筆談≫이 있다.

다."라고 하였다. 苦는 五味(단맛・짠맛・신맛・쓴맛・매운맛) 중의 하나이며 引伸되어 勞苦의 뜻이 되었다.

見邶風・唐風毛傳. 釋艸苓作蘦. 孫炎注云 "今甘艸也." 按, 說文苷字解云 "甘艸"矣. 倘甘艸又名大苦, 又名苓, 則何以不類列而割分異處乎. 且此云 "大苦, 苓也." 中隔百數十字, 又出蘦篆云 "大苦"也. 此苓必改爲蘦而後畫一. 卽畫一之, 又何以不類列也. 攷周時音韻, 凡令聲皆在十二部, 今之眞臻先也. 凡霝聲皆在十一部, 今之庚耕淸靑也. 簡兮苓與榛人韻. 采苓苓與顚韻. 倘改作蘦則爲合音而非本韻. 然則釋艸作蘦, 不若毛詩爲善. 許君斷非於苦下襲毛詩, 於蘦下襲爾雅, 劃分兩處, 前後不相顧也. 後文蘦篆, 必淺人據爾雅妄增. 而此 "大苦, 苓也"固不誤. 然則大苦卽卷耳與, 曰非也. 毛傳・爾雅, 皆云 "卷耳, 苓耳." 說文苓篆下必當云 "苓耳-逗-卷耳也." 今本必淺人刪其苓耳字. 卷耳自名苓耳, 非名苓. 凡合二字爲名者, 不可刪其一字以同於他物. 如單云蘭非芄蘭, 單云葵非梟葵, 是也. 此大苦斷非苓耳. 而苦篆苓篆不類廁, 又其證也. 然則大苦何物. 曰沈括筆談云 "爾雅'蘦, 大苦', 注云'蔓延生, 葉似荷, 靑, 莖赤.' 此乃黃藥也. 其味極苦, 謂之大苦, 郭云甘草, 非也. 甘草枝葉全不同." 苦爲五味之一, 引伸爲勞苦.

③ 康과 杜의 반절이다. 제5部에 있다.
康杜切. 五部.

02-012-0303 (菩)〔풀이름/배〕

'풀이름'이다. 艸를 따르고 咅(부)가 소리이다.

艸也.① **从艸, 咅聲.**②

① ≪周禮≫ 〈夏官 大馭〉의 鄭玄 注에 "길을 떠나기 전에 길신에게 제사를 지낼 때는 향초〔菩〕・꼴・가시나무・측백나무로 신주를 만든다."라고 하였다. ≪穆天子傳≫의 郭璞 注에 "萯(부)는 지금의 菩字이다."라고 하였다. 살펴보건대 許愼의 ≪說文≫에는 菩와 萯가 각각 다른 식물이며, 각각 다른 글자로 되어 있다.
周禮注"犯軷以菩芻棘柏爲神主." 郭璞注穆天子傳云 "萯今菩字." 按, 許書則菩・萯, 各物各字也.

② 步와 乃의 반절이다. 제1部에 있다. ≪周易≫ 豐卦의 "그 蔀를 풍부하게 하였다.〔豐其蔀〕"에 대하여 鄭玄과 薛虞[138]는 蔀를 '菩'라고 하였으며 '작은 자리'라고 하였다.[139]
步乃切. 一部. 易豐其蔀, 鄭・薛作菩云小席.

---

138) 薛虞 : ?~?. 漢나라의 학자이며 ≪周易≫에 정통하였다.
139) 鄭玄과……하였다 : 陸德明의 ≪經典釋文≫ 〈周易音義〉에 보인다.

02-012-0304 (薏)〔율무/의〕

'薏苢(율무/의이)'이다. 艸를 따르고 啻(의)가 소리이다. 일설에는 '薏英(의영)'이라고 한다.

薏苢.① **从艸, 啻聲.② 一曰薏英.③**

① ≪本艸經≫의 艸部 上品에 "薏苡人"[140]이 있다. 陶隱居[141]가 "交阯에서 생산되는 씨가 가장 크며 그 지역 토착인들은 간주 藓珠-藓은 음이 幹이다.-라고 부른다. 馬援이 많이 구입해서 돌아올 때에 사람들이 珍珠라고 참소하였다."[142]라고 하였다. 살펴보건대 藓과 薏은 雙聲이다.
本艸經艸部上品有薏苡人. 陶隱居云. 生交阯者子冣大. 彼土人呼爲藓-音幹-珠. 馬援大取將還, 人讒以爲珍珠也. 按藓與薏雙聲.

② 於와 力의 반절이다. 제1部에 있다.
於力切. 一部.

③ 미상이다.
未詳.

02-012-0305 (茅)〔띠풀/모〕補

'띠풀'이다. 艸를 따르고 矛(모)가 소리이다. 술을 거르는 깔개를 만들 수 있다.

菅也.① 从艸, 矛聲.② 可縮酒爲藉.③

① 살펴보건대 합해서 말하면 茅와 菅은 동일한 풀이고, 나누어서 말하면 菅과 茅는 다른 풀이다. 許愼은 茅와 菅을 互訓[143] 하였으니, 이는 합해서 말하는 방식을 따른 것이

---

140) 薏苡人 : 薏苡仁으로 율무씨를 말한다.

141) 陶隱居 : 南朝 齊나라의 隱士 陶弘景(456~536)을 말한다. 시호는 貞白이다. 의학에 밝았으며, 저서로 ≪眞誥≫, ≪登眞隱訣≫, ≪本草經集注≫ 등이 있다.

142) 馬援이……참소하였다 : 馬援은 後漢 사람으로 伏波將軍이다. 그가 交趾太守 임기를 마치고 돌아올 때 교지의 율무가 알이 굵고 특히 瘴氣를 치유함에 효험이 크다 하여, 수레에 싣고 왔다. 그 뒤 비방하는 자가 수레에 가득 싣고 온 것이 다 뇌물로 받은 明珠라고 참소한 故事가 있다. 이를 '薏苡之謗'이라고 한다.

143) 互訓 : 뜻이 서로 같은 글자로 해석하는 訓詁의 한 가지 방법으로 轉注를 말한다. 茅이

다. 陸璣가 ≪毛詩草木鳥獸蟲魚疏≫에서 "菅은 茅와 비슷하지만 매끄럽고 윤기가 나며 털이 없다. 뿌리 아래로-〈下는〉 上이 되어야 한다.- 5寸에 흰 가루가 있는 것은 부드러우면서 질겨서 새끼를 꼬는데 적합하다. 물에 담그면 더욱 좋다."라고 하였으니, 이것은 나누어서 말한 것이다.

按, 統言則茅菅是一, 析言則菅與茅殊. 許菅茅互訓, 此從統言也. 陸璣曰, "菅似茅而滑澤無毛. 根下-當作上-五寸中有白粉者, 柔韌宜爲索. 漚乃尤善矣." 此析言也.

② 莫과 交의 반절이다. 古音은 제3部에 있다.

莫交切. 古音在三部.

③ 각 판본에는 '可縮酒爲藉'라는 5자가 없다. ≪古今韻會擧要≫에서 인용한 글에 의거하여 보충하였다. 縮酒는 ≪春秋左氏傳≫에 보인다.[144] 爲藉는 ≪周易≫에 보인다.[145] 이것은 "입을 향기롭게 할 수 있다는 葰(생강/유)와 부들자리를 만들 수 있다는 蒻(애기부들/약)과 동일한 예이다.

各本無此五字. 依韻會所引補. 縮酒見左傳. 爲藉見周易. 此與葰可以香口, 蒻可以爲苹席一例.

02-012-0306 菅(菅) 〔띠풀/간〕 補

'띠풀'이다. 艸를 따르고 官(관)이 소리이다.

茅也.① 从艸, 官聲.②

① ≪詩經≫ 〈小雅 白華〉에 "하얀 꽃의 菅이여.〔白華菅兮〕"라고 하였다. ≪爾雅≫ 〈釋艸〉에 "白華는 野菅이다."라고 하였는데, 毛亨 傳에서는 "물에 담그면 菅이 된다."라고 보충하였다. 살펴보건대 ≪시경≫ 〈소아 백화〉의 毛亨 傳에 "百華를 물에 담그면 菅이 된다."라고 하였고, 또 鄭玄 箋에 "흰 띠풀로 묶는다."라고 하였다. 菅은 茅와 구별되고, 野菅 또한 菅과 구별된다.

詩"白華菅兮." 釋艸曰, "白華, 野菅." 毛傳足之曰, "已漚爲菅." 按, 詩謂"白華旣漚爲菅", 又以白茅收束之. 菅別於茅, 野菅又別於菅也.

菅은 서로 글자를 바꾸어도 '띠풀'이라는 같은 뜻으로 사용된다는 말이다.

144) 縮酒는……보인다 : ≪春秋左氏傳≫ 僖公 4년에 "너희 楚나라가 띠풀을 바치지 않아서 天王의 제사를 지내지 못하고 술을 거르지 못한다.〔爾貢包茅不入 王祭不供 無以縮酒〕"라고 하였다.

145) 爲藉는……보인다 : ≪周易≫ 大過卦 初六에 "흰 띠풀을 깔개로 사용한다.〔藉用白茅〕"라고 하였다.

② 古와 顔의 반절이다. 제14部에 있다.
古顔切. 十四部.

02-012-0307 蘄(蘄)〔풀이름/기〕補

'풀이름'이다. 艸를 따르고 蘄(기)가 소리이다. 江夏에 蘄春縣이 있다.

艸也.① 从艸, 蘄聲.② 江夏有蘄春縣.③

① ≪爾雅≫ 〈釋艸〉에 '蘄'자가 4번 보이는데,[146] 許愼이 가리키는 식물은 무엇인지 모르겠다.
釋艸蘄字四見, 不識許所指何物也.

② ≪說文≫에는 '蘄'자가 없다. 蘄는 䔫을 따르고 斤이 聲符가 되어야 한다. 예를 들어 虫部의 '蠲'자가 蜀을 따르고 益이 聲符가 되어야 하는 경우와 같다. 䔫部·蜀部를 세우지 못하였으므로 艸部·虫部에 붙인 것이다. 그러나 蘄聲은 통할 수가 없다. 혹자는 "單을 따르고 斤이 聲符인 '蘄'자가 있어야 한다."라고 하였다. ≪說文≫에는 單部가 없기 때문에 '蘄'자가 없다. 陸德明이 "蘄는 芹의 古字이다."라고 하였다. 그러나 ≪說文≫에는 莚자가 있으니 같은 글자는 아니다.
汪氏龍[147]이 "'蘄'자는 대개 실수로 수록한 듯하다."라고 하였다. ≪集韻≫은 "渠와 希의 반절이다."라고 하였다. 〈蘄의〉 古音은 제13部에 있어야 한다. 옛날의 鐘鼎款識에는 대부분 '祈'자로 假借되었다.[148]
說文無蘄字. 蘄當是從䔫, 斤聲. 如虫部蠲字, 當是從蜀, 益聲. 不立䔫部·蜀部, 是以傅於艸虫二部. 而蘄聲不可通. 或曰, "當有從單斤聲之蘄字." 說文無單部, 因無蘄字也. 陸德明曰, "蘄古芹字." 然說文有莚字, 則非一字也. 汪氏龍曰, "蘄字蓋失收." 集韻"渠希切." 古音當在十三部. 古鐘鼎款識多借爲祈字.

③ ≪漢書≫ 〈地理志〉에 보인다.[149] 縣을 각 판본에서는 '亭'이라 되어 있는데, 지금 바로잡았다. 대체로 縣의 명칭은 郡과 관계가 있고 亭의 명칭·鄕의 명칭은 어느 郡·어느

---

146) 蘄자가……보이는데 : 첫째 "薜은 당귀이다.〔薜 山蘄〕, 둘째 "薜은 당귀이다.〔薜 白蘄〕, 셋째 "茭는 승검초이다.〔茭 牛蘄〕, 넷째 "蘼蕪는 蘄茝이다.〔蘼蕪 蘄茝〕"라고 하였다. 山蘄, 白蘄, 牛蘄, 蘄茝로 蘄가 4번이다.

147) 汪氏龍 : 汪龍(?~?)을 이른다. 자는 辰叔이다. ≪詩經≫에 정통한 淸나라 학자이다. 저서로 ≪毛詩異義≫가 있다.

148) 祈자로 假借되었다 : 蘄의 본래 뜻은 '풀'이지만, 祈(바라다)의 의미로 假借된 것을 말한다.

149) 漢書……보인다 : 江夏郡에 14개의 縣이 있으며, 그 중의 하나가 '蘄春縣'이라고 하였다.

縣과 관계가 있다.

見地理志. 縣各本作亭, 今正. 凡縣名系於郡, 亭名鄉名系於某郡某縣.

02-012-0308 (莞)〔왕골/완〕補

'풀이름'이다. 자리를 만들 수 있다. 艸를 따르고 完(완)이 소리이다.

艸也. 可㠯作席.① **从艸, 完聲.**②

① ≪詩經≫〈小雅 斯干〉에 "아래는 왕골자리요, 위에는 대자리이다.〔下莞上簟〕"라고 하였는데 鄭玄 箋에 "莞은 小蒲로 만든 자리이다."라고 하였다. ≪周禮≫〈春官 司几筵〉에 "莞席 위에 蒲筵을 얹는다.〔蒲筵加莞席〕"라고 하였다. 孔穎達의 ≪毛詩正義≫에 "莞席에 蒲筵을 얹는 것은 거친 것은 아래에 있고, 아름다운 것은 위에 있기 때문이다."라고 하였다. ≪列子≫〈天瑞〉에 "오래된 부추는 왕골이 된다.〔老韭之爲莞〕"라고 하였다. 殷敬順[150]이 "莞은 음이 官이며, 부들과 비슷하면서 둥글고 지금의 자리를 만든다."라고 한 것이 이것이다. 楊承慶[151]의 ≪字統≫에는 음을 '關'이라고 하였다."[152]라고 하였다.

내(단옥재)가 생각하건대 莞은 '管'이라는 뜻이다. 대체로 줄기 속이 비어 있는 것을 '管'이라고 한다. 莞은 지금의 席子艸로 가는 줄기에 둥글고 속이 비어 있다. 鄭玄은 이것을 '小蒲'라고 하였지만 실은 蒲가 아니다. ≪廣雅≫에 "葱蒲"라고 하였다.

小雅"下莞上簟", 箋云 "莞, 小蒲之席也." 司几筵"蒲筵加莞席." 正義"以莞加蒲, 麤者在下, 美者在上也." 列子"老韭之爲莞."[153] 殷敬順曰, "莞音官, 似蒲而圓, 今之爲席者", 是也. 楊承慶字統音關." 玉裁謂, 莞之言管也. 凡莖中空者曰管. 莞蓋卽今席子艸, 細莖圓而中空. 鄭謂之小蒲, 實非蒲也. 廣雅謂之"葱蒲."

② 胡와 官의 반절이다. 제14部에 있다.

胡官切. 在十四部.

02-012-0309 (藺)〔골풀/린〕補

---

150) 殷敬順 : ?~?. 唐나라 학자이며, 저서로 ≪列子釋文≫이 있다.

151) 楊承慶 : ?~?. 남북조시대 北魏의 학자이며, 저서로 ≪字統≫이 있다.

152) 莞은……하였다 : ≪訓讀 說文解字注≫ 金冊(尾崎雄二郎, 東海大學出版會, 1981)에서는 ≪列子釋文≫에 나온다고 하였다.

153) 老韭之爲莞 : 今本 ≪列子≫에는 '老韭之爲莧'으로 되어 있다.

왕골 종류이다. 자리를 만들 수 있다. 艸를 따르고 閵(린)이 소리이다.

莞屬. 可爲席.① **从艸, 閵聲.**②

① ≪古今韻會擧要≫에서 인용한 글에 의거하여 〈可爲席〉 3자를 보충하였다. ≪急就篇≫에 "藺席"이란 말이 있다.
依韻會所引補三字. 急就篇有"藺席."

② 良과 刃의 반절이다. 제12部에 있다.
良刃切. 十二部.

02-012-0310 蒢(蒢)〔까마중/제〕

'黃蒢(까마중/황제)'이니 職이다. 艸를 따르고 除(제)가 소리이다.

黃蒢, 職也.① **从艸, 除聲.**②

① ≪爾雅≫ 〈釋艸〉에 "職은 黃除이다.〔職 黃除〕"고 하였다.
釋艸"職, 黃除."[154]

② 直과 魚의 반절이다. 제5部에 있다. 살펴보건대 徐鍇本에는 蒢가 없다. 莞·藺은 모두 蒲의 종류이기 때문에 바로 뒤에 蒲를 배열하였다. 徐鉉本에는 蒢가 있다. "蘵은 酸漿과 비슷하다.〔蘵似酸漿〕"라고 한 郭璞 注[155]를 따르지만 蒲에 속하는 종류인지는 모르겠다.
直魚切. 五部. 按, 鍇本無蒢. 莞藺皆蒲屬, 故次之以蒲也. 鉉本有之. 依郭注"蘵似酸漿", 未審亦蒲屬否.

02-012-0311 蒲(蒲)〔물풀/포〕 補

'물풀'이다. 자리를 만들 수도 있다.[156] 艸를 따르고 浦(포)가 소리이다.

水艸也. 或㠯作席.① **从艸, 浦聲.**②

---

154) 職 黃除 : 今本 ≪爾雅≫에는 "蘵 黃蒢"로 되어 있다.

155) 郭璞 注 : ≪爾雅≫ 〈釋艸〉에 "蘵은 黃蒢이다.〔蘵 黃蒢〕"라고 한 글에 대한 郭璞 注에는 "蘵似酸漿"이라고 하였다.

156) 자리를……있다 : 徐鉉은 "或㠯作席"을 "可㠯作席"으로 썼다.

① ≪周禮≫ 〈春官 司几筵〉에 "제사 지내는 자리에 蒲筵(부들자리/포연)이 있다."라고 하였다.
周禮"祭祀席有蒲筵."

② 여기에는 의당 '艸 · 水을 따르고 甫(포)가 소리이다.'라고 해야 한다. 薄와 胡의 반절이다. 제5部에 있다.
此當云'從艸水, 甫聲.' 薄胡切. 五部.

02-012-0312 蒻 (蒻) 〔애기부들/약〕

'蒲子(애기부들/포자)'이다. 平席을 만들 수 있으니, 세상에서 '蒲蒻'이라 한다. 艸를 따르고 弱(약)이 소리이다.

蒲子.① 可目爲平席,② 世謂蒲蒻.③ 从艸, 弱聲.④

① 句讀이다.
句.

② 蒲子는 부들 중에 어린 것이다. 대체로 식물의 어리고 작은 것을 '子', 혹은 '女'라고 한다. ≪書經≫ 〈周書 顧命〉에서는 "蔑席"이라 하였고, ≪說文≫ 苜部에서 "가늘고 어린 부들자리이다."라고 하였다. 馬融 注에도 같은 내용으로 되어 있고, 王肅은 "纖蒻은 苹席이다."라고 하였다. 某氏의 ≪尙書傳≫[157]에서는 "底席은 蒻苹이다."라고 하였다. 鄭玄은 ≪禮記≫ 〈間傳〉 注에 "芐(부들/하)는 지금의 蒲苹[158]이다."라고 하였다.
≪釋名≫[159]에서는 "蒲苹은 부들로 만드는데 그 형체가 평평하다."라고 하였다. 苹은 자리가 편안함을 말하니, 부들 중에 어린 것을 사용해서 만든다고 하였다. 蒲席과 비교하면 가늘다. ≪周禮≫ 〈冬官 考工記 輪人〉 鄭玄 注에 "오늘날 사람은 부들의 뿌리가 물속에 있는 것을 '弱'이라고 한다."라고 하였다. 弱은 蒻이고, 蒻은 반드시 연약하기 때문에 애기부들을 '蒻'이라고 한다. 물속의 뿌리를 취해서 자리를 만드는 것이 아니다.
蒲子者, 蒲之少者也. 凡物之少小者謂之子, 或謂之女. 周書"蔑席", 苜部曰, "纖蒻席也." 馬融同, 王肅曰, "纖蒻, 苹席也." 某氏尙書傳曰, "底席, 蒻苹也." 鄭注閒傳曰, "芐, 今之蒲苹也." 釋名曰, "蒲苹, 以蒲作之. 其體平也." 苹者, 席安隱之偁. 此用蒲之少者爲之. 較

157) 某氏의 尙書傳 : 漢나라의 학자 孔安國이 주석한 ≪尙書孔安國傳≫을 이르며, ≪孔安國傳尙書≫라고도 한다.

158) 蒲苹 : 식물 명칭으로 '부들'의 뜻으로 쓰이고, 혹은 부들로 짠 '자리'의 의미도 쓰이기도 한다.

159) 釋名 : 漢나라 학자 劉熙의 저서이다. 인용문은 ≪釋名≫ 권6 〈釋牀帳〉에 보인다.

蒲席爲細. 考工記注曰, "今人謂蒲本在水中者爲弱." 弱卽蒻, 蒻必媆, 故蒲子謂之蒻. 非謂取水中之本爲席也.

③ ≪太平御覽≫에 '世謂蒲蒻' 4자가 있다.
太平御覽有此四字.

④ 而와 灼의 반절이다. 제2部에 있다.
而灼切. 二部.

02-012-0313 䕌(蓡)〔부들싹/심〕

'蓡蒲(부들싹/심포)'이니 '애기부들의 종류'이다. 艸를 따르고 㴱(심)이 소리이다.

蓡蒲,[①] **蒻之類也.**[②] 从艸, 㴱聲.[③]

① 각 판본에는 '蓡'자가 탈락되어 지금 보충하였다.
各本脫蓡字, 今補.

② 이것은 ≪周禮≫를 풀이한 것이다. ≪주례≫ 〈天官 醢人〉에 "豆에 담는 음식은 부들 절임과 고기 젓갈이다."라고 하였다. 鄭衆이 "㴱蒲는 蒲蒻이 물속 깊이 들어가기 때문에 '㴱蒲'라고 한다."라고 하였고, 鄭玄은 "㴱蒲는 蒲가 물속에서 처음 나온 새싹이다."라고 하였다. 㴱蒲는 즉 蒲蒻이 물속에서 생긴다는 것이다. 許愼은 蒲子를 蒲와 구별하였고, 蒻에 속하는 종류를 蒻과 구별하여 蒲에는 3종류가 있다고 하였다. 鄭衆・鄭玄의 설이 나은 듯하다.
此釋周禮也. "加豆之實, 㴱蒲醓醢." 先鄭曰, "㴱蒲, 蒲蒻入水㴱, 故曰㴱蒲." 鄭曰, "㴱蒲, 蒲始生水中子." 是則㴱蒲卽蒲蒻在水中者. 許君以蒲子別於蒲, 以蒻之類, 別於蒻, 謂蒲有三種. 似二鄭說爲長.

③ 여기서는 의당 "艸・水을 따르고 㝰이 소리라고 해야 한다. 式과 箴의 반절이다. 제7部에 있다. 이 글자는 대체로 모두 故書에 나온다.
此當云'从艸水, 㝰聲.' 式箴切. 七部. 此字蓋出故書.

02-012-0314 䕲(蓷)〔익모초/퇴〕

'익모초'이다. 艸를 따르고 推(추)가 소리이다. ≪詩經≫ 〈王風 中谷有蓷〉에 "골짜기에 익모초가 있다."라고 하였다.

萑也.[①] 从艸, **推聲.**[②] **詩曰, "中谷有蓷."**[③]

① 隹는 각 판본에는 萑로 되어있는데 오류이니, 지금 바로잡는다. ≪詩經≫ 〈王風 中谷有蓷〉에 "골짜기에 익모초가 있다."라고 하였다. ≪爾雅≫ 〈釋艸〉에 "萑는 蓷이다."라고 하였고, 毛亨 傳은 "蓷는 鵻(익모추/추)이다."라고 하였다. 대개 ≪爾雅≫는 판본에 따라 隹로 되어 있기도 하며 毛亨 傳의 鵻와 의미가 같다. 후대 사람이 艹頭를 추가했을 뿐이다. 茨도 일명 '鵻'이다. 모두 색이 夫不(비둘기/부불)과 비슷하다고 한다.

陸璣는 ≪毛詩草木鳥獸蟲魚疏≫에서 "舊說과 魏나라의 周元明[160]은 모두 '菴閭'라고 하였다. ≪韓詩≫·≪三蒼≫·≪說苑≫은 '益母', ≪本艸≫는 '益母는 茺蔚이다.'라고 하였으며, 劉歆은 '蓷는 「臭穢艸」라 부른다.'라고 하였는데, 臭穢艸는 茺蔚이다."라고 하였다. 살펴보건대 臭와 茺은 雙聲이고, 穢와 蔚는 疊韻이다. ≪爾雅≫의 李巡·郭璞 注에도 "茺蔚"라고 하였다. 許愼이 어디에 속하는 식물로 생각했는지 모르겠다.

隹各本作萑, 誤, 今正. 王風"中谷有蓷." 釋艸"萑, 蓷." 毛傳曰, "蓷, 鵻." 蓋爾雅本作隹, 與毛傳鵻字同. 後人輒加卄頭耳. 茨亦一名鵻. 皆謂其色似夫不也. 陸璣云 "舊說及魏周元明皆云菴閭. 韓詩及三蒼·說苑云'益母.' 本艸云'益母, 茺蔚也.' 劉歆云'蓷, 臭穢艸名' 臭穢卽茺蔚也." 按, 臭茺雙聲, 穢蔚疊韻. 李·郭注爾雅亦云 "茺蔚." 未知許意何屬.

② 他와 回의 반절이다. 제15部에 있다.
他回切. 十五部.

③ 살펴보건대 徐鉉本에는 '蓷'자 아래에 표제자 萑자가 있으며, 萑를 '풀이 많은 모습'이라고 풀이하였다. 徐鍇本에는 '蓷'자가 표제어 茸와 葎의 두 표제자 사이에 있었는데, 이것이다. 徐鉉이 옮겨서 종류별로 배열한 것이며 변함없이 萑를 蓷로 풀이하는 것도 옳다.
按, 鉉本此下有萑篆, 萑訓艸多皃. 則鍇本在茸葎二篆閒, 是也. 鉉乃移而類居之, 必萑訓蓷也則可矣.

02-012-0315 茥(茥) 〔복분자/규〕

'缺盆(복분자/결분)'이다. 艸를 따르고 圭(규)가 소리이다.

缺盆也.① **从艸, 圭聲.**②

① ≪爾雅≫ 〈釋艸〉에 보인다. 곽박은 "覆盆子이다. 열매는 먹을 수 있다."라고 하였다.
見釋艸. 郭云 "覆盆也. 實可食."

② 苦와 圭의 반절이다. 古音은 제16部에 있다.
苦圭切. 古音在十六部.

---

160) 周元明 : ?~?. 魏나라의 博士를 지냈다.

02-012-0316 莙(莙)〔큰 마름/군〕

'牛藻(큰 마름/우조)'이다. 艸를 따르고 君(군)이 소리이다. 威(위)와 같이 읽는다.

牛藻也.① 从艸, 君聲. 讀若威.②

① ≪爾雅≫ 〈釋艸〉에 보인다. 생각하건대 藻의 큰 것을 '牛藻'라고 한다. 대체로 풀 종류 가운데 큰 것을 대부분 牛나 馬라고 한다. 郭璞은 "강동에서는 馬薻(마조)라고 부른다." 라고 하였다. 陸璣는 ≪毛詩草木鳥獸蟲魚疏≫에서 "藻에는 2종류가 있다. 하나는 잎이 雞蘇(차조기/계소)와 같고 줄기의 크기는 젓가락 만하며 길이는 4,5척이다. 다른 하나는 줄기의 크기는 비녀가락 같고, 잎은 쑥 같으며 '聚藻'라고 부른다. 扶風지역 사람은 '藻'라고 부르며 聚는 '발어사'이다."라고 하였다. 牛藻는 잎이 雞蘇와 같은 것이다. 다만 나누어서 말하면 구별이 있고, 합해서 말하면 모두 藻이고, 또한 모두 '莙'이라고 한다.

≪顔氏家訓≫ 17편 〈書證〉에 "莙草는 가늘다. 가는 잎이 쑥대밭과 물에서 자라며 한 마디의 길이가 數寸이다. 실처럼 가늘고 부드러우며 둥글게 감싼 것이 어여쁘다. ≪東宮舊事≫[161]에서 '六色罽繯'[162]라고 한 것은, 대체로 오색실을 1촌 길이로 잘라 실 가닥 사이에 가로로 묶고 이것을 휘감아서 莙草 모양으로 만들어서 물건을 장식하는데, 이것을 '莙'이라고 부르기 때문이다. 당시에 여섯 색의 융단을 묶을 때 莙을 만들어 사용하였으며 이것으로 緄帶(곤대)[163]를 장식하였다. 張敞이 이 때문에 糸의 우측에 畏를[164] 만든 것이다."라고 하였다. 이상의 글에 근거하면 줄기가 비녀다리와 같은 것을 역시 '莙'이라고 한다.

見釋艸. 按, 藻之大者曰牛藻. 凡艸類之大者, 多曰牛曰馬. 郭云"江東呼馬薻矣." 陸璣云"藻二種. 一種葉如雞蘇, 莖大如箸, 長四五尺. 一種莖大如釵股, 葉如蓬, 謂之聚藻. 扶風人謂之藻, 聚爲發聲也." 牛藻當是葉如雞蘇者. 但析言則有別, 統言則皆謂之藻, 亦皆謂之莙. 顔氏家訓云"莙艸細. 細葉蓬茸水中, 一節長數寸. 細茸如絲, 圓繞可愛. 東宮舊事所云'六色罽繯者', 凡寸斷五色絲, 橫著線股閒, 繞之以象莙艸, 用以飾物, 卽名爲莙. 於時當縛六色罽, 作此莙, 以飾緄帶. 張敞因造糸旁畏耳." 據此, 則莖如釵股者, 亦謂之莙也.

---

161) 東宮舊事 : 晉나라의 張敞이 지은 책이다. 晉나라 太子의 예절와 당시의 風俗을 기록하였다. ≪顔氏家訓≫에 ≪東宮舊事≫라는 말이 나온다.

162) 六色罽繯 : 여섯 색깔의 융단 가장자리 장식을 이른다. 罽는 毛織物로 양탄자나 융단〔毛氈〕을 가리키고, 繯는 오색실 또는 오색실로 된 장식물을 말한다. 여기서는 莙을 하나 더 추가하여 六色이라고 한 것이다.

163) 緄帶(곤대) : 색깔이 있는 실로 짠 허리띠를 말한다.

164) 糸의……畏를 : '繯'자를 말한다.

② 渠와 殞의 반절이다. 제13部에 있다. 살펴보건대 "君이 소리인데 威와 같이 읽는다."고 하였으니, 이것은 제13部에서 제15部로 轉入되었다. 張敞이 바꾸어서 '猥'라고 하였으며 猥은 음은 隈(외)라고 하였다. ≪說文音隱≫[165]에서 음은 塢와 瑰의 반절이라고 하였고, ≪字林≫[166]에서 窘도 음이 巨와 畏의 반절이라고 한 것이 이것이다. ≪唐韻≫에서는 渠와 殞의 반절이라고 하였으니, 본래의 部에서 어긋나지는 않는다.

땅에는 남북이 있고 때는 고금이 있으니, 언어가 같지 않는 것은 이 때문이다. 생각하건대 ≪春秋左氏傳≫ 隱公 3년에 나오는 "蘊藻"[167]는 莙인 듯하다. 蘊과 藻가 둘이라고 하는 것은 筐(네모 광주리/광)와 筥(둥근 광주리/거), 錡(다리 있는 솥/기)와 釜(다리 없는 솥/부)가 모두 둘이라고 하는 것과 같다.

渠殞切. 十三部. 按, 君聲而讀若威, 此由十三部, 轉入十五部. 張敞之變爲猥, 猥音隈. 說文音隱之音塢瑰反. 字林窘亦音巨畏反, 皆是也. 唐韻渠殞切, 則不違本部. 地有南北, 時有古今, 語言不同之故. 竊疑左傳蘊藻卽莙字. 蘊與藻爲二, 猶筐與筥, 錡與釜, 皆爲二也.

02-012-0317 (莞)〔왕골/완〕

'夫離(왕골/부리)'이다. 艸를 따르고 皖(완)이 소리이다.

夫離也.① **从艸, 皖聲.**②

① ≪爾雅≫ 〈釋艸〉에 보인다. 莞은 ≪爾雅≫ 〈釋艸〉에 莞으로, 夫는 苻로 되어 있다.
見釋艸. 莞釋艸亦作莞, 夫作苻.

② 胡와 官의 반절이다. 제14部에 있다.
胡官切. 十四部.

02-012-0318 (蒚)〔왕골 윗부분/력〕

'왕골의 윗부분'이다. 艸를 따르고 鬲(격)이 소리이다.

165) 說文音隱 : ≪隋書≫ 〈經籍志〉에 의거하면 ≪說文音隱≫은 4권이라고 하였으며, 저자는 未詳이다.

166) 字林 : 文字書이다. ≪隋書≫ 〈經籍志〉에 의하면 晉나라의 呂忱이 지었으며 7권이라고 하였다. ≪說文≫ 다음으로 중국 문자학에 영향을 끼친 책으로 알려져 있다.

167) 蘊藻 : 두 가지 해석이 있다. 첫째 杜預(222~285)는 蘊藻를 무리지어 있는 마름인 '聚藻'라고 하여 하나로 보았다. 둘째 淸나라 학자 洪亮吉(1746~1809)은 ≪左傳詁≫에서 蘊과 藻는 모두 '水草'라고 하여 둘로 보았다.

夫離上也.① **从艸, 鬲聲.**②

① ≪爾雅≫〈釋艸〉에 보인다.[168)]
見釋艸.

② 力과 的의 반절이다. 제16部에 있다. 살펴보건대 앞에 이미 "莞은 풀이다. 자리를 만들 수 있다."라는 글이 있는데 다시 蒚字를 표제자로 내었으니 ≪爾雅≫〈釋艸〉의 "蒚은 苻離이다."에서 蒚은 자리를 만들 수 있는 왕골이 아니다.
力的切. 十六部. 按, 前旣有"莞, 艸. 可以作席"之文, 復出蒚字, 則爾雅"蒚, 苻離", 非可以作席之莞也.

02-012-0319 (苢)〔질경이/이〕

'芣苢(질경이/부이)'이니 일명 '**馬舃**'이다. 그 열매는 오얏과 같으며 **婦人**이 먹으면 **妊娠**을 한다.[169)] **艸**를 따르고 **㠯**(以/이)가 소리이다. ≪**周書**≫에 나오는 설명이다.[170)]

芣苢,① **一名馬舃. 其實如李, 令人宜子.**② **从艸, 㠯聲.**③ **周書所說.**④

① 逗(句讀)이다.
逗.

② ≪爾雅≫〈釋艸〉에 "芣苢는 馬舃이고, 馬舃은 車前이다."라고 하였다. ≪說文≫에서 '一名'이라고 말하는 것은, 대개 후대 사람이 고친 것이다. 陸德明의 〈爾雅音義〉에서도 ≪說文≫을 인용하여 "芣苢는 馬舃이다."라고 한 것으로 증명할 수 있다. "그 열매는 오얏과 같다."라고 하였는데, 徐鍇는 "그 씨가 오얏과 비슷하지만 조금 작다."라고 하였다.
살펴보건대 ≪古今韻會擧要≫에서 인용된 글에는 李가 麥으로 되어 있는데 근접한 듯하지만 무슨 판본에 근거했는지는 모르겠다. 陸德明과 徐鍇가 근거한 것은 이미 '李'로 되어 있다. "令人宜子"를 陸璣는 "婦人의 難産을 치료하는 것이다."라고 하였다.
釋艸"芣苢, 馬舃, 馬舃, 車前." 說文凡云一名者, 皆後人所改竄. 爾雅音義引作"芣苢, 馬舃

---

168) 爾雅……보인다 : "莞은 苻蘺이고 그 위가 蒚이다.〔莞 苻蘺 其上蒚〕"라고 하였다.(≪爾雅≫〈釋艸〉)

169) 婦人이……한다 : 원문은 '令人宜子'이다. ≪逸周書≫에 나오는 이 구절에 대해 晉의 孔晁가 "질경이를 먹으면 임신을 한다.〔食桴苡卽有身〕"라고 주석하였다.

170) 周書에……설명이다 : "열매는 오얏과 같으며 婦人이 먹으면 妊娠을 한다."는 말이 ≪周書≫에 나온다는 뜻이며, ≪周書≫는 ≪逸周書≫를 말한다. 陸璣는 婦人의 難産을 치료하는데 좋다고 하였다.

也", 可證. 其實如李, 徐鍇謂"其子亦似李, 但微而小耳." 按, 韻會所引, 李作麥, 似近之, 但未知其何本. 陸德明・徐鍇所據, 已作李矣. 令人宜子, 陸璣所謂"治婦人産難也."

③ 羊과 止의 반절이다. 제1部에 있다.

羊止切. 一部.

④ ≪說文≫ 示部의 표제자 '𥙆'자에는 "逸周書"라고 하였고, 여기서는 '逸'이라고 말하지 않았다. 어떤 곳은 상세하고 어떤 곳은 소략하게 뒤섞여 나타난다. ≪逸周書≫ 〈王會〉에 "康民[171]의 桴苡(질경이/부이)를 복용한다. 질경이는 그 열매가 오얏과 같고 먹으면 姙娠한다."라고 하였다. 陸德明의 ≪經典釋文≫ 〈毛詩音義〉에서 "≪山海經≫과 ≪逸周書≫에는 모두 "부이는 나무이다.〔芣苡 木也〕"라고 하였는데, 지금 ≪산해경≫에는 "芣苡"라는 글은 없다. ≪일주서≫ 본문에도 "부이는 나무이다.〔桴苡爲木〕"라고 말한 것이 없다. 陶弘景이 또 "≪韓詩≫에서 '부이는 나무이고 그 열매를 먹으면 임신한다.'라고 하였다."라고 하였다. 이러한 것은 대개 ≪일주서≫를 해설한 말로 오해하여 ≪한시≫에 갖다 붙였기 때문이다.

육덕명은 ≪한시≫의 "곧게 뻗는 것을 '車前', 옆으로 뻗는 것을 '芣苡'라고 한다.〔直曰車前 瞿曰芣苡〕"라고 한 글을 인용하였으며, 李善은 薛君[172]의 글을 인용하여 "芣苡는 澤瀉(질경이/택사)이다."라고 하였다. ≪한시≫에서는 어찌 나무라고 설명하였는가. 생각하건대 옛날에 다른 지방에서 바치는 공물은 본래 진귀한 것을 보내 정성을 바치는데, 中國에 없다는 것을 알고 나서 바친 것은 아니다. 그렇다면 芣苢는 다른 식물이 아니며 許愼이≪ 일주서≫를 인용한 것도 의심할 필요가 없다.

示部曰, "逸周書", 此不言逸. 或詳或略, 錯見也. 王會篇曰, "康民以桴苡. 桴苡者, 其實如李, 食之宜子." 詩音義云 "山海經及周書皆云'芣苡, 木也.'" 今山海經無芣苡之文. 若周書正文未嘗言桴苡爲木. 陶隱居又云 "韓詩言芣苡是木, 食其實, 宜子孫." 此蓋誤以說周書者語, 系之韓詩. 德明引韓詩"直曰車前, 瞿曰芣苡.", 李善引薛君曰, "芣苡, 澤瀉也." 韓詩何嘗說是木哉. 竊謂古者殊方之貢獻, 自出其珍異以將其誠, 不必知中國所無而後獻之. 然則芣苢無二, 不必致疑於許偁周書也.

02-012-0320  (蕁) 〔지모/담〕 補 【重文 1】

'芜藩(지모/침번)'이다. 艸를 따르고 尋(심)이 소리이다. 䕭(蕁)은 蕁의 或體이니 爻를 따랐다.

---

171) 康民 : 晉의 孔晁가 '西戎 지역의 백성'이라고 주석하였다.

172) 薛君 : ?~?. 後漢의 학자로 博士를 지냈으며 ≪韓詩≫에 정통하였다고 한다.

芜藩也.① 从艸, 尋聲.② 䕭(蕁)或从爻.

① 今本의 표제자에는 彡이 없는데 잘못이다. 芜은 본래 宂으로 써야 하는데, 세속에서 艸를 더했다. ≪本艸≫에는 "沈燔-沈은 直과 林의 반절이다.-"으로 되어 있다. ≪爾雅≫를 주석한 사람들은 지금의 '知母'라고 하였다.
今本篆文無彡, 誤. 芜當是本作宂, 俗加艸. 本艸作沈-直林切-燔. 說爾雅者謂卽今之知母.

② 㷋는 각 판본에는 尋으로 되어 있는데 잘못이다. 徒와 南의 반절이다. 古音은 제7部에 있다.
㷋各本作尋, 誤. 徒南切. 古音在七部.

02-012-0321 䔲(蘻)〔풀이름/격〕

'풀이름'이다. 艸를 따르고 毄(격)이 소리이다.

艸也. 从艸, 毄聲.①

①〈蘻은〉 古와 歷의 반절이다. 제16部에 있다.
古歷切. 十六部.

02-012-0322 蓲(蓲)〔물억새/구〕

'烏蓲(물억새/오구)'이니, '풀'이다. 艸를 따르고 區(구)가 소리이다.

烏蓲,① 艸也.② 从艸, 區聲.③

① 逗(句讀)이다. 〈烏蓲〉 2자는 〈육덕명의〉 ≪經典釋文≫ 〈爾雅音義〉에 의거하여 보충한다.
逗. 二字依爾雅音義補.

② ≪廣韻≫에 "烏蓲는 풀이름이다."라고 한 것은 ≪說文≫에 의거한 것이다. ≪爾雅≫〈釋艸〉의 "菼(물억새/담)은 薍(완)이다."에서 郭璞이 "강동에서는 '烏蓲'라고 부른다."라고 주석하였다. 蓲는 음이 丘(구)이다. 許愼은 蒹·薍·菼·蒹 4자를 같은 종류로 배열하는 것을 허락하지 않았으니, 허신의 뜻은 곽박과 같지 않다.
廣韻曰, "烏蓲, 艸名", 本說文. 郭注爾雅"菼, 薍" 云 "江東呼爲烏蓲." 音丘. 許不與蒹·薍·菼·蒹四字類廁, 則許意不同郭也.

③ 去와 鳩의 반절이다. 古音은 제4部에 있다.
去鳩切. 古音在四部.

02-012-0323 (⿱艹固)〔풀이름/고〕

'풀이름'이다. 艸를 따르고 固(고)가 소리이다.

艸也. 从艸, 固聲.①

① 古와 慕의 반절이다. 제5部에 있다.
古慕切. 五部.

02-012-0324 (⿱艹榦)〔볏짚/간〕

'풀이름'이다. 艸를 따르고 榦(간)이 소리이다.

艸也. 从艸, 榦聲.①

① 古와 案의 반절이다. 제14部에 있다.
古案切. 十四部.

02-012-0325 (藷)〔사탕수수/저〕

'藷蔗'이다. 艸를 따르고 諸(제)가 소리이다.

藷蔗也.① **从艸, 諸聲.**②

①〈藷蔗也〉 3자가 한 구이다. 혹은 諸蔗, 혹은 都蔗로 되어 있다. 藷와 蔗는 疊韻이다. 혹은 '竿蔗', 혹은 '干蔗'라고 쓰는데 장대 같은 그 모양을 본뜬 것이다. 혹은 '甘蔗'라고 하는데 그 맛을 이른다. 혹은 '邯賭'로 쓴다. 服虔[173]은 ≪通俗文≫에 "荊州의 竿蔗이다."라고 하였다.
三字句. 或作諸蔗, 或都蔗. 藷蔗二字疊韻也. 或作竿蔗, 或干蔗, 象其形也. 或作甘蔗, 謂其味也. 或作邯賭. 服虔通俗文曰, "荊州竿蔗."

② 章과 魚의 반절이다. 제5部에 있다.
章魚切. 五部.

---

173) 服虔 : ?~?. 後漢의 학자이다. 저서로 중국 최초의 풍속사전인 ≪風俗文≫이 있다.

02-012-0326 (蔗) 〔사탕수수/자〕

'諸蔗(사탕수수/저자)'이다. 艸를 따르고 庶(서)가 소리이다.

諸蔗也. 从艸, 庶聲.①

① 之와 夜의 반절이다. 古音은 제3部에 있다.
之夜切. 古音在三部.

02-012-0327 (蘘) 〔볏짚줄기/낭〕

'髯蘘(볏짚줄기/장낭)'이니 소고삐와 두레박줄을 만들 수 있다. 艸를 따르고 㚆(양)이 소리이다.

髯蘘,① **可㠯作糜綆.**② **从艸, 㚆聲.**③

① 逗(句讀)이다.
逗.

② 糜는 소고삐이다. 綆은 두레박줄이다.
糜, 牛轡也. 綆, 汲井綆也.

③ 女와 庚의 반절이다. 古音은 제10部에 있다. 髯과 蘘은 疊韻이다.
女庚切. 古音在十部. 髯蘘疊韻.

02-012-0328 (藷) 〔풀이름/저〕

'풀이름'이다. 艸를 따르고 豬(저)가 소리이다.

艸也. 从艸, 豬聲.①

① 直과 魚의 반절이다. 제5部에 있다. 徐鉉本에는 표제자 '萚' 아래에 이 글자를 옮겼으니, '萚・藷' 2자를 같은 종류로 배열했기 때문이다. 그렇지만 한 글자로 '藷'라고 부를 경우 또 다른 하나의 식물이 된다고 생각한 許愼의 의도를 모르겠다.
直魚切. 五部. 鉉本移此字於萚篆下, 以萚藷二字當類列. 而不知許意單呼藷者, 別是一物也.

02-012-0329 (蕮)〔풀이름/사〕

'풀이름'이다. 艸를 따르고 賜(사)가 소리이다.

艸也. 从艸, 賜聲.①

① 斯와 義의 반절이다. 제16部에 있다.
斯義切. 十六部.

02-012-0330 (茽)〔풀이름/충〕補

'풀이름'이다. 艸를 따르고 中(중)이 소리이다.

艸也. 从艸, 中聲.①

① 陟과 宮의 반절이다. 제9部에 있다.
陟宮切. 九部.

02-012-0331 (萯)〔쥐참외/부〕補

'王萯(쥐참외/왕부)'이다. 艸를 따르고 負(부)가 소리이다.

王萯也.① **从艸, 負聲.**②

① ≪大戴禮記≫〈夏小正〉에 "4월에 王萯가 열매를 맺는다."라고 하였고, ≪禮記≫〈月令〉에 "4월에 王瓜가 생긴다."라고 하였는데, 鄭玄 注에 "지금 ≪예기≫〈월령〉에서 '王萯가 열매를 맺는다.'라고 하였다."라고 하였다. ≪詩經≫〈豳風 七月〉에 "4월에 葽가 핀다."라고 하였는데, 鄭玄 箋은 "葽는 王萯인 듯하다고 하였다." ≪管子≫〈地員〉에는 '萯'라는 말이 있으며 '大萯'와 '細萯'가 있다.
夏小正"四月王萯秀", 月令"四月王瓜生." 注云 "今月令云王萯秀." 豳風"四月秀葽", 箋"疑葽卽王萯." 管子地員有萯, 有大萯細萯.

② 房과 九의 반절이다. 古音은 제1部에 있다.
房九切. 古音在一部.

02-012-0332 (芺)〔풀이름/요〕補

'풀이름'이다. 맛이 쓰고, 강남에서는 이것을 먹고 기운을 가라앉힌다. 艸를 따르고 夭(요)가 소리이다.

艸也. 味苦, 江南食之目下气.① **从艸, 夭聲.**②

① ≪名醫別錄≫에 "苦芺는 옻독이 올라 생기는 피부병에 효과가 있다."라고 하였지, 기운을 가라앉힌다고 말하지 않았다. 漢나라 사람은 豫章·長沙 지역을 '江南'이라고 하였다.
名醫別錄云 "苦芺主桼瘡", 不云可下氣. 漢人謂豫章·長沙爲江南.

② 烏와 浩의 반절이다. 제2部에 있다.
烏浩切. 二部.

02-012-0333 (茲)〔풀이름/현〕

'풀이름'이다. 艸를 따르고 弦(현)이 소리이다.

艸也. 从艸, 弦聲.①

① 胡와 田의 반절이다. 제12部에 있다.
胡田切. 十二部.

02-012-0334 (蘨)〔풀이름/유〕

'풀이름'이다. 艸를 따르고 䍃(유)가 소리이다. 䍃는 㑾의 籒文이다.

艸也. 从艸, 䍃聲.① **䍃, 籒文㑾.**

① 于와 救의 반절이다. 古音은 제1部에 있다.
于救切. 古音在一部.

02-012-0335 (莩)〔풀이름/부〕

'풀이름'이다. 艸를 따르고 孚(부)가 소리이다.

艸也. 从艸, 孚聲.①

① 芳과 無의 반절이다. 古音은 제3部에 있다.
芳無切. 古音在三部.

02-012-0336 䔲(蔩)〔토과/인〕

'菟瓜'이다. 艸를 따르고 寅(인)이 소리이다.

菟瓜也.① **从艸, 寅聲.**②

① ≪爾雅≫ 〈釋艸〉에 보인다.[174)]
見釋艸.

② 翼과 眞의 반절이다. 제12部에 있다.
翼眞切. 十二部.

02-012-0337 䓑(䓑)〔말먹이 풀/병〕 補

'馬帚(말먹이 풀/마추)'이다. 艸를 따르고 幷(병)이 소리이다.

馬帚也.① **从艸, 幷聲.**②

① ≪爾雅≫ 〈釋艸〉에 보인다. ≪大戴禮記≫ 〈夏小正〉에 "7월에 䓑이 열매를 맺는다. 䓑은 馬帚이다."라고 하였다. ≪廣雅≫에 "馬帚는 屈馬䓑이다."라고 하였다.
見釋艸. 夏小正"七月, 䓑秀. 䓑也者, 馬帚也." 廣雅曰, "馬帚, 屈馬䓑也."

② 薄과 經의 반절이다. 제11部에 있다. ≪詩經≫ 〈大雅 桑柔〉에서 "幷은 使이다."라고 하였다.
薄經切. 十一部. 詩大雅"幷, 使也."

02-012-0338 蕕(蕕)〔물가에서 자라는 풀/유〕

'물가에서 자라는 풀'이다. 艸를 따르고 猶(유)가 소리이다.

---

174) 爾雅……보인다 : ≪爾雅≫ 〈釋艸〉에는 "蔩는 菟瓜이다.〔蔩 菟瓜〕"로 되어 있다.

水邊艸也.[①] **从艸, 猶聲.**[②]

① ≪前漢書≫ 〈司馬相如傳 子虛賦〉에 張揖이 音義를 하였는데 "軒于는 蕕艸이다. 물속에서 자라며 楊州에 있다."라고 하였다. ≪爾雅≫ 〈釋艸〉에 "莤는 蔓于이다."라고 하였다. 莤는 蕕이고, 蔓于은 軒于이다.
漢書子虛賦音義曰, "軒于, 蕕艸也. 生水中, 楊州有之." 釋艸"莤, 蔓于." 莤卽蕕, 蔓于卽軒于.

② 以와 周의 반절이다. 제3部에 있다.
以周切. 三部.

02-012-0339  (荌) 〔풀이름/안〕

'풀이름'이다. 艸를 따르고 安(안)이 소리이다.

艸也. 从艸, 安聲.[①]

① 烏과 旰의 반절이다. 제14部에 있다.
烏旰切. 十四部.

02-012-0340  (綦) 〔토부/기〕

'土夫(고사리 비슷한 나물/토부)'이다. 艸를 따르고 綦(기)가 소리이다.

土夫也.[①] **从艸, 綦聲.**[②]

① 각 판본에는 "綦은 月爾이다."라고 하였는데, 지금은 陸德明의 〈爾雅音義〉에 의거하여 고쳤다. 今本 ≪爾雅≫ 〈釋艸〉를 살펴보면 "芏는 夫王이다."라고 하였으며, 郭璞 注에 "芏艸가 해변에서 생긴다."라고 하였다. ≪이아≫ 〈석초〉에 "綦는 月爾이다."라고 하였으며, 郭璞 注에 "紫綦이다. 고사리와 비슷하며 먹을 수 있다."라고 하였다.
　육덕명은 "'綦'자는 또한 '綦'로 쓴다. 紫綦 나물이다. ≪說文≫에서 '綦는 土夫이다.'라고 하였다."라고 하였다. 육덕명이 근거한 ≪설문≫은 반드시 ≪이아≫와 다르므로 이렇게 말했을 것이다. 그렇지 않다면 어찌 이렇게 말할 수 있겠는가.
　今本 ≪설문≫도 아마도 郭璞이 주석하고 고친 ≪이아≫에 근거하였을 것이다. 다만 許愼이 ≪이아≫를 읽었는지는 지금은 알 수가 없다.
各本作"綦, 月爾也." 今依爾雅音義. 攷今本釋艸"芏, 夫王." 郭云 "芏艸生海邊." "綦, 月爾." 郭云 "卽紫綦也. 似蕨, 可食." 陸德明曰, "綦字亦作綦. 紫綦菜也. 說文云'綦, 土夫也.'" 其所據說文, 必與爾雅殊異而係之. 不則何容係也. 今本說文, 恐是據爾雅郭本·郭注改者. 但許君爾雅之讀, 今不可知矣.

② 渠와 之의 반절이다. 제1部에 있다.
渠之切. 一部.

02-012-0341 (莃)〔토규/희〕

'菟葵'이다. 艸를 따르고 希(희)가 소리이다.

菟葵也.① 从艸, 希聲.②

① ≪爾雅≫ 〈釋艸〉에 보인다.
見釋艸.

② 香과 衣의 반절이다. 제15部에 있다.
香衣切. 十五部.

02-012-0342 (蕄)〔관투/몽〕

'灌渝'이다. 艸를 따르고 夢(몽)이 소리이다. 萌(맹)과 같이 읽는다.

灌渝.① 从艸, 夢聲. 讀若萌.②

① 지금 ≪爾雅≫ 〈釋艸〉에 "葭는 蘆이다. 菼은 薍이다. 그 싹이 虇(권)이다."라고 하였다. 郭璞이 "지금 강동에서는 蘆筍(노순)을 '虇'이라고 한다. 音은 繾綣(견권)의 '권'이다."라고 하였다. 바로 아래 글에서는 "蕍(유)·芛(순)·葟(황)·華(화)는 榮(꽃)이다."라고 하여 곽박은 따로 한 조목을 만들었다. 許愼이 근거한 ≪이아≫의 "蕄은 灌渝이다."라는 구절과 문자는 今本과 크게 차이가 나서 지금은 읽을 수가 없다.
今釋艸"葭, 蘆. 菼, 薍. 其萌, 虇." 郭云 "今江東呼蘆筍爲虇. 音繾綣." 下文"蕍·芛·葟·華, 榮." 郭別爲一條. 許君所據爾雅"蕄, 灌渝", 句字皆與今本大乖. 今不可得其讀矣.

② 〈蕄의〉 古音은 제6部에 있다. 그런데 萌과 같이 읽는 것은 음이 제10部로 轉入되었다. 지금은 莫과 中의 반절이다.
古音在六部. 而讀若萌者, 轉入十部也. 今莫中切.

02-012-0343 蕧(蕧)〔금불초/복〕

'盜庚(금불초/도경)'이다. 艸를 따르고 復(복)이 소리이다.

盜庚也.① **从艸, 復聲.**②

① ≪爾雅≫ 〈釋艸〉에 보인다.
見釋艸.

② 房과 六의 반절이다. 〈復은〉 제3部에 있다.
房六切. 三部.

02-012-0344 苓(苓)〔도꼬마리/령〕

'苓耳(도꼬마리/령이)'이니 '卷耳艸'이다. 艸를 따르고 令(령)이 소리이다.

苓耳,① **卷耳艸.**② **从艸, 令聲.**③

① 逗(句讀)이다. 〈苓耳〉 2자는 각 판본에는 누락되어 지금 보충하였다. 설명은 '苦'자에 보인다.
句. 二字各本脫, 今補. 說見苦字下.

② '艸'자가 각 판본에는 '也'로 되어 있다. 지금은 ≪古今韻會擧要≫에서 인용한 것을 따랐다. ≪爾雅≫ 〈釋艸〉와 ≪詩經≫ 〈周南 卷耳〉의 毛亨 傳에서 모두 "卷耳는 苓耳이다."라고 하였다.[175)]
艸字各本作也. 今依韻會所引. 釋艸, 毛傳皆曰, "卷耳, 苓耳也."

③ 郞과 丁의 반절이다. 古音은 제12部에 있다.
郞丁切. 古音在十二部.

02-012-0345 贛(䔈)〔풀이름/공, 감〕

'풀이름'이다. 艸를 따르고 贛(감)이 소리이다. 일설에는 '율무'라고 한다.

艸也. 从艸, 贛聲.① **一曰薏苢(薏苡).**②

---

175) 爾雅……하였다 : ≪爾雅≫ 〈釋艸〉에 "卷耳 苓耳"라고 하였고, ≪詩經≫ 〈周南 卷耳〉의 "采采卷耳"에서 毛亨 傳은 "卷耳 苓耳"라고 하였다.

① 古와 送의 반절, 또는 古와 禪의 반절이다. 古音은 7,8部에 있었다가 9部로 轉入되었다.
古送切, 又古禪切. 古音在七八部, 轉入九部.

② ≪本艸≫에서 "일명 '蘔'이고 음은 感(감)이다."라고 하였는데, 바로 이 글자이다. 陶弘景은 "交阯에서는 율무 열매가 큰 것을 '簳珠(간주)'라고 부른다."라고 하였다. 簳과 蘔은 雙聲字이다.
本艸曰, "一名蘔, 音感." 卽此字. 陶隱居云 "交阯實大者, 名簳珠." 簳與蘔雙聲字也.

02-012-0346 (藑) 〔경모/경〕

'藑茅(채소이름/경모)'이니 '葍(복)'이다. 일명 '舜(순)'이다. 艸를 따르고 夐(형)이 소리이다.

藑茅,① **葍也.**② **一名舜.**③ **从艸, 夐聲.**④

① 逗(句讀)이다. 각 판본에는 '藑'자가 없다. 이것은 학식이 얕은 사람이 산삭해서는 안 된다는 것을 모르고 산삭한 것이다. 이는 '巂'자에서 巂周는 제비이다."라고 하였는데 今本에서 '巂'자를 산삭한 것과 같으니, 오류가 참으로 똑같다. 지금 보충하였다.
句. 各本無藑字. 此淺人不知其不可刪而刪之. 如"巂周, 燕也." 今本刪巂字. 其誤正同. 今補.

② ≪爾雅≫ 〈釋艸〉에 "葍은 藑茅이다."라고 하였다.
釋艸曰, "葍, 藑茅."

③ '舜(순)'자에서 "초나라는 '葍(복)'이라 하고, 秦나라는 '藑(경)'이라고 한다."라고 한 것이 이것이다. 今本에는 "일명 '蕣'이라고 한다.〔一名蕣〕"라고 하였다. 이런 까닭에 木堇(목근)을 '葍'이라고 한 것이다.
舜字下曰, "楚謂之葍, 秦謂之藑." 是也. 今本作"一名蕣." 是以木堇爲葍矣.

④ 渠와 營의 반절이다. 古音은 제14部에 있다.
渠營切. 古音在十四部.

02-012-0347 (葍) 〔채소이름/부〕

'葍(복)'이다. 艸를 따르고 富(부)가 소리이다.

葍也. 从艸, 富聲.①

① 方과 布의 반절이다. 古音은 제1部에 있다. "方布切"의 '布'자는 宋刻本에 의거한 것이다.
方布切. 古音在一部. 布字依宋刻.

02-012-0348 (葍)〔채소이름/복〕

'䔰(부)'이다. 艸를 따르고 畐(복)이 소리이다.

䔰也.① 从艸, 畐聲.②

① ≪爾雅≫ 〈釋艸〉에 보인다. 郭璞이 "잎이 크고 꽃이 하얗다. 뿌리는 손가락 만하며 순백색으로 먹을 수 있다."라고 하였다. 살펴보건대 ≪詩經≫ 〈邶風 谷風〉의 〈"봉을 캐고 비를 캔다.〔采葑采菲〕"에 대한〉 鄭玄 箋에 "葑과 菲 두 가지 채소는 순무와 무 같은 종류이다. 모두 줄기와 뿌리를 먹을 수 있다."라고 하였으니, 이것이 뿌리를 먹을 수 있다는 증거이다.

곽박이 또 "葍華에 붉은 색이 있는 것이 '藑'이다. 藑·葍은 한 종류이다. 또한 능소화가 황색과 백색으로 이름을 달리하는 경우와 같다."라고 하였다. 陸璣는 ≪毛詩草木鳥獸蟲魚疏≫에서 "葍에는 두 종류가 있다. 하나는 줄기와 잎이 가늘고 향기가 나며, 다른 하나는 줄기가 붉고 악취가 난다."라고 하였다. 살펴보건대 毛亨이 "葍은 惡菜이다."[176]라고 하였는데, 아마도 악취가 있기 때문일 것이다.

見釋艸. 郭云"大葉, 白華. 根如指, 正白. 可啖." 按, 邶風箋云"葑菲二菜, 蔓菁與葍之類也. 皆上下可食." 此根可啖之證也. 郭又云"葍華有赤者爲藑. 藑·葍一種耳. 亦猶陵苕華, 黃白異名." 陸璣云"葍有兩種. 一種莖葉細而香, 一種莖赤有臭氣." 按, 毛公云"葍, 惡菜." 殆因有臭氣與.

② 方과 六의 반절이다. 古音은 제1部에 있다.
方六切. 古音在一部.

02-012-0349 (蓨)〔소루쟁이/수〕補

'소루쟁이'이다. 艸를 따르고 脩(수)가 소리이다.

苗也.① 从艸, 脩聲.②

① ≪爾雅≫ 〈釋艸〉에 "苗은 蓨이다."라고 하였다. ≪管子≫ 〈地員〉에 "검고 찰진 땅에 자라는 풀은 苹·蓨가 적당하다."라고 하였다. 살펴보건대 苹·蓨는 두 종류 풀이름이다.
釋艸曰, "苗, 蓨也" 管子"黑埴, 其草宜苹蓨." 按, 苹·蓨二艸名.

---

176) 葍은 惡菜이다 : ≪詩經≫ 〈小雅 我行其野〉에 "葍을 캔다.〔言采其葍〕"라고 하였는데, 毛亨은 "葍은 나쁜 채소이다.〔葍 惡菜〕"라고 하였다.

② 徒와 聊의 반절이고, 또 湯과 彫의 반절이다. 古音은 제3부에 있다. 살펴보건대 小徐本에는 蓨가 없다.
徒聊切, 又湯彫切. 古三部. 按小徐本無蓨.

02-012-0350 苖(苖)〔소루쟁이/적〕

'소루쟁이'이다. 艸를 따르고 由(유)가 소리이다.

蓨也.① **从艸, 由聲.**②

① 살펴보건대 小徐本에는 '苖'자가 뒷부분의 '葥(萮)'자와 '茶'자 사이에 있다.
按, 小徐本苖字在後葥下茶上.

② 徒와 歷의 반절이고, 또 池와 六의 반절이다. 제3部에 있다.
徒歷切, 又池六切. 三部.

02-012-0351 募(募)〔풀이름/탕〕補

'풀이름'이다. 가지마다 마주하고 잎마다 서로 마주한다. 艸를 따르고 昜(양)이 소리이다.

艸也.① **枝枝相値, 葉葉相當. 从艸, 昜聲.**②

① '也'자는 각 판본에 없어 지금 보충하였다. 살펴보건대 ≪說文≫에는 대체로 풀〔艸〕이름의 표제자 아래에 모두 篆文의 某字를 들어서 거듭 열거하여 "某艸이다."라고 하였다. 예를 들면 '葵'자의 표제자 아래에 반드시 '葵 菜也'라 하고, '蘦'자의 표제자 아래에 '蘦 艸也'라고 한 것과 같다.

전서는 字形이고 해설은 字義이니, 자의로 자형을 풀이한 것이다. 그러므로 ≪說文≫은 小學家[177]들이 자형을 말한 책이다. 그런데 식견이 낮은 사람들은 이러한 사실을 모르니 모두 〈두 번째의 전서를〉 贅言으로 여겨 산삭한 것이다. '葵菜也', '蘦艸也', '河水也', '江水也'가 모두 3자로 된 구이며 제일 앞에 있는 글자는 구두를 끊지 않는다는 것을 몰랐다. 지금 예전의 일을 회복하지는 못하지만 여기에서 그 실례를 열거한다. 여기 募의 표제자 아래에는 본래 '募 艸也'라고 하였다. 각 판본에서 '募'자를 없애고 또 '也'자를 없앴으니 두 번째 募의 전서는 풀이름이 되지 못하고, "가지마다 서로 마주하고 잎마

177) 小學家 : 文字學者이다.

다 서로 마주한다."라고 한 것이 명칭이 된 듯하다.

≪玉篇≫에는 葍 아래에 ≪說文≫을 인용하여 "蓫葍・馬尾・蔏陸이다. 蒻은 葍과 같다."라고 하였다. ≪本艸經≫을 살펴보니 "商陸은 일명 '葍'이고-句讀이다-, 뿌리는 일명 '夜呼'이다."라고 하였다. 陶弘景은 "그 꽃의 이름이 '葍'이다."라고 하였다. 이것은 합쳐서 말하면 '蓫葍'이고, 한 글자로 말하면 '葍'이다. 어떤 사람은 꽃을 '葍'이라고 하였으며, 어떤 사람은 줄기와 잎을 '葍'이라고 하였다.

也字各本無, 今補. 按, 說文凡艸名篆文之下, 皆複擧篆文某字曰"某艸也." 如葵篆下必云'葵菜也', 蘁篆下必云'蘁艸也.' 篆文者其形, 說解者其義, 以義釋形. 故說文爲小學家言形之書也. 淺人不知, 則盡以爲贅而删之. 不知葵菜也, 蘁艸也, 河水也, 江水也, 皆三字句, 首字不逗. 今雖未復其舊, 爲擧其例於此. 此葍篆之下, 本云'葍艸也.' 各本旣删葍字, 又去也字, 則葍篆不爲艸名, 似爲凡"枝枝相値, 葉葉相當"之偁矣. 玉篇葍下引說文謂卽"蓫葍・馬尾・蔏陸也. 蒻同葍." 攷本艸經曰, "商陸一名葍-句-, 根一名夜呼." 陶隱居曰, "其花名葍." 是則桼呼曰蓫葍, 單呼曰葍. 或謂其花葍, 或謂其莖葉葍也.

②〈葍은〉 褚와 羊의 반절이다. 제10部에 있다.
褚羊切. 十部.

02-012-0352 䕘(薁)〔머루/욱〕

'嬰薁(머루/영욱)'이다. 艸를 따르고 奥(오)가 소리이다.

嬰薁也.① 从艸, 奥聲.②

① 嬰은 徐鍇本에 蘡으로 되어 있는데, 민간에서는 艸頭를 추가한 것이다. ≪詩經≫〈豳風 七月〉에 "6월에 鬱과 薁을 먹는다.〔六月食鬱及薁〕"라고 하였는데 毛亨 傳에 "鬱은 棣(산앵도/체)의 종류이고, 薁은 蘡薁이다."라고 하였다. ≪毛詩正義≫에 "劉稹[178]이 ≪毛詩義問≫에서 '아가위나무는 높이가 5,6척이고 열매의 크기는 오얏과 같다.'라고 하였다."라고 하였다. ≪本艸≫에 "鬱은 일명 '棣'이니 棣와 서로 비슷한 종류이고, 蘡薁 역시 鬱의 종류이다."라고 하였다. ≪晉宮閣銘≫[179]에 "車下李는 324그루, 薁李는 1그루이다."라고 하였는데 車下李는 鬱이고, 薁李는 薁이다. 둘은 서로 비슷하고 같은 시기에 익는다."라고 하였다.

---

178) 劉稹 : 劉楨(186~217)으로 여겨진다. 三國時代 魏나라 학자로 太子文學을 역임하였다. ≪隋書≫〈經籍志〉에 "≪毛詩義問≫은 10권이고, 위나라 태자문학을 역임한 유정이 찬술하였다.〔毛詩義問十卷 魏太子文學 劉楨 撰〕"라고 하였다.

179) 晉宮閣銘 : ≪毛詩正義≫에 인용되어서 나오는데, 어느 시대의 저서인지 확실하지 않다.

내(단옥재)가 생각하건대 ≪說文≫의 李·棣는 모두 木部에 있고, 薁은 艸部에 있다. 毛亨은 단지 "鬱은 棣의 종류이다."라고만 하였지 "薁은 鬱의 종류이다."라고 말한 적이 없다. ≪廣雅≫ 〈釋艸〉에 "燕薁은 蘡舌이다."라고 하였고, 〈釋木〉에 "山李와 雀李-2자를 지금 바로 잡지만 옳은지는 모르겠다.-는 鬱이다."라고 하였다. 그렇다면 薁은 나무 열매가 아닌 것이 분명하다. ≪晉宮閣銘≫에서 말한 車下李와 薁李는 모두 毛亨과 許愼이 말한 嬰薁이 아니다. ≪齊民要術≫에서는 ≪詩義疏≫를 인용하여 "櫻薁은 열매 크기가 龍眼(열매이름/용안)만 하며 흑색이다. 지금의 車鞅藤[180]의 열매가 이것이다."라고 하였다.

살펴보건대 賈思勰은 ≪詩艸木蟲魚疏≫를 인용하며 모두 ≪시의소≫라고 불렀다.[181] 陸璣의 ≪毛詩草木鳥獸蟲魚疏≫에는 薁을 풀이한 곳이 있었다고 하지만 今本에는 누락되었다. ≪魏王花木志≫[182]에 인용된 ≪詩疏≫도 역시 동일하다.

嬰鍇本作蘡, 俗加艸頭耳. 豳風"六月食鬱及薁." 傳曰, "鬱, 棣屬. 薁, 蘡薁也." 正義曰, "劉稹毛詩義問云'鬱樹高五六尺, 其實大如李.'" 本艸"鬱一名棣, 則與棣相類, 蘡薁亦是鬱類." 晉宮閣銘"車下李三百一十四株, (車下李卽鬱也)[183] 薁李一株" 車下李卽鬱也. 薁李卽薁也. 二者相類而同時熟." 玉裁按, 說文李·棣皆在木部, 薁在艸部. 毛公但云"鬱棣屬", 未嘗云"薁鬱屬." 廣雅釋艸"燕薁, 蘡舌也." 釋木云"山李, 雀李-二字今正, 未知是否-鬱也." 然則薁之非木實明矣. 晉宮閣銘所謂車下李·薁李, 皆非毛·許之嬰薁也. 齊民要術引詩義疏曰, "櫻薁, 實大如龍眼, 黑色. 今車鞅藤實是." 按, 賈氏凡引詩艸木蟲魚疏, 皆謂之詩義疏. 陸璣本有釋薁云云, 今本脫之耳. 魏王花木志引詩疏亦同.

② 於와 六의 반절이다. 제3部에 있다.

於六切. 三部.

02-012-0353 葴(葴)〔쪽/침〕

'馬藍(쪽/마람)'이다. 艸를 따르고 咸(함)이 소리이다.

馬藍也.① **从艸, 咸聲.**②

① ≪爾雅≫ 〈釋艸〉에 보인다. 郭璞이 "지금의 잎이 큰 冬藍이다."라고 하였다. ≪이아≫

---

180) 車鞅藤 : 머루인 櫻薁을 말한다.

181) 詩艸木蟲魚疏를……불렀다 : ≪詩艸木蟲魚疏≫와 ≪詩義疏≫는 모두 陸璣의 ≪毛詩草木鳥獸蟲魚疏≫를 줄여서 부른 명칭이다.

182) 魏王花木志 : 北魏時代에 간행된 藥學書인데 저자는 미상이다.

183) (車下李卽鬱也) : 저본에는 '車下李卽鬱也'가 있으나, ≪毛詩正義≫에 의거하여 衍文으로 처리하였다.

〈석초〉에 또 "葴은 寒漿이다."라고 하였는데, 곽박이 "지금의 酸漿艸(꽈리/산장초)이다. 강동에서는 '苦葴'이라 부른다."라고 하였다. 司馬相如의 〈子虛賦〉에 "마람·귀리·기름새·붓꽃〔葴 析 苞 荔〕"이라고 하였는데 張揖은 葴을 '馬藍'이라고 풀이하였다. 郭璞은 "葴은 酸漿이다. 강동에서는 '烏葴'이라 부른다."라고 하였다.

見釋艸. 郭云"今大葉冬藍也." 釋艸又云"葴, 寒漿." 郭云"今酸漿艸. 江東呼曰苦葴." 子虛賦"葴·析·苞·荔." 張揖釋以馬藍. 郭璞云"葴, 酸漿. 江東名烏葴."

② 職과 深의 반절이다. 제7部에 있다.

職深切. 七部.

02-012-0354 蓾(蘆)〔풀이름/로〕【重文 1】

'풀이름'이다. 이것으로 〈물건을〉 묶을 수 있다. 艸를 따르고 魯(노)가 소리이다. 䓯(䓯)는 蘆의 或體이니 鹵를 따랐다.

艸也. 可㠯束. 从艸, 魯聲.① 䓯(䓯)蘆或从鹵.②

①〈蘆는〉 郎과 古의 반절이다. 〈魯는〉 제5部에 있다.

郎古切. 五部.

② ≪爾雅≫ 〈釋艸〉에 "䓯는 蘆이다."라고 하였는데, 郭璞은 "신발 바닥을 만드는 풀이다."라고 하였다. 살펴보건대 ≪說文≫ 苴에 "苴는 신발 속에 들어가는 풀이다."라고 하였으니, 풀을 신발 바닥에 까는 것을 '苴'라고 하는 것이다. 賈誼는 〈文帝에게 올린 글에〉 "갓이 비록 다 떨어졌어도 신발 바닥에 깔지는 않는다."[184]라고 한 것이 이것이다. 許愼은 "묶을 수 있다."라고 말하였고, 郭璞은 "신발 바닥에 깐다."라고 말하였고, 대략 蘆와 䓯는 동일한 식물이다.

釋艸云"䓯, 蘆." 郭云"作履苴艸." 按, 說文云"苴, 履中艸." 謂以艸藉履底曰苴. 賈子曰, "冠雖敝, 不以苴履"是也. 許云可用束, 郭云可苴履, 大約是一物.

02-012-0355 蒯(蒯)〔풀이름/괴〕

'풀이름'이다. 艸를 따르고 𣪠(괴)가 소리이다.

艸也.① 从艸, 𣪠聲.②

184) 갓이……않는다 : ≪漢書≫ 〈賈誼傳〉에 보이는 구절이다.

① ≪春秋左氏傳≫ 成公 9년에 逸詩를 인용하여 "비록 명주실과 삼실이 있더라도 골풀과 기름새〔菅蒯〕를 버리지 않는다."라고 하였으며, 李善은 ≪聲類≫를 인용하여 "蒯는 풀이다. 가운데 부분을 새끼로 만든다. 苦와 怪의 반절이다."라고 하였다. ≪史記≫ 〈孟嘗君列傳〉에 "馮驩은 칼 한자루를 가지고 있는데 칼 손잡이를 새끼줄로 묶었다.〔蒯緱〕" 라고 하였는데, 裴駰이 "蒯는 띠에 속하는 종류이며 노끈을 만들 수 있다. 칼 손잡이를 꾸밀 물건이 없어 작은 노끈을 감은 것이다."라고 주석하였다.

左傳引詩曰, "雖有絲麻, 無棄菅蒯." 李善引聲類曰, "蒯, 艸. 中爲索. 苦怪切." 史記"馮驩有一劒, 蒯緱." 裴駰曰, "蒯, 茅之類, 可爲繩. 其劒把無物可裝, 以小繩纏之也."

② 살펴보건대 ≪說文≫에는 '嘳'자가 없고 ≪爾雅≫에는 있다. ≪이아≫ 〈釋詁〉에 "嘳는 숨쉬는 것이다."라고 하였다. 陸德明의 ≪經典釋文≫ 〈爾雅音義〉에는 "嘳는 苦와 怪의 반절이고, 또 墟와 季의 반절이다. ≪字林≫에는 '喟(한숨쉴/위)이다. 丘(구)와 懷의 반절이다.'라고 하였다. 孫炎本에는 '快'로 되어 있다. 郭璞은 또 '嘳(한숨쉴/귀)'로 썼다." 라고 하였다.

살펴보건대 '嘳'자는 지금 그 左旁이 어디서 왔는지, 글자의 본래 뜻은 어디에 속했는지 알 수 없다. 다만 古音이 제15部에 있었다는 것만은 매우 분명하다. ≪說文≫에 聵와 蔽는 모두 〈嘳를〉 聲符로 삼았으며 '聵'자 또한 聵(귀머거리/외)로 되어 있다. '蔽'자는 逸詩에서 萃·匱와 韻이 되며 모두 제15部에 있다. 어느 때에 蔽가 蒯로 고쳐졌는지 알 수 없다. 朋을 따르고 刀를 따른 것도 전혀 알 수 없다.

이는 대체로 扶風 郿鄉(배향) 지역의 글자가 잘못된 것에서 기인한다. 郿는 陪과 같이 읽는다. 제1部·제6部에 있었는데 제15部와 서로 멀리 떨어져 있다. 그 형태를 오인하여 蒯로 쓰고 또 '蔽'자로 쓴 것은 따를 수 없다. ≪玉篇≫에는 "無棄菅蔽"를 인용하여 蒯라고 쓰지 않았다. 苦와 怪의 반절이다.

按, 說文無嘳字, 而爾雅有之. 釋詁曰, "嘳, 息也." 音義曰, "嘳, 苦怪反, 又墟季反. 字林以爲'喟, 丘懷反.' 孫本作快. 郭又作嘳." 按, 嘳字今不可得其左旁所從何等, 字之本訓何屬. 但其古音在十五部甚明. 說文聵·蔽, 皆以爲聲, 而聵字亦作聵. 蔽字逸詩與萃·匱爲韻, 皆在十五部也. 不知何時蔽改作蒯. 從朋, 從刀, 殊不可曉. 蓋本扶風郿鄉之字誤. 郿讀若陪. 在第一部·第六部, 與十五部, 相隔絶遠. 而誤其形作蒯, 且用爲蔽字, 不可從也. 玉篇引"無棄菅蔽"不作蒯. 苦怪切.

02-012-0356 蔞 (蔞)〔풀이름/루〕補

'풀이름'이다. 생선국을 끓일 때 사용한다. 艸를 따르고 婁(루)가 소리이다.

艸也. 可𠚤亨魚.① **从艸, 婁聲.**②

① ≪詩經≫ 〈周南 漢廣〉에 "물쑥을 벤다."라고 하였다. 陸璣는 "蔞는 '蔞蒿(물쑥/루호)'이다."라고 하였다. ≪爾雅≫ 〈釋艸〉에 "購는 '蔏蔞(상루)'이다."라고 하였는데, 郭璞은 "蔏蔞는 蔞蒿이다. 江東에서는 생선을 끓일 때 사용한다."라고 하였다. ≪楚辭≫ 〈大招〉에 "吳나라 사람은 물쑥으로 음식 맛을 낸다.〔吳酸蒿蔞〕"라고 하였다. 살펴보건대 蔞蒿는 俗語이다. 옛날에는 단지 '蔞'라고만 불렀다. ≪이아≫ 〈석초〉에도 옛날에는 간혹 '購蔏'으로 句讀를[185] 끊었다.

(召南)〔周南〕[186]"言刈其蔞." 陸璣云 "蔞, 蔞蒿也." 爾雅"購, 蔏蔞." 郭云 "蔞蒿也. 江東用羹魚." 楚辭曰. 吳酸蒿蔞. 按, 蔞蒿俗語耳. 古祗呼蔞. 釋艸古讀或於購蔏句絕.

② 力과 朱의 반절이다. 古音은 제4部에 있다.

力朱切. 古音在四部.

02-012-0357 藟(藟)〔풀이름/류〕補

'풀이름'이다. 艸를 따르고 畾(뢰)가 소리이다. ≪詩經≫ 〈大雅 旱麓〉에 "무성한 덩굴이다."라고 하였다. 일설에서 '秬鬯(거창)'이라고도 한다.

艸也.① 从艸, 畾聲.② 詩曰, "莫莫葛藟."③ 一曰秬鬯.④

① ≪詩經≫에서 7번 '葛藟'를 언급하였다.[187] 陸璣는 ≪毛詩草木鳥獸蟲魚疏≫에서 "藟는 일명 '巨荒'이고, 燕薁(머루/연욱)과 비슷하며 또한 덩굴로 뻗으며 자란다. 잎은 쑥과 비슷하고 백색이며 씨는 붉고 먹을 만하지만 시큼하여 맛이 좋지 않다. 幽州에서는 '椎藟(추류)'라고 한다."라고 하였다. ≪開寶本艸≫와 ≪圖經≫에서는 모두 '千歲虆'라고 하였다. 살펴보건대 대체로 덩굴이 있는 것을 '藟'라고 한다. 艸를 붙이면 '藟'자가 되고, 木을 붙이면 '櫐'자가 되는데 실제로는 동일한 식물이다.

戴震[188]이 ≪詩補注≫에 "葛藟를 말하는 것은 葛藤를 말하는 것과 같다."라고 하였다. ≪爾雅≫ 〈釋木〉에 "山櫐(산류)는 虎櫐(호류)이다."[189]라고 하였으며, ≪山海經≫

---

185) 購蔏으로 句讀를 : ≪爾雅≫ 〈釋艸〉에 "購蔏蔞"로 되어 있는데. 지금은 "購 蔏蔞"로 구두를 끊는데, "購蔏 蔞"로 구두를 끊을 수 있다는 말이다.

186) (召南)〔周南〕: 저본에는 '召南'으로 되어 있으나, 今本 ≪詩經≫에 의거하여 '周南'으로 바로잡았다.

187) 詩經에서……언급하였다 : 〈周南 樛木〉에 3번, 〈王風 葛藟〉에 3번, 〈大雅 旱麓〉에 1번 언급하였다.

188) 戴震 : 1723~1777. 호는 東原으로 淸나라의 고증학자이다.

189) 山櫐(산류)는 虎櫐(호류)이다 : ≪爾雅≫ 〈釋木〉에 "諸慮(제려)는 山櫐(산루)이다.〔諸慮 山

〈中山經〉에 "臯-臯는 畢로 된 곳도 있다-에 櫐-古本에는 木을 따른다-가 많다."라고 한 것이 모두 이것이다. 그렇지만 鄭玄은 ≪詩經≫ 〈周南 樛木〉의 "갈과 류가 무성하다.〔葛藟纍之〕"에 대한 箋에 "葛(칡덩굴/갈)이다. 藟(등나무 덩굴/류)이다."라고 하여 〈서로 다른〉 두 가지 식물로 나누었으니 許愼의 뜻과 부합된다. 葛과 藟는 모두 덩굴 형태로 자라므로 ≪詩經≫에 자주 거론하였다.

≪春秋左氏傳≫ 文公 7년에 또한 "덩굴이 오히려 그 나무의 뿌리를 덮고 있다."라고 하였다. 藤은 옛날에는 단지 '縢'으로만 썼는데, 縢은 끈으로 만들어 쓸 수 있음을 말한다. ≪산해경≫ 〈중산경〉의 郭璞 注에 "櫐은 일명 '縢'이다."라고 하였다.

詩七言葛藟. 陸璣云 "藟一名巨荒, 似燕薁, 亦延蔓生. 葉如艾, 白色, 其子赤, 可食, 酢而不美. 幽州謂之椎藟." 開寶本艸及圖經皆謂卽千歲虆也. 按, 凡藤者謂之藟. 系之艸則有藟字, 系之木則有櫐字. 其實一也. 戴先生詩補注"說葛藟猶言葛藤." 爾雅"山櫐, 虎櫐", 山海經"臯-一作畢-山多櫐-古本從木-"皆是也. 然鄭君周南箋云 "葛也, 藟也." 分爲二物, 與許合. 葛與藟皆藤生, 故詩多類擧之. 左氏亦云 "葛藟 猶能庇其木根." 藤古衹作縢, 謂可用緘縢也. 山海經傳曰, "櫐一名縢."

② 力과 軌의 반절이다. 제15部에 있다.

力軌切. 十五部.

③ ≪詩經≫ 〈大雅 旱麓〉의 문장이다.

大雅旱麓文.

④ 이것은 글자 뜻의 별도 설명이다. 거창주는 울금향을 섞은 뒤에 울창주가 된다. 대체로 畾가 聲符가 되는 글자는 모두 '울창하게 쌓여 있다.'는 뜻이 있다. 이런 까닭에 神의 이름을 '鬱壘'라고 지었다. 司馬相如의 〈上林賦〉에 "산세가 울창하고 험하다.〔隱轔鬱𡾋〕"라고 하였다. 藟에 秬鬯이라는 이름을 붙인 뜻이 여기에 있다. 그 글자가 艸를 따른 것은 향긋한 풀로 술을 빚기 때문이다.

此字意別說也. (柜)〔秬〕[190]鬯之酒, 鬱而後鬯. 凡字從畾聲者, 皆有鬱積之意. 是以神名鬱壘. 上林賦云 "隱轔鬱𡾋." 秬鬯得名藟者, 義在乎是. 其字從艸者, 釀芳艸爲之也.

02-012-0358 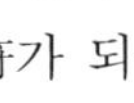(薳)〔애기풀/원〕

'棘薳(애기풀/극원)'이다. 艸를 따르고 寃(원)이 소리이다.

櫐〕" "欇(섭)은 虎櫐(호루)이다.〔欇 虎櫐〕"라고 하였다. 山櫐는 등나무의 일종이고, 虎櫐는 보랏빛 꽃이 피는 등나무이다.

190) (柜)〔秬〕: 저본에는 '柜'로 되어 있으나, 문맥을 살펴 '秬'로 바로잡았다.

棘蒬也.① **从艸, 宛聲.**②

① ≪爾雅≫ 〈釋艸〉에 보인다.[191] ≪本艸經≫에 "遠志는 일명 '棘菀'이고, 일명 '葽繞'이며, 일명 '細艸'이다."라고 하였다.

見爾雅. 本艸經云 "遠志, 一名棘菀, 一名葽繞, 一名細艸."

② 於와 元의 반절이다. 제14部에 있다.

於元切. 十四部.

02-012-0359 茈(茈)〔염료풀/자〕補

茈艸(염료풀/자초)이다. 艸를 따르고 此(차)가 소리이다.

茈艸也.① **从艸, 此聲.**②

① 3자가 한 구이다. 茈자는 겨우 刪削을 면하였다. 蔽 아래에 반드시 '蔽艸也', 藟 아래에 반드시 '藟艸也'라고 되었어야 했으니, 모두 식견이 낮은 사람이 산삭하였다는 것을 증명할 수 있다. ≪周禮≫ 〈地官 掌染草〉의 鄭玄 注에 "染草는 茅蒐(모수) · 槖蘆(탁로) · 豕首(시수) · 紫茢(지렬)의 종류이다."라고 하였다.

살펴보건대 紫茢은 紫苵(자려)이고, 紫苵는 茈艸이다. ≪廣雅≫에 "茈苵는 '茈草'이다."라고 하였으니, 옛날에는 列과 戾는 同音이고, 茈 · 紫도 同音이다. ≪本艸經≫에 "紫草는 일명 '紫丹'이며, 일명 '紫芺'이다."라고 하였고, 陶弘景은 "이것은 지금 자줏빛으로 물들이는 풀이다."라고 하였고, ≪說文≫에 "苵는 황색으로 물들일 수 있다."라고 하였으니, 紫苵라고 하는 것은 자주색으로 염색할 수 있는 苵로, 황색으로 염색할 수 있는 苵와 구별 짓고자 한 것이다.

≪山海經≫ 〈西山經〉에 "勞山에 茈艸가 많이 난다."라고 하였고, 司馬彪[192]가 司馬相如의 〈上林賦〉에 "茈薑은 자주색 생강이다."라고 주석하였고 郭璞은 ≪산해경≫ 〈南山經〉에 "茈蠃는 자주색 소라이다."라고 주석하였다. 그러므로 옛날에는 紫와 茈가 통용되었음을 알 수 있다.

三字句. 茈字僅得免刪. 可以證蔽下必云'蔽艸也', 藟下必云'藟艸也', 皆淺人刪之. 周禮注云 "染艸 茅蒐 · 槖盧 · 豕首 · 紫茢之屬." 按, 紫茢卽紫苵也, 紫苵卽茈艸也. 廣雅云 "茈苵, 茈草也." 古列 · 戾同音, 茈 · 紫同音. 本艸經云 "紫草一名紫丹, 一名紫芺." 陶隱居云 "卽是今染紫者." 說文云 "苵艸可以染留黃." 謂之紫苵者, 以染紫之苵, 別於染騮黃之苵也.

191) 爾雅……보인다 : ≪爾雅≫ 〈釋艸〉에서 "葽繞는 棘蒬이다.〔葽繞 棘蒬〕"라고 하였다.

192) 司馬彪 : ?~306. 晉나라의 학자로, 자는 紹統이다.

西山經曰, “勞山多茈艸.” 司馬彪注上林賦曰, “茈薑, 紫色之薑.” 郭注南山經曰, “茈嬴, 紫色嬴.” 故知古紫・茈通用.

② 將과 此의 반절이다. 古音은 제15部에 있다가 제16部로 轉入되었다.
將此切. 古音在十五部, 轉入十六部.

02-012-0360 (藐)〔염료풀/막〕

‘茈艸(염료풀/자초)’이다. 艸를 따르고 貌(막)이 소리이다.

茈艸也.① 从艸, 貌聲.②

① ≪爾雅≫〈釋艸〉에 보인다.[193]
見釋艸.

② 莫과 覺의 반절이다. 〈貌의〉 古音은 제2部에 있다. 옛날에는 대부분 가차하여 ‘眇(하찮을/묘)’자로 사용하였다. 예컨대 ≪孟子≫〈盡心 下〉에 “지위가 높은 사람을 만나서 유세할 때에는 그 지위를 하찮게 여긴다.”는 것과 일반적으로 ‘하찮게 여긴다.’고 말하는 것이 모두 이것이다.
莫覺切. 古音在二部. 古多借用爲眇字. 如“說大人則藐之”及凡言藐藐者皆是.

02-012-0361 (萴)〔독초/즉〕補

‘烏喙(독초의 이름/오훼)’이다. 艸를 따르고 則(즉)이 소리이다.

烏喙也.① 从艸, 則聲.②

① ≪廣雅≫에 “蕉와 奚毒은 附子이다. 1년생을 ‘萴子’, 2년생을 ‘烏喙’, 3년생을 ‘附子’, 4년생을 ‘烏頭’, 5년생을 ‘天雄’이라 한다.”라고 하였다. 살펴보건대 ≪本艸經≫에는 附子・烏頭・天雄이란 3개 항목이 있으며 “烏頭는 일명 ‘奚毒’, 일명 ‘卽子’, 일명 ‘烏喙’라고 한다.”라고 하였다. 卽子는 萴子이니, 鯽와 鯽이 같은 글자인 것과 같다. ≪名醫別錄≫에서 ‘側子’라는 한 조항을 더 보탰는데 잘못이다.
廣雅“蕉・奚毒, 附子也. 一歲爲萴子, 二歲爲烏喙, 三歲爲附子, 四歲爲烏頭, 五歲爲天雄.” 按, 本艸經有附子・烏頭・天雄三條. 云 “烏頭, 一名奚毒, 一名卽子, 一名烏喙.” 卽子卽萴子, 猶鯽・鯽一字也. 名醫別錄又沾側子一條, 誤矣.

---

193) 爾雅……보인다 : ≪爾雅≫〈釋艸〉에 “藐은 茈艸이다.〔藐 茈艸〕”라고 하였다.

② 阻와 力의 반절이다. 제1部에 있다. 살펴보건대 茈・藐・蒐・茜 등의 글자는 모두 染草이다. 그런데 중간을 띄어서 '蔏'자가 들어갔는데 아마도 후세 사람이 함부로 옮긴 듯하다.

阻力切. 一部. 按, 茈・藐・蒐・茜等字, 皆染艸也. 乃中隔以蔏字, 恐後人妄移.

02-012-0362 蒐(蒐)〔꼭두서니/수〕補

'茅蒐(꼭두서니/모수)'이니 '茹藘(여려)'이다. 사람이 피를 흘린 곳에서 자라니, 붉게 물들일 수 있다. 艸・鬼를 따랐다.

茅蒐,① 茹藘.② 人血所生, 可已染絳.③ 从艸鬼.④

① 逗(句讀)이다.

逗.

② 藘는 음이 閭이다. 徐鉉本에는 藘로 되어 있다. ≪詩經≫ 〈鄭風 東門之墠〉에 "茹藘가 산비탈에 있다.〔茹藘在阪〕"라고 하였는데, ≪爾雅≫ 〈釋艸〉와 毛亨 傳에서는 모두 "茹藘는 '茅蒐'이다."라고 하였다. 陸璣의 ≪毛詩草木鳥獸蟲魚疏≫에 "茹藘와 茅蒐는 '蒨艸'이다. 일명 '地血'이다. 제나라 사람은 '茜(천)'이라 하고, 徐州 사람은 '牛蔓'이라고 한다. 지금 채소를 키우는 사람들이 밭을 만들어 심고 기른다. 그러므로 ≪史記≫ 〈貨殖傳〉에 '臙脂를 만드는 풀과 꼭두서니 천 섬이면 역시 千乘之家와 비견된다.'고 했다."라고 하였다.

살펴보건대 ≪本艸經≫에 "茜根"이란 말이 있다. ≪蜀本圖經≫과 蘇頌의 ≪圖經≫에는 그 상황을 매우 상세하게 말하였다. ≪史記≫의 徐廣 注에 "茜은 일명 '紅藍'이라고 하는데, 그 꽃은 비단을 적황색으로 물들일 수 있다."라고 하였으니, 바로 지금의 '紅花'이다. 漢나라 장군 張騫이 서역에서 얻었다고 하는 것은 '茜'이 아니다. 陳藏器가 "茜과 蘘荷는 모두 ≪周禮≫에서 말한 대로 해충을 치료하는 데는 嘉草가 최고이다.[194)]"라고 하였다.

藘音閭. 鉉本作藘. 鄭風"茹藘在阪", 釋艸・毛傳皆云 "茹藘, 茅蒐也." 陸璣云 "茹藘・茅蒐, 蒨艸也. 一名地血. 齊人謂之茜, 徐州人謂之牛蔓. 今圃人或作畦種蒔. 故貨殖傳云'卮茜千石, 亦比千乘之家.'" 按, 本艸經有"茜根." 蜀本圖經, 蘇頌圖經言其狀甚悉. 徐廣注史記云 "茜, 一名紅藍. 其花染繒赤黃." 此卽今之紅花. 張騫得諸西域者, 非茜也. 陳藏器云 "茜與蘘荷, 皆周禮攻蠱嘉艸之取."

---

194) 周禮에서……최고이다 : ≪周禮≫ 〈秋官 庶氏〉에 "사람을 해치는 독충을 없애는 데는 嘉草로 치료한다.〔除毒蠱 以嘉草攻之〕"라고 하였다.

③ 사람이 피를 흘린 곳에서 자란다고 한 것은, 이 글자가 鬼를 따른 이유를 풀이한 것이다.
云人血所生者, 釋此字所以從鬼也.

④ 會意字이다. 所와 鳩의 반절이다. 제3部에 있다. 茅의 古音은 矛이다. 茅蒐과 茹藘는 모두 疊韻이다. 經傳에서는 蒐가 '봄 사냥'을 뜻하는 글자로 많이 사용되었다.
會意. 所鳩切. 三部. 茅古音矛. 茅蒐・茹藘, 皆疊韻也. 經傳多以爲春獵字.

02-012-0363 (茜) 〔꼭두서니/천〕

'茅蒐(꼭두서니/모수)'이다. 艸를 따르고 西(서)가 소리이다.

茅蒐也. 从艸, 西聲.①

① 倉과 見의 반절이다. 古音은 제13部에 있다. 蒨은 '茜'자이다. 古音은 제11部에 있어야 했지만 그 음이 바뀌어 마침 함께 있게 되었다.
倉見切. 古音在十三部. 蒨卽茜字也. 古音當在十一部, 其音變適同耳.

02-012-0364 (蕼) 〔풀이름/사〕

'赤蕼(풀이름/적사)'이다. 艸를 따르고 肆(사)가 소리이다.

赤蕼也. 从艸, 肆聲.①

① 息과 利의 반절이다. 제15部에 있다.
息利切. 十五部.

02-012-0365 (薜) 〔줄사철나무/벽〕 補

'牡贊(줄사철나무/모찬)'이다. 艸를 따르고 辟(벽)이 소리이다.

牡贊也.① **从艸, 辟聲.**②

① ≪爾雅≫ 〈釋艸〉에 보인다.[195]

---

195) 爾雅……보인다 : ≪爾雅≫ 〈釋艸〉에 "薜 牡贊"이라고 하였으며, 郭璞 注에서는 未詳이라고 하였다.

見釋艸.

② 蒲와 計의 반절이다. 古音은 제16部에 있다.

蒲計切. 古音在十六部.

02-012-0366 (莣)〔억새/망〕

'杜榮(억새/두영)'이다. 艸를 따르고 忘(망)이 소리이다.

杜榮也.① **从艸, 忘聲.**②

① ≪爾雅≫ 〈釋艸〉에 보인다. 郭璞은 "지금의 芒艸이다. 茅와 비슷하고 껍질은 노끈이나 짚신을 삼을 수 있다."라고 하였다. 살펴보건대 ≪太平御覽≫에서는 ≪襍字解詁≫[196]의 '芒은 杜榮이다.'를 인용하였으나 芒을 芸으로 잘못 썼다.

見釋艸. 郭云 "今芒艸也. 似茅, 皮可以爲繩索履屩也." 按, 太平御覽引襍字解詁, 芒, 杜榮. 而芒譌作芸.

② 武와 方의 반절이다. 제10部에 있다.

武方切. 十部.

02-012-0367 (苞)〔풀이름/포〕補

'풀이름'이다. 南陽에서는 이것으로 麤履(짚신/추리)를 만들었다. 艸를 따르고 包(포)가 소리이다.

艸也.① **南陽㠯爲麤履.**② **从艸, 包聲.**③

① ≪禮記≫ 〈曲禮 下〉에 "喪中에 신는 짚신을 신고 대궐문에 들어오지 않는다."라고 하였는데, 鄭玄 注에 "苞는 藨(표)이다. 齊衰服을 입고 藨蒯(표괴)로 만든 짚신을 신는다."라고 하였고, 사마상여의 〈子虛賦〉에 "葴(침)・析(석)・苞(포)・荔(려)"에 대하여, 張揖이 "苞는 '藨'이다."라고 하였다. 내(단옥재)가 살펴보건대 마땅히 '藨'자가 정자이고 '苞'자는 가차이다. 그래서 상복을 입고 藨蒯로 만든 짚신을 신는 것이다. ≪예기≫ 〈곡례 하〉에 "苞屨(포구)"로 되어 있다. 張衡의 〈南都賦〉에는 草를 설명하면서 藨가 있다고[197] 하였으니, 바로 〈자허부〉의 苞이다. ≪詩經≫ 〈小雅 斯干〉과 〈大雅 生民〉에

196) 襍字解詁 : 魏나라의 周成이 지은 文字書이다.

197) 南都賦에는……있다고 : 〈南都賦〉에 "藨・苧・蘋・莞"라고 하였다.

대한[198] 毛亨 傳에 "苞는 뿌리이다."라고 하였는데 이것이 '苞'자의 본래 의미이다.

≪詩經≫ 〈秦風 晨風〉에서 "苞櫟은 苞棣이다."라고 하고, ≪書經≫ 〈禹貢〉에서 "초목이 점차 더부룩하게 감싼다.〔艸木蔪苞〕"라고 한 것은 모두 '苞'자이다. 가차하여 包裹(감싸다/포과)라는 의미가 되었다. ≪시경≫ 〈召南 野有死麕〉에 "흰 띠풀로 싸다."라고 하였고, ≪書經≫ 〈夏書 禹貢〉에 "귤과 유자를 싸다."라고 하였고, ≪예기≫ 〈곡례 상〉에 "풀로 싸고 풀을 깐 그릇에 담는다."라고 하였다. ≪周易≫에 "苞蒙・苞荒・苞承・苞羞・苞桑・苞瓜이다."[199]라고 하였고, ≪春秋左氏傳≫ 僖公 4년에 "苞茅가 들어오지 않았다."라고 하여, 모두 〈'苞'자를〉 사용하였다. 근래에 經典에서 "包裹"로 풀이되는 것은 모두 글자를 곧장 '包'자로 고쳤으니, 郭忠恕의 說은 잘못된 것이다.[200]

許愼이 글을 지을 때 "苞는 뿌리이다. 艸를 따르고 包가 소리이다."라고 한다. 만약 假借라고 여기지 않는다면 "苞는 藨이다."라고 하고, 아래 글은 "藨는 蒯(괴)의 종류이다."라고 했어야 한다. 讀者로 하여금 ≪예기≫ 〈曲禮 下〉의 苞는 ≪儀禮≫ 〈喪服〉의 藨[201]라는 것을 알도록 해야 하는 것이다. 대개 풀과 나무는 많이 알기 어렵고 문자가 古今에 여러 차례 변하였으니, 매우 정통한 학자라도 어찌 오류가 없을 수 있겠는가. 옛 것을 잘 배우는 자는 옛 것을 고집하지 않는 것이 좋다.

曲禮"苞屨不入公門", 注"苞, 藨也. 齊衰藨蒯之菲也." 子虛賦"葴析苞荔", 張揖曰, "苞, 藨也." 玉裁按, 當是藨是正字. 苞是叚借, 故喪服作藨蒯之菲. 曲禮作"苞屨", 南都賦說艸有"藨", 卽子虛之苞也. 斯干・生民傳曰, "苞, 本也." 此苞字之本義. 凡詩云"苞櫟, 苞棣", 書云"艸木蔪苞"者, 皆此字. 叚借爲包裹. 凡詩言"白茅苞之", 書言"厥苞橘柚", 禮言"苞苴", 易言"苞蒙・苞荒・苞承・苞羞・苞桑・苞瓜", 春秋傳言"苞茅不入", 皆用此字. 近時經典凡訓"包裹"者, 皆徑改爲包字. 郭忠恕之說誤之也. 許君立文, 當云"苞, 本也. 從艸, 包聲." 若不謂爲叚借, 則當云"苞, 藨也", 下文卽云"藨, 蒯屬." 使讀者知曲禮之苞, 卽喪服之藨. 蓋艸木旣難多識, 文字古今屢變. 雖曰至精, 豈能無誤. 善學古者, 不泥於古, 可也.

② 䕯는 각 판본에는 艸를 따르지 않았는데 오류이다. 䕯는 '짚신'이다. 뒤에 보인다.
䕯各本不從艸, 誤. 䕯, 艸草屨也. 見後.

---

198) 詩經……대한 : 〈小雅 斯干〉의 "如竹苞矣"과 〈大雅 生民〉의 "實方實苞"를 말한다.

199) 周易에……苞瓜이다 : '몽매한 사람을 포용하다.〔苞蒙〕'는 ≪周易≫ 蒙卦 九二에, '거친 것을 포용하다.〔苞荒〕'는 泰卦 九二에, '포용하여 받드는 것이다.〔苞承〕'는 否卦 六二에, 苞羞〔부끄러움을 품고 있다〕는 否卦 六三에, '무더기로 있는 뽕나무〔苞桑〕'는 否卦 九五에, '오이를 감싸다〔苞瓜〕'는 姤卦 九五에 보인다. 현재 통용되는 ≪주역≫은 苞桑을 제외한 나머지는 모두 苞가 包로 되어 있다.

200) 郭忠恕의……것이다 : 郭忠恕의 ≪佩觿 上≫에 "풀이름의 苞는 '그들이 싸다.〔厥包〕'의 包와는 통하지 않는다.〔草名之苞 不當通厥包之包〕"라고 하였다. 郭忠恕(?~977)는 北宋의 문신이며 학자이다. 저서로 ≪佩觿≫, ≪汗簡≫이 있다.

201) 儀禮……藨 : "疏屨者 藨蒯之菲也"라고 하였다.

③ 布과 交의 반절이다. 古音은 제3部에 있다. 살펴보건대 ≪經典釋文≫ 〈禮記音義〉에 "苞는 白과 表의 반절이다."라고 하였다. 藨과 같이 읽게 하려는 것이다.
布交切. 古音在三部. 按, (曲禮音義)〔禮記音義〕[202]曰, "苞, 白表反." 爲欲讀同藨耳.

02-012-0368 (艾) 〔쑥/애〕 補

'仌臺(쑥의 일종/빙대)'이다. 艸를 따르고 乂(예)가 소리이다.

仌臺也.① 从艸, 乂聲.②

① ≪爾雅≫ 〈釋艸〉에 보인다. 張華[203]의 ≪博物志≫에 "얼음을 둥글게 깎아 해를 향하여 높이 들고, 艾를 그 그림자에 갖다 대면 불을 붙일 수 있다."라고 하였다.
見釋艸. 張華博物志曰, "削冰令圓, 擧以向日, 以艾於後承其影, 則得火."

② 五와 蓋의 반절이다. 제15部에 있다. 옛날에는 假借하여 乂로 많이 사용하였으니, '다스리다'는 뜻이고 '기르다'는 뜻이다.
五蓋切. 十五部. 古多借爲乂字. 治也, 又訓養也.

02-012-0369 (蔁) 〔풀이름/장〕 補

'풀이름'이다. 艸를 따르고 章(장)이 소리이다.

艸也.① 从艸, 章聲.②

① ≪玉篇≫에 "蔁栁根으로 蕏陸이다."라고 하였는데, 이것은 許愼의 뜻은 아니다.
玉篇曰, "蔁栁根, 卽蕏陸也." 此非許意.

② 諸와 良의 반절이다. 제10部에 있다.
諸良切. 十部.

02-012-0370 (芹) 〔미나리/근〕 補

'楚葵(미나리/초규)'이다. 艸를 따르고 斤(근)이 소리이다.

---

202) (曲禮音義)〔禮記音義〕: 저본에는 '曲禮音義'로 되어 있으나, 陸德明의 〈禮記音義〉를 말하는 것에 의거하여 '禮記音義'로 바로잡았다.

203) 張華 : 232~300. 晉나라의 관리이자 학자이다. 저서로 ≪博物志≫가 있다.

楚葵也. 从艸, 斤聲.①

①'莚'자에 상세하다. 巨와 巾의 반절이다. 古音은 제13部에 있다.
詳莚字下. 巨巾切. 古音在十三部.

02-012-0371 (藪)〔염초/진〕

'豕首(염초/시수)'이다. 艸를 따르고 甄(견)이 소리이다.

豕首也.① **从艸, 甄聲.**②

①≪爾雅≫〈釋艸〉에 "茢藪(열진)은 豕首이다."라고 하였다. 許愼이 '茢'자를 없앤 것을 살펴보건대 ≪太平御覽≫에서 ≪爾雅≫〈釋艸〉의 "黃은 土瓜이다"와 孫炎의 "일명 '列'이다."라는 구절을 인용하였기 때문이다. 살펴보건대 叔然(孫炎의 字)은 '茢'자를 위로 붙였다.[204] 許愼의 句讀도 대개 손염과 같다. 鄭玄은 ≪周禮≫〈地官 掌染草〉注에서 "豕首는 染草 종류이다."라고 하였다. ≪呂氏春秋≫에 "豨首가 나면 보리에 잎이 없어진다."[205]라고 하였다. ≪本草經≫에 "天名精은 일명 '豕首'이다."라고 하였다.
釋艸曰, "茢藪, 豕首." 許無茢字者, 攷太平御覽引爾雅"黃, 土瓜", 孫炎曰, "一名列也." 按, 叔然以茢上屬. 許君讀蓋與孫同. 鄭注周禮豕首爲染艸之屬. 呂氏春秋曰, "豨首生而麥無葉." 本艸經曰, "天名精一名豕首."

②側과 鄰의 반절이다. 古音은 제13部에 있다.
側鄰切. 古音在十三部.

02-012-0372 (蔦)〔기생하는 풀/조〕【重文 1】

'기생하는 풀'이다. 艸를 따르고 鳥(조)가 소리이다. ≪詩經≫〈小雅 頍弁〉에 "蔦와 女蘿이다."라고 하였다. 樢(樢)는 蔦의 或體이니 木을 따랐다.

寄生艸也.① **从艸,**② **鳥聲.**③ **詩曰, "蔦與女蘿."**④ **樢(樢)蔦或从木.**⑤

①'艸'자는 각 판본에는 누락되었다. ≪經典釋文≫〈毛詩音義〉와 ≪古今韻會擧要≫에 의

---

204) '茢'자를……붙였다 : 지금의 ≪爾雅≫〈釋艸〉에는 "黃 土瓜 茢藪 豕首"라고 하였다. 孫炎은 '茢'자를 위로 연결하여 "黃 土瓜茢 藪 豕首"라고 한 것을 말한다.

205) 豨首가……없어진다 : ≪呂氏春秋≫〈士容論 任地〉에 보인다.

거하여 보충하였다. ≪詩經≫ 〈小雅 頍弁〉의 毛亨 傳에 "蔦는 寄生이다."라고 하였다. 陸璣는 ≪毛詩草木鳥獸蟲魚疏≫에서 "蔦는 일명 '寄生'이다. 잎은 當盧와 비슷하고 씨는 覆盆子와 같다."라고 하였다. ≪本草經≫에 "뽕나무에 기생하며, 일명 '寓木', 일명 '宛童'이다."라고 하였다. 살펴보건대 寓木과 宛童은 ≪爾雅≫ 〈釋木〉에 보인다.[206]

艸字各本脫. 依毛詩音義及韻會補. 小雅傳曰, "蔦, 寄生也." 陸璣曰, "蔦一名寄生, 葉似當盧, 子如覆盆子." 本艸經"桑上寄生, 一名寓木, 一名宛童." 按, 寓木・宛童見釋木.

② 毛亨과 陸璣는 모두 "寄生"이라고 하였는데 許愼이 유독 "寄生草"라고 한 것은 그 글자가 艸를 따랐기 때문이다.

毛・陸皆曰, "寄生"耳, 許獨云 "寄生艸"者, 爲其字之從艸也.

③ ≪經典釋文≫ 〈毛詩音義〉에서 蔦에 대하여 "≪說文≫에서는 음이 弔이다."라고 하였다. ≪唐韻≫에서는 "都와 了의 반절이다."라고 하였다. 제2部에 있다.

詩音義云 "說文音弔." 唐韻"都了切." 二部.

④ 〈"蔦與女蘿"는〉 ≪詩經≫ 〈小雅 頍弁〉에 나오는 글이다.

小雅頍弁文.

⑤ 艸의 종류이므로 艸를 따랐고, 나무에 기생하므로 木을 따랐다. ≪廣雅≫ 〈釋木〉에는 '樢'자로 되어 있다.

艸屬故從艸, 寓木故從木. 廣雅釋木作樢字.

02-012-0373 (芸) 〔풀이름/운〕 補

'풀이름'이다. 目宿(苜蓿/목숙)과 비슷하다. 艸를 따르고 云(운)이 소리이다. 淮南王이 "芸草로 죽은 사람을 다시 살릴 수 있다."라고 하였다.

艸也. 佀**目宿.**① **从艸, 云聲.**② **淮南王說"芸艸, 可目死復生."**③

① ≪大戴禮記≫ 〈夏小正〉에 "정월에 芸을 따는데 종묘에 올릴 나물을 만들기 위해서이다. 2월에 芸이 꽃이 핀다."라고 하였다. ≪禮記≫ 〈月令〉에 "11월에 芸이 자라기 시작한다."라고 하였는데, 鄭玄 注에 "芸은 香草이다."라고 하였다. ≪淮南子≫・≪呂氏春秋≫의 高誘 注에 "芸은 芸蒿로 채소이름이다."라고 하였다. ≪呂氏春秋≫에 "채소 중에 맛있는 것은 華陽山의 芸"이라고 하였는데, 高誘 注에 "芸은 향긋한 채소이다."라고 하였다.

206) 寓木과……보인다 : "우목은 완동이다.〔寓木 宛童〕"라고 하였고, 郭璞 注에 "나무에 기생하는데 일명 '조'이다.〔寄生樹 一名蔦〕"라고 하였다.

賈思勰은 ≪倉頡解詁≫[207]를 인용하여 "芸蒿는 斜蒿와 비슷하며 먹을 수 있다."[208]라고 하였다. 沈括은 ≪夢溪筆談≫ 권3에서 "지금 '七里香'이라고 부르는 것이 이것이다. 잎은 豌豆와 비슷하고 그 잎은 매우 향기롭다. 이 때문에 옛날 사람은 책을 보관할 때 책벌레를 물리치는데 사용하였다. 채취하여 자리 아래에 두면 벼룩과 이를 물리칠 수 있다."라고 하였다.

夏小正"正月采芸, 爲廟采也. 二月榮芸." 月令"仲冬芸始生." 注"芸, 香艸." 高注淮南・呂覽皆曰, "芸, 芸蒿, 菜名也." 呂覽曰, "菜之美者, 陽華之芸." 注"芸, 芳菜也." 賈思勰引倉頡解詁曰, "芸蒿似斜蒿, 可食." 沈括曰, "今謂之七里香者, 是也. 葉類豌豆, 其葉極芬香. 古人用以藏書辟蠹, 採置席下, 能去蚤蝨."

② 王과 分의 반절이다. 제13部에 있다.
王分切. 十三部.

③ 淮南王은 劉安[209]이다. '可以死復生'은 '죽은 사람을 다시 살릴 수 있다는 것'을 말한다. 대개 ≪萬畢術≫・≪鴻寶≫ 등의 저서에 나오는데 지금은 그 책이 전하지 않는다.
淮南王劉安也. 可以死復生, 謂可以使死者復生. 蓋出萬畢術・鴻寶等書, 今失其傳矣.

02-012-0374 (蔽)〔풀이름/최〕

'풀이름'이다. 艸를 따르고 敪(췌)가 소리이다.

艸也. 从艸, 敪聲.①

① 麤와 最의 반절이다. 제15部에 있다.
麤最切. 十五部.

02-012-0375 (葎)〔풀이름/률〕

'풀이름'이다. 艸를 따르고 律(률)이 소리이다.

艸也.① **从艸, 律聲.**②

---

207) 倉頡解詁 : 賈思勰의 ≪齊民要術≫에 인용된 저서로 文字書이다. ≪齊民要術≫에 인용된 것을 근거로 말한다면 6세기 이전의 책이며, 저자는 미상이다.

208) 芸蒿는……있다 : ≪齊民要術≫ 권10에 보이는데, ≪倉頡解詁≫의 글을 인용한 것이다.

209) 劉安 : B.C. 179~B.C. 122. 前漢의 사상가이자 학자이다. 淮南王에 봉해졌으며 저서로 ≪淮南子≫가 있다.

① ≪唐本草≫에 "葛葎蔓이다."라고 하였고, ≪宋本草≫에 "葛勒蔓이다."라고 하였다. 葛과 비슷한데 가시가 있다.

唐本艸曰, "葛葎蔓." 宋本艸曰, "葛勒蔓." 似葛有刺."

② 呂와 戌의 반절이다. 제15部에 있다.

呂戌切. 十五部.

02-012-0376  (茦) 〔풀의 가시/책〕

'풀의 가시'이다. 艸를 따르고 朿(자)가 소리이다.

莿也.① **从艸, 朿聲.**②

① "茦은 가시이다.〔茦 刺〕"라는 글은 ≪爾雅≫ 〈釋艸〉에 보이지만, 刺는 艸를 따르지 않았다. ≪方言≫에 "草木이 사람을 찌르는 것을 北燕과 朝鮮 사이에서는 '茦'이라고 하고 혹은 '壯'이라고 한다."라고 하였다. 살펴보건대 나무의 가시를 '朿(극)', 풀의 가시를 '茦(책)'이라고 한다. 나무 가시〔朿〕의 글자에 따라 뜻이 되고 소리가 되었다.

다만 허신은 위아래 글 모두를 풀이름에 연계시켰는데, 모두 '풀의 가시'라고 풀이하는 것은 마땅치 않다. 혹은 윗글의 葎에 가시가 있는 것에 기인해서 연결시켜 언급하였고, 혹은 풀에 가시가 있는 것을 '茦'이라고 이름을 붙이고 '莿'이 되었으니, ≪方言≫과 뜻이 다르니 확정할 수 없다.

茦, 刺, 見釋艸, 刺不從艸. 方言曰, "艸木刺人, 北燕・朝鮮之閒謂之茦, 或謂之壯." 按, 木芒曰朿, 艸芒曰茦, 因木芒之字爲義與聲也. 但許君上下文, 皆係艸名, 不當泛釋凡艸之刺. 或因上文葎艸有刺聯及之, 或自有艸名茦, 一名莿. 與方言異義. 未可定也.

② 楚와 革의 반절이다. 古音은 제16部에 있다.

楚革切. 古音在十六部.

02-012-0377  (苦) 〔박/괄〕

'苦蔞(박과 식물/괄루)'인데 果蓏(과라)이다. 艸를 따르고 昏(괄)이 소리이다.

苦蔞,① **果蓏也.**② **从艸, 昏聲.**③

① 逗(句讀)이다.

逗.

② 果蓏는 宋나라 徐鉉本에는 果蓏(과라)로 되어 있는데, 徐鍇本을 따른 것이니, ≪詩經≫과 부합된다. ≪시경≫ 〈豳風 東山〉에 "果蓏의 열매가 집에까지 뻗었다."라고 하였다. ≪爾雅≫ 〈釋艸〉에 "果蓏의 열매는 栝樓이다."라고 하였으니, 毛亨 傳과 같다. 李巡은 "栝樓는 씨앗 이름이다."라고 하였다. ≪本艸經≫에 "栝樓는 일명 '地樓'이다."라고 하였다. 내(단옥재)가 생각하건대 苦·果·蔞·蓏는 모두 雙聲이다. 덩굴로 자라면서 나무로 뻗어나간다. 그러므로 지금 ≪이아≫와 ≪본초경≫에서는 이 글자가 木을 따랐다. 풀의 종류이므로 ≪說文≫에서는 이 글자가 艸를 따랐다.
果蓏宋鉉本作果蓏. 依鍇本, 與詩合. 豳風"果蓏[210]之實, 亦施于宇." 釋艸曰, "果蓏之實, 栝樓也." 毛傳同. 李巡曰, "栝樓, 子名也." 本艸經"栝樓一名地樓." 玉裁按, 苦果蔞蓏, 皆雙聲. 藤生蔓於木. 故今爾雅·本艸, 字從木. 艸屬也, 故說文字從艸.

③ 古와 活의 반절이다. 제15部에 있다.
古活切. 十五部.

02-012-0378  (葑) 〔순무/봉〕

'須從(순무/수종)'이다. 艸를 따르고 封(봉)이 소리이다.

須从也.① 从艸, 封聲.②

① ≪詩經≫ 〈邶風 谷風〉에 "葑을 캐고 菲를 캔다."라고 하였는데, 毛亨 傳에 "葑은 '須'이다."라고 하였고, ≪爾雅≫ 〈釋艸〉에 "須는-句讀이다.- 葑蓯(봉종)이다."라고 하였고, ≪說文≫에 "葑은 '須從'이다."라고 하였으니, 三家들이 서로 다르게 풀이하였지만 모두 오류는 아니다. 葑과 須는 雙聲이고, 葑과 從은 疊韻이다. 한 글자로 말하면 '葑'이고, 합쳐서 말하면 '葑從'이다. 한 글자로 말하면 '須'이고, 합쳐서 말하면 '須從'이다. 언어가 같지 않기 때문이다. 혹은 허신이 근거한 ≪이아≫는 今本과는 다를 수도 있다.
≪禮記≫ 〈坊記〉의 鄭玄 注에 "葑은 '蔓菁'이다. 陳나라와 宋나라 사이에서는 '葑'이라고 부른다."라고 하였다. ≪方言≫에 "豐(풍)·蕘(요)는 '蕪菁'이다. 陳나라와 楚나라 교외에서는 '豐'이라고 부른다."라고 하였다. 郭璞 注에는 "豐은 옛날 음이 蜂이다. 지금 江東에서는 음이 嵩이고, 글자는 菘으로 쓴다."라고 하였다.
내(단옥재)가 생각하건대 豐과 菘은 모두 葑이다. 읽는 소리가 조금 다를 뿐이다. 須從은 '菘'자에 딱 들어 맞는다. 陸佃[211]·嚴粲[212]·羅願[213]은 모두 남쪽에서는 '菘', 북

210) 蓏 : ≪毛詩正義≫에는 '蓏'로 되어 있다.
211) 陸佃 : 1042~1102. 宋나라의 학자이며 저서로 ≪埤雅≫가 있다. 鳥·獸·蟲·魚·草·木·天·馬로 분류하여 각 사물의 형상과 의미를 고찰하였다. ≪爾雅≫를 증보했다는 뜻

쪽에서는 '蕪菁 · 蔓菁'이라 한다고 말하였다. 만약 菰葑을 去聲으로 읽으면[214] 다른 한 가지 식물이다.

邶風"采葑采菲." 毛傳曰, "葑, 須也." 釋艸曰, "須-葑-, 葑蓯." 說文曰, "葑, 須從也." 三家互異而皆不誤. 葑須爲雙聲, 葑從爲疊韻. 單評之爲葑, 絫評之爲葑從. 單評之爲須, 絫評之爲須從. 語言之不同也. 或許所據爾雅與今本異矣. 坊記注云 "葑, 蔓菁也. 陳宋之閒謂之葑." 方言云 "豐 · 蕘, 蕪菁也. 陳 · 楚之郊謂之豐." 郭注"豐, 舊音蜂. 今江東音嵩. 字作菘也." 玉裁按, 豐 · 菘皆卽葑字, 音讀稍異耳. 須從正切菘字. 陸佃 · 嚴粲 · 羅願, 皆言在南爲菘, 在北爲蕪菁 · 蔓菁. 若菰葑讀去聲, 別是一物.

② 府와 容의 반절이다. 제9部에 있다.

府容切. 九部.

02-012-0379 薺(薺)〔남가새/제〕補

'蒺棃(남가새/질려)'이다. 艸를 따르고 齊(제)가 소리이다. ≪詩經≫〈鄘風 牆有茨〉에 "담장에 질려가 있다."라고 하였다.

蒺棃也.① **从艸, 齊聲.**② **詩曰, "牆有薺."**[215]

① 지금 ≪詩經≫〈鄘風 牆有茨〉와 ≪詩經≫〈小雅 楚茨〉에는 모두 '茨'로 되어 있다. ≪爾雅≫〈釋艸〉 毛亨 傳과 鄭玄 箋에서는 모두 "茨는 蒺藜이다."라고 하였다. ≪주역≫ 困卦 六三에 "질려에 앉아 있다.〔據于蒺藜〕"라고 하였다. 陶弘景은 "씨에 가시가 달려 있다. 군대에서 쇠로 그 모양처럼 주조해서 적이 오는 길에 뿌렸으니, 이 또한 '蒺藜'라고 부른다."

今詩鄘風, 小雅皆作茨. 釋艸, 傳, 箋皆曰, "茨, 蒺藜也." 易曰, "據于蒺藜." 陶隱居曰, "子有刺. 軍家鑄鐵作之, 以布敵路, 亦呼蒺藜."

② 疾과 咨의 반절이다. 15部에 있다.

疾咨切. 十五部.

에서 ≪埤雅≫라고 한다.

212) 嚴粲 : ?~?. 宋나라의 학자로 자는 坦叔이다. ≪詩經≫에 정통하였으며, 注를 달아서 ≪嚴氏詩緝≫이라는 저서를 남겼다.

213) 羅願 : 1136~1184. 宋나라의 학자이다. 저서로 ≪爾雅翼≫이 있다.

214) 菰葑을……읽으면 : 葑을 去聲으로 읽으면 '菰의 뿌리'라는 의미가 된다.

215) 牆有薺 : ≪毛詩正義≫에는 '牆有茨'로 되어 있다.

02-012-0380 (莿) 〔풀의 가시/자〕

'茦(풀의 가시/책)'이다. 艸를 따르고 刺(자)가 소리이다.

茦也.① **从艸, 刺聲.**②

① 살펴보건대 ≪방언≫에는 단지 刺로 되어 있다. '莿'자가 艸를 따른 것도 표제자 茦과 서로 이어져야 하므로, 아마도 후세 사람이 보탠 듯하다.
按, 方言衹作刺. 卽從艸亦當與茦篆相屬, 恐後人增之.

② 七과 賜의 반절이다. 제16部에 있다.
七賜切. 十六部.

02-012-0381 (蕫) 〔연 뿌리/동〕 [補]

'鼎蕫(연 뿌리/정동)'이다. 艸를 따르고 童(동)이 소리이다. 杜林[216]은 "〈蕫은〉 '藕根'이다."라고 하였다.

鼎蕫也.① **从艸, 童聲.**② **杜林曰, "藕根."**③

① ≪爾雅≫ 〈釋艸〉에 "蘱는 '薡蕫'이다."라고 하였는데, 郭璞 注에 "蒲와 비슷하지만 가늘다."라고 하였다. 살펴보건대 ≪說文≫에 '蘱'자가 없는 것은, 대개 許愼이 근거로 한 것에는 단지 類로 되었기 때문이다.
釋草曰, "蘱, 薡蕫." 郭云 "似蒲而細." 按, 說文無蘱字者, 蓋許所據衹作類.

② 多와 動의 반절이다. 제9部에 있다. 또 董으로도 쓴다. 옛날에는 童과 重이 통용되었다. 혹 童蕫으로 쓰는데 잘못이다.
多動切. 九部. 亦作董. 古童重通用. 或用爲童蕫字, 誤.

③ ≪漢書≫ 〈藝文志〉에 杜林의 ≪倉頡訓纂≫ 1篇과 杜林의 ≪倉頡故≫ 1篇이 있는데, 藕根이라는 글자는 대개 두 편 속에 있는 말이다. 藕는 다음에 나오는 글인 〈蕅에〉 따라 蕅로 써야 한다. 蕅根은 荷根과 같다. 郭璞은 "북방사람은 藕를 '荷'라고 한다. 뿌리로 전체 명칭을 삼았다."[217]라고 하였다. 그렇기 때문에 杜林은 蕅를 蕫으로 여긴 것이다.

---

216) 杜林 : ?~47. 漢의 학자로 자는 伯山이다. ≪古文尙書≫에 정통하였으며, ≪蒼頡訓纂≫과 ≪蒼頡故≫를 편찬하였지만 지금은 전하지 않는다. ≪玉函山房輯佚書≫에 일부가 남아 있다.

217) 郭璞은……삼았다 : 郭璞이 한 말이 아니고 ≪爾雅疏≫에 나오는 刑昺의 말이다. ≪爾雅疏≫에 "지금 江東사람은 荷華를 '芙蓉'이라 하고, 北方사람은 藕를 '荷'라고 하며, 또

漢志有杜林倉頡訓纂一篇, 杜林倉頡故一篇. 此葢二篇中語. 藕當從後文作蔤. 蔤根猶荷根也. 郭璞曰, "北方人以藕爲荷. 用根爲母號也." 然則杜林謂蔤爲蓳.

02-012-0382 䓿(藒)〔풀이름/계〕

'狗毒(풀이름/구독)'이다. 艸를 따르고 繫(계)가 소리이다.

狗毒也.① 从艸, 繫聲.②

① ≪爾雅≫ 〈釋艸〉에 보인다. 樊光[218]은 "민간에서는 쓴 것이 狗毒과 같다."라고 하였다.
見釋艸. 樊光云 "俗語苦如蘻."

② 古와 詣의 반절이다. 제16部에 있다.
古詣切. 十六部.

02-012-0383 䕸(蔜)〔풀/수〕

'풀'이다. 艸를 따르고 㛐(수)가 소리이다.

艸也.① 从艸, 㛐聲.②

① ≪爾雅≫ 〈釋艸〉에 "蔜(오)는 蔜䕸(수루)이다."라고 하였다. 〈왜〉 許愼이 이렇게 구절을 끊었는지 모르겠다.
釋艸曰, "蔜, 蔜䕸." 未知許斷句如此否.

② 蘇와 老의 반절이다. 古音은 제3部에 있다. ≪說文≫에 '蔜'자가 없는 것은 대개 許愼이 근거한 것은 다만 '敖'로 되어 있기 때문이다.
蘇老切. 古音在三部. 說文無蔜字者, 葢所據祇作敖.

蓮을 '荷'라고 하며, 蜀人은 藕를 '茄'라고 한다. 혹은 그 전체를 꽃의 명칭으로 하고, 혹은 뿌리로 전체와 잎의 명칭으로 한다. 이는 모두 명칭이 서로 섞이고 습관과 풍속이 잘못 전해져 그 참모습을 잃은 것이다.〔今江東人呼荷華爲芙蓉 北方人便以藕爲荷 亦以蓮爲荷 蜀人以藕爲茄 或用其母爲華名 或用根子爲母葉號 此皆名相錯 習俗傳誤 失其正體者也〕"라고 하였다.

218) 樊光 : ?~?. 後漢의 학자이다. 저서로 ≪爾雅注≫가 있으나 散逸되었고, ≪玉函山房輯佚書≫에 일부분이 수록되어 있다.

02-012-0384 (苄)〔약초/하〕

'地黃(약초이름/지황)'이다. 艸를 따르고 下(하)가 소리이다. ≪儀禮≫〈公食大夫禮〉에 "솥에 국을 끓일 때 들어가는 채소는 소고깃국에는 藿(콩잎/곽), 양고깃국에는 苄, 돼지고깃국에는 薇(고사리/미)를 넣는다."라고 한 것이 이것이다.

地黃也.① **从艸, 下聲.**② **(禮記)〔儀禮〕**③[219] **"鉶毛, 牛藿, 羊苄, 豕薇"**[220] **是.**④

① ≪爾雅≫〈釋艸〉에 보인다. ≪本草經≫에는 "乾地黃"이라고 하였다.
見釋艸. 本艸經謂之"乾地黃."

② 侯와 古의 반절이다. 5部에 있다.
侯古切. 五部.

③ 宋本과 ≪古今韻會擧要≫에 따라 '記'자를 보충하였다. 생각하건대 아래 글은 ≪儀禮≫〈公食大夫禮〉의 記에 나오는 글이다.
依宋本及韻會補記字. 按, 下文公食大夫禮記文.

④ 지금의 ≪儀禮≫에는 毛가 芼로 되어 있어 許愼이 근거한 것과 같지 않다. 지금 ≪의례≫〈공사대부례〉記에 "양고깃국에는 苦를 넣는다."라고 하였는데, 鄭玄 注에 "苦는 苦茶이다. 今文에는 苦가 苄로 되어 있다."라고 하였다. 그렇다면 허신은 今文을 따르고 정현, 古文을 따른 것이다.

≪의례≫〈士虞禮〉·≪의례≫〈特牲饋食禮〉의 二記[221]에는 "솥에 국을 끓일 때는 苦와 薇를 사용한다."라고 하였으며, 정현 注에는 모두 "今文은 苦가 苄로 되어 있다."라고 하였다. ≪의례≫〈特牲饋食禮〉에서 정현이 또 바로잡아 "苄는 '地黃'이라고 하였는데 잘못이다."라고 하였다.
今儀禮毛作芼, 許所據不同. 今儀禮曰, "羊苦." 注"苦, 苦茶也. 今文苦爲苄." 然則許從今文, 鄭從古文也. 士虞禮·特牲饋食禮二記 "鉶芼, 用苦若薇." 注皆云 "今文苦爲苄." 特牲又正之曰, "苄乃地黃, 非也."

02-012-0385 (蘞)〔가위톱/렴〕【重文 1】

---

219) (禮記)〔儀禮〕: 저본에는 '禮記'로 되어 있으나, 문맥을 살펴 '儀禮'로 바로잡았다.

220) 儀禮……豕薇: 文淵閣 四庫全書本 ≪儀禮注疏≫〈公食大夫禮〉에는 "鉶 毛牛藿 羊苄 豕薇"라고 하였다.

221) 二記: ≪의례≫의 각 편 아래에 記가 있다. 여기서는 〈士虞禮〉와 〈特牲饋食禮〉의 記를 말한다.

'白蘞(가위톱/백렴)'이다. 艸를 따르고 僉(첨)이 소리이다. 䕜(蘝)은 蘞의 或體이니 斂을 따랐다.

白蘞也.① **从艸, 僉聲.**② **䕜(蘝)或从斂.**③

① ≪本草經≫에는 "白斂"으로 되어 있다.
本艸經作"白斂."

② 良과 冄의 반절이다. 제7部에 있다.
良冄切. 七部.

③ ≪詩經≫ 〈唐風 葛生〉에 "蘝이 들판에 뻗어 있다.〔蘝蔓于野〕"라고 하였다. 陸璣는 ≪毛詩草木鳥獸蟲魚疏≫에서 "栝樓와 비슷하고 잎은 무성하면서 가늘다. 씨앗은 正黑色이며 燕薁과 같고 먹을 수 없다."라고 하였다. ≪陸疏廣要≫[222]에 "≪本草≫에 '蘝에는 赤·白·黑의 3종류가 있다.'라고 하였는데, 이것은 아마도 黑蘝인 듯하다."라고 하였다.
唐風"蘝蔓于野." 陸璣云 "似栝樓, 葉盛而細. 其子正黑, 如燕薁. 不可食." 陸疏廣要曰, "本艸'蘝有赤白黑三種', 疑此是黑蘝也."

02-012-0386 (莶)〔약재이름/금〕

'黃莶(약재이름/황금)'이다. 艸를 따르고 金(금)이 소리이다.

黃莶也.① **从艸, 金聲.**②

① ≪本艸經≫과 ≪廣雅≫에는 모두 "黃芩"으로 되어 있다. 지금의 약재 중의 黃芩이다.
本艸經·廣雅皆作"黃芩." 今藥中黃芩也.

② 巨와 今의 반절이다. 제7部에 있다.
巨今切. 七部.

02-012-0387 (芩)〔풀이름/금〕

'풀이름'이다. 艸를 따르고 今(금)이 소리이다. ≪詩經≫ 〈小雅 鹿鳴〉에 "들판의 芩을 먹는다."라고 하였다.

艸也.① **从艸, 今聲.**② **詩曰, "食野之芩."**③

222) 陸疏廣要 : 明나라의 毛晉이 지은 ≪毛詩草木鳥獸蟲魚疏廣要≫를 말한다.

① ≪詩經≫ 〈小雅 鹿鳴〉에 "우우우우, 사슴이 울면서 들판의 芩을 먹는다.〔呦呦鹿鳴 食野之芩〕"라고 하였는데, 毛亨 傳에 "芩은 '풀이름'이다."라고 하였다. 陸璣는 ≪毛詩草木鳥獸蟲魚疏≫에서 "芩艸의 줄기는 비녀다리처럼 생겼고 잎은 대나무처럼 생겼으며 못 바닥 소금기가 있는 곳에서 덩굴로 자란다. 풀이 맛이 있어 소와 말 모두 즐겨 먹는다."라고 하였다.

살펴보건대 陸機의 말대로라면 黃芩은 약재가 아니다. 許愼의 黃荃의 '荃'자는 金이 聲符인 것을 따랐고, ≪詩經≫ 〈小雅 鹿鳴〉의 野芩의 '芩'자는 今이 聲符인 것을 따랐으므로, 분명히 구별되는데 다른 책들이 혼란스럽게 하니, 잘못이다. ≪經典釋文≫ 〈毛詩音義〉에서는 ≪說文≫의 "蒿이다."라는 글을 인용하여 毛亨이 '풀이다.〔艸也〕'라고 한 것과 구별하였으니, 매우 근거가 될 만하다. 다만 蒿로 풀이하면 〈녹명〉 제2장의 "食野之蒿"와 구별되지 않는다. 또 ≪설문≫에서는 당연히 芩와 蒿를 같은 종류로 배열했어야 한다. 아마도 어떤 판본에는 蒿의 종류로 되어 있거나 ≪경전석문≫ 〈모시음의〉의 '也'자도 '屬'자의 오자인 듯하다.

또 살펴보건대 ≪集韻≫과 ≪類篇≫에서 모두 "苬(음)·蒊(음)·芩 3자는 같으며 魚와 音의 반절이다. 채소이름으로 蒜(산)과 비슷하며 물속에서 자란다."라고 하였다. ≪字林≫과 ≪齊民要術≫을 살펴보면 모두 "苬은 蒜과 비슷하고 물속에서 자란다."라고 하였는데, 이는 다른 한 가지 식물이다.

小雅"呦呦鹿鳴, 食野之芩." 傳曰, "芩, 艸也." 陸璣云 "芩艸, 莖如釵股, 葉如竹, 蔓生澤中下地鹹處. 爲艸眞實, 牛馬皆喜食之." 按, 如陸說, 則非黃芩藥也. 許君黃荃字從金聲, 詩野芩字從今聲. 截然分別. 他書亂之, 非也. 毛詩音義引說文云 "蒿也", 以別於毛公之艸也, 甚爲可據. 但訓蒿則與弟二章不別. 且說文當以芩與蒿篆類廁. 恐是一本作蒿屬, 釋文也字或屬字之誤. 又按, 集韻·類篇皆曰, "苬·蒊·芩三字同, 魚音切. 菜名, 似蒜, 生水中." 攷字林·齊民要術皆云 "苬似蒜, 生水中." 此則別是一物.

② 巨와 今의 반절이다. 제7部에 있다.

巨今切. 七部.

02-012-0388 𧆑(藨)〔쥐눈이콩/표〕

'鹿藿(쥐눈이콩/녹곽)'이다. 艸를 따르고 麃(표)가 소리이다. 剽(표)와 같이 읽는다. 일설에는 '蔽(괴)의 종류'라고 한다.

鹿藿也.① **从艸, 麃聲. 讀若剽.**② **一曰蔽之屬.**③

① 앞에 나온 莥(녹곽열매/뉴)를 '鹿藿'의 열매라고 풀이하였고, 여기 藨를 '鹿藿'이라 풀이

하였으니 의당 같은 종류로 두어야 한다. 徐鍇는 "≪爾雅≫ 〈釋艸〉에 '菌은 「鹿藿」이다. 蔍는 「麃」이다.'고 하였으니 菌과 蔍는 각기 다른 식물이다. 字形을 착각해서 蔍麃를 '鹿藿'이라 했을 것이다."라고 하였다. 내(단옥재)가 생각하건대 대개 '麃'자가 잘못 '鹿'자로 되었으니, 식견이 낮은 사람이 함부로 '藿'자를 더했을 뿐이다.

前菹篆訓鹿藿之實, 此蔍訓鹿藿, 則當類處. 徐鍇曰, "釋艸'菌, 鹿藿. 蔍, 麃.' 二者各物. 疑字形之誤, 以蔍麃爲鹿藿也." 玉裁按, 蓋麃誤爲鹿, 淺人因妄增藿字耳.

② 平과 表의 반절이다. 제2部에 있다.

平表切. 二部.

③ 이것은 字義의 다른 설명이다. 張衡의 〈南都賦〉에 "그 풀은 蔍·芓·薠·莞이다."라고 하였고, ≪廣韻≫에 "자리를 만들 수 있고, 혹은 蔍를 '蓾'와 '苞'로 쓰기도 한다."라고 하였다.

此字義別說也. 南都賦"其艸蔍·芓·薠·莞." 廣韻曰, "可爲席, 或作蓾苞."

02-012-0389 鷊(虉)〔명주끈 풀/역〕

'綬艸(명주끈 풀/수초)'이다. 艸를 따르고 鶂(격)이 소리이다. ≪詩經≫ 〈陳風 防有鵲巢〉에 "언덕에 旨虉이 있다."라고 한 것이 이것이다.

綬艸也.① 从艸, 鶂聲.② 詩曰, "邛有旨虉", 是.

① '艸'자는 ≪古今韻會擧要≫에 따라 보충하였다. ≪詩經≫ 〈陳風 防有鵲巢〉에 "언덕에는 맛있는 능초풀이 있도다.〔邛有旨鷊〕"라고 하였는데, 毛亨 傳에 "鷊은 '綬艸'이다."라고 하였고 ≪爾雅≫ 〈釋艸〉에 "虉은 '綬'이다."라고 하였다. 살펴보건대 ≪詩經≫에 鷊으로 되어 있는 것은 虉의 假借字이다. 지금의 ≪이아≫ 〈석초〉에 虉으로 되어 있고, ≪說文≫에 虉으로 되어 있어서 같지 않은 것은 鷊과 鶂이 모두 제16部에 있어서 같은 발음이기 때문이다. 陸璣는 ≪毛詩草木鳥獸蟲魚疏≫에서 "鷊은 5가지 색깔로 인끈의 문양을 만들기 때문에 '綬艸'라고 한다."라고 하였다.

艸字依韻會補. 陳風"邛有旨鷊." 傳曰, "鷊, 綬艸也", 釋艸曰, "虉, 綬." 按, 毛詩作鷊, 叚借字也. 今爾雅作虉, 與說文作虉不同者, 鷊鶂同在十六部也. 陸璣曰, "鷊五色, 作綬文, 故曰綬艸."

② 五와 狄의 반절이다. 제16部에 있다.

五狄切. 十六部.

02-012-0390 (蔆)〔마름/릉〕補【重文 1】

‘芰(마름/기)’이다. 艸를 따르고 淩(릉)이 소리이다. 楚나라에서 ‘芰’라 하고, 秦나라에서 ‘薢茩(해구)’라고 한다. 蘧(遴)은 〈蔆의 或體인데〉 司馬相如는 ‘蔆이 遴을 따랐다.’라고 하였다.

芰也.① 从艸, 淩聲.② 楚謂之芰.③ 秦謂之薢茩.④ 蘧(遴), 司馬相如說蔆从遴.⑤

① ≪周禮≫ 〈天官 籩人〉에 “籩豆에 올리는 과일로 蔆이 있다.”라고 하였는데, 鄭玄 注에 “蔆은 마름〔芰〕이다.”라고 하였다. 司馬相如 〈子虛賦〉의 應劭 注에서도 같다.[223)]
周禮“加籩之實有蔆.” 注“蔆, 芰也.” 子虛賦應劭注同.

② 力과 膺의 반절이다. 제6部에 있다.
力膺切. 六部.

③ ≪國語≫ 〈楚語 下〉에 “초나라 대부 屈到가 芰를 좋아하였다.”라고 하였는데, 韋昭가 “芰는 蔆이다.”라고 하였다.
楚語“屈到嗜芰.” 韋曰, “芰, 蔆也.”

④ ≪爾雅≫ 〈釋艸〉에 “薢茩는 英光(결광)이다.”라고 하였는데, 郭璞은 “英明이다. 혹은 ‘蔆’이라고도 한다. 關西에서는 ‘薢茩’라고 부른다.”라고 하였다. 살펴보건대 景純(郭璞의 자)은 두 가지로 풀이하였는데, 뒤의 풀이가 ≪說文≫·≪字林≫과 부합한다. ≪爾雅≫ 〈釋艸〉에서 또 “蔆은 蕨攈(궐군)이다.”라고 하였다.-孫炎은 “攈은 居와 郡의 반절이다.”- 郭璞은 “蕨攈은 지금의 물속의 芰이다.”라고 하였다.

살펴보건대 蕨攈과 英光은 모두 雙聲이다. ≪爾雅≫ 〈釋艸〉에 “薢茩는 芰光이다.”라고 하였으니, 혹은 ‘決明子’로 풀이할 수 있으며 식물은 다르지만 명칭이 같다고 하여 꺼릴 것은 아니다. 그리고 ≪說文≫의 芰와 薢茩가 지금의 蔆角이므로 본래 의심스러운 뜻이 없었는데, 徐鍇는 무엇 때문에 혼란스러워 했는지 모르겠다.
釋艸曰, “薢茩, 英光.” 郭云 “英明也. 或曰蔆也. 關西謂之薢茩.” 按, 景純兩解, 後解與說文·字林合. 釋艸又曰, “蔆, 蕨攈.”[224)]-孫炎居郡反.- 郭云 “今水中芰.” 按, 蕨攈, 英光, 皆雙聲. 爾雅“薢茩, 芰光.” 或可以決明子釋之. 不嫌異物同名也. 而說文之芰·薢茩, 卽今蔆角, 本無疑義. 不知徐鍇何以淆惑.

⑤〈司馬相如說蔆從遴의〉 이 글은 당연히 ≪凡將篇≫[225)]에 있는 글자이다. ≪漢書≫〈藝

---

223) 子虛賦의……같다 : 司馬相如의 〈子虛賦〉에 “밖으로는 부용과 능화가 핀다.〔外發夫容蔆華〕”라고 하였는데, 應劭는 “蔆은 芰이다.〔蔆 芰也〕”라고 하였다.

224) 蕨攈 : 今本 ≪爾雅≫에는 ‘蕨攗’로 되어 있다.

225) 凡將篇 : 司馬相如가 지었다는 字書이다.

文志〉에 "史游가 ≪急就篇≫을 지었고, 李長[226)]이 ≪元尚篇≫을 지었는데, 모두 ≪倉頡篇≫에 들어있는 正字이며, 司馬相如의 ≪범장편≫은 자못 正字에서 벗어나 있다." 라고 하였다. 이것을 근거로 한다면 ≪창힐편≫은 正字로서 蔆으로 되어 있고 ≪범장편≫은 달리 蘧으로 되어 있다. 营・芎도 이와 같다. 淩聲의 古音은 제6部에 있고, 遴聲의 古音은 제12部에 있다. 그런데 둘을 합치게 된 것은 雙聲이기 때문에 합친 것이다. 지금 ≪史記≫・≪한서≫・≪文選≫에 실린 〈子虛賦〉는 단지 蔆華로 되어 있다.
此當是凡將篇中字. 藝文志曰, "史游作急就篇, 李長作元尚篇, 皆倉頡中正字也. 司馬相如凡將篇則頗有出矣." 據是則倉頡篇正字作蔆, 凡將別作蘧. 营・芎同此. 淩聲古音在六部, 遴聲古音在十二部. 而合之者, 以雙聲合之也. 今史・漢・文選子虛賦, 袛作蔆華.

02-012-0391 𦱔(芰)〔마름/기〕補【重文1】

'蔆(마름/릉)'이다. 艸를 따르고 支(지)가 소리이다. 䓫(茤)는 〈芰의 或體인데〉 杜林은, '芰는 多를 따랐다.'라고 하였다.

蔆也.① 从艸, 支聲.② 䓫(茤), 杜林說芰从多.③

① 이것은 轉注이다.[227)]
是謂轉注.

② 奇와 寄의 반절이다. 제16部에 있다.
奇寄切. 十六部.

③ 이것은 대개 杜林의≪倉頡訓纂≫과 ≪倉頡故≫ 2편에 있는 말이다. 支聲은 제16部에 있고, 多聲은 제17部에 있다. 2部가 두 韻部는 合音되어 가장 가깝다. 옛날에는 제17部 중에 글자가 대부분 제16部로 轉入되었다.
此蓋倉頡訓纂・倉頡故二篇中語. 支聲在十六部, 多聲在十七部. 二部合音冣近. 古弟十七部中字多轉入弟十六部.

02-012-0392 𧅝(薢)〔마름/해〕

'薢茩(마름/해구)'이다. 艸를 따르고 解(해)가 소리이다.

---

226) 李長 : ?~?. 前漢 사람으로, 字書인 ≪元尚篇≫을 지었다.
227) 이것은 轉注이다 : 蔆과 芰가 상호 바꾸어도 동일한 뜻으로 해석된다는 말이다.

薢茩也.① **从艸, 解聲.**②

① '蔆也'라고 말하지 않은 것은 이미 앞에서 나왔기 때문이다. ≪離騷經≫의 王逸 注에[228] "芰는 蔆이다. 秦人은 '薢茩'라고 부른다."라고 하였다. 살펴보건대 薢과 芰는 함께 제16部에 있다. 二徐[229]가 말한 것은 薢茩이다.
不云蔆也者, 已見上矣. 王注離騷曰, "芰, 蔆也. 秦人曰薢茩." 按, 薢與芰同在十六部. 徐言之則云薢茩.

② 胡와 買의 반절이다. 제16部에 있다.
胡買切. 十六部.

02-012-0393 (茩) 〔마름/구〕

'薢茩(마름/해구)'이다. 艸를 따르고 后(후)가 소리이다.

薢茩也. 从艸, 后聲.①

① 蔆은 뾰족한 모서리 때문에 '蔆'이란 이름을 얻었다. 蔆은 '棱'이라는 뜻이고, 茩는 '角'이라는 뜻이다. 茩와 角은 雙聲으로 모두 제3部에 있다. ≪唐韻≫에는 胡와 口의 반절이라 하였다. 薢와 茩는 雙聲이다.
蔆以角得名. 蔆之言棱也. 茩之言角也. 茩角雙聲, 同在第三部. 唐韻胡口切. 薢茩雙聲.

02-012-0394 (芡) 〔가시연꽃/검〕

'雞頭(가시연꽃/계두)'이다. 艸를 따르고 欠(흠)이 소리이다.

雞頭也.① **从艸, 欠聲.**②

① ≪周禮≫ 〈天官 籩人〉에 "籩에 담는 과일에 芡이 있다."라고 하였는데, 鄭玄 注도 같다.[230] ≪方言≫에 "葰・芡은 '雞頭'이다. 北燕에서는 '葰'이라고 하고, 靑州・徐州・淮水・泗水 사이에서는 '芡'라고 하고, 南楚와 江湘 사이에서는 '雞頭'라고 한다. 혹은 '鴈頭'라고 하고, 혹은 '烏頭'라고 한다."라고 하였다.

---

228) 離騷經의 王逸 注에 : ≪離騷經≫의 "製芰荷以爲衣兮"에 대한 王逸 注를 가리킨다.
229) 二徐 : 徐鉉과 그의 동생 徐鍇를 말한다.
230) 鄭玄 注도 같다 : 鄭玄은 "芡 雞頭也"라고 주석하였다.

周禮"加籩之實有芡", 注同此. 方言"葰・芡, 雞頭也. 北燕謂之葰, 青・徐・淮・泗之閒謂之芡, 南楚・江湘之閒謂之雞頭. 或謂之鴈頭, 或謂之烏頭."

② 巨와 儉의 반절이다. 古音은 제8部에 있다.
巨儉切. 古音在八部.

02-012-0395 蘜(蘜)〔국화/국〕【重文 1】

'日精(국화/일정)'이다. '가을에 피는 꽃'이다. 艸를 따르고 鞠(국)의 생략형이 소리이다. 蓻(䕮)은 鞠의 或體이니 蘜의 생략형이다.

日精也. 㠯秋華.① 从艸, 鞠省聲.② 蓻(䕮), 蘜或省.③

① '以(㠯)'가 각 판본에는 似로 되어 있다. 지금 宋나라 판본과 ≪古今韻會擧要≫에 따라 바로잡았다. ≪本草經≫에 "菊花는 일명 '節花'이다."라고 하였고, 또 "일명 '日精'이다."라고 하였다. 살펴보건대 "일명 '節花'이다."라는 것은 許愼이 이른바 "가을에 피는 꽃이다.〔秋華〕"라고 하였으니, "일명 '日精'이다."라고 한 것은 허신의 말과 부합된다.

≪大戴禮記≫ 〈夏小正〉에 "9월에 鞠이 핀다. 鞠은 '풀이름'이다. 鞠이 피면 보리를 심는데, 시기가 중요하기 때문이다."라고 하였다. ≪禮記≫ 〈月令〉에 "鞠에 黃華가 있다."라고 하였고, ≪離騷≫에 "저녁에는 가을 국화의 떨어진 꽃잎을 먹는다.〔夕餐秋菊之落英〕"라고 하였다. 글자가 어떤 본에는 '菊'으로 되어 있고 어떤 본에는 '鞠'으로 되어 있는데, ≪說文≫을 계승한 것은 모두 假借이다.[231] ≪爾雅≫ 〈釋艸〉에 "蘜은 '治蘠'이다."라고 하였는데, 郭璞은 "지금의 秋華菊이다."라고 하였으니, 곽박은 蘜은 古字이고 菊은 今字라고 생각한 것이다.

내(단옥재)가 생각하건대, 許愼은 '菊은 大菊・蘧麥이고, 蘜은 治蘠이며, 蘜은 日精이다.'라고 분석하여 세 곳에 나누어 배열하고, 또 學者가 同音이라고 여겨 혼동하기 쉬울까 염려하여 "以秋華"란 말을 붙여놓았으니, 여기의 '蘜'자는 바로 ≪大戴禮記≫ 〈夏小正〉과 ≪예기≫ 〈월령〉의 "9월에 꽃이 핀다.〔布華玄月〕"[232]를 말한 것이다. 그렇다면 허신은 '治蘠은 다른 한 가지 식물'이라고 생각한 것이다. 종류가 매우 다르니 大

---

231) 글자가……假借이다 : 菊・鞠이 '국화'로 쓰인 경우는 蘜(국화/국)의 가차라는 것이다. ≪說文≫에 菊을 "菊 大菊 蘧麥"이라 하여 '약초'가 본의이고, '鞠'을 "鞠 蹋鞠也"라 하여 '가죽공'이 본의이므로, 이들 한자가 '국화'로 쓰인 경우는 蘜의 가차가 되는 것이다.

232) 布華玄月 : 菊花의 異名이다. ≪大戴禮記≫ 〈夏小正〉과 ≪禮記≫ 〈月令〉에 이 글이 보이지 않고 晉나라의 학자 江灌이 지은 ≪爾雅圖贊≫에 보인다. ≪이아도찬≫에 "국화의 이름이 日精이니, 9월에 꽃이 핀다. 은자가 국화꽃을 따니 어찌 백발을 걱정하랴.〔爾雅圖贊曰 菊名 日精 布華玄月 仙客薄采 何憂華髮〕"라고 하였다.

菊이 蘜이 아닌 것과 같다. ≪爾雅≫의 郭璞 注는 허신의 해설과 완전히 어긋난다. 곽박이 주석한 문자서 3종류의 책을 살펴보면 지금 남아 있는 것은 둘인데,[233] 때때로 ≪字林≫을 언급하였지만 ≪說文≫을 전혀 말한 적이 없다. ≪本草經≫·≪名醫別錄≫에는 秋華에 아홉 가지 명칭이 있는데 治牆은 없으니, 治牆이 秋華가 아닌 것을 또한 대략 알 수 있다.

以各本作似. 今依宋本及韻會正. 本艸經"菊花一名節花." 又曰, "一名日精." 按, "一名節花", 卽許所謂以秋華也. "一名日精"與許合. 夏小正"九月榮鞠. 鞠, 艸也. 鞠榮而樹麥, 時之急也." 月令"鞠有黃華." 離騷"夕餐秋菊之落英." 字或作菊, 或作鞠. 以說文繩之, 皆叚借也. 釋艸"蘜, 治牆." 郭云 "今之秋華菊." 郭意蘜菊爲古今字. 玉裁謂, 許君剖析"菊爲大菊·蘧麥. 蘜爲治牆. 蘜爲日精." 分廁三所. 又恐學者以其同音易溷也, 著之曰, "以秋華." 言此蘜字乃小正·月令之布華玄月者也. 然則許意治牆別是一物. 種類甚殊, 如大菊之非蘜. 郭注爾雅與許全乖. 攷郭氏所注小學三書, 今存者二, 有時涉及字林, 而絕未嘗偁用說文也. 本艸經·名醫別錄, 秋華有九名而無治牆, 則治牆之非秋華, 亦略可見.

② 居와 六의 반절이다. 제3部에 있다.

居六切. 三部.

③ 살펴보건대 米部에 䊮은 "米을 따르고 𥳑의 생략형이 소리이다."라고 하였다. 또 竹을 생략하면 蘜이 되고, 또 米를 생략하면 𥸨(국)이 된다. 바로 㚔部(녑부)에 있는 簐의 생략형이 소리이다.

按, 米部䊮"從米, 𥳑省聲." 省竹則爲蘜, 又省米則爲𥸨. 卽㚔部之簐之省聲也.

02-012-0396 𦽂 (蘥) 〔귀리/약〕

'爵麥(귀리/작맥)'이다. 艸를 따르고 龠(약)이 소리이다.

爵麥也.① **从艸, 龠聲.**②

① ≪爾雅≫ 〈釋艸〉에 보인다. 爵은 지금의 ≪이아≫ 〈석초〉에 따라 雀이 되어야 하는데,[234] 허신은 자신이 근거한 판본을 따랐을 뿐이다. 곽박은 "〈蘥은〉 곧 燕麥이다."라고 하였다. 〈蘥은〉 오래된 성터나 들판의 숲에서 자라고, 싹과 열매는 모두 보리와 비슷하다."[235] 라고 하였다.

---

233) 곽박이……둘인데 : 곽박이 주석한 문자서로 ≪爾雅注≫, ≪方言注≫, ≪三蒼解詁≫가 있는데, 지금은 ≪爾雅注≫, ≪方言注≫만 있는 것을 말한다.

234) 지금의……하는데 : 지금의 ≪爾雅≫ 〈釋艸〉에 "蘥은 雀麥이다.〔蘥 雀麥〕"라고 하였다. 이에 대한 郭璞 注에 "곧 燕麥이다.〔卽燕麥也〕"라고 하였다.

혹자는 "爵麥은 곧 穱麥(착맥)이다."라고 하였는데, 잘못이다. 宋玉의 〈招魂〉과 枚乘[236]의 〈七發〉에서는 모두 "穱麥이다."라고 하였는데, 穱은 '穛(착)'자의 異體字이다. 옛날에 爵聲과 焦聲은 모두 제2部에 있었다. 허신이 "穛은 일찍 거둔 곡식이다."라고 하였고,[237] 〈招魂〉의 王逸 注에 "보리 중에서 먼저 익은 것을 택한 것이다."라고 하였으니, 의미가 동일하다.

見釋艸. 爵當依今釋艸作雀. 許君從所據耳. 郭云"卽燕麥也." "生故墟野林下. 苗實俱似麥." 或云爵麥卽穱麥, 誤也. 招魂・七發, 皆云"穱麥." 穱卽穛字之異者. 古爵焦聲, 同在第二部. 許云"穛, 早取穀也." 招魂王注云"擇麥中先熟者也." 義正同.

② 以와 勺의 반절이다. 제2部에 있다.
以勺切. 二部.

02-012-0397 (蔌)〔띠풀/속〕

'牡茅(띠풀/모모)'이다. 艸를 따르고 遬(속)이 소리이다. 遬은 速의 籀文이다.

牡茅也.① **从艸, 遬聲.**② **遬, 籀文速.**③

① ≪爾雅≫ 〈釋艸〉에 보인다. 이 글자는 의당 菅・茅 두 표제자와 같은 부류로 배열해야 하지만 그렇게 하지 않은 것은 대개 그 종류가 달라서이다.
見釋艸. 此當與菅茅二篆類廁而不爾者, 蓋其種類殊也.

② 桑과 谷의 반절이다. 제3部에 있다.
桑谷切. 三部.

③ 대체로 速이 聲符인 글자는 모두 速을 따랐으니, '牡茅'라는 글자는 蓫으로 써도 될 것이다. 그런데 小篆(표제자)이 우연히 '遬'자를 따랐지만 다른 速이 聲符인 글자와 일치하지 않기 때문에 이 말(遬籀文速)을 써놓은 것이다. ≪說文解字≫序에 "小篆은 史籀의 大篆을 취하여 혹은 字劃을 매우 생략하거나 고치기도 하였다."라고 하였다. 蔌은 大篆이므로 응당 자획을 생략해야 하지만 생략하지 못한 것이다.
凡速聲字皆從速, 則牡茅字作蓫可矣. 而小篆偶從遬, 與他速聲字不畫一, 故箸之. 序曰, "小篆取史籀大篆, 或頗省改." 蔌者, 大篆文, 應省改而不省改者也.

---

235) 오래된……비슷하다 : 刑昺의 ≪爾雅疏≫에서 ≪本草≫에 나온다고 하였다.

236) 枚乘 : ?~B.C. 140. 前漢의 문장가이다. 작품으로 〈七發〉, 〈上書諫吳王〉, 〈兎園〉 등이 있다.

237) 허신이……하였고 : ≪說文解字≫ 7편 상 米部에 보인다.

02-012-0398 (萩)〔띠의 이삭/사〕

'茅秀(띠의 이삭/모수)'이다. 艸를 따르고 私(사)가 소리이다.

茅秀也.① **从艸, (松)〔私〕**[238)]**聲.**②

① ≪廣雅≫에 "蒤과 萩는 띠의 이삭〔茅穗〕이다."라고 하였는데, 蒤은 荼자가 바뀐 것이다. ≪周禮≫와 ≪儀禮≫의 鄭玄 注, ≪詩經≫ 〈鄭風 出其東門〉의 鄭玄 箋, ≪國語≫ 〈吳語〉의 韋昭 注에는[239)] 모두 "荼는 茅秀이다."라고 하였다. 마땅히 荼는 茅의 이삭이라고 하고 萩는 蔌(속)의 이삭이라고 해야 한다. 전체적으로 말하면 茅秀일 뿐이다. 그 색깔은 순백색이다.

廣雅曰, "蒤・萩, 茅穗也." 蒤卽荼字之變. 周禮・儀禮注, 鄭風箋, 吳語注, 皆云 "荼, 茅秀." 當是荼爲茅之秀, 萩爲蔌之秀. 統言之則曰茅秀而已. 其色正白.

② 息과 夷의 반절이다. 제15部에 있다.

息夷切. 十五部.

02-012-0399 (蒹)〔물억새/겸〕

'萑(물억새/환)이 아직 패지 않은 것'이다. 艸를 따르고 兼(겸)이 소리이다.

萑之未秀者.① **从艸, 兼聲.**②

① 앞의 '茅秀'를 이어 받아서 萑이 이삭이 팬 것과 패지 않은 것을 언급한 것이다. 대체로 경전에서 萑葦・蒹葭・葭菼을 말할 때는 모두 두 가지 식물을 나란히 열거하였다. 蒹・菼・萑은 같은 식물인데, 요즈음 사람이 말하는 '荻'이다. 葭・葦는 같은 식물인데, 요즈음 사람이 말하는 '蘆'이다. 萑은 일명 '薍(완)', 일명 '鵻(추)', 일명 '蒹(겸)'이다. 葦는 일명 '華'이다.

---

238) (松)〔私〕: 저본에는 '松'으로 되어 있으나, ≪說文解字詁林≫에 의거하여 '私'로 바로잡았다.

239) 周禮와……注에는 : ≪주례≫ 〈地官 掌荼〉의 鄭玄 注에 '茅 茅莠'으로 되어 있는데, 光武帝 劉秀의 이름을 諱하기 위하여 秀를 莠로 바꾸었다. ≪儀禮≫ 〈旣夕禮 記〉의 "깔개를 채우는 데는 荼를 사용한다.〔茵著用荼〕"의 鄭玄 注에 "荼는 茅秀이다.〔荼 茅秀也〕"라고 하였다. ≪詩經≫ 〈鄭風 出其東門〉 "荼와 같이 예쁜 여자〔有女如荼〕"의 鄭玄 箋에 "荼 茅秀"라고 하였다. ≪國語≫ 〈吳語〉 "멀리서 바라보니 荼와 같고〔望之如荼〕"의 韋昭 注에 "荼 茅秀也"라고 하였다.

≪爾雅≫〈釋艸〉에 "葭는 '華'이고, 蒹은 '蘼'이다."라고 하여, 항상 두 글자로 한 가지 식물의 이름을 붙이니, 또 "葭는 '蘆'이고, 菼은 '薍'이다."라고 한 것이고, 역시 항상 두 글자로 한 가지 식물의 이름을 붙이니, 葭蘆는 '葭華'이고, 菼薍은 '蒹蘼'이라고 한 것이다. ≪夏小正傳≫・毛亨・許愼의 설명이 모두 이와 같다. 舍人[240]・李巡・樊光은 "蘆와 薍은 같은 풀이다."라고 하였다. 陸璣와 郭璞은 또 蒹・葭・菼을 세 종류의 식물로 보았다. ≪大戴禮記≫〈夏小正〉에 "7월에 萑葦의 이삭이 팬다."라고 하였는데, 그 傳에 "아직 이삭이 패지 않으면 '萑葦'라고 하지 않고, 이삭이 나온 뒤에 '萑葦'라고 한다."라고 하였다. 또 "萑이 이삭이 패지 않은 것을 菼이라 하고, 葦가 이삭이 패지 않을 것을 '蘆'라고 한다."라고 하였다.

살펴보건대, 이미 이삭이 팬 것을 '萑'이라 하고, 아직 이삭이 패지 않았으면 '蒹'・'薍'・'菼'이라고 한다. 여기에 표제자 萑을 열거하지 않은 것은 小篆과 大篆의 차이가 벌어졌기 때문이다.

蒙上茅秀而及萑之秀與未秀也. 凡經言萑葦, 言蒹葭, 言葭菼, 皆竝擧二物. 蒹・菼・萑一也, 今人所謂荻也. 葭・葦一也. 今人所謂蘆也. 萑一名薍, 一名䨼, 一名蒹. 葦一名華. 釋艸曰, "葭, 華. 蒹, 蘼." 每二字爲一物. 又曰, "葭, 蘆. 菼, 薍." 亦每二字爲一物. 葭蘆卽葭華也. 菼薍卽蒹蘼也. 夏小正傳・毛公・許君說皆同此. 舍人・李巡・樊光則云 "蘆・薍爲一艸." 陸璣・郭璞則又蒹・葭・菼爲三矣. 夏小正"七月秀萑葦" 傳曰, "未秀則不爲萑葦, 秀然後爲萑葦." 又曰, "萑未秀爲菼. 葦未秀爲蘆." 按, 已秀曰萑, 未秀則曰蒹, 曰薍, 曰菼也. 於此不列萑篆者, 以小篆大篆隔之也.

② 古와 恬의 반절이다. 제7部에 있다.
古恬切. 七部.

02-012-0400 薍(薍)〔물억새/완〕

'𦵹(물억새/담)'이다. 艸를 따르고 亂(란)이 소리이다. 8월에 薍이 萑이 되고, 葭가 葦가 된다.

𦵹也. 从艸, 亂聲.① 八月薍爲萑, 葭爲葦.②

① 五와 患의 반절이다. 제14部에 있다.
五患切. 十四部.

② 각 판본에는 '萑葭爲' 3자가 누락되어 지금 보충하여 바로 잡았다. 살펴보건대 이것은

240) 舍人 : ?~?. 前漢의 학자로, 漢 武帝 때 待詔를 지냈으며 ≪爾雅≫를 주석하였다. 犍爲郡文學을 지내 '犍爲文學', 또는 '犍爲舍人'이라고 한다.

바로 이삭이 패지 않은 것이 '菿'이고, 이삭이 팬 것이 '萑'이라는 뜻을 밝혔다. 8월은 이삭이 패는 때이다. 葭를 '葦'라고 한 것은 동류로 말한 것이다. ≪詩經≫〈豳風 七月〉에 "八月萑葦"에 대한 毛亨 傳에서 "薍이 萑이고, 葭가 葦이다."라고 하였다. 이것은 〈8월이〉 되면 薍이 이삭이 패어 萑가 되고, 葭가 이삭이 패어 葦가 된다는 것을 말한 것이다. 許愼은 바로 毛亨의 말을 인용한 것이다.

各本脫萑葭爲三字, 今補正. 按, 此正申明未秀爲菿, 旣秀爲萑之恉. 八月, 秀之時也. 言葭爲葦者, 類言之也. 豳詩"八月萑葦", 傳云"薍爲萑, 葭爲葦." 謂至是月而薍秀爲萑, 葭秀爲葦矣. 許正用毛語.

02-012-0401 菼(菿)〔물억새/담〕補【重文 1】

萑이 갓 생겨나는 것으로 일설에는 '薍'이라고 한다. 일설에는 '騅(추)'라고 한다. 艸를 따르고 剡(섬)이 소리이다. 菼(菼)은 菿의 或體이니 炎(염)을 따랐다.

萑之初生, 一曰薍, 一曰騅.① **从艸, 剡聲.**② **菼(菼), 菿或从炎.**③

① 騅는 각 판본에는 鵻로 되어 있다. 지금 ≪爾雅≫를 따랐다. '一曰'이라고 두 차례 말한 것은 菿의 다른 이름을 말한다. ≪爾雅≫〈釋言〉에 "菼는 '騅'이다. 菼은 '薍'이다."라고 하였다. ≪詩經≫〈王風 大車〉의 "毳衣如菼"에 대한 毛亨 傳에 "菼은 鵻이니, 蘆가 갓 자라난 것이다."라고 하였으며, 鄭玄 箋에 "菼은 薍이다."라고 하였다.

살펴보건대 毛亨이 '鵻'라고 한 것은 아마도 蓷(퇴)와 구별이 없어지는 것을 염려해서이다. 그러므로 또 거듭 "蘆가 갓 생겨난 것이다."라고 하였다. 菼을 蘆와 구별한 것은 나누어서 말한 것이다. 전체적으로 말하면 菼 역시 蘆로 칭한다. 鄭玄은 萑과 葦를 구별하지 못할까 걱정하여 거듭 "薍이다."라고 하였다. 菿과 騅는 모두 青色임을 말한 것이고, 薍은 모양을 말한 것이니 줄기가 가늘고 촘촘하다. 許愼이 "萑이 갓 자라난 것이다."라고 말할 것도 역시 毛亨 傳을 바로 잡은 것이다.

騅各本作鵻. 今依爾雅. 兩一曰, 謂菿之一名也. 釋言云"菼, 騅也. 菼, 薍也." 王風傳云"菼, 鵻也. 蘆之初生者也." 箋云"菼, 薍也." 按, 毛釋爲鵻, 恐其與蓷無別也. 故又申之曰, "蘆之初生者也." 菼別於蘆, 析言之也. 統言之則菼亦偁蘆. 鄭恐萑・葦無別也, 故又申之曰, "薍也." 菿與騅, 皆言其青色, 薍言其形, 細莖稹密. 許云"萑之初生" 亦以正毛也.

② 土과 敢의 반절이다. 제8部에 있다.

土敢切. 八部.

③ 經典에는 모두 이 글자를 사용한다.

經典皆作此字.

02-012-0402 蘝 (蘞) 〔갈대/렴〕

'갈대'이다. 艸를 따르고 廉(렴)이 소리이다.

蒹也.① 从艸, **廉聲.**②

①〈蘞·蒹〉 두 글자는 疊韻이다.
二字疊韻.

② 力과 鹽의 반절이다. 제7부에 있다.
力鹽切. 七部.

02-012-0403 薠 (薠) 〔향초/번〕

'靑薠(향초/청번)'이니 향부자〔莎〕와 비슷하면서 큰 것이다. 艸를 따르고 煩(번)이 소리이다.

靑薠,① 佀**莎而大者.**② 从艸, **煩聲.**③

① 句讀이다.
句.

②"而大" 두 글자는 ≪古今韻會擧要≫에 인용된 글에 의거하여 보충하였다. 司馬相如의 ≪子虛賦≫에 "薛(설)·莎(사)·靑薠이 난다."라고 하였는데, 張揖이 "靑薠은 향부자와 비슷하면서 크다. 江湖에서 나는데, 기러기가 먹는 것이다."라고 하였다. 살펴보건대, ≪淮南子≫〈覽冥訓〉의 "길에 莎와 薠이 없다.〔路無莎薠〕"에 대한 高誘 注에 "薠은 모양이 葴(쪽/침)[241]과 같다."라고 하였으니, 張揖의 해설과 같지 않다. ≪楚辭≫에 "白薠"이 있는데,[242] 거의 靑薠과 동일한 종류이지만, 색깔이 조금 다를 뿐이다.
而大二字, 依韻會所引補. 子虛賦"薛莎青薠." 張揖曰, "青薠似莎而大. 生江湖, 鴈所食." 按高注淮南曰, "薠狀如葴." 與張說不同. 楚辭有"白薠", 殆與青薠一種, 色少異耳.

③ 附와 袁의 반절이다. 제14部에 있다.
附袁切. 十四部.

---

241) 葴(쪽/침) : 高誘는 "葴은 갈대와 같은 것이다.〔葴 如葭也〕"라고 하였다.

242) 白薠이 있는데 : ≪楚辭≫〈九歌 湘夫人〉에 "白薠의 언덕에 올라 멀리 바라보고, 湘夫人과 만나고자 저녁 일찍 청소하고 휘장을 치네〔登白薠兮騁望 與佳期兮夕張〕"라는 구절이 있다.

02-012-0404 (茚)〔창포/앙〕

'茚蒘(앙야)'이니 '菖蒲(창포)'이다. 艸를 따르고 卬(앙)이 소리이다. 益州에서 난다.[243]

茚蒘,① **昌蒲也.**② 从艸, 卬**聲.**③ **益州云.**④

① 逗(句讀)이다. 〈茚蒘〉 두 글자가 각 판본에는 빠져 있으나, ≪說文≫의 通例에 의거하여 보충하였다.
逗. 二字各本脫, 今依全書通例補之.

② ≪周禮≫ 〈天官 醢人〉에 "이른 아침 종묘에 제사할 때의 제기〔豆〕에 昌本이 담겨 있다."라고 하였는데, 鄭玄 注에 "昌本은 창포의 뿌리인데, 4寸으로 잘라 절인다."라고 하였다. ≪春秋左氏傳≫에서는 이를 '창포절임〔昌歜〕'라고 하였다.[244] ≪本草經≫에서는 "菖蒲는 일명 '昌陽'이다."라고 하였다. 살펴보건대, 한 글자로 '昌'이라고 부르기도 하고, '堯韭(요구)'라고도 하며, '荃(전)'이라고도 하고, '蓀(손)'이라고도 한다. '茚蒘'라는 이름은 지금까지 出典을 보지 못했다.
周禮"朝事之豆, 實有昌本." 注"昌本, 昌蒲根, 切之四寸爲菹." 左氏謂之昌歜. 本艸經"菖蒲一名昌陽." 按或單呼曰昌, 或曰堯韭, 或曰荃, 或曰蓀. 茚蒘之名, 今未見所出.

③ 五와 剛의 반절이다. 제10部에 있다.
五剛切. 十部.

④ ≪本草經≫에 "上洛의 못〔池澤〕과 蜀郡의 嚴道縣에서 자란다."라고 하였다. "益州云"의 '云'자를 毛扆(모의)[245]는 '生'자로 고쳤다.
本艸經曰, "生上洛池澤及蜀郡嚴道." 云, 毛扆改生.

02-012-0405 (蒘)〔창포/야〕

'茚蒘(창포/앙야)'이다. 艸를 따르고 邪(야)가 소리이다.

茚蒘**也.** 从艸, 邪**聲.**①

---

243) 益州에서 난다 : 許愼이 말한 "益州云"에 대해서는 학자들의 설이 분분하나, 段玉裁 注에 따라 풀이하였다.

244) 春秋左氏傳에서는……하였다 : ≪春秋左氏傳≫ 僖公 30년에 "대접하는 床에 昌歜(창촉)과 볶은 벼와 볶은 기장과 호랑이 모양의 소금이 있었다.〔饗有昌歜白黑形鹽〕"라고 하였는데, 杜預 注에 "昌歜은 창포절임이다.〔昌歜 菖蒲菹〕"라고 하였다.

245) 毛扆(모의) : ?~?. 淸나라 사람으로 毛晉의 아우이다. 자는 斧季이다. 교감에 정통하였으며, 저서로 ≪汲古閣秘本書目≫이 있다.(≪淸史≫ 列傳 71)

① 以와 遮의 반절이다. 古音은 제5부에 있다.
以遮切. 古音在五部.

02-012-0406 (芀)〔갈대 이삭/초〕

'갈대 이삭'[246]이다. 艸를 따르고 刀(도)가 소리이다.

葦華也.① **从艸, 刀聲.**②

① ≪爾雅≫ 〈釋艸〉에 "갈대〔葦〕의 종류로 芀가 있다."라고 하였는데, ≪漢書≫ 〈禮樂志〉의 顔師古 注[247]에서 말한 "蒹錐(겸추)"가 이것이다. 자루 속의 송곳 끝이 삐죽이 나오듯이 이삭이 솟아나오는 뜻을 취하였기 때문에 '芀'라고 한 것이다. ≪方言≫에 "송곳을 鍣(송곳/초)-音이 苕(갈대이삭/초)이다.-라고 한다."라고 하였으니, 이로 인하여 '芀秀(갈대 이삭)'라고 말하는 것은 대부분 '苕'를 가차하여 쓴 것이다. ≪韓詩≫의 '葦苖(위주)'는 〈葦芀의 '芀'자가〉 苖(풀이름/주, 갈대이삭/렬)로 되어 있다.[248] ≪이아≫ 〈석초〉의 '蔈(표)·荂(과)·猋(표)·藨(표)·芀'는 모두 '풀의 이삭'을 이른다.

≪詩經≫ 〈豳風 鴟鴞〉의 "내가 갈대를 꺾어오고〔予所捋荼〕"에 대한 毛亨 傳에 "荼(도)는 藿苕(환초)[249]이다."라고 하였다. ≪大戴禮記≫ 〈夏小正〉의 傳[250]에 "荼는 물억새〔藿〕와 갈대〔葦〕의 이삭이다."라고 하였는데, 이것은 '茅秀(띠풀 이삭)'과 荼를 똑같이

246) 갈대 이삭 : '薗(담)'자에 대한 단옥재 注에 "華와 秀는 散文에서는 뜻이 같고, 對文에서는 뜻이 다르다.〔華與秀散文則同 對文則別〕"라고 한 말에 의거하여 "葦華"의 '華'를 '이삭'으로 풀이하였다.

247) 漢書의 顔師古 注 : ≪漢書≫ 禮樂志 〈郊祀歌 練時日一〉의 "얼굴은 荼(도)와 같다.〔顔如荼〕"에 대한 顔師古의 注에 "荼는 지금 민간에서 이른바 '蒹錐'라는 것이다.〔荼者 今俗所謂蒹錐也〕"라고 하였다.

248) 韓詩의……있다 : ≪文選≫ 권44, 陳琳의 <檄吳將校部曲>의 "鷦鳩(영결)이란 새가 갈대 이삭에 둥지를 틀었다.〔鷦鳩之鳥 巢於葦苕〕"에 대한 李善 注에 "≪韓詩≫에 '鴟鴞(치효)야! 내 새끼를 잡아갔으니……큰 나무의 무성한 가지에 의탁할 줄 모르고 도리어 갈대 이삭에 둥지를 틀어……'〔韓詩曰 鴟鴞 旣取我子……不知託於大樹茂枝 反敷之葦苖……〕"라고 하여, '葦芀'를 '葦苖'로 달리 쓴 것을 말한다.

249) 藿苕(환초) : 지금의 ≪詩經≫ 〈豳風 鴟鴞〉의 毛亨 傳에는 "萑苕(주초)"로 되어 있다. 藿과 萑는 ≪說文解字≫에 각각 다른 글자(藿(물억새/환), 萑(풀이 많은 모양/주))로 되어 있는데, 단옥재 注에서 당시 사람들이 藿을 萑로 쓰고 있다고 하였다. 그리고 ≪中華大字典≫에서는 "藿는 萑의 본래 글자이다.〔藿 萑本字〕"라고 하였다. 그러므로 藿苕(환초)는 '물억새 이삭'으로 보아야 할 것이다.

250) 大戴禮記……傳 : ≪大戴禮記≫ 〈夏小正〉 七月의 '灌荼'에 대한 傳을 가리킨다.

이름한 것이다. 갈대 이삭〔葦華〕은 물억새 이삭〔萑華〕보다 크기 때문에 갈대〔葭〕를 일명 '華'라고도 한다.

釋艸曰, "葦醜, 芀." 顔注漢書云"蒹錐"者是也. 取其脫穎秀出故曰芀. 方言, 錐謂之鍣-音苕-, 因此凡言芀秀者, 多借苕字爲之. 韓詩葦蕭字作蕭. 釋艸'蕍・荂・荼・猋・藨・芀'皆謂艸之秀. 豳風傳曰, "荼, 萑苕也." 夏小正傳曰, "荼, 萑葦之秀." 是與茅秀同名荼矣. 葦華大於萑華, 故葭一名華.

② 徒와 聊의 반절이다. 제2部에 있다.
徒聊(聊)切. 二部.

02-012-0407 (茢)〔갈대 이삭/렬〕

'갈대 이삭'이다. 艸를 따르고 列(렬)이 소리이다.

芀也.① 从艸, 列聲.②

① ≪禮記≫ 〈檀弓 下〉에 "군주가 신하의 喪에 임할 때에는 무당이 복숭아나무〔桃〕를 잡고 축관이 茢을 잡고 小臣이 창을 잡는다."라고 하였는데, 鄭玄 注에 "茢은 '물억새 이삭〔萑苕(환초)〕'이니, 상서롭지 못한 것을 없앨 수 있는 것이다."라고 하였다. ≪禮記≫ 〈玉藻〉에 "군주에게 음식을 바칠 때에는 葷(생강과의 매운 채소)과 桃(복숭아나무 가지)와 茢이 있다."라고 하였는데, 鄭玄 注에 "茢은 菼帚(물억새로 만든 빗자루/담추)이다."라고 하였다.

살펴보건대, 許愼이 '葦(갈대)'라고 말하고, 鄭玄이 '萑菼(물억새/환담)'라고 말한 것은 합해서 말하고 〈나누어서 따로 말하지〉 않은 것이다. 芀帚(갈대이삭 빗자루/초추)는 꽃이 떨어진 이삭으로 만든다. 芀의 일명은 '茢'이므로 帚를 일명 '茢'이라고 한다.

檀弓"君臨臣喪, 以巫祝桃茢執戈." 注"茢, 萑苕, 可埽不祥." 玉藻"膳於君有葷桃茢." 注"茢, 菼帚也." 按許云葦, 鄭云萑菼者, 此統言不別也. 芀帚, 花退用穎爲之. 芀一名茢. 故帚一名茢.

② 良과 薛의 반절이다. 제15部에 있다.
良薛切. 十五部.

02-012-0408 (菡)〔연꽃/함〕

'菡蕳(연꽃/함담)'이다. 艸를 따르고 圅(함)이 소리이다.

菡蕳也. 从艸, 圅(函)聲.①

①〈菡은〉 胡와 感의 반절이다. 제8부에 있다.
胡感切. 八部.

02-012-0409 藺(䕭)〔연꽃/담〕

'菡䕭(연꽃/함담)'이니, '扶渠(부거)의 꽃'이다. 꽃이 아직 피지 않은 것을 '菡䕭'이라 하고, 꽃이 이미 핀 것을 '芙蓉'이라 한다. 艸를 따르고 閻(염)이 소리이다.

菡䕭,① **扶渠華.**② **未發爲菡䕭, 已發爲芙蓉.**③ 从艸, 閻聲.④

① 逗(句讀)이다.
逗.

② 句가 끊어진다. 扶渠는 각 판본에 芙蓉으로 되어 있는데, 〈이는〉 잘못이다. 지금 승려 玄應이 인용한 글[251]을 따랐다. 許愼은 '扶渠는 꽃・잎・줄기・열매・밑둥・뿌리의 總名이다.'라고 생각했다. ≪爾雅≫ 〈釋艸〉에서 이 식물〔艸〕을 해설할 때 夫渠를 앞머리에 배열하였다.[252] 毛亨 또한 "荷는 夫渠이다. 그 꽃은 菡萏(함담)이다."[253]라고 하였다. 扶渠가 어떤 본에는 夫渠로 되어 있고, 지금 ≪이아≫ 〈석초〉에는 '芙蕖'로 되어 있는데, 〈이는〉 俗字이다.
句絶. 扶渠, 各本作芙蓉, 誤. 今從釋玄應所引. 許意'扶渠爲華・葉・莖・實・本・根之總名.' 爾雅說此艸, 以夫渠建首. 毛公亦曰, "荷, 扶渠也. 其華菡萏." 扶渠一作夫渠, 今爾雅作芙蕖, 俗字也.

③ 이 구절은 꽃의 〈개화 여부에 따라〉 나누어서 말한 것이다. ≪詩經≫ 〈陳風 澤陂〉에 "부들〔蒲〕과 연꽃〔菡萏〕이 있다."라고 하였고, ≪爾雅≫와 毛亨 傳에서 모두 "그 꽃은 '菡萏'이다."라고 하였는데, 이는 합쳐서 말한 것으로, 그 꽃이 아직 피지 않은 것과 이미 핀 것을 논하지는 않았다. 屈原과 宋玉이 芙蓉을 말하고 菡萏을 말하지 않은 것[254]

---

251) 인용한 글 : 玄應(?~?)의 ≪一切經音義≫ 권3에 "扶渠花 未發者爲菡䕭 已發開者爲扶容"이라 하였고, 권8에 "扶渠花 未發爲菡䕭 花已發爲者爲芙蓉"이라고 하였다. ≪說文解字詁林≫ 一下, 艸部, 䕭에 대한 '古本考' 참조.

252) 夫渠를……배열하였다 : ≪爾雅≫ 〈釋艸〉 "荷는 芙渠이다. 그 줄기는 '茄', 그 잎은 '蕸'이다. 그 밑뿌리는 '蔤'이다. 그 꽃은 '菡萏'이다. 그 열매는 '蓮'이다. 그 뿌리는 '藕'이다. 그 속은 '的'이다. 的의 속이 '薏'이다.〔荷 芙渠 其莖茄 其葉蕸 其本蔤 其華菡萏 其實蓮 其根藕 其中的 的中薏〕"라고 하였다.

253) 毛亨……菡萏(함담)이다 : ≪詩經≫ 〈鄭風 山有扶蘇〉에 "산에는 扶蘇가 있고 습지에 연꽃〔荷華〕가 있거늘〔山有扶蘇 隰有荷華〕"이라고 하였는데, 毛亨 傳에 "연꽃〔荷華〕은 扶渠이다. 그 꽃은 '菡萏'이다.〔荷華 扶渠也 其華菡萏〕"라고 하였다.

도 이와 같다. 허신이 菡은 '含(머금다)'의 뜻이고, 夫는 '敷(펴다)'의 뜻이라고 여겼기 때문에 분별한 것이다.

〈≪淮南子≫〈說山訓〉의 "비유하면 산 위에 연〔荷〕을 심는 것과 같다.〔譬若樹荷山上〕"에 대한〉 高誘 注에 "〈연의〉 꽃을 '夫容'이라 하고, 그 이삭을 '菡萏'이라고 한다."라고 한 것은 허신의 뜻과 부합된다. 華와 秀는 산문체의 문장〔散文〕에서는 뜻이 같고 對文에서는 뜻이 다르다. 夫容이 지금 판본에는 '芙蓉'으로 되어 있는데, 이는 俗字이다.

此就華析言之也. 陳風"有蒲菡萏" 爾雅・毛傳皆曰, "其華菡萏." 此統言之, 不論其未發已發也. 屈原・宋玉言芙蓉不言菡萏, 亦猶是也. 許意菡之言含也, 夫之言敷也. 故分別之. 高誘曰, "其華曰夫容. 其秀曰菡萏." 與許意合. 華與秀散文則同. 對文則別. 夫容今本作芙蓉, 俗字也.

④ 徒와 感의 반절이다. 제8部에 있다.
徒感切. 八部.

02-012-0410 蓮(蓮)〔연밥/련〕

'연〔扶渠〕의 열매'이다. 艸를 따르고 連(련)이 소리이다.

扶渠之實也.① **从艸, 連聲.**②

① ≪詩經≫〈陳風 澤陂〉에 "부들〔蒲〕과 蕳(난초/간)이 있다."라고 하였는데, 鄭玄 箋에 "蕳은 蓮이 되어야 한다. 蓮은 夫渠의 열매이다."라고 하였으니, 鄭玄은 세 章을 합하여 동일한 식물로 만들려고 한 것이다.[255] ≪本草經≫에서는 〈연의 열매를〉 '藕實(우실)'이라 하였으니, 일명 '水芝丹'이라고 하였다.
陳風"有蒲與蕳." 箋云 "蕳當作蓮. 蓮, 夫渠實也." 鄭意欲合三章爲一物耳. 本艸經謂之藕實. 一名水芝丹.

② 洛과 賢의 반절이다. 古音은 제14部에 있다.
洛賢切. 古音在十四部.

---

254) 屈原과……것 : 屈原의 〈離騷〉에 "마름과 연을 재단하여 저고리를 만들고, 연꽃〔芙蓉〕을 모아 치마를 만드네〔製芰荷以爲衣兮 集芙蓉以爲裳〕"라 하였고, 宋玉의 〈招魂〉에 "芙蓉이 처음으로 피어, 마름과 섞여 있네.〔芙蓉始發 雜芰荷些〕"라고 하였다.

255) 鄭玄은……것이다 : 〈澤陂〉는 모두 3章이고 章마다 6句로 구성되어 있다. 그리고 첫째 章과 셋째 章의 둘째 句는 모두 '부들〔蒲〕과 연꽃'을 말하였는데, 둘째 章의 둘째 句만 '부들〔蒲〕과 난초〔蕳〕'를 말하였다. 그런데 鄭玄이 '난초〔蕳〕는 蓮이 되어야 한다.'라고 하였기 때문엔, 이렇게 말한 것이다.

02-012-0411 𦬣(茄)〔연 줄기/가〕

'연〔扶渠〕의 줄기'이다. 艸를 따르고 加(가)가 소리이다.

扶渠莖.① 从艸, 加聲.②

① 꽃과 잎의 줄기를 모두 '茄'라고 한다. 茄는 柯(자루/가)의 뜻인데, 옛날에는 荷와 통용하였다. ≪詩經≫ 〈陳風 澤陂〉에 "부들〔蒲〕과 荷가 있다."라고 하였는데, 鄭玄 箋에 "扶渠의 줄기를 '荷'라고 한다."라고 하였다. ≪爾雅≫의 樊光 注에 인용된 시에는 "부들〔蒲〕과 茄가 있다."[256]라고 하였다.

屈原은 〈離騷〉에서 "마름풀〔芰〕과 연〔荷〕을 재단하여 저고리를 만들고, 연꽃〔芙蓉〕을 모아 치마를 만드네."라고 하였다. 揚雄은 〈反離騷〉에서 "마름풀〔芰〕과 연 줄기〔茄〕로 만든 녹색 저고리를 입고, 연꽃〔芙蓉〕으로 만든 붉은 치마를 입었네."라고 하였다. 漢나라 樂府에 "朱鷺(주로)는 무엇을 먹나? 연 줄기의 밑동〔茄下〕을 먹네."[257]라고 하였는데, 〈茄下는〉 또한 '연잎의 밑동〔葉下〕'을 이른다.

謂華與葉之莖, 皆名茄也. 茄之言柯也, 古與荷通用. 陳風"有蒲與荷." 鄭箋"夫渠之莖曰荷." 樊光注爾雅引詩"有蒲與茄." 屈原曰, "製芰荷以爲衣, 糵芙蓉以爲裳." 楊雄則曰, "衿芰茄之綠衣, 被芙蓉之朱裳." 漢樂府"鷺何食. 食茄下." 亦謂葉下.

② 古와 牙의 반절이다. 제17부에 있다.

古牙切. 十七部.

02-012-0412 𦴓(荷)〔연 잎/하〕

'연〔扶渠〕의 잎'이다. 艸를 따르고 何(하)가 소리이다.

扶渠葉.① 从艸, 何聲.②

① 지금 ≪爾雅≫ 〈釋艸〉에 "그(연) 잎은 蕸이다."라고 하였는데, 陸德明의 ≪爾雅音義≫

---

256) 爾雅의……있다 : 이 구절은 ≪詩經≫ 〈陳風 澤陂〉의 "부들과 연 줄기가 있다.〔有蒲與荷〕"에 대한 ≪毛詩正義≫의 글을 그대로 인용한 것이다. 樊光은 後漢 때 京兆 사람으로, 벼슬은 散大夫를 지냈으며, ≪爾雅≫에 注를 달았다.

257) 朱鷺(주로)는……먹네 : 漢나라 樂府 鐃歌 18曲 가운데 첫 번째 〈朱鷺曲〉의 歌詞이다. 鐃歌(요가)는 징소리에 맞추어서 부르는 노래로, 軍樂의 하나이다. 악부 요가 18곡은 宋나라 郭茂倩의 ≪樂府詩集≫ 권16에 실려 있는데, 그 서두에 18곡에 잘못된 글자가 많다고 하였다. 그러므로 현재 그 내용은 잘 알 수가 없다.

에 "≪衆家注≫[258]에는 모두 이 구절〔其葉蕸〕이 없고, 오직 郭璞 注에만 이것이 있다. 그러나 곽박의 판본 중에서도 혹은 이 구절이 없는 것이 있어, 역시 모두 빼고 읽는다."[259]라고 하였다.

내(단옥재)가 살펴보건대, '〈그 구절이〉 없는 것'이 옳다. 〈≪淮南子≫ 〈說山訓〉의 "비유하면 산 위에 연〔荷〕을 심는 것과 같다.〔譬若樹荷山上〕"에 대한〉 高誘 注에 "荷는 夫渠이다. 그 줄기를 '茄'라 하고, 그 밑동을 '蔤'이라 하고, 그 뿌리를 '藕'라 하고, 그 꽃을 '夫容'이라 하고, 그 이삭을 '菡萏'이라 하며, 그 열매는 '蓮'이고, 蓮에 들어 있는 것이 '菂(씨앗/적)'이고, 菂의 속을 '薏(연밥/억)'이라고 한다."라고 하였으니, 대체로 ≪爾雅≫의 해설과 같고, 또한 "其葉蕸(그 잎은 蕸이다.)"라는 세 글자도 없다.

대체로 큰 잎은 사람을 놀라게 하기 때문에 이를 '荷'라고 한다. 큰 잎은 회오리바람이 빙빙 돌아 생기고, 그 가운데가 넓고 크기 때문에 '夫渠'라고 한다. ≪爾雅≫에서 잎〔葉〕을 빌려 그 전체를 이름하였기 때문에 줄기·꽃·열매·뿌리를 분별하여 각각 이름하고, '荷夫渠(荷는 夫渠이다.)'라는 세 글자를 맨 앞에 배치하였으니, 다시 그 잎〔葉〕을 말할 필요가 없는 것이다. 荷夫渠의 꽃을 '菡萏'이라 하고 菡萏의 잎을 '荷夫渠'라고 하였으니, 이것이 글자를 생략하거나〔省〕 참고하여 보게하는〔互見〕 방법이다. 혹시라도 잎〔葉〕을 빠뜨려 이를 보충하려 했다면, 또한 반드시 '其葉荷(그 잎은 荷이다.)'라고 했어야 할 것이다. 중복되는 것을 싫어하지 않았다면 '蕸'자를 쓸 필요가 없었을 것이다.

또한 살펴보건대, 屈原·宋玉·揚雄이 모두 芙蓉을 芰荷의 對文으로 썼다. 그렇다면 芰(마름풀/기)는 蔆(마름풀/릉)의 잎이고, 蔆은 芰의 열매이다. 蔆은 '모가 나다.'는 뜻이고, 芰는 '버티다'는 뜻이다.

今爾雅曰, "其葉蕸." 音義云 "衆家無此句, 惟郭有. 就郭本中或復無此句, 亦竝闕讀." 玉裁按, 無者是也. 高注淮南云 "荷, 夫渠也. 其莖曰茄, 其本曰蔤, 其根曰藕, 其華曰夫容, 其秀曰菡萏, 其實蓮, 蓮之藏者菂, 菂之中心曰薏." 大致與爾雅同, 亦無其葉蕸三字. 蓋大葉駭人. 故謂之荷. 大葉扶搖而起, 渠央寬大. 故曰夫渠. 爾雅假葉名其通體. 故分別莖華實根各名, 而冠以'荷夫渠'三字, 則不必更言其葉也. 荷夫渠之華爲菡萏, 菡萏之葉爲荷夫渠, 省文互見之法也. 或疑闕葉而補之, 亦必當曰其葉荷. 不嫌重複, 無庸肊造蕸字. 又案屈原·宋玉·揚雄, 皆以芙蓉與芰荷對文. 然則芰者蔆之葉, 蔆者芰之實. 蔆之言棱角也, 芰之言支起也.

② 胡와 哥의 반절이다. 제17部에 있다.
胡哥切. 十七部.

---

258) 衆家注 : ≪爾雅≫의 여러 주석을 모은 책으로 편자 미상이다. 淸나라의 학자 黃奭이 정리하여 ≪爾雅衆家注≫라고 하였다.

259) 곽박의……읽는다 : '其莖茄'와 '其葉蕸'에 대한 郭璞 注가 없다는 뜻이다.

02-012-0413 (藌)〔연 뿌리/밀〕

'연〔扶渠〕의 뿌리'이다. 艸를 따르고 密(밀)이 소리이다.

扶渠本.① 从艸, 密聲.②

① ≪爾雅≫ 〈釋艸〉에 "그 뿌리는 藌이다.〔其本藌〕"라고 하였는데, 郭璞은 "줄기 아래에 진흙 속에 있는 흰색의 蒻(연뿌리/약)이다."라고 하였다. 살펴보건대, 藌이란 말은 '물속으로 깊고 은밀하게 들어갔다.'는 뜻이다. 부들〔蒲〕의 뿌리를 또한 '藌'이라고 칭한다. ≪尚書≫ 〈顧命〉의 "蔑席(멸석)"이 지금 "蔑席"으로 되어 있는데, 이는 가느다란 부들로 만든 자리이다. ≪禮記≫ 〈檀弓 上〉에 "子蒲(자포)가 죽자, 哭하는 자가 〈죽은 자의 이름인〉 滅을 불렀다."라고 하였는데, 鄭玄 注에 "滅은 대개 子蒲의 이름이다."라고 하였다. 곡할 때에 이름을 불렀기 때문에 子皐[260]가 이를 비난한 것이다. 蔑(멸)과 滅은 모두 藌의 가차이다. 이름이 藌이기 때문에 字를 '蒲'라고 한 것이다.

釋艸"其本藌." 郭云 "莖下白蒻在泥中者." 按藌之言入水深密也. 蒲本亦偁藌. 周書"蔑席", 今作"蔑席" 纖蒻席也. 檀弓"子蒲卒, 哭者呼滅." 注曰, "滅蓋子蒲名." 哭呼名, 故子皐非之. 蔑・滅皆藌之叚借也. 名藌, 故字蒲.

② 美와 必의 반절이다. 제12部(宓)에 있다.

美必切. 十二部.

02-012-0414 (蕅)〔연 밑동/우〕

'연〔扶渠〕의 밑동'이다. 艸・水를 따랐고 禺(우)가 소리이다.

扶渠根.① 从艸水,② 禺聲.③

① ≪爾雅≫ 〈釋艸〉에 "그 밑동이 耦이다.〔其根耦〕"라고 하였다. 살펴보건대, ≪이아≫ 〈석초〉에서는 "其本藌(그 뿌리가 藌이다.)"이 "荷扶渠(荷는 扶渠이다.)"와 "其莖茄(그 줄기는 茄이다.)"의 아래에 이어져 있는 것이므로, 이것이 바로 '전체 연〔荷〕의 뿌리〔本〕'임을 말한 것이며, 지금 민간에서 이른바 '藕'라는 것이 이것이다. 藌(밀)이란 말은 '진흙 속에 완전히 묻혔다.'는 뜻이다. "其根藕"가 "其華菡蕳"과 "其實蓮"의 아래에 이어져 있는 것이므로, 이것이 바로 '꽃과 열매의 밑동〔根〕'임을 말하는 것이다.

---

260) 子皐 : B.C. 521~?. 孔子의 제자인 高柴의 字이다.

대체로 꽃과 열매의 줄기는 반드시 잎과 함께 한 줄기로 같이 솟아오르는데, 마치 짝이 있는 것과 같다. 그러므로 아래로 蔤(연뿌리)에 가깝고 위로 꽃줄기에 가까운 밑동〔根〕을 藕라고 한다. 本은 그 전체를 말하고 根은 그 한쪽을 말하며, 本은 아래에 있고 根은 本보다 위에 있다. 아랫글[261]의 的(연밥/적)과 薏(연밥/억)은 바로 〈윗글의〉 꽃〔花〕과 열매〔實〕[262]를 이어서 말한 것이다. 이것이 ≪爾雅≫의 정밀한 뜻이다. 그런데 叔重(許愼의 字)이 배열한 글자의 차례는 이해할 수가 없다.

釋艸"其根耦." 按釋艸以其本蔤系於荷扶渠其莖茄之下者, 謂此乃全荷之本, 今俗所謂藕者是也. 蔤之言滅沒於泥中也. 以其根藕系於其華菡萏其實蓮之下者, 謂此乃花實之根. 凡花實之莖, 必偕葉一莖同出, 似有耦然. 故下近蔤上近花莖之根曰藕. 本言其仝, 根言其偏, 本在下, 根上於本. 下文的薏, 仍冡花實言之. 此作爾雅之精意也. 叔重列字次弟, 未得其解矣.

② 〈艸·水를 따랐다는 것은〉 會意이다.

會意.

③ 五와 厚의 반절이다. 제4부(禺)에 있다. 지금 이를 교정하니, 바로 艸를 따르고 耦를 따랐다. 會意 겸 形聲이다.

五厚切. 四部. 今訂之, 乃從艸從耦. 會意兼形聲.

02-012-0415 蘢(蘢)〔풀이름/롱〕

'天蘥(풀이름/천약)'[263]이다. 艸를 따르고 龍(룡)이 소리이다.

天蘥也.① 从艸, 龍聲.②

① ≪爾雅≫ 〈釋艸〉에 보인다.

見釋艸.

② 盧와 紅의 반절이다. 제9부에 있다.

盧紅切. 九部.

---

261) 아랫글 : ≪爾雅≫ 〈釋艸〉의 "其根藕" 밑에 있는 "其中的"과 "的中薏"를 가리킨다.

262) 꽃〔花〕과 열매〔實〕 : ≪爾雅≫ 〈釋艸〉의 "其根藕"의 위에 있는 "其華菡萏"과 "其實蓮"의 꽃〔華〕과 열매〔實〕를 가리킨다.

263) 天蘥(천약) : ≪爾雅≫ 〈釋艸〉의 "蘢은 天蘥이다.〔蘢 天蘥〕"에 대한 郭璞 注에 "〈蘢은〉 자세하지 않다.〔未詳〕"라고 하였다.

02-012-0416  (蓍) 〔시초/시〕 補

'쑥〔蒿〕'의 종류이다. 천년을 살며 줄기가 300개이다. ≪周易≫에서는 蓍를 산가지로 삼는데, 天子는 蓍의 길이가 9척, 諸侯는 7척, 大夫는 5척, 士는 3척이다. 艸를 따르고 耆(기)가 소리이다.

蒿屬.① 生千歲, 三百莖.② 易曰爲數,③ 天子蓍九尺, 諸侯七尺, 大夫五尺, 士三尺.④ 从艸, 耆聲.⑤

① 쑥과 비슷하지만 쑥이 아닌 것을 이른다. 陸璣는 ≪毛詩草木鳥獸蟲魚疏≫에서 "쑥〔藾蕭〕과 비슷하며 푸른 색이다."라고 하였다.
謂似蒿而非蒿也. 陸璣曰, "似藾蕭, 青色."

② 陸璣의 ≪毛詩草木鳥獸蟲魚疏≫와 張華의 ≪博物志≫의 해설이 모두 똑같다. ≪尚書大傳≫에 "蓍라는 말은 '長久하다〔耆〕'는 뜻이다. 백 년 된 하나의 뿌리에서 100개의 줄기가 나온다."[264]라고 하였다.
艸木疏・博物志說皆同. 尚書大傳曰, "蓍之爲言耆也. 百年一本生百莖."

③ 數는 산가지이니, 易占을 치는 자가 반드시 이것으로 계산함을 이른다. ≪周易≫ 〈繫辭傳〉에 상세하다.
數, 筭也, 謂占易者必以是計筭也. 詳易毄(繫)辭.

④ 이는 ≪禮三正記≫의 글이다. 또한 ≪白虎通≫에도 보인다. ≪儀禮≫의 〈特牲饋食禮〉에서는 '점을 치는 자는 앉아서 점을 친다.'[265]라고 하였고, 〈少牢饋食禮〉에서는 '점을 치는 자는 서서 점을 친다.'[266]라고 하였는데, 鄭玄 注에 '卿大夫의 蓍草는 길이가 5尺이므로 서서 점을 치고, 士의 蓍草는 길이가 짧기 때문에 앉아서 점을 치니, 모두 편리하기 때문이다.'라고 하였고, 賈公彥 疏에 '그렇다면 천자와 제후를 위해 점을 칠 때

---

264) 蓍라는……나온다 : ≪尚書大傳≫ 권2에 "蓍라는 말은 耆의 뜻이다. 백 년 된 하나의 뿌리에서 100개의 줄기가 나온다. 이 草木이 오래 살고 또한 吉凶을 아는 것이므로, 성인이 이를 사용하여 귀신에게 길흉을 묻는 것이다.〔蓍之爲言耆也 百年一本生百莖 此草木之壽 亦知吉凶者 聖人以問鬼神〕"라고 하였다.

265) 앉아서……친다 : ≪儀禮≫ 〈特牲饋食禮〉에 "점을 치는 자는 허락을 받고 오른쪽으로 돌아 점을 치는 자리로 나아가 서쪽으로 향하여 앉는다.〔筮者許諾 還 卽席 西面坐〕"라고 하였는데, 이에 대한 鄭玄 注에 "士를 위해 점을 칠 때는 앉아서 하니, 蓍草가 짧아 편리함을 따르는 것이다.〔士之筮者坐 蓍短由便〕"라고 하였다.

266) 서서……친다 : ≪儀禮≫ 〈少牢饋食禮〉에 "이에 점대 통을 풀고 서서 점을 친다.〔乃釋韇立筮〕"라고 하였는데, 鄭玄 注에 "경대부의 시초는 길이가 5尺이니, 서서 점을 치는 것은 편리함을 따르는 것이다.〔卿大夫之蓍長五尺 立筮由便〕"라고 하였다.

는 서서 점을 친다는 것을 알 수 있다.'[267]라고 하였다.

此禮三正記文也. 亦見白虎通. 儀禮特牲饋食'筮者坐筮.' 少牢饋食'筮者立筮.' 鄭注'卿大夫蓍五尺, 立筮, 士之蓍短, 坐筮, 皆由便也.' 賈公彦曰, '然則天子諸侯立筮可知.'

⑤ 式과 脂의 반절이다. 제15부에 있다.

式脂切. 十五部.

02-012-0417 𦯛(菣)〔제비쑥/긴〕【重文 1】

'제비쑥'이다. 艸를 따르고 臤(간)이 소리이다. 𦺝(藖)은 菣의 或體이니 堅을 따랐다.

香蒿也.① **从艸, 臤聲.**② **𦺝, 菣或从堅.**③

① ≪시경≫ 〈小雅 鹿鳴〉에 "들에서 자란 蒿(호)를 먹는다."라고 하였다 ≪爾雅≫와 毛亨傳에서 모두 "蒿는 제비쑥이다."라고 하였다. ≪爾雅≫ 〈釋艸〉의 "蒿는 제비쑥이다.〔蒿菣〕"에 대한 郭璞 注에 "지금 사람들은 '青蒿'라고 부르는데, 青蒿가 향기로워[268] 구워서 먹기에 알맞은 것을 '菣'이라 한다."라고 하였다.

詩"食野之蒿." 爾雅·毛傳皆云 "蒿, 菣也." 郭(樸)〔璞〕[269]云 "今人呼爲青蒿, 香中炙啖者爲菣."

② 去와 刃의 반절이다. 제12부에 있다.

去刃切. 十二部.

③ 살펴보건대, 陸德明은 "菣은 ≪字林≫에 藖으로 되어 있다."[270]라고 하였다.

按陸德明曰, "菣, 字林作藖."

---

267) 그렇다면……있다 : ≪儀禮≫ 〈少牢饋食禮〉의 鄭玄 注에 "卿大夫之蓍長五尺 立筮由便"라고 하였는데, 이에 대한 賈公彦 疏에 "서서 점을 침이 편리함을 따른다는 것은 그 蓍草가 길기 때문에 서서 점을 치는 것이 편리하다는 것이다. 士에 대한 시초는 길이가 3척이므로 앉아서 점을 치는 것이 편리하다. 그렇다면 제후의 시초는 길이가 7척이고 천자의 시초는 9척이니, 서서 점을 친다는 것을 알 수 있다.〔立筮由便 以其蓍長 立筮爲便 對士之蓍三尺 坐筮爲便 若然 諸侯蓍七尺 天子蓍九尺 立筮可知〕"라고 하였다.

268) 青蒿가 향기로워 : ≪爾雅詁林≫ 〈郭注佚存補訂〉의 "곽박은 '青蒿가 향기로워 구워서 먹기에 알맞은 것을 「菣」이라 한다.'라고 생각하였다.〔郭意謂青蒿之香中炙啖者爲菣也〕"라는 글에 의거하여 풀이하였다.

269) (樸)〔璞〕: 저본에는 '樸'으로 되어 있으나, 문맥을 살펴 '璞'으로 바로잡았다.

270) 菣은……있다 : 지금의 ≪詩經≫ 〈小雅 鹿鳴〉의 "食野之蒿"에 대한 陸德明의 ≪經典釋文≫ 〈毛詩音義〉에는 "菣은 글자를 또한 藖으로도 쓴다.〔菣字 又作藖〕"라고 하였다.

02-012-0418 莪(莪)〔쑥/아〕補

'쑥〔蘿〕'이니, '쑥의 일종'이다. 艸를 따르고 我(아)가 소리이다.

蘿也,① 蒿屬.② 从艸, 我聲.③

① 〈莪蘿也〉 세 글자가 옛날에는 '蘿莪' 두 글자로 되어 있었는데, 지금 바로잡았다. '莪'자를 이어서 다시 열거하여 '蘿'자 다음에 도치시킨 것은 마땅하지 않다. ≪詩經≫ 〈小雅 菁菁者莪〉에서 "무성한 莪여!"라고 하였고, ≪시경≫ 〈小雅 蓼莪〉에 "길고 큰 莪여!"라고 하였다. ≪爾雅≫ 〈釋艸〉에서 "莪는 蘿이다."라고 말하여 '蘿'자로 '莪'자를 풀이하였다. 毛亨 傳에서 "莪는 蘿蒿이다."라고 말하여 蘿蒿로 '莪'자를 풀이하였다. 陸璣 또한 ≪毛詩草木鳥獸蟲魚疏≫에서 "莪蒿는 일명 '蘿蒿'이다."라고 하였다.
此三字舊作蘿莪二字, 今正. 莪系複擧, 不當倒於蘿下. 小雅"菁菁者莪"·"蓼蓼者莪." 釋艸曰, "莪, 蘿." 以蘿釋莪. 毛傳曰, "莪, 蘿蒿也." 以蘿蒿釋莪. 陸璣亦云 "莪蒿, 一名蘿蒿."

② 무릇 '屬'이라고 말하면 따로 그 안에 있는 것이다. 그러므로 ≪周禮≫의 鄭玄 注에서 항상 "屬別"[271]이라고 말한 것이다.
凡言屬則別在其中. 故鄭注周禮每云屬別.

③ 五와 何의 반절이다. 제17부에 있다.
五何切. 十七部.

02-012-0419 蘿(蘿)〔쑥/라〕

'쑥〔莪〕'이다. 艸를 따르고 羅(라)가 소리이다.

莪也.① 从艸, 羅聲.②

① 이를 轉注라고 이른다.
是謂轉注.

② 魯와 何의 반절이다. 제17부에 있다.
魯何切. 十七部.

---

271) 屬別 : 큰 범주에 속해 있으나 작은 범주로 분류하면 다른 것을 말한다. ≪周禮≫ 〈地官司徒第二〉의 賈公彦 疏에 "〈鄭玄이 注에서〉 州·黨·族·閭·比는 鄕의 屬別이다.〔州黨族閭比 鄕之屬別〕"라고 한 것은, 다섯 행정구역은 모두 鄕에 속해 있으나 작은 범주로 분류하면 名號에 다름이 있다는 뜻이다.〔云州黨族閭比鄕之屬別者 五者皆屬於鄕而名號有別也〕"라고 하였다.

02-012-0420 𦾬(菻)〔쑥/림〕

'쑥〔蒿〕의 일종'이다. 艸를 따르고 林(림)이 소리이다.

蒿屬.① **从艸, 林聲.**②

① 郭璞은 "莪蒿를 또한 '藘蒿(늠호)'라고도 한다."272)라고 하였다. 살펴보건대 藘은 菻과 같은데, 許愼은 莪와 菻이 동일한 식물이라고 말하지 않았다.
郭(樸)〔璞〕273)曰, "莪蒿亦曰藘蒿." 按藘同菻, 許不言莪菻一物也.

②力과 稔의 반절이다. 제7부에 있다.
力稔切. 七部.

02-012-0421 𦿆(蔚)〔쑥/위〕

'牡蒿(쑥/모호)'이다. 艸를 따르고 尉(위)가 소리이다.

牡蒿也.① **从艸, 尉聲.**②

① ≪詩經≫ 〈小雅 蓼莪〉에 "莪(아)가 아니라 蔚로다."라고 하였는데, ≪爾雅≫ 〈釋艸〉와 毛亨 傳에서 모두 "〈蔚는〉 '牡菣(모긴)'이다."라고 하였다. 살펴보건대, 牡菣은 牡蒿와 같다. 郭璞은 "씨가 없는 것이다."274)라고 하였다. 陸璣는 ≪毛詩草木鳥獸蟲魚疏≫에서 "牡蒿이다. 7월이면 꽃이 피고, 8월이면 〈씨앗이〉 角275)이 진다. 일명 '馬新蒿'라 한다."라고 하였으니, 곽박의 해설과는 다르다. 陶弘景의 ≪名醫別錄≫에 '牡蒿' 한 조항이 있는데, 唐人 注에 "〈牡蒿는〉 '齊頭蒿'이다."라고 하였다.
小雅"匪莪伊蔚." 釋艸・毛傳皆云 "牡菣." 按牡菣猶牡蒿也. 郭云 "無子者." 陸璣云 "牡蒿, 七月華, 八月角. 一名馬薪蒿." 與郭異. 名醫別錄有牡蒿一條, 唐人注曰, "齊頭蒿也."

② 於와 胃의 반절이다. 제15부에 있다. 옛날에 '무성하고 울창하다'는 뜻의 '鬱'자로 假借하여 쓴 경우가 많았다.
於胃切. 十五部. 古多借爲茂鬱字.

---

272) 莪蒿를……한다 : ≪爾雅≫ 〈釋艸〉의 "莪는 蘿이다.〔莪 蘿〕"에 대한 郭璞 注이다.

273) (樸)〔璞〕: 저본에는 '樸'으로 되어 있으나, 문맥을 살펴 '璞'으로 바로잡았다.

274) 蔚는……것이다 : ≪爾雅≫ 〈釋艸〉의 "蔚는 牡菣이다.〔蔚 牡菣〕"에 대한 郭璞 注이다.

275) 角 : ≪爾雅詁林≫ 〈義疏〉에 "陸璣가 '角은 小豆와 비슷하다'고 말했다면 씨가 없는 것이 아니다.〔陸璣謂角似小豆 則非無子矣〕"라고 하였다. '角'은 '씨에 각이 진 것'을 말한다.

02-012-0422 蕭(蕭)〔쑥/소〕 補

'艾蒿(쑥/애호)'이다. 艸를 따르고 肅(소)가 소리이다.

艾蒿也.① 从艸, 肅聲.②

① ≪詩經≫〈大雅 生民〉에 "蕭와 제물로 쓸 희생의 기름을 취하여"라고 하였는데, ≪禮記≫〈郊特牲〉에 "蕭를 태워 향기와 합친다."라고 하였다. 그러므로 毛亨 傳에 "蕭는 제사에 공급하기 위한 것이다."[276]라고 하였다. 鄭君(鄭玄)은 "蕭는 薌蒿(향호)이다."[277]라고 하였다. 陸璣는 ≪毛詩草木鳥獸蟲魚疏≫에서 "지금 사람들이 이른바 '萩蒿(추호)'라는 것이다. 혹은 '牛尾蒿'라고도 하는데, 許愼이 '艾蒿'라고 한 것은 잘못이다."라고 하였다.

살펴보건대, 陸璣의 말은 옳지 않다. 이 풀은 蒿의 종류로 쑥〔艾〕과 비슷하며 일명 '艾蒿'이니, 許愼이 艾를 '蕭'라고 말한 것은 아니다. 齊나라 高帝가 "蕭는 '艾'이다."[278]라고 하였는데, 잘못된 것이다.

○ 또 살펴보건대, ≪詩經≫〈曹風 下泉〉의 傳에 "蕭는 '蒿'이다."[279]라고 하였으니, 이는 합쳐서 말한 것이고, 諸家들이 '薌蒿'·'艾蒿'라고 하는 것은 나누어 말한 것이다.

大雅"取蕭祭脂." 郊特牲"焫蕭合馨香." 故毛公曰, "蕭所以共祭祀." 鄭君曰, "蕭, 薌蒿也." 陸璣曰, "今人所謂萩蒿也. 或云牛尾蒿. 許愼以爲艾蒿, 非也." 按陸語非是. 此物蒿類而似艾, 一名艾蒿. 許非謂艾爲蕭也. 齊高帝云 "蕭卽艾也." 乃爲誤耳. ○ 又按曹風傳曰, "蕭, 蒿也." 此統言之, 諸家云薌蒿艾蒿者, 析言之.

② 蘇와 彫의 반절이다. 〈肅의〉 古音은 제3部에 있다. 音은 修이고, 또 肅와 同音으로 통용된다. ≪周禮≫〈天官 甸師〉에 "〈제사에〉 蕭茅를 바친다."라고 하였는데, 杜子春[280]은 肅를 蕭와 같이 읽었다. 蕭牆(소장)과 蕭斧(소부)의 〈蕭는〉 모두 뜻이 肅이다.

蘇彫切. 古音在三部. 音修, 亦與肅同音通用. 甸師"共蕭茅." 杜子春讀肅爲蕭. 蕭牆·蕭斧皆訓肅.

---

276) 蕭는……것이다 : ≪詩經≫〈王風 采葛〉의 "저 蕭를 채취함이여!〔彼采蕭兮〕"에 대한 毛亨 傳이다.

277) 蕭는 薌蒿(향호)이다 : ≪禮記≫〈郊特牲〉의 "술잔을 올리고 난 뒤 기름을 칠한 쑥에 穀物의 향기를 합하여 태운다.〔旣奠 然後焫蕭合羶薌〕"에 대한 鄭玄 注이다.

278) 齊나라……艾이다 : ≪南齊書≫ 권56, 〈倖臣傳 紀僧眞傳〉에 보인다.

279) 詩經……蒿이다 : ≪詩經≫〈曹風 下泉〉의 "저 쑥의 뿌리를 잠기게 하도다.〔浸彼苞蕭〕"에 대한 毛亨 傳이다.

280) 杜子春 : B.C. 30~A.D. 58? 漢나라 사람으로 西漢 말에 劉歆에게서 ≪周禮≫를 전수받고, 東漢 明帝 때 鄭衆·賈逵 등이 그에게서 수업하여 ≪주례≫의 학문을 전하게 되었다.(≪經典釋文≫〈序錄〉)

02-012-0423 𦯣(萩)〔쑥/추〕補

'쑥〔蕭〕'이다. 艸를 따르고 秋(추)가 소리이다.

蕭也. 从艸, 烁(秋)聲.①

① 七과 由의 반절이다. 제3部에 있다. 옛날에는 대부분 萩를 楸(개오동나무/추)라고 하였다. 예컨대, ≪春秋左氏傳≫ 襄公 18년에 "雍門의 萩를 베었다."라고 한 것과, ≪史記≫ 〈貨殖列傳〉·≪漢書≫ 〈貨殖傳〉에 "河水와 濟水 사이에 천 그루의 萩[281]가 있다."라고 한 것이 이것이다.
七由切. 三部. 古多以萩爲楸. 如左氏傳"伐雍門之萩."·史漢"河濟之閒, 千樹萩."是也.

02-012-0424 𦬁(芍)〔올방개/작〕

'鳧茈(올방개/부자)'[282]이다. 艸를 따르고 勺(작)이 소리이다.

鳧茈也.① **从艸, 勺聲.**②

① ≪爾雅≫ 〈釋艸〉에 보인다. 지금 사람들은 이를 '葧臍(발제)'라고 하니, 바로 鳧茈의 轉語[283]이다. 郭璞은 ≪爾雅≫ 〈釋艸〉에서 "芍의 싹은 龍須[284]와 비슷하며, 뿌리는 먹을 수 있고 흑색이다.'라고 한 것이 이것이다. ≪廣雅≫에 "葃姑(작고)·水芋(수우)는 烏芋(오우)[285]이다."라고 하였고, ≪名醫別錄≫ '烏芋' 조항에 "烏芋는 일명 '藉姑(자고)', 일명 '水萍(수평)'이다."라고 하였다. 藉와 葃은 音이 같고, 萍은 필시 芋의 잘못이다. 이는 오로지 茨菰(자고)[286]만 말하지, 굳이 '烏'자를 보태 鳧茈에 합칠 필요가 없다. 茈는 徂와 咨의 반절이다.
見釋艸. 今人謂之葧臍, 卽鳧茈之轉語. 郭(樸)〔璞〕[287]云"苗似龍須, 根可食, 黑色." 是也.

---

281) 萩 : ≪漢書≫ 〈貨殖傳〉의 顔師古 注에 "萩는 바로 '개오동나무〔楸樹〕'라는 글자이다.〔萩卽楸樹字也〕"라고 하였다.

282) 鳧茈(부자) : 방동사니과의 다년초로 '올방개'를 가리킨다. '鳧茨·荸薺·葧臍'라고도 한다.

283) 轉語 : 훈고학술 용어로, 시기와 지방이 같지 않거나 혹은 기타 원인 때문에 音이 전과 다르게 바뀐 말을 이르며, 音은 바뀌어도 뜻은 변하지 않는다. 예컨대, ≪方言≫ 第三에 "庸(용)을 倯(송)이라고 하니, 轉語이다."라고 하였는데, 庸과 倯은 疊韻인데 음이 서로 바뀐 것이다.

284) 龍須 : '龍鬚草'를 말한다. 多年生水草로 줄기는 주로 돗자리를 만드는데 쓰인다.

285) 烏芋(오우) : '鳧茨·荸薺·葧臍'의 다른 이름이다.

286) 茨菰(자고) : '慈姑'라고도 한다. 食用과 藥用으로 쓸 수 있는 식물이다.

廣雅云"蘚姑・水芋，烏芋也." 名醫別錄云"烏芋一名藉姑，一名水萍." 藉與蘚同音. 萍必芋之誤. 此專謂茨菰，不必因烏字牽合鳧茈也. 茈徂咨切.

② 胡와 了의 반절이다. 제2部에 있다. 옛날에 勺의 소리는 弱의 소리와 같았다. 芍 가운데 먹을 수 있는 것이 바로 蒻(부들 싹/약)이다.
胡了切. 二部. 古勺聲與弱聲同. 芍之可食者，其蒻也.

02-012-0425 (⿱艹湔)〔댑싸리/전〕

王彗(큰 빗자루/왕혜)를 만들 수 있는 것이다. 艸를 따르고 湔(전)이 소리이다.

王彗也.① **从艸，湔聲.**②

① ≪爾雅≫〈釋艸〉에는 〈'⿱艹湔'자가〉 '葥(질경이/전)'으로 되어 있는데，郭璞이 "명아주〔藜〕와 비슷하며，빗자루를 만들 수 있다."라고 하였다. 살펴보건대，모든 물건에 대해 '王'이라 부르는 것은 모두 '크다〔大〕'는 뜻이다.
釋艸字作葥，郭云"似藜可爲彗." 按凡物呼王者皆謂大.

② 昨과 先의 반절이다. 제12부에 있다.
昨先切. 十二部.

02-012-0426 (蔿)〔풀이름/위〕 補

'풀이름'이다. 艸를 따르고 爲(위)가 소리이다.

艸也.① **从艸，爲聲.**②

① 晉나라에 士蔿氏가 있고，楚나라에 蔿姓이 있다.
晉有士蔿，楚有蔿姓.

② 于와 委의 반절이다. 古音은 제17부에 있다. 大徐(徐鉉)는 ≪唐韻≫을 인용하여 于와 鬼의 반절이라고 하였는데，'鬼'자는 아마도 잘못인 듯하다. ≪春秋左氏傳≫에는 '蔿'자와 '蒝(원)'자가 뒤섞여 나오는데，'蒝'자가 바로 '蔿'자이다.[288]

---

287) (樸)〔璞〕: 저본에는 '樸'으로 되어 있으나，문맥을 살펴 '璞'으로 바로잡았다.

288) 蒝자가……蔿자이다. : '蒝'자가 '蔿'자로 사용되는 이유는 聲符의 발음이 같거나 유사하여 偏旁이 교체된 異體字이기 때문이다. '蒝'자의 聲符는 遠이고 '蔿'자의 聲符는 爲이다. 遠은 上古音이 元部에 속하고，爲는 上古音이 歌部에 속하여 對轉 관계가 된다. 게다가 聲母가 동일하니 '蒝'자와 '蔿'자 두 글자는 異體字 관계가 될 수 있는 것이다.

于委切. 古音在十七部. 大徐引唐韻于鬼切, 鬼字恐誤. 左傳蔿薳錯出. 薳卽蔿字.

02-012-0427 (芜)〔풀이름/침〕補

'풀이름'이다. 艸를 따르고 冘(임)이 소리이다.

艸也.①從艸, 冘聲.②

① 이는 芜蕃(침번)과 다른 식물이다.
此與芜蕃各物.

② 直과 深의 반절이다. 古音은 제8부에 있다.
直深切. 古〔音〕[289]在八部.

02-012-0428 (蘜)〔국화/국〕

'治牆(국화/치장)'이다. 艸를 따르고 鞠(국)이 소리이다.

治牆也.①從艸, 鞠聲.②

① 어떤 식물인지 자세하지 않다. ≪集韻≫ '七之'에 "菭蘠은 '풀이름'이다."라고 하였다.
未詳何物. 集韻七之曰, "菭蘠, 艸名."

② 居와 六의 반절이다. 제3부에 있다.
居六切. 三部.

02-012-0429 (蘠)〔장미/장〕補

'蘠蘼(장미)'이니 虋冬(문동)이다. 艸를 따르고 牆(장)이 소리이다.

蘠蘼,① 虋冬也.② 從艸, 牆聲.③

① 逗(句讀)이다.
逗.

② "蘠蘼"는 ≪爾雅≫ 〈釋艸〉에 보인다. 살펴보건대, ≪本草經≫에 天門冬과 麥門冬이 있는데, ≪爾雅≫와 ≪說文≫에서 어떤 식물을 말하는 것인지 모르겠다.

289)〔音〕: 저본에는 '音'이 없으나, 앞뒤의 문맥을 살펴 보충하였다.

見釋艸. 按本艸經有天門冬・麥門冬, 未知爾雅・說文謂何品也.

③ 賤과 羊의 반절이다. 제10부에 있다.
賤羊切. 十部.

02-012-0430 (芪) 〔지모/기〕

'芪母(백합과의 여러해살이풀/지모)'이다. 艸를 따르고 氏(씨)가 소리이다.

芪母也.① **从艸, 氏聲.**②

①〈芪母也〉 세 글자가 한 구절이다. 살펴보건대, 앞에(02-012-0320) 이미 '蕁(지모/담)' 자가 있었는데, '芪'자와 대오를 이루지 않았으니, ≪爾雅≫를 설명하는 사람들이 蕁은 바로 芪母라고 하였지만, 許愼의 뜻이 아니다.
三字一句. 按前已有蕁, 不與芪字爲伍, 則說爾雅者謂蕁卽芪母, 非許意也.

② 常과 支의 반절이다. 제16부에 있다. 일명 '蝭母(제모)', 일명 '知母', 일명 '蚳母(지모)'인데, 모두 部가 같고 音도 같다.
常支切. 十六部. 一名蝭母, 一名知母, 一名蚳母, 皆同部同音.

02-012-0431 (菀) 〔자완/완〕

'茈菀(자완)'이다. 漢中郡의 房陵縣에서 난다. 艸를 따르고 宛(완)이 소리이다.

茈菀.① **出漢中房陵.**② **从艸, 宛聲.**③

① 句(句讀)이다. ≪本草經≫에는 "紫菀"으로 되어 있다. 옛날에 紫는 茈와 통용되었는데, 앞에 보인다.[290] ≪唐本草≫ 注에 "白菀을 '女菀'이라 한다."라고 하였다. ≪急就篇≫에 "牡蒙・甘草・菀・藜蘆(여로)"라고 하였는데, 顔師古 注에 "菀은 茈菀・女菀 종류이다."라고 하였다.
句. 本艸經作紫菀. 古紫通用茈. 見上. 唐本艸注云 "白菀謂之女菀." 急就篇"牡蒙・甘艸・菀・藜蘆." 師古曰, "菀謂紫菀・女菀之屬也."

② ≪本草經≫에 또 "房陵縣 山谷에서 자란다."라고 하였다.
本艸亦曰, "生房陵山谷."

---

290) 앞에 보인다 : 02-012-0359 '茈'자에 대한 단옥재 注에 "그러므로는 옛날에 紫・茈가 통용되었음을 알 수 있다.〔故知古紫茈通用〕"라고 하였다.

③ 於와 阮의 반절이다. 제14部에 있다. ≪詩經≫ 〈秦風 晨風〉에 "울창한〔菀〕 저 북쪽 숲에 있도다."라고 한 구절과 ≪詩經≫ 〈小雅 菀柳〉에 "울창한〔菀〕 버드나무가 있으니"라고 한 구절의 '菀'자는, 假借되어 '울창하다〔鬱〕'는 글자로 쓰였다.

於阮切. 十四部. 詩菀彼北林・有菀者栁. 假借爲鬱字也.

02-012-0432 (莔)〔패모/맹〕

'貝母(패모)'이다. 艸를 따르고 朙(明)의 생략형〔囧〕이 소리이다.[291]

貝母也.① **从艸, 朙省聲.**②

① ≪詩經≫ 〈鄘風 載馳〉에 "패모를 채취한다."라고 하였는데, 毛亨 傳에 "蝱(맹)은 '貝母'이다."[292]라고 하였다. ≪爾雅≫ 〈釋艸〉와 ≪說文≫에는 莔(맹)으로 되어 있으니, 莔이 正字이고 蝱은 假借字이다.[293] 뿌리 끝에 열매가 달리는데 작은 조개를 모아놓은 것과 같다. ≪古今韻會擧要≫에 인용된 ≪설문≫에는 "貝母艸療蛇毒(貝母艸는 뱀독을 치료한다.)"의 여섯 글자로 되어 있다.[294]

詩"言采其蝱", 毛傳曰, "蝱, 貝母." 釋艸・說文作莔, 莔正字, 蝱假借字也. 根下子如聚小貝. 韻會引作"貝母艸, 療蛇毒"六字.

② 武와 庚의 반절이다. 古音은 제10部에 있다. 囧이 소리라고 하지 않고 朙의 생략형이 소리라고 한 것은, 모두 "茫과 같이 읽는다.〔讀如茫〕"[295]라고 한 방식을 취한 것이다.[296]

---

291) 朙(明)의……소리이다 : 大徐本에는 '明省聲'으로 되어 있는데, 이것은 徐鍇의 ≪繫傳≫에 '朙省聲'이라고 한 것을 따른 것이다.(≪說文今釋≫)

292) 詩經……貝母이다 : ≪詩經≫ 〈鄘風 載馳〉에 "저 언덕에 올라 패모를 캔다.〔陟彼阿丘 言采其蝱〕"라고 하였다.

293) 莔(맹)으로……假借字이다 : 蝱은 '등에〔齧人飛蟲〕'가 본의이므로, 貝母라는 식물로 쓰일 경우 莔이 蝱의 가차자가 되는 것이다.

294) 古今韻會擧要에……있다 : ≪古今韻會擧要≫ 下平 八庚에 "莔은 ≪說文≫에는 '貝母草는 뱀독을 치료한다. 艸를 따르고 囧의 생략형이 소리이다.'라고 하였다. 뿌리는 조개를 모아 놓은 것과 같다. 蝱와 통용된다.〔莔 說文 貝母草療蛇毒 从艸囧省聲 根如聚貝子 通作蝱〕"라고 하였다.

295) 茫과……읽는다〔讀如茫〕: "讀如茫"은 13편 虫部 蝱에 "武庚切 古音在十部 讀如茫", 11권 魚部 鯍에 "武登切 古音當在十部 讀如茫"이라고 하였다.

296) 囧이……것이다 : 莔은 武와 庚의 반절이고, 囧(경)은 ≪段注≫에 俱와 永의 반절이어서, 서로 성모가 차이가 나는데 莔에 囧을 적용시키지 않고 '朙(명)'을 소리로 적용시켜서 莔의 武庚切의 'ㅁ'과 합치시키려 한 것으로 보인다. 이러한 경향에 대해 段玉裁는 '讀如茫'을 들어 설명하였다. 囧을 ≪說文≫에는 "讀若獷 賈侍中說讀與朙同"이라고 하여

武庚切. 古音在十部. 不曰囧聲, 而曰省聲者, 取皆讀如茫也.

02-012-0433 𦬸(茉)〔삽주 뿌리/출〕

'山薊(삽주 뿌리/산계)'이다. 艸를 따르고 朮(출)이 소리이다.

山薊也.① 从艸, 朮聲.②

① ≪爾雅≫ 〈釋艸〉와 ≪本草經≫에 보인다.[297)]
見釋艸・本艸經.

② 直과 律의 반절이다. 제15部에 있다.
直律切. 十五部.

02-012-0434 蓂(蓂)〔석명/명〕補

'析蓂(석명)'[298)]이니, '大薺(황새냉이)'이다. 艸를 따르고 冥(명)이 소리이다.

析蓂,① 大薺也.② 从艸, 冥聲.

① 두 글자를 구두로 떼어야 한다.
二字逗.

② 여기의 薺는 齊로 써야 한다. 허신은 "薺는 蒺棃(납가새/질려)이다."라고 하였으니, 薺菜의 의미일 때는 반드시 齊로 써야 한다. 예를 들어 洛이 歸德의 水名이 된다면[299)] 豫州의 水名일 때는 반드시 雒으로 써야 한다는 것을 알 수 있다. ≪說文≫의 글자는 ≪爾雅≫와 다른 것이 많은데, 그 이유는 후인이 ≪이아≫를 근거로 고쳤기 때문이

'獷'・'𠠉'과 같이 읽는다고 하고, ≪段注≫는 賈侍中(賈逵)의 견해를 보충하여 "賈侍中說讀若芒也"라고 하여, '芒'과 같이 읽는다고 하였다. 芒과 茫은 모두 "莫郎切 平唐 明"으로 同音이다.(≪漢語大詞典≫)

297) 爾雅……보인다 : ≪爾雅≫ 〈釋艸〉에는 '朮'이 표제자로 되어 있는데, 郭璞 注에 "본초에 '朮은 일명 「산계」이다.'〔本草云 朮 一名山薊〕"라고 하였다.

298) 析蓂(석명) : ≪本草綱目≫ 〈菜二 菥蓂〉에는 "薺와 菥蓂 같은 식물이다. 다만 크기에 따라 2종으로 나뉠 뿐이다. 작은 것이 '薺'이고 큰 것이 '菥蓂'이다.〔薺與菥蓂 一物也 但分大小二種耳 小者爲薺 大者爲菥蓂〕"라고 하였다.(≪說文今釋≫)

299) 洛이……된다면 : 11편 상 水部 洛條에 "〈洛은〉 洛水이다. 左馮翊 歸德 북쪽 北夷의 경계에서 나와 동남쪽으로 渭水로 흘러든다.〔洛水 出左馮翊歸德北夷畍中 東南入渭〕"라고 하였다.

다. ≪이아≫ 〈釋艸〉에 "菥蓂(석명)은 大薺이다."라고 하였는데, 郭璞이 "薺(냉이)와 비슷하나 잎이 가늘다."라고 하였다.[300] 생각건대 이것은 齊菜의 한 종류이다.

此薺當作齊. 許君薺爲蒺黎字, 則薺菜必當作齊. 如洛爲歸德水名, 則知豫州水名必作雒也. 說文字多與爾雅異, 後人依爾雅改之. 釋艸曰, "菥蓂, 大薺", 郭云 "似薺葉細." 按此齊菜中之一種也.

③ 莫과 歷의 반절이다. 古音은 제11部에 있었다.

莫歷切. 古音在十一部.

02-012-0435 (蒥)〔오미자/미〕

'荎藸(오미자/지저)'이다. 艸를 따르고 味(미)가 소리이다.

荎藸也.[①] **从艸, 味聲.**[②]

① ≪爾雅≫ 〈釋艸〉에 보인다. 郭璞은 "오미자(五味子)이다."라고 하였다.[301]

見釋艸. 郭云 "五味也."

② 無와 沸의 반절이다. 제15部에 있다.

無沸切. 十五部.

02-012-0436 (荎)〔오미자/지〕

'荎藸[302]草(오미자/지저초)'이다. 艸를 따르고 至(지)가 소리이다.

荎藸艸也.[①] **从艸, 至聲.**[②]

①〈荎藸艸也〉 네 자가 한 句이다. ≪爾雅≫ 〈釋艸〉에 "味는 荎藸이다."라고 하였고, ≪爾雅≫ 〈釋木〉에 "味는 荎著(지저)이다."라고 하였는데, 실제로는 같은 식물이다. 초봄에 싹이 나서 높은 나무로 붉은 덩굴이 올라가는데 그 높이가 6~7척이나 된다. 그러므로 〈釋木〉에도 넣은 것이다.[303]

---

300) 郭璞이……하였다 : ≪爾雅≫ 〈釋艸〉의 "菥蓂"에 대한 郭璞 注에 "냉이와 비슷하나 잎이 가늘며, 민간에서는 '老薺'라고 부른다.〔似薺葉細 俗呼之曰老薺〕"라고 하였다.

301) 郭璞은……하였다 : ≪爾雅≫ 〈釋艸〉의 蒥에 대한 郭璞 注에 "오미자이다. 덩굴로 자라며 씨는 줄기의 끝에 떨기로 있다.〔五味也 蔓生 子叢在莖頭〕"라고 하였다.

302) 荎藸 : 朱駿聲의 ≪說文通訓定聲≫에는 "荎藸는 雙聲 첩어이다. 한 글자로 부를 때는 '藸'이고 두 글자로 부를 때는 '荎藸'이다.〔荎藸 雙聲連魚 單呼曰藸 絫呼曰荎藸〕"라고 하였다.

四字句. 釋艸有"味荎藸", 釋木有"味荎著", 實一物也. 春初生苗, 引赤蔓於高木, 長六七尺, 故又入釋木.

② 直과 尼의 반절이다. 古音은 제12部에 있었다.
直尼切. 古音在十二部.

02-012-0437  (葛) 〔칡/갈〕 補

'絺綌[304]艸(가는 갈포와 굵은 갈포를 만드는 칡/치격초)'이다. 艸를 따르고 曷(갈)이 소리이다.

絺綌艸也.① **从艸, 曷聲.**②

① ≪詩經≫ 〈周南 葛覃〉에 "뻗어 나간 칡덩굴, 가는 갈포 굵은 갈포 만드네."라고 하였다.[305]
周南 "葛之覃兮, 爲絺爲綌."

② 古와 達의 반절이다. 제15部에 있다.
古達切. 十五部.

02-012-0438  (蔓) [306] 〔칡의 종류/만〕 補

'葛屬(칡의 종류/갈속)'[307]이다. 艸를 따르고 曼(만)이 소리이다.

葛屬也.① **从艸, 曼聲.**②

---

303) 높이가……것이다 : ≪爾雅≫ 〈釋木〉의 郭璞 注에 "〈釋艸〉에 이미 이 이름이 있는데, 잘못하여 다시 나온 것 같다.〔釋草 已有此名 疑誤重出〕"라고 하였다.

304) 絺綌 : 桂馥의 ≪說文義證≫에 "本書에 '絺는 가는 葛布이고, 綌은 거친 葛布이다.〔本書 絺 細葛也 綌 粗葛也〕"라고 하였다.

305) 詩經……하였다 : ≪詩經≫ 〈周南 葛覃〉에 "칡덩굴이 뻗어나가 골짜기까지 이르렀으니 그 잎 다 자랐네. 베어다 삶아 가는 갈포와 굵은 갈포 만드니, 그 일할 적에 싫어함이 없네.〔葛之覃兮 施于中谷 維葉莫莫 是刈是濩 爲絺爲綌 服之無斁〕"라고 한 내용에서 보인다. 毛亨傳에 "촘촘한 것을 '絺'라 하고, 성긴 것을 '綌'이라 한다.〔精曰絺 粗曰綌〕"라고 하였다.

306) 蔓 : 王筠의 ≪說文句讀≫에 "蔓자와 藟자는 여러 책에서 대부분 덩쿨로 자라는 것의 통칭이라고 하였다.〔蔓及藟字 諸書多以爲藤生者之通稱〕"라고 하였다.

307) 葛屬(칡의 종류/갈속) : 朱駿聲의 ≪說文通訓定聲≫에는 "허신은 葛屬은 칡과 같이 덩굴로 자라는 것을 모두 '蔓'이라고 한 것이다.〔許云葛屬者 謂如葛之類引藤曼長者 凡皆謂之蔓也〕"라고 하였다.

① 이 글자는 오로지 칡의 종류를 말한 것이니, '滋蔓'이라고 할 때 〈'蔓'자를〉 옛날에는 '曼'자로 썼다는 것을 알 수 있다. 이는 '蔓延'이라고 할 때 〈'延'자를〉 대부분 '莚'자로 쓴 것과 같다.[308]

此專謂葛屬, 則知滋蔓字古衹作曼. 正如蔓延字多作莚.

② 無와 販의 반절이다. 제14部에 있다.

無販切. 在十四部.

02-012-0439 䓘(䓘)[309] 〔풀/고〕

'칡의 종류'이며, 흰 꽃이 핀다. 艸를 따르고 皋(고)가 소리이다.

葛屬也, 白華.① 从艸, 皋聲.②

① ≪山海經≫ 〈南山經〉에 "그 이름은 白䓘(백고)이다."라고 하였고, ≪廣雅≫ 〈釋艸〉에 "䓘蘇(고소)는 '白䓘'이다."라고 하였다. 살펴보건대 〈䓘(고)가〉 바로 이 식물인지의 여부는 모르겠다.

南山經, "其名曰白䓘." 廣雅曰, "䓘蘇, 白䓘也." 按未知卽此物與否.

② 古와 勞의 반절이다. 古音은 제3部에 있다. 䓘(고)의 음과 같다.

古勞切. 古音在三部. 䓘音同.

02-012-0440 莕(莕)[310] 〔노랑어리연꽃/행〕 補 【重文 1】

'荎餘(노랑어리연꽃/접여)'이다. 艸를 따르고 杏(행)이 소리이다. 荇(荇)은 莕의 或體이니 洐을 따랐고, 의미는 같다.

荎餘也.① 从艸, 杏聲.② 荇(荇) 莕或从洐,[311] 同.③

---

308) 滋蔓이라고……같다 : '滋蔓'이 曼을 쓰다가 뒤에 蔓을 쓰고, 蔓延이 延을 쓰다가 뒤에 莚을 쓴 것은 古今字 관계이다. 曼·延은 古字이고, 蔓·莚은 今字로서 後起字(累增字)가 되는 것이다.

309) 䓘 : 王筠의 ≪說文句讀≫에 "≪玉篇≫에 또한 '칡과 같은데 하얀 꽃이 피니 가는 갈포를 만들고 거친 갈포를 만든다고 할 때의 풀이다.〔如葛 白華也 則仍爲絺爲綌之草〕'"라고 하였다.

310) 莕 : 陸德明의 ≪經典釋文≫에는 "莕은 각본에 '荇'으로 되어 있다.〔莕 本作亦荇〕"라고 하였다.

311) 从洐 : ≪說文≫에는 "从行"으로 되어 있고, 宋保의 ≪諧聲補逸≫에는 "行聲"이라고 하였

① ≪詩經≫〈周南 關雎〉에 "들쭉날쭉 마름나물"이라고 하였는데, 毛亨 傳에 "荇은 接余이다."라고 하였고, ≪爾雅≫〈釋艸〉에 荇은 莕으로 되어 있다.[312]

周南"參差荇菜." 毛傳"荇, 接余也." 釋艸荇作莕.

② 何와 梗의 반절이다. 古音은 제10部에 있다.

何梗切. 古音在十部.

③ 각 판본에는 荇으로 되어 있기 때문에 注에서 "行을 따르기도 한다."라고 한 것이다. 지금은 ≪經典釋文≫〈爾雅音義〉와 ≪五經文字≫에 의거하여 바로잡았다.[313]

各本作荇, 注云"或從行." 今依爾雅音義·五經文字正.

02-012-0441 萲 (菨)[314] 〔노랑어리연꽃/접〕 補

'菨餘(노랑어리연꽃/접여)이다. 艸를 따르고 妾(첩)이 소리이다.

菨餘也.① **从艸, 妾聲.**②

① 3자가 한 句이다. ≪詩經≫〈周南 關雎〉의 毛亨 傳에 대한 陸機 疏에 "接余로 되어 있다."라고 하였다.[315] 살펴보건대 莕菜는 지금 강소성과 절강성의 사이에 못과 늪에 많이 있는데, 잎은 타원형이며 노란색 꽃이 여섯 갈래로 핀다. 북쪽 지방에는 人莧(인현)을 '菨'이라 하고, 남쪽 지방에서는 蓴絲(순사)를 '菨'이라 하였는데 모두 잘못이다.[316]

다.(≪說文今釋≫)

312) 爾雅……있다 : ≪爾雅≫〈釋艸〉에는 "莕은 接余인데, 그 잎은 '苻'라고 한다.〔莕 接余 其葉苻〕"라고 하였다.

313) 지금은……바로잡았다 : ≪經典釋文≫〈爾雅音義〉에는 "參差荇菜의 '荇'자는 ≪說文≫에 '䓯'자로 되어 있다.〔參差荇菜 說文作䓯〕"으로, ≪五經文字≫ 卷中 艹部에는 "'莕'자와 '䓯'자는 둘 다 같은데, 발음은 杏이다.〔莕䓯 二同 竝音杏〕"으로 되어 있다.

314) 菨 : ≪玉篇≫ 艸部에 "菨은 荇菨으로 水草이니, 물속에 떨기로 자란다. 잎은 둥글고 줄기의 끝에 있다. 물의 깊이에 따라 길고 짧다. 江東에서는 식용한다.〔菨 荇菨 水草 叢生水中 葉圓 在莖端 長短隨水深淺 江東食之〕"라고 하였다.

315) 毛亨……하였다 : ≪詩經≫〈周南 關雎〉의 荇에 대한 毛亨 傳에 "陸璣의 ≪毛詩草木鳥獸蟲魚疏≫에 '接余'이다.〔陸璣疏云 接餘〕"라고 하였다.

316) 살펴보건대……잘못이다 : ≪顏氏家訓≫〈書證〉에 "≪詩經≫의 '參差荇菜'에 대해 ≪爾雅≫에서 '荇은 「接余」이다.'라고 하였다. '「荇」자는 때로 「莕」자로 쓴다.'라고 하였다. 先儒의 解釋은 모두 水草로 둥근 잎에 가는 줄기이며 물에 따라 길이가 결정된다. 지금도 물에 모두 이 풀이 있는데 노란 꽃이 순채와 비슷해서 江南의 민간에서는 '猪蓴'이라고도 부르고 또는 '행채'라고도 불렀는데, 劉芳이 모두 注釋을 달았다. 그런데 河北의 俗人들은 대부분 이 풀을 알지 못하였고 博士들도 모두 들쭉날쭉한 것을 비름〔莧

三字句. 毛傳, 陸疏作"接余." 按荇菜, 今江浙池沼閒多有, 葉不正圜, 花黃六出, 北方以人莧當之, 南方以蓴絲當之, 皆非也.

02-012-0442 (䔋)[317] 〔풀이름/곤〕

'풀이름'이다. 艸를 따르고 罤(곤)이 소리이다.

艸也. 从艸, 罤聲.①

① 古와 渾의 반절이다. 제13部에 있다.
古渾切. 十三部.

02-012-0443 (芫)〔여뀌/원〕 補

'魚毒(여뀌/어독)'이다. 艸를 따르고 元(원)이 소리이다.

魚毒也.① 从艸, 元聲.②

① ≪爾雅≫ 〈釋木〉에 "杬(원)은 '魚毒'이다."라고 하였는데, 郭璞이 "〈杬〉은 큰 나무이다. 껍질은 두껍고 수액은 붉은색이며, 속에는 알 모양의 열매가 들어 있다."라고 하였다. ≪急就篇≫의 '芫華'에 대한 顔師古 注에 "景純(郭璞의 字)이 말한 것은 곧 左思[318]의 〈吳都賦〉에 이른바 '緜杬杶櫨(면원춘로)'의 杬이지 魚毒이 아니다."[319]라고 하였다. 芫草는 일명 '魚毒'이라고 하니 삶아서 물 속에 던지면 물고기가 죽어서 떠오르기 때문에 '魚毒'이라고 이름을 붙인 것이다. 그 꽃은 약으로 쓸 수 있다. 芫은 간혹 '杬'으로 쓴다.
내(단옥재)가 살펴보건대 ≪이아≫ 〈석목〉의 杬은 판본에 따라 간혹 '芫'으로 되어 있으며, 〈석목〉에 넣었는데, ≪大觀本草≫와 허신의 ≪說文≫에서는 모두 艸部에 넣었다.

菜〕이라고 생각했기 때문에 人莧을 '人荇'이라고 불렀으니, 이 또한 매우 우습다.〔詩云 參差荇菜 爾雅云 荇 接余也 字或爲莕 先儒解釋皆云 水草 圓葉細莖 隨水淺深 今是水悉有之 黃花似蓴 江南俗亦呼爲猪蓴 或呼爲荇菜 劉芳具有注釋 而河北俗人 多不識之 博士皆以參差者是莧菜 呼人莧爲人荇 亦可笑之甚〕"라고 하였다.

317) 䔋 : 王紹蘭의 ≪段注訂補≫에는 "〈䔋은〉 곧 蓖자이다. ≪玉篇≫에 '䔋은 향초이다. 蓖자는 위의 글자와 같다.〔卽蓖也 玉篇 䔋 香草 蓖 同上〕"라고 하였다.

318) 左思 : 250?~305?. 자는 太沖이며 西晉 臨淄 사람이다. 秘書郎을 지냈고, 저서로 ≪左思集≫ 3권이 있었다고 전하는데, 〈白髮賦〉, 〈齊都賦〉, 〈三都賦〉, 〈咏史〉 등이 남아 있다.

319) 左思의……아니다 : ≪文選≫ 제5권에 보인다.

爾雅釋木, "杬, 魚毒." 郭云 "大木. 皮厚, 汁赤, (堪)〔中〕[320]藏卵果." 顏師古注急就篇芫華曰, "景純所說, 乃左思吳都賦所謂緜杬杶櫨者耳, 非魚毒也." 芫草一名魚毒, 煮之以投水中, 魚則死而浮出, 故以爲名. 其華可以爲藥." 芫字或作杬. 玉裁按, 爾雅杬字本或作芫, 入於釋木. 本艸及許君皆入艸部.

02-012-0444 𧆐(蘦)[321] 〔감초/령〕 補

'大苦(감초/대고)'[322]이다. 艸를 따르고 霝(령)이 소리이다.

大苦也.① **从艸, 霝聲.**②

① 이것은 앞에서 '大苦苓'이라고 한 것과 서로 어긋난다. 자세한 설명은 '苦'자에 있다.[323]

此與前大苦苓也, 相乖剌. 說詳苦字下.

② 郎과 丁의 반절이다. 제11部에 있다.

郎丁切. 十一部.

02-012-0445 蕛(蕛)[324] 〔돌피/제〕

'蕛苵(돌피/재질)'이다. 艸를 따르고 梯(제)가 소리이다.

蕛苵也.① **从艸, 梯聲.**②

① ≪爾雅≫ 〈釋艸〉에 보인다. 郭璞이 "蕛는 稗(패)와 비슷하며 땅에 퍼져서 난다."라고 하였다.[325] 邵晉涵[326]이 "≪孟子≫에 나오는 荑稗(제패)[327]와 ≪莊子≫에 나오는 稊

---

320) (堪)〔中〕: 저본에는 '堪'으로 되어 있으나, ≪爾雅≫ 〈釋木〉에 의거하여 '中'으로 바로잡았다.

321) 蘦: 徐灝의 ≪段注箋≫에 "蘦은 곧 正字이고 苦 다음에 苓으로 되어 있는 것은 通用字이다.〔蘦乃正字 苦下作苓者 通用字耳〕"라고 하였다.

322) 大苦(감초/대고): ≪爾雅≫ 〈釋艸〉 郭璞의 注에 "지금의 甘草이다. 덩굴로 뻗어나가 자라는데 잎은 연〔荷〕과 비슷하고 청황색이며, 줄기는 붉으면서 마디가 있고, 마디에는 대칭을 이루는 가지가 있다. 혹자는 '蘦은 地黃과 비슷하다.'고 하였다.〔今甘草也 蔓延生葉似荷 青黃 莖赤有節 節有枝相當 或云蘦似地黃〕"라고 하였다.

323) 자세한……있다: '苦'의 설명에는 "大苦이니 苓이다.〔大苦 苓也〕"로 되어 있기 때문에 언급한 것이다.

324) 蕛: ≪經典釋文≫ 〈爾雅音義〉에 "蕛는 본래 稊로도 쓴다.〔蕛 本又作稊〕"라고 하였다.

稗[328]가 모두 이것이다."라고 하였다.[329]

見釋艸. 郭云, "蕛似稗, 布地生." 邵氏晉涵云 "孟子之荑稗, 莊子之蕛[330]稗 皆是也."

② 살펴보건대 지금 판본에는 표제자가 '蕛'로 되어 있고 稊가 소리이며 禾를 따랐다. 그런데 禾部를 살펴보면 '稊'자가 없으니, 稊聲은 곧 梯聲의 오류이고 蕛는 곧 蕛의 오류이다. 大와 兮의 반절이다. 제15部에 있다.

按今本篆作蕛, 稊聲符, 從禾, 考禾部無稊字, 則稊聲乃梯聲之誤, 蕛乃蕛之誤. 大兮切. 十五部.

02-012-0446  (苵) 〔돌피/질〕

'蕛苵(돌피/제질)'[331]이다. 艸를 따르고 失(실)이 소리이다.

蕛苵也.① **从艸, 失聲.**②

① 郭璞은 蕛까지를 구두를 끊어 苵로 蕛를 해석하였으나, 許愼은 '蕛苵(제질)' 두 자를 합하여 '풀이름'이라고 하였다. ≪爾雅≫에 그 이름만 거론한 것이 있고 訓釋이 없는 것이 있으니 억지로 句를 끊어서는 안 된다.

郭璞於蕛字逗, 以苵釋蕛, 許合蕛苵二字爲艸名. 凡爾雅固有擧其名而無訓釋者, 不當强爲句絶也.

② 徒와 結의 반절이다. 제12部에 있다.

徒結切. 十二部.

---

325) 郭璞이……하였다 : ≪爾雅≫ 〈釋艸〉의 '蕛苵'에 대한 郭璞 注이다.

326) 邵晉涵 : 1743~1796. 淸나라의 저명한 사학자・경학자로 邵雍의 후손이다. 자는 與桐이고 호는 二云으로 浙江 余姚 사람이다. 1765년에 ≪四庫全書≫ 편수관이 되어 ≪四庫全書≫ 〈史部〉의 편찬을 주관하였으며 많은 책의 提要를 썼다. 벼슬은 經閣學士에 이르렀으며 저서로 ≪爾雅正義≫가 있다.

327) 孟子에……荑稗(제패) : ≪孟子≫ 〈告子 上〉에 "오곡은 곡식 중에서 좋은 것이지만 만일 제대로 익지 않으면 피만도 못하다.〔五穀者 種之美者也 苟爲不熟 不如荑稗〕"라고 한 데서 보인다.

328) 莊子에……蕛稗 : ≪莊子≫ 〈知北遊〉에 "동곽자가 말했다. '어찌 그리 낮은 곳에 있습니까?' 장자가 '돌피나 피에 있다.'〔曰 何其下邪 曰 在稊稗〕"라고 한 데서 보인다.

329) 邵晉涵이……하였다 : 邵晉涵의 ≪爾雅正義≫의 내용을 인용한 것이다.

330) 蕛 : ≪莊子≫에는 '稊'로 되어 있는데 邵晉涵이 인용하면서 바꾼 것이다.

331) 蕛苵(돌피/제질) : 蕛와 苵은 雙聲 連綿語이다.(≪說文今釋≫)

02-012-0447  (芋) 〔구장/정〕

'芋熒[332]朐(구장/정형구)'이다. 艸를 따르고 丁(정)이 소리이다.

芋熒朐也.① **从艸, 丁聲.**②

① ≪爾雅≫ 〈釋艸〉에는 "朐는 芋熒이다."라고 하였다. 허신이 熒에서 구두를 찍었는지 芋에서 구두를 찍고 熒朐也를 句로 여겼는지 모르겠지만 지금의 ≪爾雅≫와는 다르다.
釋艸曰, "朐芋熒", 未知許於熒字逗, 抑以芋逗熒朐也句, 與今爾雅異也.

② 天과 經의 반절이다. 제11部에 있다.
天經切. 十一部.

02-012-0448  (蔣) 〔줄/장〕

'줄'이다. 艸를 따르고 將(장)이 소리이다.

苽也.① **从艸, 將聲.**②

① 각 판본에는 '苽蔣[333]也'로 되어 있는데, 이것은 '蔣苽也'가 잘못하여 뒤바뀐 것이다. 지금 ≪太平御覽≫에 의거하여 바로잡았다.[334] 左思의 〈蜀都賦〉에 '무더기로 자라는 줄풀과 부들〔攢蔣叢蒲〕'이라고 하였다.
各本作苽蔣也, 此蔣苽也之誤倒耳, 今依御覽正. 蜀都賦曰, "攢蔣叢蒲."

② 子와 良의 반절이다. 제10部에 있다.
子良切. 十部.

02-012-0449  (苽) 〔줄/고〕 補

'雕胡(줄/조호)'이니 일명 '蔣'이다. 艸를 따르고 瓜(과)가 소리이다.

---

332) 芋熒 : 桂馥의 ≪說文義證≫에는 "≪山海經≫ 〈中山經〉에 '熊耳山에 풀이 있는데 '葶薴'이라고 한다. 차조기〔蘇〕와 비슷한데 물고기를 중독시킬 수 있다.〔熊耳之山 其狀如蘇而赤華 名曰葶薴 可以毒魚〕"라고 하였는데, 芋熒과 葶薴은 소리가 서로 비슷하니, 芋熒은 疊韻連綿詞이다.

333) 苽蔣 : 苽와 蔣은 複合詞라고 하였다.(≪說文今釋≫)

334) 지금……바로잡는다 : ≪太平御覽≫ 권999 〈菰〉에 "≪說文≫에 '蔣'은 '菰'이다.〔說文曰 蔣 菰也〕"라고 하였다.

雕胡, 一名蔣.① 从艸, 瓜聲.②

① 각 판본에는 胡가 苽로 되어 있는데, 지금 ≪太平御覽≫에 의거하여 바로잡았다.[335] ≪周禮≫ 〈天官 食醫〉와 ≪禮記≫ 〈內則〉에 모두 苽食이 있는데,[336] 鄭玄 注[337]에 "苽는 彫胡이다."라고 하였다. ≪廣雅≫에는 "菰는 蔣인데 그 알맹이를 '彫胡'라고 한다."[338]라고 하였다. 그렇다면 扶渠의 열매를 '蓮'이라고 하는 것과 같으니, 또한 그로 인하여 꽃과 잎의 이름으로 삼은 것이다. 彫胡를 枚乘의 〈七發〉에서 '安胡'라고 하였으며[339] 그 잎은 '苽'라 하고 '蔣'이라고도 하는데, 세속에서는 '茭'라고 한다. 그 중심에 어린 어린 아이의 팔뚝만한 줄기가 생기는데 먹을 수 있으며, 이를 '苽手'라고 하고 그 뿌리를 '葑'이라고 한다.[340]-封의 去聲이다.-[341]

各本胡字作苽, 今依御覽正. 食醫・內則皆有苽食. 鄭云 "苽, 彫胡也", 廣雅曰, "菰, 蔣也, 其米謂之彫胡." 然則猶扶渠實名蓮, 亦因以爲華葉名也. 彫胡, 枚乘七發謂之安胡, 其葉曰苽・曰蔣, 俗曰茭, 其中臺如小兒臂, 可食, 曰苽手, 其根曰葑.-封去聲-

② 古와 胡의 반절이다. 제5部에 있다.

古胡切. 五部.

---

335) 지금……바로잡았다 : ≪太平御覽≫ 권999 〈菰〉에 ≪說文≫을 인용하여 "雕胡는 일명 '蔣'이다.〔雕胡 一名蔣〕"이라고 하였다.

336) 周禮……있는데 : ≪周禮≫ 〈天官 食醫〉에는 "고기와 곡식의 가장 좋은 조합은 쇠고기는 찰벼와 맞고……물고기는 줄과 맞는다.〔凡會膳食之宜 牛宜稌……魚宜菰〕"라고 하였고, ≪禮記≫ 〈內則〉에는 "달팽이젓갈을 먹을 때는 '苽'로 한다.〔蝸醢而苽食〕"라고 하였다.

337) 鄭玄 注 : ≪禮記≫ 〈內則〉의 "달팽이젓갈을 먹을 때는 '苽'로 한다.〔蝸醢而苽〕"에 대한 鄭玄 注를 가리킨다.

338) 그 알맹이를……한다 : 劉歆의 ≪西京雜記≫에도 "菰에 알맹이가 있는 것을 長安 사람들은 '彫胡'라 부른다.〔菰之有米者 長安人謂爲彫胡〕"라고 한 내용이 있다. ≪廣雅≫의 각 판본에는 '彫'자가 빠져 있다.

339) 七發에서……하였으며 : ≪文選≫ 권34 〈七發〉에 "楚의 苗山에서 나는 쌀로 지은 밥과 彫胡米로 지은 밥은 하나로 뭉쳐놓으면 풀어지지 않고 한 번 맛보면 입안에서 바로 사라진다.〔楚苗之食 安胡之飯 摶之不解 一啜而散〕"라고 하였다.

340) 그 뿌리를……한다 : ≪大觀本草≫ 권11 〈菰根〉에서 인용한 ≪圖經≫에 "菰의 뿌리는……세월이 오래되면 중심에 아이의 팔뚝만한 白臺가 생기는데 이를 '菰手'라고 한다.……그 뿌리는 서로 연결되어 자라는데 오래되면 흙과 함께 물에 뜨기 때문에 그 사람들이 '菰葑'이라고 한다.〔菰根……其歲久者 中心生白臺如小兒臂 謂之菰手……其根相結而生 久則并土浮於水上 彼人謂之菰葑〕"라고 한 내용에서 보인다.

341) 封의 去聲이다 : 音注 "封去聲"은 直音을 변형한 표음 방법의 한 가지로서, 해당 한자의 '同類音이면서 聲調가 다른 한자로 注音하는 방법'이다. 封은 평성이고 葑은 거성이므로, '封 音葑'이라고 한다면 聲調가 달라서, 封의 平聲調를 去聲調로 바꾸어야 葑의 音을 얻을 수 있다.

02-012-0450 (蒼)〔풀이름/육〕

'풀이름'이다. 艸를 따르고 育(육)이 소리이다.

艸也. 从艸, 育聲. ①

① 余와 六의 반절이다. 제3部에 있다.
余六切. 三部.

02-012-0451 (蘢)[342]〔풀이름/파〕

'풀이름'이다. 艸를 따르고 罷(파)가 소리이다.

艸也. ① **从艸, 罷聲.** ②

① ≪爾雅≫ 〈釋器〉에 "旄(모)를 '蘢'라고 한다."라고 하여 이 글자로 쓰고 麾(휘)로 가차한 것이다.[343]
爾雅釋器, 旄謂之蘢, 作此字, 假借爲麾字也.

②〈蘢〉는 符와 羈의 반절이다. 古音은 제17部에 있다.
符羈切. 古音在十七部.

02-012-0452 (蘳)〔풀이름/연〕

'풀이름'이다. 艸를 따르고 難(난)이 소리이다.

艸也. 从艸, 難聲. ①

① 如와 延의 반절이다. 제14部에 있다. 火部의 爇(연)은 難을 소리로 삼았다.[344]

---

342) 蘢 : 王紹蘭의 ≪段注訂補≫에는 "≪楚辭≫에 '芭를 전함이여 대신 춤추게 하도다.〔傳芭兮代舞〕'"라고 하였는데, '蘢'자는 바로 '芭'자의 정자이다. 무당이 지니는 香草의 이름인데, 그 모양이 旄와 비슷하다고 하였다.

343) 爾雅……것이다 : 蘢는 艸가 本義이고, 麾로 쓰일 경우는 蘢의 가차자가 되는 것이다. ≪爾雅≫ 郭璞 注에 "旄는 소꼬리이다.〔旄 牛尾也〕"라고 하였다. "麾"는 12편 상 手部에 "깃발〔旄旗〕이니 지휘하기 위한 것이다.〔旄旗 所㠯指麾也〕"라고 하였다. '蘢'는 풀이름인데, 麾를 가차하여 '소꼬리'라는 뜻이 되었다는 것이다.

344) 火部의……삼았다 : 10편 상 火部 然字에 "爇은 간혹 艸・難을 따르기도 한다.〔爇 或从

如延切. 十四部. 火部䕼以爲聲.

02-012-0453 (莨)[345] 〔풀이름/랑〕 補

'풀이름'이다. 艸를 따르고 良(량)이 소리이다.

艸也.① **从艸, 良聲.**②

①〈子虛賦〉에 "땅이 낮고 습하면 藏莨(장랑)이 자란다."[346]라고 하였고, ≪漢書集解音義≫[347]에 "莨은 莨尾艸이다."라고 하였다. 살펴보건대 ≪爾雅≫ 〈釋艸〉에 "孟은 狼尾"라고 하였는데 狼은 莨과 음이 같다. 狼尾는 개의 꼬리와 비슷한데 거칠고 크다. 孟을 盂(우)로 쓴 것은 잘못이다.
子虛賦, "卑[348]溼則生藏莨." 漢書音義曰, "莨, 莨尾艸也." 按釋艸曰, "孟, 狼尾." 狼與莨同音. 狼尾似狗尾而麤壯者也. 孟作盂者譌.

② 魯와 當의 반절이다. 제10部에 있다.
魯當切. 十部.

02-012-0454 (葽) 〔풀이름/요〕

'풀이름'이다. 艸를 따르고 要(요)가 소리이다. ≪詩經≫ 〈豳風 七月〉에 "4월에 葽의 이삭이 팬다."라고 하였는데, 劉向이 "이 풀은 맛이 쓰기 때문에 '苦葽'라고 한 것이다."라고 하였다.

艸難〕"라고 하였고, 聲이 없다. 단옥재 注에는 "徐鉉 등이 '艸部에 이 글자가 있는데 여기에 거듭 나왔다.'라고 하니, 火部와는 관계가 없는 것이다. 살펴보면 표제자는 䕼으로 되어야 하고, 古本에는 䕼으로 되어 있기도 한데 轉寫하면서 火가 탈락되었다.〔徐鉉等曰 艸部有此字 此重出 與火部無涉也 按篆當作䕼 或古本作䕼 轉寫奪火耳〕"라고 하였다.

345) 莨 : 王筠의 ≪說文句讀≫에는 "≪爾雅≫ 〈釋艸〉의 '孟은 「낭미초」이다.'의 낭미초와 ≪詩經≫의 '강아지풀이 자라지 않는다.'의 稂과 莠가 모두 莨이다."〔釋艸之 孟 狼尾 詩之不稂不莠 皆卽莨〕"라고 하였다.

346) 子虛賦에……자란다 : 司馬相如의 〈子虛賦〉에 "땅이 낮고 습하면 藏莨과 蒹葭가 자란다.〔其埤溼則生藏莨蒹葭〕"라고 하였다.

347) 漢書集解音義 : ≪隋書≫ 〈經籍志〉에 東漢의 應劭가 편찬한 ≪漢書集解音義≫ 24권에 언급되어 있다.

348) 卑 : ≪史記≫ 〈司馬相如傳〉에는 '卑', ≪漢書≫와 ≪文選≫에는 '埤'로 되어 있다. ≪漢書集解音義≫는 ≪史記≫의 〈集解〉를 인용한 것이다.

艸也. 从艸, 要聲.① 詩曰, "四月秀葽", 劉向說, 此味苦, 苦葽也.②

① 於와 消의 반절이다. 제2部에 있다.
於消切. 二部.

② '四月秀葽'는 ≪詩經≫ 〈豳風 七月〉의 글이다. 毛亨이 "葽는 '葽艸'이다."라고 하였고, 鄭玄 箋에 "≪大戴禮記≫ 〈夏小正〉에 '4월이면 王萯에 이삭이 팬다.'라고 하였으니, 葽는 아마 이것일 것이다. 식물의 완성은 이삭이 패는 것으로부터 시작한다."라고 하였다.
내(단옥재)가 살펴보건대, 〈夏小正〉에 '四月秀幽'라고 하였는데 幽와 葽는 한 글자가 바뀐 것이니[349] 필시 하나의 식물일 것인데, 정현이 합당치 않게 王萯를 끌어온 듯하다. "유항이 '이 풀은 맛이 쓰기 때문에 「苦葽」이다.'라고 한 것이다.〔劉向說 此味苦 苦葽也〕"의 '苦葽'는 漢나라 사람들이 이 말을 하였으니, 한나라 때는 눈으로 직접 보았을 것이지만 지금은 모른다. 그 맛이 썼다면 〈4월이 아니라〉 여름철일 것이다.[350] 小徐本에는 "字書를 살펴보니 '狗尾艸'이다."라고 하였는데 狗尾는 곧 '강아지풀'이다. 강아지풀은 4월에 이삭이 나오지 않으니 강아지풀이 아닌 것은 분명하다.
四月秀葽, 豳風文. 毛曰, "葽者, 葽艸也",[351] 箋云 "夏小正四月王萯秀, 葽其是乎. 物成自秀葽始."[352] 玉裁按, 小正四月秀幽, 幽葽一語之轉, 必是一物, 似鄭不當援王萯也. "劉向說, 此味苦, 苦葽也," 苦葽當是漢人有此語, 漢時目驗, 今則不識, 其味苦則應夏令也. 小徐"按字書云狗尾艸", 夫狗尾卽莠, 莠, 四月未秀, 非莠明矣.

02-012-0455 薖(薖)[353] 〔풀이름/과〕

'풀이름'이다. 艸를 따르고 過(과)가 소리이다.

艸也.① 从艸, 過聲.②

① ≪詩經≫ 〈衛風 考槃〉의 "훌륭한 분이 관대하도다.〔碩人之薖〕"는 이 글자(薖)를 가차한

349) 幽와……것이니 : ≪爾雅≫ 〈釋地〉의 "燕曰幽州"에 대한 疏에 "李巡이 '燕은 그 氣가 매우 어두워 그 성품이 사납고 급하기 때문에 「幽」라 한다. 幽는 要(어둡다)이다.'라고 하였다.〔李巡曰 燕其氣深要 厥性剽疾 故曰幽 幽 要也〕"라고 한 내용에서 보인다.

350) 그 맛이……것이다 : ≪禮記≫ 〈月令〉에 "其味苦"라고 하였다.

351) 葽者 葽艸也 : 十三經注疏本 ≪毛詩正義≫에 "葽 艸也"라고 하였다.

352) 葽其是乎 物成自秀葽始 : 저본에는 '葽其是乎 物成自秀葽始'로 되어 있으나, 今本 ≪大戴禮記≫에는 '葽其是乎 四者皆物成而將寒之候 物成自秀葽始'로 되어 있다.

353) 薖 : 桂馥의 ≪說文義證≫에는 "이 글자는 萵로 쓰기도 하는데, 杜甫의 〈상추를 심으며〉라는 시가 있다.〔字或作萵 杜甫有種萵苣詩〕"라고 하였다.

것이다. 毛亨이 "〈薖〉는 寬大한 모양이다."라고 하였고, 鄭玄 箋에 "薖는 '굶주린다'는 뜻이다."라고 하였다.

살펴보건대, 毛亨과 鄭玄은 薖를 款의 가차자라고 여긴 것이다. ≪爾雅≫ 〈釋器〉에서 "다리 사이 간격이 벌어진 솥을 '鬲(력)'이라 한다."라고 하였고, ≪漢書≫ 〈郊祀志上〉에 "다리 속이 빈 것이 '鬲'이다."라고 하였고, 〈楊王孫傳〉에 "속이 빈 나무를 '匵(독)'이라 한다."라고 하였고, 服虔이 "窾(관)은 빈 것이다."라고 하였고, ≪淮南子≫ 〈原道訓〉의 "속이 빈 것은 주로 물에 뜬다.〔窾者主浮〕"의 注에서 "窾은 빈 것이니 科條의 科처럼 읽는다."라고 하였다. 그렇다면 薖와 款(관)은 옛날에 음이 같았던 것이다. 許愼도 "窠(과)는 빈 것이다."[354]라고 하였으니, 毛亨과 鄭玄이 모두 '속이 비었다'는 뜻을 취한 것이다.

衛風碩人之薖, 假借此字. 毛云 "寬大皃", 鄭云 "饑意." 按毛・鄭意謂薖爲款之假借. 爾雅 "款足者謂之鬲", 漢志作"空足曰鬲", 楊王孫傳, "窾木爲匵." 服虔曰, "窾, 空也", 淮南書 窾者主浮注, "窾, 空也, 讀如科條之科." 然則薖款古同音. 許君亦曰, "窠, 空也", 毛・鄭說皆取空中之意.

② 苦와 禾의 반절이다. 제17部에 있다.

苦禾切. 十七部.

02-012-0456 (菌)〔버섯/균〕補

'地蕈(버섯/지심)'[355]이다. 艸를 따르고 囷(균)이 소리이다.

地蕈也.① 从艸, 囷聲.②

① 屮部에서 이른바 '菌尭(균륙)'이다.[356]

屮部所謂菌尭也.

② 渠와 殞의 반절이다. 제13部에 있다.

渠殞切. 十三部.

354) 窠(과)는……것이다 : 7편 하 穴部 窠字에 "窠자는 窾으로도 쓴다.〔其字亦作窾〕"라고 하였다.

355) 地蕈(지심) : 王筠의 ≪說文句讀≫에는 "地자를 쓴 것은 나무에서 덩굴로 자라는 것에 대하여 말한 것이다.〔言地者 對蔓生于木而言〕"라고 하였다.

356) 屮部에서……菌尭(균륙)이다 : 1편 하 屮部(02-011-0218)에 이른바 "朩奀 菌奀 地蕈"이라고 하였다.

02-012-0457 (蕈)〔뽕나무버섯/심〕

'桑萸(뽕나무버섯/상연)'이다. 艸를 따르고 覃(담)이 소리이다.

桑萸.① 从艸, 覃聲.②

① 목이버섯이 뽕나무에서 자라는 것을 '蕈(심)'이라 하고, 蕈(심)이 밭 가운데에서 자라는 것을 '菌尢(균록)'이라고 한다. ≪周禮≫의 鄭司農(鄭衆) 注에 "深蒲에 대해 혹자는 '桑耳이다.' 하였다."라고 하였다.[357]
萸之生於桑者曰蕈, 蕈之生於田中者曰菌尢. 鄭司農注周禮云 "深蒲, 或曰桑耳."[358]

② 慈와 衽의 반절이다. 제7部에 있다.
慈衽切. 七部.

02-012-0458 (萸)〔목이버섯/연〕

'목이버섯(흐르레기)'이다. 艸를 따르고 耎(연)이 소리이다. 일설에는 '萮茈(유자)'라고도 한다.

木耳也.① 从艸, 耎聲.② 一曰萮茈.③

① ≪禮記≫ 〈內則〉에는 燕食[359]에 더하는 여러 가지 음식 중에 芝栭(지이)가 있다고 기록하였다.[360] ≪禮記正義≫에 "盧植[361]이 '芝는 「木芝」이다.'라고 하였고, 王肅[362]이

---

357) 鄭司農(鄭衆)……하였다 : ≪周禮≫ 〈天官 醢人〉의 "加豆에 담는 것은 미나리절임과 토끼육젓, 부들절임과 육젓, 이대죽순절임과 기러기육젓, 죽순절임과 생선젓갈이다.〔加豆之實 芹菹 兔醢 深蒲 醓醢 箈菹 雁醢 筍菹 魚醢〕"에 대한 鄭玄 注에 "鄭司農이 '深蒲는 부들이 물 깊은 곳까지 들어가기 때문에 「深蒲」라고 한다. 혹자는 深蒲은 「桑耳」이다.'라고 하였다.〔鄭司農云 深蒲 蒲蒻入水深 故曰深蒲 或曰深蒲 桑耳〕"라고 한 내용에서 보인다.

358) 深蒲 或曰桑耳 : 十三經注疏本 ≪周禮≫에는 "或曰深蒲 桑耳"라고 하였다.

359) 燕食 : 고대에 제왕·대부·사·서인이 일상적으로 먹는 오찬과 만찬을 가리킨다. ≪주례≫ 〈天官 膳夫〉에 "왕의 연식에는 조찬에서 남긴 희생의 고기를 올리고 왕의 식전 제례를 돕는다.〔王燕食 則奉 膳贊祭〕"라고 하였는데, 鄭玄 注에 "연식은 정오와 저녁의 식사를 이른다.〔燕食 謂日中與夕食〕"라고 하였다. 孫詒讓의 ≪周禮正義≫에 "왕은 하루에 세 번 식사하는데, 정오와 저녁의 식사는 반찬의 가짓수가 줄어서 예식 및 조식의 성찬과 구별되기 때문에 이를 '연식'이라 하는 것이다.〔王日三食 日中與夕食 饌具減殺 別於禮食及朝食盛饌 故謂之燕食〕"라고 하였다.

360) 禮記……기록하였다 : ≪禮記≫ 〈內則〉의 "芝栭……梨·薑·桂"에 대한 鄭玄 注에 "쇠고기포로부터 여기에 이르기까지 31가지 물건은 모두 연식에 더 차려내는 맛있는 음식

'꽃이 피지 않고 열매가 열리는 것을 「栭(이)」라고 부른다.'라고 하였다."라고 하였다.[363] 살펴보건대, 芝栭는 〈考工記〉의 '之而'와 같은 것이다.[364] 鄭玄은 芝와 栭가 동일한 식물이라고 말하였으니,[365] 栭가 바로 '耎'이다. 지금 사람들은 광택이 나고 윤기가 흐르는 것을 '木耳'라고 하고, 주름이 있는 것을 '蕈(심)'이라고 한다. 허신은 蕈을 '木耳'라고 여긴 듯하다.

內則記燕食所加庶羞有芝栭. 正義曰, "盧植[366]云 芝, 木芝也. 王肅云 無華而實者名栭". 按芝栭猶考工記之之而, 鄭君謂芝栭爲一物, 栭卽耎字也. 今人謂光滑者木耳, 皺者蕈. 許意謂蕈爲木耳.

② 而와 兗의 반절이다. 제14部에 있다. 살펴보건대, 耎은 大를 따르고 而가 소리이다. ≪禮記≫ 〈內則〉에는 '栭(이)'로 되어 있다. 또 '檽(이)'로도 쓴다. 賀瑒(하창)[367]이 "栭는 '輭棗(연조)'이다."라고 하였는데,[368] 그가 의거한 본에는 檽으로 되어 있었던 것이

이다.〔自牛脩至此三十一物 皆人君燕食所加庶羞也〕"라고 한 내용을 가리킨다.

361) 盧植 : ?~192. 東漢 말기의 경학가이다. 자는 子幹이며 幽州 涿郡 涿縣 사람이다. 젊었을 때 鄭玄과 함께 馬融에게 수학하였다. 저서로 ≪尙書章句≫, ≪三禮解詁≫가 있으며, 蔡邕・楊彪・韓說과 함께 ≪漢記≫를 편찬했다.

362) 王肅 : 195~256. 자는 子雍이고, 시호는 景侯이다. 삼국시대 魏나라의 경학가로 賈逵, 馬融을 존숭하였으며, 鄭玄이 고문을 연구한 점은 인정했지만, 今文說을 채용하였다 하여 ≪聖證論≫을 지어 논박하였다. 저서로 ≪尙書駁議≫, ≪毛詩義駁≫, ≪尙書王氏注≫, ≪毛詩王氏注≫, ≪王子正論≫ 등이 있다.

363) 禮記正義에……하였다 : ≪禮記≫ 〈內則〉의 '芝栭(지이)'에 대한 孔穎達 疏에 "芝栭에 대해 庾蔚(유울)이 '꽃과 잎이 없이 생장하는 것을 「芝栭」라고 한다.'라고 하였고, 王肅이 '꽃이 피지 않고 열매가 열리는 것을 「栭」라고 한다.'라고 하였으니 모두 芝의 부류이다.〔芝栭者 庾蔚云 無華葉而生者曰芝栭 盧氏云 芝 木芝也 王肅云 無華而實者名栭 皆芝屬也〕"라고 한 내용에서 보인다.

364) 考工記의……것이다 : ≪周禮≫ 〈冬官 梓人〉에 '움켜 죽이고 물어뜯는 짐승은 반드시 발톱을 감추고 눈은 툭 튀어나오고 비늘과 수염이 일어난다.〔凡攫閷援簭沵之類 必深其爪 出其目 作其鱗之而〕'의 注에 "之而는 수염이다.〔之而 頰頷也〕"라고 한 내용에서 보인다.

365) 鄭玄은……말하였으니 : ≪禮記≫ 〈內則〉의 正義에 "賀氏가 '栭는 「輭棗」이다. 또 芝는 「木椹」이다.'라고 하여 芝와 栭를 2가지 사물로 여겼다. 鄭玄의 아래 注에 '31가지 물건'에서는 芝栭는 하나의 사물이라고 하였으니, 賀氏의 說은 잘못된 것이다.〔賀氏云 栭 輭棗 亦云芝 木椹也 以芝栭爲二物 鄭下注云 三十一物 則數芝栭爲一物也 賀氏說非也〕"라고 한 내용에서 보인다.

366) 盧植 : 今本 十三經注疏本 ≪禮記正義≫에는 "盧氏"로 되어 있다.

367) 賀瑒(하창) : 452~510. 자는 德璉이며, 會稽 사람이다. 남조 齊・梁의 경학가로 太學博士・五經博士 등을 지냈다. 三禮에 정통하여 양나라 초기에 禮樂을 제정하였다. 저서로 ≪禮記新義疏≫, ≪禮儀注≫, ≪五經義≫, ≪禮易老莊講疏≫, ≪賓禮儀注≫ 등이 있다. 그 가운데 ≪禮記新義疏≫는 산일되었다.

다. ≪經傳釋文≫ 〈禮記音義〉에, "또 檽(누)라고도 쓰나 '檽'자는 잘못된 것이다."라고 하였다.

而兖切. 十四部. 按耎從大而聲. 內則作栭. 又作檽. 賀氏云."栭, 輭棗." 其所據本作檽也. 釋文云 "又作檽, 檽字誤."

③ 〈"일설에는 '蕍茈(유자)'라고도 한다."라는 말은〉 들어보지 못했다. ≪說文≫에도 '蕍'자가 없고, ≪集韻≫ 九麌에 "蕍는 勇과 主의 반절이다. 蕍茈는 '木耳'이다."라고 하였으니, 이를 두고 萸의 다른 이름이라고 한 것이다.

未聞. 說文亦無蕍字, 集韻九麌, "蕍勇主切. 蕍茈, 木耳." 是謂萸之一名也.

02-012-0459 葚 (葚) 〔오디/심〕

'뽕나무 열매(오디)'이다. 艸를 따르고 甚(심)이 소리이다.

桑實也.① **从艸, 甚聲.**②

① ≪詩經≫ 〈衛風 氓〉에 보인다.[369)]

見詩.

② 常과 衽의 반절이다. 제7部에 있다.

常衽切. 七部

02-012-0460 蒟 (蒟) [370)] 〔열매/구〕

'열매'이다. 艸를 따르고 竘(구)가 소리이다.

果也.① **从艸, 竘聲.**②

① ≪史記≫와 ≪漢書≫에 '枸醬'이라는 말이 있다.[371)] 左思의 〈蜀都賦〉[372)]와 常璩의 ≪華

---

368) 賀瑒(하창)이……하였는데 : 위의 주 참조.

369) 詩經……보인다 : ≪詩經≫ 〈衛風 氓〉에 "뽕잎이 떨어지기 전에는 그 잎이 검고 윤택했었네. 아, 비둘기여 뽕나무 오디를 먹지 말지어다.〔桑之未落 其葉沃若 于嗟鳩兮 無食桑葚〕"에 대한 ≪經典釋文≫ 〈毛詩音義〉에는 "桑實"이라고 하였다.

370) 蒟 : 徐鍇의 ≪說文繫傳≫에는 "≪本草≫를 살펴보니 王瓜와 비슷한데 蔓生이다. 씨는 길쭉하고 크며 맵고 향기가 난다. 싹은 넝쿨로 자라는데 열매는 오디와 비슷하다. 껍질은 검고 과육은 희다. 먹으면 맵고 향이 난다.〔按本草 似王瓜蔓生 子長大 辛香 苗爲留藤 實似桑椹 皮黑肉白 食之辛香〕"라고 하였다.

陽國志≫ 〈巴志〉[373]에는 蒟로 되어 있고, ≪史記≫에도 간혹 蒟로 되어 있다.[374] 劉逵(유규)[375]·顧微(고미)[376]·宋祁(송기)[377] 등 諸家의 설에 의거하면 바로 扶留藤(부류등)이다. 잎은 빈랑을 싸 먹을 때 사용하고 열매는 오디와 같고 길며 이를 '蒟(구)'라고 하는데 장아찌를 만들 수 있다. ≪華陽國志≫ 〈巴志〉에 "나무에는 '荔支(여지)'가 있고 덩굴에는 '辛蒟(신구)'가 있다."라고 하였다. 그렇다면 이 식물은 끈처럼 자라 나무를 타고 올라가기 때문에 '蒟'라고 할 때는 艸를 따르고, 또 '枸'로 쓸 때는 木을 따르지만 결국 같은 식물이다.

허신의 ≪說文≫ 木部에 '枸'자가 있는데 "장아찌를 만들 수 있다."라고 하였고, 艸部에 또 蒟가 있는데, 이는 아마도 확정할 수 없어서 양쪽에 둔 것이며, 葚 다음에 이 글자를 배열한 것은 그 열매가 오디와 비슷하기 때문인 듯하다. 그 열매를 '蒟'라고 이름하였기 때문에 '果'라고 하는 것이다. 果는 나무의 열매이니, "蒟果也"로 구두를 끊어야 한다.

史記·漢書有枸醬. 左思蜀都賦, 常璩華陽國志作蒟, 史記亦或作蒟. 據劉逵·顧微·宋祁諸家說 卽扶留藤也. 葉可用食檳榔, 實如桑葚而長, 名蒟, 可爲醬. 巴志曰, "樹有荔支, 蔓有辛蒟", 然則此物滕生緣木, 故作蒟, 從艸, 亦作枸, 從木, 要必一物也. 許君木部有枸字, 云可爲醬, 於艸部又有蒟字, 蓋不能定而兩存之, 次於葚者, 以其實似葚也. 其實名蒟, 故云果也. 果, 木實也, 當云 "蒟果也," 爲三字句.

② 俱와 羽의 반절이다. 제5부에 있다.

俱羽切. 五部.

---

371) 史記와……있다 : ≪史記≫ 〈西南夷列傳〉과 ≪漢書≫ 〈西南夷兩粵朝鮮傳〉에 나온다.

372) 左思의 蜀都賦 : 〈蜀都賦〉에 "채마밭에는 구약과 수유가 있다.〔其圃則有蒟蒻茱萸〕"라고 한 구절에 보인다.

373) 常璩의……巴志 : ≪華陽國志≫ 〈巴志〉에 "나무에는 '여지'가 있고 덩굴에는 '신구'가 있다.〔樹有荔支 蔓有辛蒟〕"라고 하였고, 〈南中志〉에 "남월 사람들의 음식에는 '구장'이 있다.〔南越人食有蒟醬〕"라는 내용이 있는데 ≪史記≫와 ≪漢書≫의 내용과 같다.

374) 史記에도……있다 : ≪史記≫ 〈西南夷列傳〉의 〈集解〉에 "徐廣이 '枸는 蒟라고도 쓰는데 음이 「구」이다.〔徐廣曰 枸 一作蒟 音窶〕'"라고 하였고, ≪漢書≫ 〈西南夷兩粵朝鮮傳〉에 "남월 사람이 蒙에게 〈蜀땅의〉 枸醬을 대접하였다.〔南粵食蒙枸醬〕"라고 하였다.

375) 劉逵(유규) : ?~?. 자는 公路이며 隨縣 사람이다. 崇寧 2년(1103)에 戶部侍郞으로 국신사가 되어 부사 급사중 吳拭과 함께 고려에 다녀갔다. 中書侍郞 거쳐 知杭州·資政殿學士를 지냈다.

376) 顧微(고미) : ?~?. 晉나라 사람이다. 저서로 ≪吳縣記≫, ≪廣州記≫ 등이 있다.

377) 宋祁(송기) : 998~1061. 北宋의 문인으로, 자는 子京이다. 宋庠과 宋祁 형제를 각각 大宋과 小宋이라 불렀다. 工部尙書, 翰林學士承旨 등을 지냈으며, 歐陽脩와 함께 ≪唐書≫를 편찬하였다. 저서로 ≪宋景文集≫이 있다.

02-012-0461 (芘)〔풀이름/비〕

'풀이름'이다. 일설에는 '芘莍木(비숙목)'이라고도 한다. 艸를 따르고 比(비)가 소리이다.

艸也. 一曰芘莍木.[①][378] **从艸, 比聲.**[②]

① 莍(숙)은 徐鉉本에 茮(초)로 되어 있다. 芘莍木은 들어보지 못했다. 王念孫[379]이 "'芘茮木' 3자는 분명 '芘芣(비부)' 2자가 잘못된 것이다."라고 하였다.[380]

  내(단옥재)가 살펴보건대, ≪說文≫에는 '荍(교)'자 아래에 '蚍虾(비부)'라고 하였으니,[381] 여기에서는 芘芣가 되는 것은 마땅치 않으며, 아마도 나무이름일 것이다.

  莍, 鉉作茮. 芘莍木未聞. 王氏念孫曰, "芘茮木三字, 當是芘芣二字之譌." 玉裁謂,"說文荍字下作'蚍虾', 不當此作芘芣, 蓋木名也.

② 旁과 脂의 반절이다. 제15部에 있다.

  旁脂切. 十五部.

02-012-0462 (蕣)〔무궁화/순〕

'무궁화'이다. 아침에 피었다가 저녁에 지는 것이다. 艸를 따르고 舜(순)이 소리이다. ≪詩經≫ 〈鄭風 有女同車〉에 "얼굴이 무궁화꽃과 같다."라고 하였다.

木堇.[①] **朝華暮落者.**[②] **从艸,**[③] **舜聲.**[④] **詩曰, "顔如蕣華."**[⑤]

① 句讀이다.

  句.

② ≪詩經≫ 〈鄭風 有女同車〉에 "얼굴이 무궁화꽃과 같다."라고 하였는데, 毛亨이 "舜은

---

378) 木 : 今本과 ≪說文繫傳≫에는 '茮'자가 이미 訛傳되어 '茮'자로 되어 있지 않고, 또 '木'자 한 글자가 추가되었으니 잘못된 것이다.(≪說文今釋≫)

379) 王念孫 : 1744~1832. 淸나라의 언어학자이다. 자는 懷祖이며 高郵人이다. 자호는 石臞으로, 평생을 저술로써 自好하였다. 聲音과 訓詁에 정통하여 ≪廣雅疏證≫을 편찬하였는데 漢나라 이전의 倉雅의 古訓을 다 모아서 通證하였고, 고서의 오류를 바로잡아 ≪讀書雜誌≫를 지었다.

380) 王念孫이……하였다 : 王念孫의 ≪讀說文記≫에는 "'一曰芘莍木' 5자는 '一曰芘芣'의 오류이다.〔一曰芘莍木 五字乃是一曰芘芣之訛〕"라고 하였다.

381) 說文에는……하였으니 : 02-012-0297 (荍)참조.

무궁화〔木槿〕이다."라고 하였다. ≪禮記≫ 〈月令〉에 "늦여름에……무궁화가 꽃이 핀다."라고 하였다.[382] ≪爾雅≫ 〈釋艸〉에 "椴(단)은 무궁화나무이고, 櫬(츤)은 무궁화나무이다."라고 하였다. 鄭玄이 "木堇은 王蒸이다."라고 하였다.[383] ≪莊子≫ 〈逍遙遊〉에 "朝菌은 晦朔을 알지 못한다."라고 하였는데, 潘尼(반니)[384]가 "朝菌은 木槿이다."[385]라고 하였다.

鄭風, "顏如舜華", 毛曰, "舜, 木槿也." 月令, "(季夏)〔仲夏〕[386]木堇榮."[387] 釋艸云 "椴, 木堇[388], 櫬, 木堇."[389] 鄭君曰, "木堇, 王蒸也." 莊子, "朝菌不知晦朔." 潘尼云 "朝菌, 木槿也."

③ 陸璣의 ≪毛詩草木鳥獸蟲魚疏≫에서는 〈䑞을〉 木類에 넣었는데 ≪爾雅≫와 ≪說文≫에서는 모두 艸類에 넣었다. 樊光(번광)[390]이 "그 나무는 오얏나무와 비슷한데 그 꽃이 아침에 피었다가 저녁에 지는데 풀과 기질이 같기 때문에 草類 속에 있다."[391]라고 하였다.

陸璣疏入木類, 而爾雅·說文皆入艸類者. 樊光曰, "其樹如李, 其華朝生莫落, 與艸同氣, 故(入)〔在〕[392]艸中."

④ 舒와 閏의 반절이다. 제13部에 있다.

舒閏切. 十三部.

⑤ 〈䑞이〉 지금의 ≪詩經≫에 舜으로 되어 있는 것은 假借이다.[393]

---

382) 禮記……하였다 : ≪禮記≫ 〈月令〉에 "5월에는……녹각이 빠지고, 매미가 처음 울며, 반하(끼무릇뿌리)가 자라며, 무궁화꽃이 핀다.〔仲夏之月……鹿角解 蟬始鳴 半夏生 木堇榮〕"라고 하였다.

383) 鄭玄이……하였다 : ≪禮記≫ 〈月令〉의 "木堇榮"에 대한 鄭玄 注이다.

384) 潘尼(반니) : 250?~311?. 西晉의 문학가로, 자는 正叔이며 滎陽 中牟 사람이다. 조부 潘勖은 동한 때 東海相을 지냈고 아버지는 潘滿은 平原內史를 지냈다. 서진의 문학가인 潘岳의 조카이다.

385) 潘尼(반니)가……木槿이다 : ≪經典釋文≫ 〈莊子音義〉에 보인다.

386) (季夏)〔仲夏〕: 저본에는 "季夏"로 되어 있으나, ≪禮記注疏≫에 의거하여 "仲夏"로 바로잡았다.

387) 木堇榮 : ≪爾雅注疏≫ 邢昺 疏에는 "月令 仲夏云 木槿榮"이라고 하였다.

388) 堇 : ≪爾雅注疏≫에는 '槿'으로 되어 있다.

389) 堇 : ≪爾雅注疏≫에는 '槿'으로 되어 있다.

390) 樊光 : ?~?. 후한의 경학자로 ≪爾雅≫에 注를 달았다.

391) 樊光(번광)이……있다 : 이 내용은 ≪毛詩正義≫와 ≪爾雅注疏≫의 郭璞 疏에는 "其樹如李 其華朝生暮落 與草同氣 故在草中"이라고 하였다.

392) (入)〔在〕: 저본에는 '入'으로 되어 있으나, ≪毛詩正義≫와 ≪爾雅注疏≫에 의거하여 '在'로 바로잡았다.

393) 舜으로……假借이다 : 舜은 本義가 '艸(풀이름)'인데 䑞으로 쓰이게 된 경우에 가차가 되

今詩作舜爲假借.

02-012-0463 茱(茱)〔수유/수〕

'茱萸(수유)'이니, '茮(초)의 종류'이다. 艸를 따르고 朱(주)가 소리이다.

茱萸,① 茮屬.② **从艸**,③ **朱聲**.④

① 逗(句讀)이다.

逗.

② ≪禮記≫〈內則〉의 "세 가지 희생의 고기에는 藙(의)[394]를 쓴다."에 대한 鄭玄 注에 "藙는 茱萸를 달인 것이다.〈漢律〉에는 '會稽에서 이것을 바쳤다.'라고 하였고,[395][396] ≪爾雅≫〈釋木〉에서는 이것을 '樧(살)'이라고 하였다."[397]라고 하였다. ≪本艸經≫에서는 "吳茱萸는 맛은 맵고 성질은 따뜻하다. 일명 '藙'이다."[398]라고 하였다.

內則三牲用藙注, "藙, 煎茱萸也. 漢律會稽獻焉. 爾雅謂之樧." 本艸經, "吳[399]茱萸, 味辛溫, 一名藙."

③〈茱를〉≪本艸經≫과 ≪廣雅≫에서는 木類에 넣었다.[400] 鄭玄은 '茱萸가 곧「樧」이다.'

는 것이다.

394) 藙(의) : ≪禮記義疏≫ 권39에는 '藙'자에 대해 "陸德明이〈藙는〉'茱나 萸와 비슷한데 열매는 붉으면서 茱보다 작다.'라고 하였고, 方慤이 '벌레를 죽이는 데 쓴다.'라고 하였고, ≪本草≫를 살펴보니 '藙는 艾로도 쓰는데 먹을 수 있다.'라고 하였으니, 萸는 吳茱萸가 아니다.〔陸氏德明曰 似茱萸而實赤小茱 方氏慤曰 用之殺虫 案本草藙一作艾此食 萸非吳茱萸也〕"라고 하였다.

395) 漢律에는……하였고 : ≪漢制攷≫ 권3에 보인다. 南宋의 王應麟이 편찬한 예학서로, ≪周禮≫, ≪儀禮≫, ≪禮記≫, ≪詩經≫, ≪書經≫, ≪論語≫, ≪孟子≫, ≪國語≫, ≪公羊春秋≫, ≪說文≫의 내용을 포함하고 있다.

396) 藙는……하였고 : 1편 하 艸部(02-012-0575)에 "藾 煎茱萸 从艸顡聲 漢津 會稽獻藾一斗"라고 하였다.

397) 爾雅……하였다 : ≪爾雅≫〈釋木〉에 "椒와 樧 종류는 껍질이 있는 과실나무이다.〔椒樧醜荥〕"라고 하였고, "桃李醜核"에 대한 陸德明의 ≪經典釋文≫〈爾雅音義〉에 "≪本草≫에 茱萸는 일명 '樧'이다.〔本草云 茱萸 一名樧〕"라고 하였다.

398) 本艸經에서는……藙이다 : ≪大觀本草≫ 권13의 ≪太平御覽≫에 "本草經曰 茱萸 一名藙"라고 하였다.

399) 吳 : ≪大觀本草≫에는 '吳'자가 없다.

400) 本艸經과……넣었다 : ≪大觀本草≫ 권13 木部中品과 ≪廣雅≫〈釋木〉에 보인다. ≪廣雅≫〈釋木〉에는 "梳(고)·考·樧(살)·欓(당)·越(월)·梂(초)는 '수유'이다.〔梳 考 樧 欓

라고 하였고[401] ≪爾雅≫에는 椒(초)와 榝(살)이 〈釋木〉에 있는데, 허신은 茱萸와 榝을 다른 식물이라고 하였다. ≪說文≫ 木部에서 "揚州에 茱萸나무가 있다."라고 하였으니[402] 바로 이것으로써 茱萸가 본래 艸類라는 것을 알 수 있다.

本艸經・廣雅入木類. 鄭君曰茱萸卽榝也, 而爾雅椒榝在釋木, 許君則茱萸與榝爲二物. 木部曰, "揚州有茱萸樹." 正以見茱萸之本爲艸類也.

④ 市와 朱의 반절이다. 古音은 제4部에 있다.
市朱切. 古音在四部.

02-012-0464  (萸) 〔교목/유〕

'茱萸(낙엽교목/수유)'이다. 艸를 따르고 臾(유)가 소리이다.

茱萸也. 从艸, 臾聲.①

① 羊과 朱의 반절이다. 古音은 제4部에 있다.
羊朱切. 古音在四部.

02-012-0465  (茮) 〔후추/초〕

'茮菉(후추/초구)'이다. 艸를 따르고 尗(숙)이 소리이다.

茮菉也.① **从艸,**② **尗聲.**③

①〈茮菉也〉 이 3자가 한 句이다. 茮菉(초구)는 대체로 古語로 ≪詩經≫의 '椒聊(초료)'와 같다. 한 글자로 말할 때는 '茮'라고 하고, 두 글자로 말할 때는 '茮菉'・'茮聊(초료)'라고 한다. ≪詩經≫ 〈國風 唐風〉에 "산초나무 열매여〔椒聊之實〕"라고 하였는데, 毛亨이 "椒聊는 椒이다."라고 하였다. ≪爾雅≫ 〈釋木〉에 "椒와 榝의 종류는 껍질이 있는 열매가 달리는 나무이고, 檓(훼)는 열매가 큰 산초나무이다."라고 하였다. ≪神農本艸經≫에 '蜀椒(초피나무 열매의 껍질)'도 있고 또 '秦椒(산초나무 열매)'도 있다.

此三字句. 茮菉蓋古語, 猶詩之椒聊也. 單呼曰茮, 絫呼曰茮菉・茮聊. 唐風, "椒聊之實",

越 梂 茱萸也〕"라고 하였다.

401) 鄭玄은……하였고 : 이 말은 단옥재가 ≪禮記≫ 〈內則〉 鄭玄 注의 논지를 바탕으로 추측한 것이다.

402) 木部에서……하였으니 : ≪說文≫에는 이 내용이 없고, '茱'자와 관련된 내용은 6편 상 木部에 "榝은 茱萸와 비슷하고 淮南에서 난다.〔榝 似茱萸 出淮南〕"라고 하였다.

毛曰, "椒聊, 椒也." 釋木曰, "椒樧醜荥, 櫰大椒." 神農本艸經, 有蜀椒, 又有秦椒.

② ≪爾雅≫・≪本艸經≫・≪陸疏廣要≫[403]에서는 모두 木類에 넣었다. 지금 살펴보면 실제로는 나무가 확실한데 ≪說文≫에서는 굳이 艸를 따랐으니, 이것은 옛날 籀文으로부터 내려온 것이다. 무릇 나누어 말하면 艸와 木의 구분이 있지만, 합해서 말하면 艸 역시 木이기 때문에 글자를 만들 때 여기에 구애받지 않은 것이다.

爾雅・本艸・陸疏皆入木類. 今驗實木也, 而說文正從艸, 此沿自古籀者. 凡析言有艸木之分, 統言則艸亦木也, 故造字有不拘爾.

③ 子와 寮의 반절이다. 古音은 제3부에 있다.

子寮切. 古音在三部.

02-012-0466 (荥) 〔살초 열매/구〕

'樧荥(살초) 열매'이니, 감싸고 있는 껍질이 갖옷과 같다. 艸를 따르고 求(구)가 소리이다.

樧荥實, 裹如裘也.① 从艸, 求聲.②

① ≪經典釋文≫ 〈爾雅音義〉에 의거하여 오류를 바로잡았다. 裘와 荥는 음이 같다. 郭璞이 "荥와 萸는 열매가 무더기로 나서 房 모양을 이룬다."라고 하였다. ≪詩經≫ 〈椒聊〉 鄭玄 箋에는 '捄'자로 되어 있고,[404] ≪爾雅≫ 〈釋木〉에 "櫟(력)은 그 열매가 梂(상수리/구)이다."라고 하였는데, 〈捄와 梂가〉 모두 바로 荥이다.

依爾雅音義正誤. 裘荥同音也. 郭云, 荥・萸子聚生成房皃. 詩箋作捄, 釋木"櫟其實梂", 皆卽荥字也.

② 巨와 鳩의 반절이다. 제3부에 있다. 求는 裘의 古文이고,[405] 또한 會意이다.

巨鳩切. 三部. 求卽裘之古文, 亦會意也.

02-012-0467 (荊) 〔가시나무/형〕 補 【重文 1】

403) 陸疏廣要 : 吳나라 陸璣가 지은 ≪毛詩草木鳥獸蟲魚疏≫에 明나라 毛晉이 주석한 ≪毛詩草木鳥獸蟲魚疏廣要≫를 가리킨다.

404) 詩經……있고 : ≪詩經≫ 〈唐風 椒聊〉의 "椒聊之實 蕃衍盈升"에 대한 鄭玄 箋에 "후추의 특성은 향기가 있고 열매는 작다. 지금 한 씨방에서 무성하여 1되나 열리니 일반적인 것이 아니다.〔椒之性 芬香而少實 今一捄之實 蕃衍滿升 非其常也〕"라고 한 내용에서 보인다.

405) 求는……古文이고 : 8편 상 裘部에 "求 古文裘"라고 하였으니 裘는 지금의 裘자이다.

'가시나무'이다. 艸를 따르고 刑(형)이 소리이다. 𦯠(荆)은 荊의 古文이다.

楚木也. 从艸, 刑聲. 𦯠, 古文荊.

① 林部에 "楚는 떨기나무이니 일명 '荊'이다."라고 하였으니, 이것은 轉注이다.
林部曰 楚, 叢木, 一名荊, 是爲轉注.

② 擧와 卿의 반절이다. 제11部에 있다.
擧卿切. 十一部.

02-012-0468 𦽜(菭) [물이끼/태]

'물이끼'이다. 艸를 따르고 治(치)가 소리이다.

水青衣.① 从艸, 治聲.②

① ≪經典釋文≫ 〈爾雅音義〉에 의거하여 '青'자를 보충하였다. ≪周禮≫ 〈天官 醢人〉의 '箈菹(태저)'에 대해 鄭司農(鄭衆) 注에 "箈는 물 속의 「魚衣(물이끼)」이다.'라고 하였고, 鄭玄은 '箈는 「箭萌(죽순)」이다."라고 하였다.

내(단옥재)가 살펴보니 鄭衆과 鄭玄은 글자를 다르게 보았다. 정중은 菭로 써서 艸를 따랐으니, 허신의 설과 똑같다. 정현은 篙로 써서 竹을 따랐는데, 郭璞의 ≪爾雅≫ 注에서 "篙菹鴈醢(죽순 절임과 기러기 젓갈)"를 인용하였으니,[406] 정현의 설을 따른 것이다. 정현 注에 "菭는 篙로 되어야 한다.[菭當爲篙]" 4자가 있어야 하는데 없어진 것이다. 今本 ≪周禮≫에는 箈로 되어 있는데 혼동하여 글자를 잘못 썼으니 바로잡아야 한다. 左思의 〈吳都賦〉 劉逵 注에 "海苔는 바다에서 나는데 짙푸른색에 모양은 헝클어진 머리카락 같다. 말리면 붉게 되고 염장하면 진액이 나오는데, 그것을 '濡苔(유태)'라고 한다."라고 하였다.

依爾雅音義補青字. 醢人箈菹, 鄭司農曰, "箈, 水中魚衣." 玄謂"箈, 箭萌." 玉裁按, 先後鄭異字. 先鄭作菭從艸, 許說正同. 後鄭作篙從竹, 郭注爾雅引篙菹鴈醢, 從後鄭也. 後鄭注當有菭當爲篙四字而佚. 今本周禮作箈, 混誤不成字, 所當正者也. 吳都賦注曰, "海苔生海水中, 正青, 狀如亂髮. 乾之赤, 鹽藏有汁, 名曰濡苔."

② 徒와 哀의 반절이다. 沈重[407]이 "北人은 丈과 之의 반절이라고 하였다."라고 하였

406) 郭璞의……인용하였으니 : ≪爾雅≫ 〈釋艸〉에서 "篙는 箭萌이다.[篙 箭萌]"의 注에 "≪周禮≫에 "죽순 절임과 기러기 젓갈이다.[周禮曰 篙菹鴈醢]"라고 한 것을 가리킨다.

407) 沈重 : 500~583. 남북조 시대의 저명한 유학자이다. 자는 子厚 또는 德厚이고, 吳興 사람이다. 梁 文帝 때 五經博士에 올랐으며, 北周 武帝가 鐘律을 교정하게 하였다. ≪詩

다.[408] 제1部에 있다. 지금은 苔로 쓴다.

徒哀切. 沈重云"北人丈之反." 一部. 今作苔.

02-012-0469 芽(芽)〔새싹/아〕

'새싹'이니, 艸를 따르고 牙(아)가 소리이다.

芽,① 萌也.② 从艸, 牙聲.③

① 逗(句讀)이다.
逗.

② 살펴보건대, 이 글자는 본래 '芽萌也'로 되어 있었는데 후인이 거꾸로 바꾼 것이다.[409]
按此本作芽萌也. 後人倒之.

③ 五와 加의 반절이다. 古音은 제5部에 있다. 예전에는 대부분 '牙'자를 芽(싹)의 의미로 썼다.[410]
五加切. 古音在五部. 古多以牙爲芽.

02-012-0470 萌(萌)〔초목의 싹/맹〕補

'초목의 싹'이다. 艸를 따르고 明(명)이 소리이다.

艸木芽.① 从艸, 朙聲.②

① '木'자는 ≪玉篇≫에 의거하여 보충하였다. ≪說文≫에서는 초목의 싹・초목의 줄기・초목의 잎까지 묶어 해설하였다.[411] 萌과 芽는 나누어 말할 때는 구별이 있으니, ≪尙

經≫과 ≪春秋左氏傳≫에 밝아 '當世儒宗'으로 불렸다. 저서로 ≪周禮義≫, ≪儀禮義≫, ≪禮記義≫, ≪毛詩義≫, ≪周禮音≫, ≪毛詩音≫ 등이 있다.

408) 沈重이……하였다 : ≪經典釋文≫〈周禮音義 醢人〉에 "菭에 대해 沈重이 '北人은 이 글자의 音을 禿과 改의 반절, 또는 丈과 之의 반절이라고 한다.'라고 하였다.〔菭 沈云 北人音禿改反 又丈之反〕"라고 하였다.

409) 후인이……것이다 : 단옥재는 원래 '芽萌也'로 되어 있던 것을 후인이 '萌芽也'라고 바꾸었다고 생각하여 '芽萌也'로 바꾸었다는 것이다. 今本 ≪說文≫에는 모두 '萌芽也'로 되어 있다.

410) 예전에는……썼다 : 牙는 '어금니'가 본의인데 芽를 가차하여 '싹'이라는 뜻이 된다는 것이다. 7편 상 米部에 "糱은 '싹난 쌀'이다. 牙는 芽와 같다. 芽米는 '싹을 틔운 쌀'이다.〔糱 牙米也 牙同芽 芽米者 生芽之米也〕"라고 하였다.

書大傳≫[412]에 "周나라 때는 '至動(싹)'[413]이라고 하였고, 殷나라 때는 '萌'이라고 하였고, 夏나라 때는 '牙'라고 하였다."라고 한 것이 바로 이것이다.[414] 합쳐서 말하면 구별되지 않기 때문에 莔을 '초목의 싹'이라고 한 것이다.

≪禮記≫ 〈月令〉의 "〈季春의 달에는〉 굽은 것은 다 나오고, 곧게 자란 것은 모두 막힘 없이 자란다.〔句者畢出 莔者盡達〕"의 注에 "句는 굽어서 자라는 것이다. 까끄라기가 있으며 곧게 자라는 것을 '莔'이라고 한다."라고 하였다. ≪禮記≫ 〈樂記〉에는 '區莔'이라고 하였다.

木字依玉篇補. 說文以艸木芽・艸木榦・艸木葉聯綴成文. 莔[415]芽析言則有別, 尙書大傳"周以至動, 殷以萌, 夏以牙"是也. 統言則不別, 故曰, "莔, 艸木芽也." 月令, "句者畢出, 莔者盡達."注 "句, 屈生者, 芒而直曰莔." 樂記作區莔.

② 武와 庚의 반절이다. 古音은 제10部에 있다.

武庚切. 古音在十部.

02-012-0471 (茁)〔풀이 처음 나오는 모양/줄〕

'풀이 처음 돋는 모양'이다. 艸・出(출)을 따랐다. ≪詩經≫ 〈召南 騶虞〉에 "저 돋는 갈대라네."라고 하였다.[416]

艸初生出皃. 从艸出.①[417] **詩曰, "彼茁者葭."**②

① ≪古今韻會擧要≫에서 인용한 것을 따랐다. 鄒와 滑의 반절이다. 제15部에 있다. 이것은 會意이면서 形聲을 포함하고 있음을 말한다.

---

411) 초목의……해설하였다 : '萌'자에서는 '艸木芽', '莖'자에서는 '艸木榦', '葉'자에서는 '艸木葉'이라고 해설한 것을 가리킨다.

412) 尙書大傳 : 淸나라 孫之騄이 편집한 책으로 ≪尙書大傳≫ 4권, ≪補遺≫ 1권이다.

413) 尙書大傳에……至動(싹) : ≪尙書大傳≫ 권1에 "鄭玄이 '……至動은 冬至에 식물이 처음 움직이는 것이다.〔鄭玄曰……至動 冬日至物始動也〕'"라고 하였다.

414) 尙書大傳에……이것이다 : 이 내용은 ≪春秋公羊傳≫ 隱公 원년의 徐彦 疏에서 ≪書傳略說≫을 인용한 곳에 보인다.

415) 莔 : '萌'의 古字이다.

416) 詩經……하였다 : ≪詩經≫ 〈召南 騶虞〉에 "저 자라나는 갈대밭에 암돼지 다섯 마리를 한 번에 쏘아 잡네. 아, 참으로 騶虞다운 어짊이로다.〔彼茁者葭 壹發五豝 于嗟乎騶虞〕"라고 한 내용에서 보인다.

417) 从艸出 : ≪詩經≫의 孔穎達 疏에는 "≪正義≫에 '풀이 싹터 파릇파릇 나오기 때문에 「茁」이라고 한 것이지, 訓이 「出(나오다)」이라는 것은 아니다.'〔正義曰 謂草生茁茁然出 故云茁也 非訓爲出〕"라고 하였다.

依韻會所引. 鄒滑切. 十五部. 言會意以包形聲也.

② ≪詩經≫ 〈召南 騶虞〉의 글이다. 毛亨 傳에 "茁은 '나오다'이다.〔出也〕"라고 하였는데, 살펴보건대 '也'는 마땅히 '皃'자를 잘못 쓴 것이다.

召南文. 毛曰, "茁, 出也." 按也當爲皃之譌.

02-012-0472 莖(莖)〔초목의 줄기/경〕補

'초목의 줄기'이다. 艸를 따르고 巠(경)이 소리이다.

艸木榦也.① **从艸, 巠聲.**②

① ≪玉篇≫에 인용된 것을 따랐다. 이것은 '풀'을 말하면서 아울러 '나무'도 말한 것이다. 今本에는 枝柱로 되어 있는데, 상고하건대 ≪字林≫에 '枝主'로 되어 있으니 뭇 가지의 중심임을 말한 것이다. 아마도 ≪字林≫을 따라 ≪說文≫를 고치면서 主를 또 柱로 잘못 쓴 것이다.

依玉篇所引. 此言艸而兼言木. 今本作枝柱, 考字林作枝主, 謂爲衆枝之主也. 蓋或用字林改說文, 而主又譌柱.

② 戶와 耕의 반절이다. 제11部에 있다.

戶耕切. 十一部.

02-012-0473 莛(莛)〔줄기/정〕

'줄기'이다. 艸를 따르고 廷(정)이 소리이다.

莖也.① **从艸, 廷聲.**②

① ≪說苑≫ 〈善說〉에 〈자로가〉 "천하에 가장 잘 울리는 큰 종을 달아놓고서 초목의 줄기로 두드리면 〈어떻게 제소리를 내겠습니까.〉"라고 하였다.

說苑 "建天下之鳴鐘, 撞之以莛."[418)]

② 特과 丁의 반절이다. 제11部에 있다.

特丁切, 十一部.

418) 莛 : ≪說苑校證≫에는 '莛'이 '梃'으로 되어 있다.

02-012-0474  (葉) 〔초목의 잎/엽〕 補

'초목의 잎'이다. 艸를 따르고 枼(엽)이 소리이다.

艸木之葉也.① **从艸, 枼聲.**②

① 물건 중에 얇은 것은 모두 '葉'이라고 이름할 수 있다.
凡物之薄者, 皆得以葉名.

② 與와 涉의 반절이다. 古音은 제8部에 있다.
與涉切. 古音在八部.

02-012-0475  (蔮) 〔작은 풀/예〕

'풀 중에 작은 것'이다. 艸를 따르고 㓹(예)가 소리이다. 㓹는 銳(예)의 古文이다. 芮(예)와 같이 읽는다.

艸之小者. 从艸, 㓹聲. 㓹, 古文銳字.① **讀若芮.**②

① 살펴보건대 金部와 网部에는 모두 "㓹는 銳의 籒文이다."라고 하였으니,[419] 여기의 '古'자는 잘못이니, '籒'자로 고쳐야 한다.
按金部・网部皆云, "㓹, 籒文銳", 則此古字誤也, 當改籒.

② 지금은 居와 例의 반절이다. 제15部에 있다.
今居例切. 十五部.

02-012-0476  (芣) 〔꽃이 무성할, 질경이/부〕

'꽃이 무성하다'이다. 艸를 따르고 不(부)가 소리이다. 일설에는 '질경이'라고도 한다.

華盛.① **从艸, 不聲.**② **一曰芣苢.**③

① ≪詩經≫ 〈大雅 江漢〉에 "江漢浮浮(장강과 한수가 넘실댄다.)", ≪詩經≫ 〈小雅 角弓〉에 "雨雪浮浮(함박눈이 펄펄 내린다.)"라고 하였는데, 〈이때의 浮는〉 모두 '성대한 모양'이

---

419) 金部와……하였으니 : 14편 상 金部에 "銳 芒也 从金兌聲 㓹 籒文銳 从厂剡"이라고 하였고, 7편 하 网部에는 "罽는 어망이다. 网을 따르고 㓹은 소리이다. 㓹은 銳의 籒文이다.〔罽 魚网也 從网㓹聲 㓹 籒文銳〕"라고 하였다.

다. 芣는 浮와 소리가 서로 가깝다.

詩言"江漢浮浮", "雨雪浮浮"皆盛皃. 芣與浮聲相近.

② 縛과 牟의 반절이다. 古音은 제1部에 있다.

縛牟切. 古音在一部.

③ 의심건대, 앞의 '苢'의 아래(해설)에서는 단지 '不苢'로만[420] 썼던 듯하니, 이를 '芣'자의 아래(해설)에서 또 분명하게 밝혀서 '不苢'의 '不'자를 또한 '芣'로 써야 한다."라고 하였다.

疑前苢字下衹作不苢, 此於芣字下, 又明之曰不苢之不, 亦作芣也.

02-012-0477  (葩)〔꽃/파〕

'꽃'이다. 艸를 따르고 皅(파)가 소리이다.

華也.① **从艸, 皅聲.**②

① 옛날에는 '光華의 '華'와 '花實'의 '花'는 뜻도 발음도 같았다. 葩를 '華'로 풀이한 것은 초목의 꽃이고, 또 華麗하기 때문이다. 초목의 꽃이 가장 화려하기 때문에 사물이 성대하고 화려한 것들을 모두 '華'라고 하였다. 韓愈의 〈進學解〉에 "≪詩經≫은 바르고 아름답다.〔葩〕"라고 한 것은, 바르고 문채가 나는 것을 말한다. 葩는 또 '흩어지다'의 뜻이 있으며 皅와 통용하여 쓰니, ≪靈樞經≫[421]에 "어지러이 흩어지지만 끝나자마자 다시 시작한다."라고 하였다.[422]

古光華字與花實字同義同音. 葩之訓華者, 艸木花也, 亦華麗也. 艸木花取麗, 故凡物盛麗皆曰華. 韓愈曰, "詩正而葩", 謂正而文也. 葩亦散也, 通作皅. 靈樞經曰, "紛紛皅皅, 終而復始."

② 普와 巴의 반절이다. 古音은 제5部에 있다.

普巴切. 古音在五部.

---

420) 苢의……不苢로만 : ≪說文≫ 苢(02-012-0319)에는 ≪爾雅≫, 〈爾雅音義〉 등을 인용하여 '不苢'로 설명하고 있다.

421) 靈樞經 : ≪黃帝內經靈樞≫를 가리킨다. ≪靈樞≫라고 약칭한다. 經絡과 鍼灸 분야를 전문적으로 다루고 있어서 ≪鍼經≫ 또는 ≪黃帝鍼經≫이라고도 부른다. ≪黃帝內經素問≫과 함께 ≪黃帝內經≫을 구성한다.

422) 靈樞經에……하였다 : ≪黃帝內經靈樞≫ 제76 〈衛氣行〉 "紛紛盼盼 終而復始"의 注에 "살펴보건대 〈太素音義〉에는 〈葩는〉 普와 巴의 반절이다.〔按太素音義云 普巴切〕"라고 한 것에 의거하여 '盼'을 '皅'로 수정한 것으로 보인다.

02-012-0478  (䒆)〔풀이 무성할/유〕

'풀이 꽃이 핀 것'이다. 艸를 따르고 尹(윤)이 소리이다.

艸之皇榮也.① **从艸, 尹聲.**②

① 皇은 葟이나 혹은 '䑞(황)'자로 써야 한다.[423] ≪爾雅≫ 〈釋艸〉에 "蒤, 䒆, 葟, 華는 꽃이다."라고 하였는데, 여기에 대해 郭璞은 "지금 세속에서는 초목의 꽃이 처음 생기는 것을 '䒆'라고 부른다. 音은 豬豬(돼지/수저)라고 할 때의 '豬'이다."라고 하였다.
皇當作葟或䑞字. 釋艸曰, "蒤・䒆・葟・華, 榮", 郭曰, "今俗呼艸木華初生者爲䒆. 音豬豬之豬."

② 羊과 捶의 반절이다. 古音은 제13部에 있다.
羊捶切. 古音在十三部.

02-012-0479  (蘳)〔노란꽃/휴〕

'노란꽃'이다. 艸를 따르고 黊(규)가 소리이다. 墮壞(휴괴)의 墮(휴)와 같이 읽는다.

黃華.① **从艸, 黊聲.**② **讀若墮壞.**③

① ≪後漢書≫ 〈馬融傳〉에 "蓷扈黊榮(푸성귀에 노란꽃이 피었네.)"라고 하였는데, 黊는 蘳(휴)로도 쓴다.[424]
後漢書馬融傳曰, "蓷扈黊榮," 黊或作蘳.

② 이것은 形聲을 말하면서 會意를 나타낸 것이다.
此擧形聲見會意.

③ 이것은 墮壞(휴괴)의 墮와 같이 읽는다는 것을 이른다. 墮聲・隋聲은 제17部에 있었는데 音이 許와 規의 반절로 바뀌어 제16部로 들어갔다. 圭가 聲符인 글자는 제16部에 있다. 徐鉉本에는 '墮'자를 빼버렸다. ≪廣韻≫ 〈上聲 25馬에〉 "'蘳'자에 또 '壞'라는 音이 있다."라고 하였는데[425] 잘못이다. ≪唐韻≫의 胡와 瓦의 반절은 제17部의 音이 변

423) 皇은……한다 : 5편 하 舜部에 "䑞는 '꽃'이다.……皇과 같이 읽는다. ≪爾雅≫에 '䑞는 「꽃」이다. 葟은 䑞의 或體이니 皇을 따른다.'라고 하였다.〔䑞 華榮也……讀若皇 爾雅曰 䑞 華也 葟 䑞或從艸皇〕"라고 하였다.

424) 黊는……쓴다 : ≪後漢書≫ 注에는 "본에 따라 '黊'로 되어 있는 것도 있다.〔本或作黊〕"라고 하였다.

425) 廣韻……하였는데 : ≪廣韻≫ 上聲 25馬에 "蘳는 ≪說文≫에 '黃華이고 발음은 壞이다.'

한 것이다.[426]

此謂讀如隓壞之隓也. 隓, 隋聲, 在十七部, 音轉許規切, 入十六部. 凡圭聲字在十六部. 鉉本脫去隓字. 廣韻蘳有壞音, 誤矣. 唐韻胡瓦切, 十七部之音變也.

02-012-0480 䕯(藨) 〔능소화, 초목의 끄트머리/표〕 補

'능소화 중에 노란꽃이 피는 것'이다. 艸를 따르고 㶾(표)가 소리이다. 일설에는 '끄트머리〔末〕'라고도 한다.

苕之黃華也.① 从艸, 㶾聲.② 一曰末也.③

① ≪爾雅≫ 〈釋艸〉에 "苕(초)는 陵苕(능소화)이다. 노란 꽃이 피는 능소화가 '藨'이고, 하얀 꽃이 피는 능소화가 '茇(발)'이다."라고 하였는데, 郭璞이 "苕는 꽃 색깔도 다르고 명칭도 다르다."라고 하였다.

내(단옥재)가 살펴보건대 許愼은 '茇'자의 해설에서 "일설에 '풀 중에 흰꽃이 피는 것을 「茇」이라고 한다.'"라고 하였지[427] '苕의 흰꽃이다.'라고 하지 않았다. '藨'자의 해설에서도 "풀 중에 노란꽃이 피는 것이다."라고 해야지, 곽박의 설명처럼 해서는 안 된다. 今本의 '苕'자는 아마도 후인이 곽박의 설명을 따라 고친 듯하다. 허신은 '苕'자의 설명에서[428] "풀이다."라고만 말하였고, '陵苕'라고 말하지 않았다.[429]

釋艸 "苕, 陵苕. 黃華藨, 白華茇." 郭云 "苕華色異, 名亦不同." 玉裁按許君茇字下云 "一曰艸之白華爲茇", 不云苕之白華, 則藨字下亦當云艸之黃華, 不當如郭說也. 今本苕字恐是後人用郭說改之. 許於苕下云 "艸也", 亦不云 "陵苕."

② 方과 小의 반절이다. 제2部에 있다.

方小切. 二部.

〔蘳 說文曰 黃華 又音壞〕"라고 하였다.

426) 唐韻의……것이다 : 大徐本의 반절은 乎瓦切이다. 胡瓦切은 ≪廣韻≫의 반절로 瓦聲은 제17部이다.

427) 茇자의……하였지 : 1편 하 艸部에 "'풀뿌리'이다. 艸를 따르고 犮(발)이 소리이다. 봄에 풀뿌리가 마르면 〈쟁기를〉 당겨서 흙을 갈아 일군 것을 '撥'이라고 하기 때문에 '茇'이라고 이르는 것이다. 일설에는 풀 중에 흰 꽃이 피는 것을 '茇'이라고 한다.〔茇 艸根也 從艸 犮聲 春艸根枯 引之而發土爲撥 故謂之茇 一曰艸之白華爲茇〕"라고 하였다.

428) 苕자의 설명에서 : "苕는 풀이름이다.〔苕 艸也〕"라고 하였다.(02-012-0642)

429) 苕자의……않았다 : 1편 하 艸部에 "'풀이름'이다. 艸를 따르고 '召(소)'가 소리이다. ≪詩經≫ 〈小雅 招禍〉에 '苕의 꽃이여!'라고 하였다. 徒와 聊의 반절이다. 제1部에 있다. 籒文은 䒒로 되어 있다.〔苕 艸也 詩苕之華 從艸召聲 徒聊切 二部 籒文作䒒〕"라고 하였다.

③ 金部의 鏢[430]와 木部의 標[431]는 모두 끝〔末〕으로 풀이하였으니, 蔈도 마땅히 풀의 끝〔艸末〕이라고 풀이해야 한다. 禾部에서 "秒는 벼의 까끄라기이니, 秋分에 까끄라기가 생긴다."라고 하였다.[432] 살펴보건대 ≪淮南子≫ 〈天文〉에서 "秋分이 되면 蔈가 생긴다."라고 풀이하였으니, 이것이 蔈가 끝〔末〕이 되는 증거이다.
金部之鏢, 木部之標皆訓末, 蔈當訓艸末. 禾部曰, "秒, 禾芒也", "秋分而秒定." 按淮南天文訓作秋分蔈定, 此蔈爲末之證也.

02-012-0481 (英) 〔꽃피고 열매 맺지 못할/영〕 補

'풀에 꽃은 피었으나 열매를 맺지 못하는 것'이다. 일설에는 '黃英'라고도 한다. 艸를 따르고 央(앙)이 소리이다.

艸榮而不實者.① 一曰黃英.② 从艸, 央聲.③

① ≪爾雅≫ 〈釋艸〉에 보인다.[433]
見釋艸.

② 이것은 다른 하나의 뜻이니, 바로 權黃華[434]인 듯하다.
此別一義也, 疑卽權黃華.

③ 於와 京의 반절이다. 古音은 제10部에 있다.
於京切. 古音在十部.

02-012-0482 (薾) 〔꽃이 무성할/이〕 補

'꽃이 무성하다'이다. 艸를 따르고 爾(이)가 소리이다. ≪詩經≫ 〈小雅 采薇〉에 "저 화려한 꽃은 무엇일까."라고 하였다.

---

430) 金部의 鏢 : 14편 상 金部에 "鏢는 칼집 끝의 구리 장식이다.〔鏢 刀削末銅也〕"라고 하였다.

431) 木部의 標 : 6편 상 木部에 "標는 나무의 끝이다. 杪末은 나무 끝의 가는 것이다.〔標 木杪末也 杪末 謂末之細者也〕"라고 하였다.

432) 禾部에서……하였다 : 7편 상 禾部에 "秒는 '까끄라기'이다.〔秒 禾芒也〕"라고 하였고, 禾部에 "稱은……禾에는 까끄라기가 있는데 추분이 되면 까끄라기가 고정된다.〔稱……禾有秒 秋分而秒定〕"라고 하였다.

433) 爾雅……보인다 : ≪爾雅≫ 〈釋艸〉에는 "꽃은 피지만 열매가 맺히지 않은 것을 '英'이라고 한다.〔榮而不實者 謂之英〕"라고 하였다.

434) 權黃華 : ≪爾雅≫ 〈釋艸〉에는 "權은 黃華(우운초)이다.〔權 黃華〕"라고 하였다.

華盛.① **从艸, 爾聲.**② **詩曰, "彼薾惟何."**③

① 㸚部〈爾〉에 "麗爾는 靡麗와 같다."라고 하였으니,[435] 薾는 爾와 音義가 같다.
㸚部曰, "麗爾, 猶靡麗也." 薾與爾音義同.

② 이것은 形聲을 설명하면서 會意를 나타낸 것이다. 薾는 '꽃이 무성한 것'이고, 濔는 '물이 많은 것'이다.[436] 兒와 氏의 반절이다. 제16部에 있다.[437]
此於形聲見會意. 薾爲華盛, 濔爲水盛. 兒氏切. 十六部.

③ ≪詩經≫ 〈小雅 采薇〉의 글이다.[438] 今本에는 '爾'로 되어 있고, 惟는 今本에 '維'로 되어 있다.
小雅文. 今作爾, 惟, 今作維.

02-012-0483  (萋) 〔풀이 무성할/처〕 補

'풀이 무성하다'이다. 艸를 따르고 妻(처)가 소리이다. ≪詩經≫ 〈大雅 卷阿〉에 "오동나무가 무성하다."라고 하였다.[439]

艸盛. 从艸, 妻聲.① **詩曰, "菶菶萋萋."**②

① 七과 稽의 반절이다. 제15部에 있다.
七稽切. 十五部.

② ≪詩經≫ 〈大雅 卷阿〉의 글이다. 〈菶菶萋萋는〉 梧桐나무를 이르니, 풀과 나무는 같은 종류이다.
大雅文. 謂梧桐也, 艸木同類.

---

435) 爾에……하였으니 : 3편 하 爾의 段注에 "麗爾는 古語로 靡麗이다. 漢나라 사람의 말이다. 오늘날의 말로 옛말을 풀었기 때문에 '猶'라고 한 것이다.〔麗爾 古語 靡麗 漢人語 以今語釋古語 故云猶〕"라고 하였다.

436) 濔는……것이다 : 11편 상2 水部에 "濔는 물이 가득찬 것이다.〔濔 水滿也〕"라고 하였다.

437) 제16部에 있다 : 〈六書音韻表〉에는 제15部에 있다.

438) 詩經……글이다 : ≪詩經≫ 〈小雅 采薇〉의 "저 화려한 것은 무엇인가. 아가위 꽃이라네.〔彼爾維何 維常之華〕"에 대한 毛亨 傳에 "爾는 꽃이 성한 모양이다.〔爾 華盛貌〕"라고 하였다.

439) 풀이……하였다 : 萋는 '풀이 무성하다'가 本義인데 인신하여 '茂盛하다'라는 뜻이 되었다는 것을 설명한 것이다.

02-012-0484  (菶)〔풀이 무성할/봉〕

'풀이 무성하다'이다. 艸를 따르고 奉(봉)이 소리이다.

艸盛.① **从艸, 奉聲.**②

① 毛亨이 "菶菶萋萋는 '오동나무가 무성한 것'이다."라고 하였다.[440]
毛曰"菶菶萋萋, 梧桐盛也."

② 補와 蠓의 반절이다. 제9部에 있다. ≪說文≫에서 두 번 ≪詩經≫의 "瓜瓞菶菶"을 인용하였는데,[441] 지금 ≪시경≫ 〈大雅 生民〉에는 "唪唪"으로 되어 있으니 假借이다.[442]
補蠓切. 九部. 說文兩引詩"瓜瓞菶菶," 今生民作"唪唪," 假借.

02-012-0485  (薿)〔무성할/의〕

'무성하다'이다. 艸를 따르고 疑(의)가 소리이다. ≪詩經≫ 〈小雅 甫田〉에 "기장과 피가 무성하다."라고 하였다.

茂也. 从艸, 疑聲.① **詩曰, "黍稷薿薿."**②

① 魚와 己의 반절이다. 제1部에 있다.
魚己切. 一部.

② ≪詩經≫ 〈小雅 甫田〉의 글이다. 〈鄭玄의〉 箋에 "무성하고 무성하다."라고 하였는데,[443] ≪廣雅≫ 〈釋訓〉에 "薿薿는 '무성하다'이다."라고 하였다.
小雅文. 箋云"薿薿然而茂盛," 廣雅釋訓"薿薿, 茂也."

---

440) 毛亨이……하였다 : ≪詩經≫ 〈大雅 卷阿〉 "더부룩한 오동나무에 봉황새 노래 평화롭네.〔菶菶萋萋 雝雝喈喈〕"의 毛亨 傳에 "〈菶菶萋萋〉는 오동나무가 무성한 것이고, 〈雝雝喈喈〉는 봉황이 우는 것이다.〔梧桐盛也 鳳皇鳴也〕"라고 하였다.

441) 두……인용하였는데 : 1편 상 玉部의 玤과 2편 상 口部의 唪에 "瓜瓞菶菶"라고 하였다.

442) 지금……假借이다 : 唪의 본뜻은 '껄껄웃다'의 뜻인데, 菶을 가차하여 '무성하다'의 뜻으로 쓰인 것이다.

443) 鄭玄의……하였는데 : ≪詩經≫ 〈小雅 甫田〉의 鄭玄 箋에 "농부가 南畝에 가서 농사를 지을 때 공력을 다할 수 있게 하면 〈곡식이〉 우거지고 무성할 것이다.〔使農人之南畝 治其禾稼 功至力盡 則薿薿然而茂盛〕"라고 하였다.

02-012-0486 蕤(蕤)〔초목의 꽃 드리워질/유〕

'초목의 꽃이 드리워진 모양'이다. 艸를 따르고 甤(유)가 소리이다.

艸木華垂皃.① 从艸, 甤聲.②

① 인신하여 물건 중에 드리워진 것을 모두 '蕤(유)'라고 한다. 冠緌는 纓(갓끈/영)에 연결하여 드리운 것이다. 禮家들이 '드리우다'의 뜻일 때는 蕤로 쓰기로 정하였다.[444] ≪周禮≫ 〈天官 夏采〉의 "깃대장식을 세웠다.〔建綏〕",[445] ≪禮記≫ 〈王制〉의 "큰 깃대장식과 작은 깃대장식〔大綏小綏〕",[446] ≪예기≫ 〈明堂位〉의 "하후씨의 깃대장식〔夏后氏之綏〕",[447] ≪예기≫ 〈雜記〉의 "그 깃대장식으로 초혼했다.〔以其綏復〕"[448]에서의 綏를, 鄭玄은 '緌'자로 고쳐 썼으니[449], 旄牛의 꼬리를 깃대에 드리운 것을 이른 것이다. 冠蕤(관유)·蕤賓의 蕤와 같이 읽는다. ≪白虎通≫ 〈五行〉에서 蕤賓을 설명하면서 "蕤는 '내려가다'는 뜻

444) 禮家들이……정하였다 : ≪周禮≫ 〈天官 夏采〉의 "수레를 타고 깃발을 올려 사방의 교외에서 招魂한다.〔以乘車建綏 複於四郊〕"에 대한 鄭玄 注에 "≪儀禮≫ 〈士冠禮≫ 및 ≪禮記≫ 〈玉藻〉에서 冠緌의 緌자를 고서에서 또한 대부분 綏로 썼는데, 지금의 禮家들이 확정하여 蕤로 썼다.〔士冠禮及玉藻冠緌之字 故書亦多作綏者 今禮家定作蕤〕"라고 하였다.

445) 깃대장식을 세웠다〔建綏〕 : ≪周禮≫ 〈天官 夏采〉에 "夏采가 大喪을 관장할 때 冕服으로 太祖에게 招魂하고, 수레를 타고 깃대장식을 올려 사방의 교외에서 초혼한다.〔夏采掌大喪以冕服 複於大祖 以乘車建綏 複於四郊〕"라고 하였다.

446) 큰……깃대장식〔大綏小綏〕 : ≪禮記≫ 〈王制〉에 "천자가 짐승을 죽이면 큰 깃대장식을 드리우고, 제후가 큰 짐승을 죽이면 旄牛의 꼬리를 단 작은 깃대장식을 드리운다.〔天子殺則下大綏 諸侯殺則下小綏〕"라고 하였다.

447) 하후씨의 깃대장식〔夏后氏之綏〕 : ≪禮記≫ 〈明堂位〉에 "有虞氏의 旂와 夏后氏의 綏와 殷나라의 大白과 周나라의 大赤이다.〔有虞氏之旂 夏后氏之綏 殷之大白 周之大赤〕"라고 하였다.

448) 그……초혼했다〔以其綏複〕 : ≪禮記≫ 〈雜記〉에 "諸侯가 출행하여 관사에서 죽으면 그 招魂을 본국에서 하던 것같이 하고, 길에서 죽으면 그가 타던 수레의 왼쪽 바퀴에 올라가서 그 깃대장식을 가지고 招魂한다.〔諸侯行而死於館 則其復如於其國 如於道 則升其乘車之左轂 以其綏復〕"라고 한 내용에 보인다.

449) 鄭玄은……썼으니 : 鄭玄은 ≪禮記≫ 〈王制〉의 "천자가 짐승을 죽이면 큰 깃대장식을 드리우고, 제후가 큰 짐승을 죽이면 旄牛의 꼬리를 단 작은 깃대장식을 드리운다.〔天子殺則下大綏 諸侯殺則下小綏〕"에 대한 注에서 "綏는 緌가 되어야 한다.〔綏當爲緌〕"라고 하였고, ≪禮記≫ 〈明堂位〉에 "有虞氏之旂 夏后氏之綏 殷之大白 周之大赤"에 대한 注에서 "綏는 緌으로 되어야 하니 冠蕤의 蕤처럼 읽는다. 緌는 注에 깃대에 旄牛의 꼬리를 단다는 것을 가리키니 이른바 大麾이다.〔綏當爲緌 讀如冠蕤之蕤……緌謂注旄牛尾於槓首 所謂大麾〕"라고 하였고, ≪예기≫ 〈雜記〉의 "諸侯行而死於館 則其復如於其國 如於道 則升其乘車之左轂 以其綏復"의 注에서는 "綏는 緌가 되어야 하며 冠蕤의 蕤처럼 읽어야 하니 글자가 잘못된 것이다.〔綏當爲緌 讀如蕤賓之蕤 字之誤也〕"라고 하였다.

이고 賓은 '공경하다'는 뜻이다."라고 하였다.[450)]

引伸凡物之垂者皆曰蕤. 冠緌系於纓而垂者也. 禮家定爲蕤字. 夏采"建綏", 王制"大綏小綏", 明堂位"夏后氏之綏", 雜記"以其綏復", 鄭君皆改爲緌字, 謂旄牛尾之垂於杠者也. 讀如冠蕤·蕤賓之蕤. 白虎通說蕤賓曰, "蕤者, 下也, 賓者, 敬也."

② ≪唐韻≫에서 〈蕤가〉 儒와 隹의 반절이라고 한 것은 잘못이다. 儒와 隨의 반절로 고쳐 다섯 째인 支韻에 들어가야 한다. 古音은 제16部에 있다. 甤는 生을 따르고 豕가 소리이다. 豕聲은 제16部에 있다. '綏'자와 '緌'자 역시 모두 같은 제16部에 있다.

唐韻儒隹切, 非也. 當儒隨切, 入五支. 古音在十六部也. 甤從生豕聲, 豕聲在十六部. 綏緌字亦皆同部.

02-012-0487 𦸗(葼) 〔가는 나뭇가지/종〕 補

靑·齊·兗·冀 지역에서는 "나무의 가느다란 가지를 '葼'이라고 한다."라고 하였다. 艸를 따르고 㚇(종)이 소리이다.

靑齊兗冀謂"木細枝曰葼."① **从艸, 㚇聲.**②

① ≪方言≫에 보이는데, 〈권2에〉 傳을 인용하여 "자애로운 어머니가 자식에게 화를 낼 때, 나뭇가지〔葼(종)〕를 꺾어 매를 때리지만 그 안에 사랑이 있다."라고 하였다.

見方言, 引傳曰, "慈母之怒子也, 雖折葼笞之, 其惠存焉."

② 子와 紅의 반절이다. 제9部에 있다.

子紅切. 九部.

02-012-0488 𦻕(移) 〔풀 시들/이〕

'풀이 시들다'이다. 艸를 따르고 移(이)가 소리이다.

艸萎䔟.① **从艸, 移聲.**②

① 萎와 䔟는 疊韻이다. 萎는 平聲이다.

---

450) 白虎通……하였다 : ≪白虎通≫ 〈五行〉에 "5월을 '蕤賓'이라고 하는데, 蕤는 '내려가다'는 뜻이고, 賓은 '공경하다'는 뜻이다. 陽氣가 위로 정점에 이르면 陰氣가 시작되기 때문에 공경하는 것이다.〔五月謂之蕤賓 蕤者 下也 賓者 敬也 言陽氣上極 陰氣始 賓敬之也〕"라고 하였다.

萎蕤疊韻. 萎平聲.

② 弋과 支의 반절이다. 古音은 제17部에 있다.
弋支切. 古音在十七部.

02-012-0489  (蒝)[451] 〔초목의 모양/**원**〕

'초목의 모양'이다. 艸를 따르고 原(원)이 소리이다.

艸木形. 从艸, 原聲.[①]

① 愚와 袁의 반절이다. 제14部에 있다.
愚袁切. 十四部.

02-012-0490  (莢) 〔풀열매/**협**〕

'풀 열매'이다. 艸를 따르고 夾(협)이 소리이다.

艸實.[①] **从艸, 夾聲.**[②]

① ≪周禮≫ 〈地官 大司徒〉에 "墳衍(진펄/분연)의 植物로는 莢物(꼬투리가 맺히는 식물)이 알맞다."라고 하였다. 살펴보건대 莢物은 풀과 나무를 겸하여 말한 것이다.[452]
周禮曰 墳衍植物宜莢物. 按莢物兼艸木言.

② 古와 葉의 반절이다. 제8部에 있다.
古葉切. 八部.

---

451) 蒝 : ≪玉篇≫과 ≪廣韻≫에는 上平 元일 때 "줄기와 잎이 퍼지다.〔莖葉布也〕"라고 하였고, ≪集韻≫에는 愚袁切일 때는 "≪說文≫에는 '초목의 모양이다.'라고 하였다. 일설에는 '줄기와 잎이 펴진 것을 「蒝」이라고 한다.'라고 하였다.〔說文 艸木形 一說 莖葉布曰蒝〕", 胡官切일 때는 艸名(풀이름)이라고 하였다.

452) 살펴보건대……것이다 : ≪周禮≫ 〈地官 大司徒〉에 "네 번째는 墳衍인데, 그곳에 사는 동물로는 껍질이 있는 동물에게 적합하고 식물로는 莢物에 적합하다.〔四曰墳衍 其動物宜介物 其植物宜莢物〕"에 대한 賈公彦 疏에 "薺莢은 바로 지금 사람들이 말하는 皀莢(콩과에 속하는 식물)인데 잘못하여 皀(조)라고 한 듯하니, '냉이〔薺〕'라고 말해야 한다. 王棘은 곧 ≪禮記≫ 〈士喪禮〉에서 말한 '王棘은 檡棘(택극)과 같다.'는 것이 바로 이것이다. 棘은 비록 莢이 없으나 일반적으로 나무의 枝葉과 薺莢이 서로 유사하기 때문에 함께 말한 것이다.〔薺莢卽今人謂之皀莢 蓋誤云皀 當言薺也 王棘卽 士喪禮云 王棘若檡棘者是也 棘雖無莢 蓋樹之枝葉與薺莢相類 故竝言之也〕"라고 하였다.

02-012-0491 𦬒(芒)〔까끄라기/망〕補

'풀의 끄트머리'이다. 艸를 따르고 亾(망)이 소리이다.

艸端也.① 从艸, 亾聲.②

① ≪說文≫에는 '鋩(망)'자가 없으니, 이것은 곧 '칼끝〔鋒鋩〕'이라고 할 때의 '鋩'이다.[453]
說文無鋩字, 此卽鋒鋩字也.

② 武와 方의 반절이다. 제10部에 있다.
武方切. 十部.

02-012-0492 䔀(蓨)〔쪽풀 이삭/우〕

'쪽풀의 이삭'이다. 艸를 따르고 隋(수)가 소리이다.

藍蓼秀. 从艸, 隋聲.①

① 羊과 捶의 반절이다. 古音은 제17部에 있다. 살펴보건대 '蓨'자와 '䒨(꽃이삭/유)'자는 모두 반절이 羊과 捶이니, 대체로 곧 '䒨'자의 이체자이니, 또한 苿·葩·䒨·蘳·蕢·英·薾 7자와 같은 종류로 배열해야 한다. 이곳은 있어야 할 자리가 아니니, 아마도 後人이 추가한 듯하다.
羊捶切. 古音在十七部. 按蓨與䒨字皆切羊捶, 蓋卽䒨字之異者. 且當與苿葩䒨蘳蕢英薾七字類列. 此非其次, 疑後人所沾也.

02-012-0493 䒂(蔕)[454]〔오이꼭지/체〕

'오이꼭지'이다. 艸를 따르고 帶(대)가 소리이다.

---

453) 이것은……鋩이다 : 芒의 본뜻이 "까끄라기"인데 鋩을 가차하여 '칼끝'의 의미로 쓰인다는 것이다. ≪後漢書≫〈袁紹傳〉에 "칼날 같은 기세를 움츠리게 하여 그 계획이 실행되지 못하게 하였다.〔故使鋒芒挫縮 厥圖不果〕"라고 한 내용에 보인다. 鋩은 ≪廣韻≫에 "칼날〔刃端〕"이라고 풀이하였다.

454) 蔕 : 朱駿聲의 ≪說文通訓定聲≫에는 "蔕는 ≪聲類≫에 '꼭지'라고 하였고, ≪老子≫에는 '뿌리가 깊고 꼭지가 단단하다.'라고 하였는데, 俗字는 '蒂'로 쓴다.〔蔕 聲類 果鼻 老子 深根固蔕 俗字作蒂〕"라고 하였다.

瓜當也.① **从艸, 帶聲.**

① ≪禮記≫ 〈曲禮 上〉에 "오이의 껍질을 깎을 때 士는 꼭지만 딴다."라고 하였고,[455] ≪爾雅≫ 〈釋木〉에 "대추와 오얏은 꼭지를 딴다.〔疐之〕"라고 하였는데 疐는 蔕의 假借字이다.[456] ≪聲類≫에 "蔕는 '과일의 꼭지〔果鼻〕'이다."[457]라고 하였으니, 瓜當은 果鼻와 똑같은 종류이다. ≪老子≫에 "뿌리가 깊고 꼭지가 단단하다.〔深根固柢〕"라고 하여,[458] '柢'자를 '蔕'으로도 썼다.[459] 張衡의 〈西京賦〉에 "〈그림으로 그린〉 연꽃 줄기가 천장에 거꾸로 매달려 있네."[460]라고 하였으니, 모두 柢를 가차하여 蔕의 의미로 쓴 것이다.[461]
曲禮 "削瓜, 士疐之." 釋木 "棗李曰疐之." 疐者, 蔕之假借字. 聲類曰, "蔕, 果鼻也." 瓜當, 果鼻正同類. 老子 "深根固柢," 柢亦作蔕. 西京賦 "蔕倒茄於藻井," 皆假借爲柢字.

② 都와 計의 반절이다. 제15部에 있다.
都計切. 十五部.

02-012-0494  (荄)〔풀뿌리/해〕

455) 禮記……하였고 : ≪禮記≫ 〈曲禮 上〉에 "天子를 위하여 참외를 깎는 자는 껍질을 깎은 뒤에 넷으로 쪼개고, 또 가로로 잘라서 가는 葛布 천으로 덮어서 올린다. 國君을 위하여서는 〈껍질을 깎은 뒤에〉 반으로 쪼개고 또 가로로 잘라서 거친 갈포 천으로 덮어서 올린다. 大夫를 위하여서는 〈국군의 경우와 같으나〉 천으로 덮지 않고 그대로 올린다. 士는 〈껍질을 깎고 가로로 자른 뒤에〉 꼭지를 베어버릴 뿐이며, 庶人은 〈껍질을 깎은 뒤에 쪼개거나 가로로 자르지 않고〉 이로 깨물어 먹는다.〔爲天子削瓜者 副之 巾以絺 爲國君者 華之 巾以綌 爲大夫累之 士疐之庶人齕之〕"라고 하였다. ≪禮記補註≫에는 "鄭玄 注에 '가운데를 자르지 않고 가로로만 자르며 꼭지를 뗄 뿐이다.'라고 하였는데, 孔穎達 疏에 '아래 주에 庶人은 〈가로로 자르지 않는다.〉라고 하였으니, 그렇다면 士는 가로로 자른 것을 알 수 있다.'〔鄭註 不中裂 橫斷去疐而已 疏曰 下註庶人云不橫斷 則知士橫斷也〕"라고 하였다.

456) 疐는……假借字이다 : 疐는 '자빠지다'의 뜻인데 蔕를 가차하여 '꼭지'의 뜻이 된 것이다.

457) 蔕는……꼭지〔果鼻〕이다 : ≪文選≫ 〈西京賦〉의 李善 注를 인용한 것이다.

458) 老子에……하여 : ≪老子≫ 59장에 "나라를 다스리는 근본이 있으면 오래갈 수 있다. 이것을 일러 뿌리를 깊게 하고 받침을 단단하게 하여 오래 살 수 있게 하는 '道'라고 한다.〔有國之母 可以長久 是謂深根固柢 長生久視之道〕"라고 하였다.

459) 柢자를……썼다 : ≪經典釋文≫ 〈老子音義〉에 보인다.

460) 천장에……있네 : 薛綜 注에 "茄는 연의 줄기인데, 그 줄기는 천장에 거꾸로 자라고 그 꽃은 아래를 향하여 갈라진 것이다.〔苛 藕莖也 以其莖倒殖於藻井 其華下向反披〕"라고 하였다.

461) 柢를……것이다. : 蔕는 '꼭지'가 본래의 뜻인데, 柢를 가차하여 '뿌리'의 뜻이 되었다.

'풀뿌리'이다. 艸를 따르고 亥(해)가 소리이다.

艸根也.① **从艸, 亥聲.**②

① ≪爾雅≫ 〈釋艸〉 및 ≪方言≫에 보인다. 郭璞이 "지금 민간에서는 부추의 뿌리를 '荄'라고 한다."라고 하였다.[462)]
見釋艸及方言. 郭曰, "今俗謂韭根爲荄."
② 古와 哀의 반절이다. 제1部에 있다.
古哀切. 一部.

02-012-0495  (荺) 〔풀뿌리/윤〕

'풀뿌리'이니 '띠의 뿌리'이다. 艸를 따르고 均(균)이 소리이다.

茇也, 茅根也.① **从艸, 均聲.**②

① 荺은 ≪爾雅≫ 〈釋艸〉에 보인다. "荺은 茇(풀뿌리)이다.", "茇은 '풀뿌리'이다."라고 하였으니, 글이 서로 이어받은 것이다.[463)] 顧廣圻[464)]가 "許愼의 설명에 의거할 때 이 글자는 ≪이아≫에 본래 '荺은 茇이니 荄根(풀뿌리)이다.'라고 하였는데,[465)] 郭璞이 茇을 茭로 오인하여 마침내 荺과 茭를 같은 뜻으로 여겨 荄根이 같은 뜻으로 본 것이다."라고 하였다. '茅根也'의 앞에는 '一曰' 두 글자가 있어야 하며, 이것은 별도의 뜻이니 荺은 전적으로 띠의 뿌리에만 해당하기 때문이다.
荺見釋艸. "荺者, 茇也," "茇者, 艸根也." 文相承. 顧廣圻曰, "依許君所說, 是爾雅本云'荺, 茇, 荄根', 郭誤茇爲茭, 遂以荺茭爲一義, 荄根爲一義." 茅根也之上當有一曰二字, 此別一義, 以荺專屬茅根也.

---

462) 郭璞이……하였다 : ≪爾雅≫ 〈釋艸〉의 "荄 根"의 郭璞 注에는 "민간에서는 부추의 뿌리를 '荄'라고 부른다.〔俗呼韭根爲荄〕"라고 하였고, ≪方言≫ 권3 "荄는 杜이니 뿌리이다.〔荄 杜 根也〕"에는 "郭璞 注에 지금 민간에서는 부추의 뿌리를 '荄'라고 한다.〔郭璞注 今俗名韭根爲荄〕"라고 하였다.

463) 爾雅……것이다 : 앞의 표제어는 荄(풀뿌리)이고, 뒤의 표제어는 '茇(풀뿌리)'을 설명한 것이다.

464) 顧廣圻 : 1766~1835. 자는 千里이고, 호는 澗蘋, 無悶子이며 별호는 思適居士로 元和人이다. 經學과 文字學에 정통했으며, 특히 校勘學과 目錄學 분야에서 청대의 최고 대가로 손꼽힌다. 藏書家로도 유명하다. 저서로 ≪思適齋居士集≫이 있다.

465) 이 글자는……하였는데 : 지금의 ≪爾雅≫ 〈釋艸〉에는 "荺은 茭이니 뿌리이다.〔荺 茭 荄根〕"라고 하였다.

② 於와 敏의 반절이다. 제12部에 있다.
於敏切. 十二部.

02-012-0496 茇(茇)〔풀 뿌리, 흰꽃이 피는 풀/발〕 補

'풀뿌리'이다. 艸를 따르고 犮(발)이 소리이다. 봄에 풀뿌리가 마르면 〈쟁기를〉 당겨서 흙을 갈아 일군 것을 '撥'이라고 하기 때문에 '茇'이라고 이르는 것이다. 일설에는 풀 중에 흰 꽃이 피는 것을 '茇'이라고 한다.

艸根也. 从艸, 犮聲.① 春艸根枯, 引之而發土爲撥, 故謂之茇.② 一曰艸之白華爲茇.③

① 北과 末의 반절이다. 제15部에 있다.
北末切. 十五部.

② 이것은 풀뿌리를 '茇'이라고 하는 뜻을 거듭 밝힌 것이다. ≪氾勝之書≫[466]에 "봄에 흙이 부풀어 올라 흙이 말뚝을 덮어 묵은 뿌리를 뽑을 수 있게 되면 경작하는 사람이 흙을 갈아 일군다."라고 하였다.[467] ≪周禮≫ 〈考工記 匠人〉의 鄭玄 注[468]에 "밭고랑 가에 흙을 높게 일구는 것을 '伐'이라고 하는데 伐은 '일구다〔發〕는 뜻이다."라고 하였다. ≪詩經≫ 〈周頌 噫嘻〉의 "크게 너의 私田을 갈아서〔駿發爾私〕"에 대한 鄭玄 箋에 "發은 흙을 갈아 일구다〔伐〕의 뜻이다."라고 하였다. ≪國語≫ 〈周語 上〉의 "왕이 한 번 땅을 일구다.〔一墢〕"에 대한 韋昭 注에 "〈왕이〉 한 번 땅을 갈아엎는다는 것은 한 번 耦耕을 갈아 일군다는 뜻이다."라고 하였다. "〈쟁기를〉 당겨서 흙을 일구는 것이다.〔引之而發土〕"라는 것은 쟁기로 묵은 뿌리를 헤치면 흙이 쉽게 흩어져서 밭갈이를 할 때 흙이 쉽게 부서지는 것을 이른다.

"爲撥"이라고 할 때의 '撥'은 곧 〈考工記〉의 伐, ≪國語≫의 墢과 ≪說文≫ 土部의 坺,[469] 지금 韻書의 垡[470]이니 사실은 동일한 글자이다. 뿌리에 붙은 흙을 '坺'이라고

466) 氾勝之書 : 西漢 말기 農學者인 氾勝之의 저서이다. 氾勝은 山東 曹縣 사람으로 다년간의 농업 경험을 책으로 엮었다. 내용은 밭갈이, 씨앗담그기, 채종, 경지정리 등 농사에 필요한 일과 벼・기장・보리・피・콩・팥・모시・삼・오이・박・토란・뽕나무 등의 재배법으로 구분된다. 원본은 북송 초기에 없어졌다. 賈思勰의 ≪齊民要術≫에 많은 부분이 인용되어 있다.

467) 氾勝之書에……하였다 : ≪禮記≫ 〈月令〉의 "草木萌動"에 대한 鄭玄 注에 보인다. ≪禮記正義≫에는 '氾勝勝之書'가 '農書'로 되어 있으며, '春'자가 없다.

468) 鄭玄 注 : ≪周禮≫ 〈考工記 匠人〉의 "一耦의 갈아 일군 흙〔一耦之伐〕"에 대한 정현의 注이다.

469) 說文……坺 : 13편 하 土部에 "坺는 땅을 일구는 것이다. 한번 땅에 가래질하는 것을

하기 때문에 풀뿌리를 '茇'이라고 한 것이다. 引伸하여 ≪詩經≫과 ≪禮記≫에서 茇은 '풀집〔艸舍〕'의 뜻으로 쓰였다.[471)]

此申明艸根爲茇之義也. 氾勝之書曰, "春土長冒橛, 陳根可拔, 耕者急發." 考工記注曰, "く[472)]土[473)]曰伐, 伐之言發也." 詩 "駿發爾私"箋云 "發, 伐也." 周語"王耕一墢"注 "一墢, 一耦之發也." "引之而發土"者, 謂枱[474)]藉陳根, 土易解散, 其耕澤澤也. 爲撥之撥, 卽考工記之伐, 國語之墢, 說文土部之坺, 今韻書之垡, 實一字也. 其連根之土曰坺, 故艸根曰茇. 引伸爲詩禮艸舍之茇.

③ ≪爾雅≫ 〈釋艸〉에 보인다. 郭璞은 〈≪이아≫의〉 윗글과 연결시켜 "苕(능소화) 중에 흰 꽃이 피는 것이다."라고 여겼는데[475)] 허신은 널리 '풀'이라고 말하였다.

見釋艸. 郭連上文謂"苕之白華", 許泛言艸.

02-012-0497 (芃)〔풀 무성한 모양/봉〕

'풀이 무성한 모양'이다. 艸를 따르고 凡(범)이 소리이다. ≪詩經≫ 〈曹風 下泉〉에 "무성한 기장싹"이라고 하였다.

艸盛皃.① **从艸, 凡聲.**② **詩曰, "芃芃黍苗."**③

① '皃'자는 ≪古今韻會擧要≫ 上平 1東에 의거하여 보충하였다. ≪詩經≫ 〈鄘風 載馳〉에 "무성한 보리"라고 하였는데, 毛亨이 "무성하게 한창 자라는 것이다."라고 하였다.

皃字依韻會. 鄘風 "芃芃其麥", 毛曰, "芃芃然方盛長."

'坺;이라 한다.〔坺 坺土也 一臿土謂之坺〕"라고 하였다.

470) 지금……垡 : ≪集韻≫ 入聲 10月에 "垡墢은 땅을 개간하는 것이다. 發을 따르기도 하고 또 '坺'자로 쓰기도 한다. 伐와 坺은 통용하여 쓴다.〔垡墢 耕起土也 或從發 亦書作坺 通作伐坺〕"라고 하였다.

471) 詩經과……쓰였다 : ≪詩經≫ 〈召南 甘棠〉의 "召伯所茇"에 대한 鄭玄 箋에 "茇은 초가집이다.〔茇 草舍也〕"라고 하였고, ≪周禮≫ 〈夏官 大司馬〉의 "中夏에는 茇舍를 가르치고〔中夏茇舍〕"에 대한 鄭玄 注에 "茇舍는 초가집에 머무는 것이다.〔茇舍 草止之也〕"라고 하였다.

472) く : 甽의 古字이다.

473) 土 : ≪周禮注疏≫에는 上으로 되어 있다. 上을 土로 고친 것은 段玉裁의 ≪周禮漢讀考≫의 說을 참고한 것이다.

474) 枱 : 耜의 古字이다.

475) 郭璞은……여겼는데 : ≪爾雅≫ 〈釋艸〉에 "苕는 능소화이니 노란 꽃이 피는 것을 '蔈'라 하고 하얀꽃이 피는 것을 '茇'이라고 한다.〔苕 陵苕 黃華蔈 白華茇〕"이라고 하였는데, 郭璞 注에 "苕는 꽃의 색깔도 다르고 이름도 다르다.〔苕華色異 名亦不同〕"라고 하였다.

② 房과 戎의 반절이다. 古音은 제7部에 있었다. 衛彈碑[476]에 "무성한 黍稷"이라고 하였는데 隸變[477]하여 林을 따랐다. 葛洪의 ≪字苑≫에 처음으로 '梵'자가 실렸는데, "'깨끗하다.'이다. 凡과 泛의 반절이다."라고 하였다.

房戎切. 古音在七部. 衛彈碑"梵梵黍稷", 隸變從林, 而葛洪字苑始有梵字, "潔也. 凡泛切."

③ ≪詩經≫ 〈曹風 下泉〉의 毛亨 傳에 "아름다운 모양이다."라고 하였고,[478] ≪시경≫ 〈小雅 黍苗〉의 毛亨 傳에 "길고 큰 모양이다."라고 하였다.[479]

曹風傳曰, "美皃." 小雅傳曰, "長大皃."

02-012-0498 䔰(蒪)[480] 〔꽃과 잎이 펴질/**부**〕

'꽃과 잎이 펴지다'이다. 艸를 따르고 傅(부)가 소리이다.

華葉布也.① **从艸, 傅聲.**②

① 〈蒪는〉 尃(부)·敷(부)와 뜻이 통한다.[481] 艸를 따르기 때문에 '꽃과 잎이 펴진다.'라고 풀이한 것이다.

與尃敷字義通. 从艸故訓華葉布.

② 傅와 같이 읽는다. 方과 遇의 반절이다. 제5部에 있다.

讀若傅. 方遇切. 五部.

02-012-0499 䕆(蓻) 〔초목이 자라지 않을, 띠풀 뿌리/**집**〕 補

'초목이 자라지 않다'이다. 일설에는 '띠풀의 뿌리'라고 한다. 艸를 따르고 執(집)

476) 衛彈碑: ≪隸釋≫ 〈都鄕正衛彈碑〉에 보인다. 都鄕正衛彈碑는 後漢 靈帝 中平 2년(185)에 汝州에 세웠다.

477) 隸變: 漢字의 형태가 篆書에서 隸書로 바뀐 것을 이른다. 小篆 이전의 한자를 '古代漢字', 隸書 이후의 한자를 '現代漢字'라고 한다.

478) 詩經……하였고: ≪詩經≫ 〈曹風 下泉〉의 "내가 저 들판을 걸어가니 우북한 보리로다.〔我行其野 芃芃其麥〕"에 대한 毛亨 傳이다.

479) 詩經……하였다: ≪詩經≫ 〈小雅 黍苗〉의 "우북하게 자라는 기장 싹을 단비가 적셔 주네.〔芃芃黍苗 陰雨膏之〕"에 대한 毛亨 傳이다.

480) 蒪: 朱駿聲의 ≪說文通訓定聲≫에 "≪書經≫ 〈夏書 禹貢〉의 '크고 작은 대나무 이미 펴졌으니'라고 할 때의 敷자를 蒪자로 풀이해야 한다.〔禹貢 篠簜旣敷 以敷爲之〕"라고 하였다.

481) 尃(부)……통한다: 3篇 下 寸部에 "尃는 '펴다'이다.〔尃 布也〕"라고 하였고, 3篇 下 攴部에 "敷는 '펴다'이다.〔敷 㪋也〕"라고 하였다.

이 소리이다.

艸木不生也.① **一曰茅根.**② 从艸, 執聲.③

① 蓺은 '숨어 있다'는 뜻이니, 薄와 반대로 해설한 것이다. ≪玉篇≫ 艸部 第162에 "艸木이 나는 모양이다."라고 하였는데, 어느 것이 옳은지 모르겠다.
蓺之言蟄也, 與薄反對成文. 玉篇云 "艸木生皃," 未知孰是.

② 이것은 별도의 한 가지 뜻이다.
此別一義也.

③ 姊와 入의 반절이다. 제7部에 있다.
姊入切. 七部.

02-012-0500 (菦)〔풀이 많은 모양/은〕

'풀이 많은 모양'이다. 艸를 따르고 斤(은)이 소리이다. **江夏 平春縣**[482]에 菦亭이 있다.

艸多皃. 从艸, 斤聲.① **江夏平春,**② **有菦亭.**③

① 語와 斤의 반절이다. 제13部에 있다.
語斤切. 十三部.

② ≪後漢書≫ 〈郡國志 四〉에 보인다.
見郡國志.

③ "어떤 亭이 있다.", "어떤 縣이 있다."라고 말한 것은 모두 그 字形을 증명한 것이니, 반드시 縣의 이름이나 亭의 이름에서 字義를 취할 필요는 없다. 지금 ≪說文≫ 艸部 끝에 菰(고)의 표제자가 있는데, 풀이〔訓釋〕 14자(艸多皃 從艸 斤聲 江夏平春 有菦亭)가 전부 동일하다. 이것은 菦을 菰로 잘못 알고, 어떤 사람이 망령되게 部首의 끝에 첨부한 것이다.[483]
凡云有某亭有某縣者, 皆證其字形, 不必名縣名亭取字義也. 今說文艸部末有菰篆, 訓釋十四字全同, 此因菦誤爲菰, 或妄附之部末也.

---

482) 平春縣 : 東漢의 군현의 이름으로 江夏郡의 속현인데, 隋나라 開皇 3년(583)에 폐지되었다. 平春縣은 지금의 湖北省의 武昌縣과 大冶縣 지역이다.

483) 이것은……것이다 : 段玉裁는 ≪說文注≫에서 艸部 끝에 있던 '菰'자를 확실히 잘못된 글자로 판단하여 산삭하였다.

02-012-0501 茂(茂)〔초목 무성할/무〕

'초목이 무성한 모양'이다. 艸를 따르고 戊(무)가 소리이다.

艸木盛皃.① 艸从, 戊聲.②

① ≪古今韻會擧要≫ 去聲 26宥에 의거하여 바로잡았다. 茂는 引伸하여 楙勉(힘쓰다)의 楙(무)로 가차되었다.[484]
依韻會訂. 茂之引伸借爲楙勉字.

② 莫과 候의 반절이다. 古音은 제3部에 있다.
莫候切. 古音在三部.

02-012-0502 蕩(蕩)〔풀 무성할/창〕

'풀이 무성하다'이다. 艸를 따르고 暘(창)이 소리이다.

艸茂也.① 从艸, 暘聲.②

① ≪孟子≫ 〈滕文公 上〉과 ≪史記≫ 〈封禪書〉의 "초목이 무성하다.〔艸木暘茂〕"라고 할 때의 暘은 모두 暘으로 되어 있다. 민간에서는 또 '暢'으로 쓴다.
孟子・史記艸木暘茂字皆作暘. 俗又作暢.

② 醜와 亮의 반절이다. 제10部에 있다.
醜亮切. 十部.

02-012-0503 蔭(蔭)〔풀이 땅을 덮은 것/음〕

'풀이 땅을 덮은 것'이다. 艸・陰을 따랐다.

艸陰地.① 从艸・陰.②

① ≪春秋左氏傳≫ 文公 7년에 "만약 가지와 잎을 제거하면 밑둥과 뿌리를 덮어 가려줄 것〔蔭〕이 없다."라고 하였고, ≪國語≫ 〈楚語 下〉에 "玉器로 좋은 곡식을 덮어 가려줄 수〔庇蔭〕 있다."라고 하였으니, 引伸하여 대체로 '덮어 가리다'라는 뜻이 되었다. ≪爾雅≫ 〈釋言〉에 "庇와 庥이니 蔭(덮어 가리다)[485]이다."라고 하였고, ≪說文解字≫ 9篇

---

484) 茂는……가차되었다 : ≪爾雅≫ 〈釋詁 上〉에 "茂는 '힘쓰다'이다.〔茂 勉也〕"라고 하였다.

下에 广部에 "庇는 '덮어 가리다〔蔭〕'이다. 6篇 上 木部에 休는 '머물러 쉬다.〔止息〕'[486] 이다."라고 하였다.

左氏傳曰, "若去枝葉, 則本根無所庇蔭矣." 楚語 "玉足以庇蔭嘉穀." 引伸爲凡覆庇之義也. 釋言曰, "庇庥, 蔭也." 說文曰, "庇, 蔭也." "休, 止息也."

② ≪古今韻會擧要≫의 聲字가 없는 것을 따랐다. 이것은 會意이면서 形聲을 포함하는 것이다.[487] 於와 禁의 반절이다. 제7部에 있다. ≪詩經≫ 〈大雅 桑柔〉에 "陰을 蔭으로 하였다."라고 하였다.[488]

依韻會無聲字. 此以會意包形聲. 於禁切. 七部. 詩桑柔以陰爲蔭.

02-012-0504 𦼮(蓸)〔풀 모양, 섞일/추〕

'풀 모양'이다. 艸를 따르고 造(조)가 소리이다.

艸皃.[489] **从艸, 造聲.**①

① 初와 救의 반절이다. 제3部에 있다. 내(단옥재)가 살펴보건대 ≪春秋左氏傳≫ 昭公 11년에 "僖子가 그 女人 薳氏를 補助하는 簉(추)〔妾〕가 되게 하였다."에 대한 杜預 注에 "簉는 副倅〔妾〕이다."라고 하였다.[490] ≪經傳釋文≫ 〈春秋左傳音義〉에 "≪說文≫에는 '簉는 艸를 따랐다.'"라고 하였고, ≪五經文字≫ 艸部에 "蓸는 倅(쉬)이다."라고 하였는데, ≪춘추좌씨전≫에는 竹을 따랐다.

馬融의 〈長笛賦〉의 '簉弄'에 대한 李善 注를 살펴보니 "≪說文≫의 '簉・倅'라는 글자

485) 蔭(덮어 가리다) : 지금의 ≪爾雅≫ 〈釋言〉에는 '蔭'이 '廕'으로 되어 있다.

486) 止息 : ≪說文≫와 ≪說文注≫에 모두 '息止'로 되어 있고, 唐 寫本에는 '止息也'로 되어 있다.

487) 古今韻會擧要……것이다 : ≪六書正譌≫ 등에는 "蔭 从艸 陰聲"이라고 하여, '聲'이 있어 형성으로 설명하였다. ≪古今韻會擧要≫에는 "蔭 从艸陰"이라고 하여 '聲'이 없어 회의로 설명하였다. 따라서 '蔭'은 회의로도 형성으로도 설명되는 것이다.

488) 詩經……하였다 : "이미 가서 그대를 비호해 주려하였는데 도리어 나에게 와서 노여워하네.〔既之陰女 反予來赫〕"에 대한 鄭玄 箋에 "陰에 대하여 鄭衆은 音이 蔭라고 하였으니 '비호하다'의 뜻이다.〔陰 鄭音蔭 覆蔭也〕"라고 하였다.

489) 艸皃 : 朱駿聲의 ≪說文通訓定聲≫에 "생각건대 무더기로 섞인 모양이니, 뜻은 萃와 대략 같다.〔按 叢雜皃 誼與萃略同〕"라고 하였다.

490) 杜預……하였다 : 杜預 注에 "簉는 副倅(두 번째 첩)이다. 薳氏의 딸이 孟僖子의 副妾(두 번째 첩)이 되어 밖에 別居하고 있었으므로 맹희자가 泉丘의 女人들을 받아들여 薳氏를 補助하게 한 것이다.〔簉 副倅也 薳氏之女 爲僖子副妾 別居在外 故僖子納泉丘人女 令副助之〕"라고 하였다.

가 이와 같다."라고 하였고, 江淹 〈效顔延之 侍宴〉의 "회랑에 옥장식 모자를 쓴 이들이 섞여 있네.〔步櫚簉瓊弁〕"에 대한 注에서는 "≪설문≫의 '簉・雜'이라는 글자가 이와 같다."라고 하였다. 그렇다면 ≪春秋左氏傳≫과 ≪文選≫에서 竹을 따른 簉는 모두 艸를 따른 蓮의 訛字이다. ≪설문≫의 '艸皃' 아래에 본래 '一曰蓮雜也'라는 5자가 있었는데, 지금 사람은 '모이다〔集〕'이라고 말하고, 漢나라 사람은 대부분 '섞이다〔雜〕'라고 말하였다.

倅는 ≪周禮≫ 〈春官 車僕〉에 萃(췌)로도 되어 있고, ≪주례≫ 〈夏官 戎僕〉에 倅로도 되어 있으니, 또한 '모이다〔湊集〕'의 뜻이다. 徐鍇가 '蓮'자 注에 "풀이 서로 늘어서 있다.〔艸相次也〕"라고 하였으니 대개 이 뜻이라는 것을 알 수 있다.

初救切. 三部. 玉裁按 左氏傳 "僖子使助薳氏之簉." 杜注 "簉, 副倅也." 釋文曰, "說文簉从艸." 五經文字艸部曰, "蓮, 倅也." 春秋傳從竹. 考李善注長笛賦簉弄曰, "說文簉倅字如此." 注江淹詩"步櫚簉瓊弁"曰, "說文簉雜字如此." 然則左傳・文選從竹之簉, 皆从艸之蓮之訛. 而說文艸皃之下, 本有一曰蓮雜也五字, 今人言集, 漢人多言雜. 倅, 周禮作萃, 作倅, 亦湊集意也. 小徐注蓮字云 "艸相次也." 蓋識此意.

02-012-0505 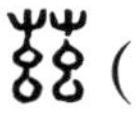(茲)〔초목 무성할/자〕補

'초목이 무성하다'이다. 艸를 따르고 絲의 생략형이 소리이다.

艸木多益.① **从艸, 絲省聲.**②

① ≪詩經≫ 〈小雅 常棣〉 "이에 길게 탄식한다.〔兄也永歎〕"에 대해 毛亨이 "兄은 '이에〔茲〕'이다."라고 하였다. 戴震 선생의 ≪毛鄭詩考正≫에 "茲는 지금 滋와 통용된다. ≪說文≫의 '茲'자의 해설에 '초목이 무성하다.'라고 하였고, '滋'자의 해설에 '더하다이다.'라고 하였고, 韋昭의 ≪國語≫ 〈晉語 一〉 注에 '兄은 더하다이다.'라고 하였으니, ≪시경≫의 뜻이 '형제가 서로 구제하며 부질없이 더욱 길게 탄식할 뿐이다.'와 같을 수 없음을 말한 것이다."라고 하였다.

살펴보건대 ≪시경≫ 〈大雅 召旻〉에 "이 때문에 이에 길게 늘이노라.〔職兄斯引〕"라고 하였는데, 毛亨 傳에서 또한 "兄은 '이에〔茲〕'라는 뜻이다."라고 하였다.

詩小雅 "兄也永歎." 毛曰, "兄, 茲也." 戴先生毛鄭詩考正曰, "茲今通用滋.' 說文茲字說云 '艸木多益.' 滋字說云 '益也.' 韋注國語云 '兄, 益也.' 詩之辭意, 言不能如兄弟相救, 空滋之長歎而已." 按大雅職兄斯引傳亦云 "兄, 茲也."

② 絲가 宋本에는 玆(현)으로 되어 있으니 잘못이다. 玆는 2개의 玄을 따르고 音은 玄이며,[491] 이 글자를 간혹 滋로 쓰기도 한다.[492] 茲는 絲의 생략형이 소리인 것을 따랐다.

≪古今韻會擧要≫ 〈上平 4支〉에는 𢆶聲으로 되어 있는데 𢆶는 絲의 古文이다. 慈·孳·鶿는 모두 兹가 소리인데[493] 子와 之의 반절이다. 제1部에 있다. 經典에 "兹는 '이〔此〕'의 뜻이다."라고 할 때의 兹가 唐 石經에는 모두 잘못되어 玆(현)으로 되어 있다.
絲宋本作玆, 非也. 玆從二玄, 音玄, 字或作滋. 兹從絲省聲. 韻會作𢆶聲, 𢆶者, 古文絲字. 慈·孳·鶿皆兹聲, 子之切. 一部. 經典 "兹, 此也." 唐石經皆誤作玆.

02-012-0506 𦿐(蔋)〔풀이 말라 죽을/적〕

'풀이 말라 죽다'이다. 艸를 따르고 俶(숙)이 소리이다. ≪詩經≫ 〈大雅 雲漢〉에 "山川에 풀이 말라 죽었다."라고 하였다.

艸旱盡也.① 从艸, 俶聲.② 詩曰, "蔋蔋山川"③

① 이것은 "초목이 많고 무성하다.〔艸木多益〕"와 반대로 해설하였다.
此與"艸木多益"反對成文.

② 徒와 曆의 반절이다. 古音은 제3部에 있다.
徒曆切. 古音在三部.

③ ≪詩經≫ 〈大雅 雲漢〉의 글이다. 지금 ≪시경≫에는 蔋이 滌(척)으로 되어 있다. 毛亨傳에 "滌滌은 가뭄이니 山에 나무가 없고 하천에 물이 없는 것이다."라고 하였다. 살펴보건대 ≪玉篇≫과 ≪廣韻≫에 모두 藡(적)으로 되어 있다.[494] 지금 蓧으로 되어야 할 듯하니, 초목이 씻은 듯이〔蕩滌〕 남은 것이 없는 것이다. 叔聲과 淑聲은 글자가 대부분

491) 玆는……玄이며 : ≪說文≫ 4편 下 玄部에 "'검다'이다. 2개의 玄을 따른다. ≪春秋左氏傳≫에 '무슨 까닭으로 나의 물을 흐리게 하는가?〔黑也 從二玄 春秋傳曰 何故使吾水玆〕'"라고 하였고, ≪春秋左氏傳≫ 哀公 8년에 "무슨 까닭으로 나의 물을 흐리게 하는가?〔何故使吾水滋〕"에 대한 ≪經典釋文≫ 〈春秋音義〉에 "玆의 音은 玄이다. 어느 본에는 또 兹로 되어 있다. 子와 絲의 반절로 뜻은 '濁也(흐리다)'이다. ≪字林≫에는 '黑也(검다)'라고 하였다.〔音玄 本亦作兹 子絲反 濁也 字林云 黑也〕"라고 하였다.

492) 이 글자를……한다 : "何故使吾水玆"의 '玆'가 ≪春秋左氏傳≫에는 '滋'로 되어 있다. 위 주석 참고.

493) 慈……소리인데 : 11편 上 水部에 "滋는 '더하다'이다. 水를 따르고 兹(자)는 소리이다.〔滋 益也 從水 兹聲〕", 14篇 下 子部에 "孳은 '汲汲하게 낳다.'이다. 子를 따르고 兹는 소리이다.〔孳 汲汲生也 從子 兹聲〕", 4篇 上 鳥部에 "鶿은 '가마우지'이다. 鳥를 따르고 兹(자)는 소리이다.〔鶿 鸕鶿也 從鳥 兹聲〕"라고 하였다.

494) 玉篇과……있다 : ≪玉篇≫ 艸部 162에 "滌滌은 '가뭄'이다.……어느 본에는 또 滌으로 되어 있다.〔滌滌 旱氣也……本亦作滌〕"라고 하였고, ≪廣韻≫ 入聲 23 錫에 "藡은 초목이 일찍 죽는 것이다.〔藡 草木早死也〕"라고 하였다.

徒와 厤의 반절로 전환되지 않는다. ≪시경≫의 "평탄하게 뚫린 길〔踧踧周道〕"이라고 할 때 '踧'자 또한 오자인 듯하다.

大雅文. 今詩作滌. 毛云"滌滌, 旱氣也, 山無木, 川無水." 按玉篇・廣韻皆作蔋. 今疑當作蓧, 艸木如蕩滌無有也. 叔聲涤聲字多不轉爲徒厤切. 詩"踧踧周道." 踧字, 亦疑誤.

02-012-0507 蔽(藃)〔풀 모양/효〕

'풀 모양'이다. 艸를 따르고 歊(효)가 소리이다. ≪周禮≫ 〈考工記 輪人〉에, "바퀴가 낡아도 바퀴를 감싼 가죽이 갑자기 펴지지 않는다."라고 하였다.

艸皃. **从艸, 歊聲.**① **周禮曰, "轂獘不藃."**②

① 許와 嬌의 반절이다. 제2部에 있다.
許嬌切. 二部.

② ≪周禮≫ 〈考工記 輪人〉의 글이다. '獘'는 오자이니 ≪說文≫에 의거하여 敝로 써야 한다. 鄭衆이 "藃는 秏(줄어들/모)가 되어야 한다."라고 하였다. 鄭康成은 "藃는 열을 가하고 햇볕을 쪼인다는 뜻이니, 안쪽이 무르면 나중에는 반드시 느슨해져서 흔들리고 수축되어 그 부분을 덮어 싼 가죽이 〈뒤틀리고 각이 져서〉 들고 일어나게 된다."라고 하였다.
살펴보건대 이것은 荀卿(순자)[495]과 漢人이 이른바 '槁暴(말리다)'이다. 橈減은 槁木이라고 할 때의 槁의 뜻이니, 가죽이 갑자기 일어나는 것과 서로 원인이 되어 이루어지는 것이니, 나무가 부족하면 가죽이 남게 되는 것이다.[496] ≪周禮≫ 〈考工記 㫋人(방인)〉의 鄭玄 注에 "暴者는 墳起(볼록하게 솟아 오름)이다."라고 하였는데,[497] 鄭衆은 '藃는 秏의 잘못이다'라고 하였고, 鄭玄은 藃는 槁의 가차자라고 하였으니 그 뜻은 통한다. 藃를 槁로 읽는다고 말하지 않은 것은 鄭衆이 〈藃를〉 秏로 쓴 것을 따랐으니, 또한 합당하다.

---

495) 荀卿(순자) : ≪荀子≫ 〈勸學〉에 "목재가 곧아서 먹줄의 직선에 들어맞더라도 휘어서 둥근 수레바퀴를 만들면 그 휘어진 곡선이 그림쇠로 그은 모양과 일치한다. 그런 뒤에는 비록 햇볕을 쪼이더라도 다시는 펴져서 곧아지지 않으니, 이는 처음에 휘어서 이미 그 모양으로 만들어졌기 때문이다.〔木直中繩 輮以爲輪 其曲中規 雖有槁㬥 不復挺者 輮使之然也〕"라고 하였다.

496) 나무가……것이다 : ≪周禮漢讀考≫ "幬必負幹"의 注에 "가죽과 바퀴가 서로 딱 맞아서 남거나 모자람이 없는 것이다.〔革轂相應 無贏不足〕"라고 하였다.

497) 周禮……하였는데 : ≪周禮≫ 〈考工記 㫋人〉의 "陶瓶의 일은 균형이 맞지 않거나 흠집이 있고 깨지거나 튀어나오면 시장에 들이지 않는다.〔凡陶瓶之事 髻墾薜暴 不入市〕"에 대한 鄭玄 注에 보인다.

許愼이 經傳을 인용할 때 本義에 증거가 되는 것은 "산천의 초목이 모두 말랐다.〔蔽蔽山川〕"같은 것이 이것이다. 假借가 증거가 되는 것은 "轂敝不蔽"와 같은 것인데, 풀의 모양과는 관련이 없다.

考工記文. 槊字誤, 當依本書作敝. 鄭衆云 "蔽, 當爲秏." 康成云 "蔽, 蔽暴, 陰柔後必橈減, 幬, 革暴起." 按此荀卿及漢人所謂槁暴也. 橈減爲槁木之槁, 與革之暴相因而致, 木歉則革盈. 旊人注云 "暴者墳起也." 先鄭謂蔽當是秏字之誤, 後鄭謂蔽爲槁之假借, 其義則通. 不言蔽讀爲槁者, 從先鄭作秏亦得也. 凡許君引經傳, 有證本義者, 如"蔽蔽山川"是. 有證假借者, 如轂敝不蔽, 非關艸皃也.

02-012-0508 (蔇)〔풀이 많은 모양/기〕

'풀이 많은 모양'이다. 艸를 따르고 旣(기)가 소리이다.

艸多皃.① **从艸, 旣聲**.②

① 禾部에 "穊는 '빽빽하다'의 뜻이다.〔稠也〕"라고 하였으니, 蔇와 穊는 音義가 같다.[498)]
(木)〔禾〕[499)]部 "穊, 稠也." 音義同.

② 居와 味의 반절이다. 제15部에 있다.
居味切. 十五部.

02-012-0509 (薋)〔풀 많은 모양/자〕補

'풀이 많은 모양'이다. 艸를 따르고 資(자)가 소리이다.

艸多皃.① **从艸, 資聲**.②

① ≪楚辭≫ 〈離騷〉에 "薋(납가새)·菉(조개풀)·葹(도꼬마리)로 방을 채운다."에 대한 王逸[500)] 注에 "薋는 蒺蔾이고, 菉은 王芻이고, 葹는 枲耳이다."라고 하였다. ≪詩經≫ 〈小雅 楚茨〉에 "무성한 납가새 밭〔楚楚者薋〕"이라고 하였으니,[501)] 세 가지는 모두 惡艸

---

498) 禾部에……같다 : 7편 상 禾部에 "穊는 빽빽하다.〔穊 稠也〕"라고 하였다.

499) (木)〔禾〕: 저본에는 '木'으로 되어 있으나, 7편 上 禾部에 의거하여 '禾'로 바로잡았다.

500) 王逸 : 89?~158. 後漢 때 저명한 문학가로 자는 叔師이며 南郡 宜城 사람이다. 〈楚辭章句〉 17권을 지었다. 〈초사장구〉는 현존하는 最古의 楚辭이다. 저서로 賦·誄·書·論 등 21편과 漢詩 123편이 있었는데, 지금은 대부분 사라지고 屈原을 애도하며 지은 〈九思〉만 남아 있다.

이다. 허신의 설에 의거하면 바로 '菉과 葹로 방에 가득 채운 것'을 이르니, 薋는 풀이름이 아니다. 禾部의 해설에서 "穦는 벼를 쌓아놓은 것이다."라고 하였는데 薋와 穦는 音義가 같다. 蒺蔾라는 의미의 글자는 ≪說文≫에는 '薺'로 되어 있는데,[502] 지금의 ≪시경≫에는 '茨'로 되어 있고, 叔師(王逸의 字)가 의거한 ≪시경≫에는 薋로 되어 있으니 모두 假借字일 뿐이다.

離騷曰, "薋菉葹以盈室." 王注 "薋, 蒺蔾也. 菉, 王芻也. 葹, 枲耳也." 詩 "楚楚者薋." 三者皆惡艸也. 據許君說, 正謂多積菉葹盈室. 薋非艸名. 禾部曰, "穦, 積禾也." 音義同. 蒺蔾之字說文作薺, 今詩作茨, 叔師所據詩作薋, 皆假借字耳.

② 疾과 玆의 반절이다. 古音은 제15部에 있다. ≪廣韻≫ 上平 6 脂에는 疾과 資의 반절로 되어 있다.

疾玆切. 古音在十五部. 廣韻疾資切.

02-012-0510  (蓁) 〔풀 무성한 모양/진〕 補

'풀이 무성한 모양'이다. 艸를 따르고 秦(진)이 소리이다.

艸盛皃.① **从艸, 秦聲.**②

① ≪詩經≫ 〈周南 桃夭〉의 毛亨 傳에 "蓁蓁은 매우 무성한 모양이다."라고 하였다.[503]

毛詩傳曰, "蓁蓁至盛皃."

② 側과 詵의 반절이다. 제12部에 있다.

側詵切. 十二部.

02-012-0511  (萷) 〔헝클어진 풀 모양/소〕

'헝클어진 풀 모양'이다. 艸를 따르고 肖(초)가 소리이다.

惡艸皃. **从艸, 肖聲.**①

① 所와 交의 반절이다. 제2部에 있다.

所交切. 二部.

---

501) 詩經……하였으니 : 지금 ≪詩經≫에는 "楚楚者茨"로 되어 있다.

502) 說文에는……있는데 : 1편 하에 "薺는 '蒺黎'이다.〔薺 蒺黎也〕"라고 하였다.

503) 毛亨……하였다 : ≪詩經≫ 〈周南 桃夭〉에 "其葉蓁蓁"에 대한 毛亨 傳이다.

02-012-0512  (芮) 〔풀이 부드럽고 가늘/예〕 補

'풀이 부드럽고 가늘다'이니, '풀이 자라나는 모양'이다. 艸를 따르고 內(내)가 소리이다. 汭(예)와 같이 읽는다.

芮芮,① **艸生**皃.② **从艸, 內聲, 讀若汭.**③

① 疊字이다.
疊字.

② 芮芮와 茙茙은 雙聲 관계이니, 부드럽고 가느다란 모양이다.
芮芮與茙茙雙聲, 柔細之狀.

③ 而와 銳의 반절이다. 제15部에 있다.
而銳切. 十五部.

02-012-0513  (茬) 〔풀 모양/치〕 補

'풀 모양'이다. 艸를 따르고 在(재)가 소리이다. 濟水 북쪽에 茬平縣(치평현)이 있다.

艸皃. **从艸, 在聲.**① **濟北有茬平縣.**②

① 仕와 甾의 반절이다. 제1部에 있다.
仕甾切. 一部.

② 茬는 민간에서 茌(치)로 쓴다. ≪漢書≫ 〈地理志〉의 "泰山郡 茬縣"에 대해 應劭가 "茬山은 동북쪽에 있다. 〈茬의〉 音은 淄(치)이다."라고 하였고, "東郡 茬平縣"에 대해 應劭가 "茬山의 平地에 있는 것이다."라고 하였고, 司馬彪의 ≪續漢書≫ 〈郡國志〉의 "茬平은 濟北國[504]에 속한다."에 대한 注[505]에 "본래는 東郡에 속했다."라고 하였다.
茬俗作茌. 地理志 "泰山郡茬縣", 應劭曰, "茬山在東北. 音淄." "東郡茬平縣," 應劭曰, "在茬山之平地者也." 司馬彪郡國志 "茬平屬濟北國." 注曰, "本屬東郡."

---

504) 濟北國 : 楚漢 및 漢나라 때 제후국으로 지금의 산동성 서북부에 있었다.

505) 司馬彪의……注 : 司馬彪의 ≪續漢書≫는 范曄의 ≪後漢書≫가 유명해지면서 점차 도태되어 八志만이 범엽의 ≪후한서≫에 편입되어 전하게 되었다. 팔지에 대한 주석은 梁의 劉昭가 補註 형태로 달았다.

02-012-0514  (薈) 〔풀이 많은 모양/회〕 補

'풀이 많은 모양'이다. 艸를 따르고 會(회)가 소리이다. ≪詩經≫ 〈曹風 侯人〉에 "풀이 많고 울창하구나."라고 하였다.

艸多皃.[①] **从艸, 會聲.**[②] **詩曰, "薈兮蔚兮."**[③]

① 引伸하여 일반적으로 '뭇 물건이 모인다'는 뜻으로 쓰인다.
引伸爲凡物會萃之義.

② 烏와 外의 반절이다. 제15部에 있다.
烏外切. 十五部.

③ ≪詩經≫ 〈曹風 侯人〉의 글이다. 毛亨이 "薈蔚은 '구름이 일어나는 모양'이다."라고 하였으니, '아침에 南山에서 구름이 피어오르는 것'이 마치 초목이 무성한 것과 같음을 말한 것이다.
曹風文. 毛曰, "薈蔚, 雲興皃. 謂南山朝隮, 如艸木蒙茸也."

02-012-0515  (蓩) 〔가는 풀이 무더기로 날/무〕

'가는 풀이 무더기로 나는 것'이다. 艸를 따르고 敄(무)가 소리이다.

細草叢生也.[①] **从艸, 敄聲.**[②]

① 蓩와 茂는 音義가 같다. ≪廣雅≫ 〈釋訓〉에 "務務는 '무성하다'는 뜻이다."라고 하였으니 務는 곧 蓩의 잘못된 글자이다.
蓩與茂音義同. 廣雅曰, "務務, 茂也." 務卽蓩之訛.

② 莫과 候의 반절이다. 古音은 제3部에 있다. 曹憲의 ≪廣雅音≫에는 亾과 老의 반절이라고 하였으니[506] 音이 전환된 것이다.
莫候切. 古音三部. 曹憲亾老反, 音之轉也.

02-012-0516  (芼) 〔풀 우거질/모〕

'풀이 땅을 덮으며 뻗는 것'이다. 艸를 따르고 毛(모)가 소리이다. ≪詩經≫ 〈周南

---

506) 曹憲의……하였으니 : 曹憲의 ≪廣雅音≫에는 亡豆·亡老 두 가지 반절이 있다.

關雎〉에 "좌우에서 풀이 우거져 땅을 덮어 뻗는다."라고 하였다.

艸覆蔓.① 从艸, 毛聲.② 詩經曰, "左右芼之."③

① 땅을 덮으며 길게 뻗는 것이다.
覆地曼莚.

② 莫과 抱의 반절이다. 제2部에 있다.
莫抱切. 二部.

③ ≪詩經≫ 〈周南 關雎〉의 글이다. ≪毛鄭詩考正≫[507]에 "芼는 고깃국에 채소를 삶은 것이다. 禮에 쓰이는 음식으로 羹·芼·菹·醢 4가지 음식이 있는데, 고깃국을 '羹'이라고 하고 고깃국에 삶은 채소를 넣은 국을 '芼'라고 하고, 고기로 만든 젓갈을 '醢'라고 하고 채소를 절인 것을 '菹'라 한다. 절이는 채소와 젓갈을 만드는 고기는 날것을 쓰는데, 이것이 醢人의 제기〔豆〕에 담는 것이다. 芼는 고깃국에 삶으며 羹과 함께 나란히 놓는데 국그릇〔鉶〕에 담는다.[508] ≪儀禮≫ 〈公食大夫禮〉에 '국그릇에 담는 채소로 소고기에는 콩잎, 양고기에는 씀바귀, 돼지고기에는 고비를 쓴다.'라고 하였고, ≪禮記≫ 〈昏義〉에 '희생은 물고기를 쓰고 국을 끓이는 데는 마름을 쓴다.'라고 하였고, ≪예기≫ 〈內則〉에 '꿩고깃국과 토끼고깃국에는 모두 나물을 넣는다.'라고 한 것이 이것이다. 孔沖遠(孔穎達)은 네 종류의 목기〔四豆〕에 담는 것 중에 荇이 빠졌다고 의심하였는데, 이것은 ≪詩經≫에서 芼는 절인 채소가 아니라고 분명하게 말한 것을 몰랐기 때문이다."라고 하였다.

내(단옥재)가 살펴보건대, 芼의 本義는 '풀이 땅을 덮고 뻗는 것'이기 때문에 艸·毛를 따른 會意字이다. 이로 인해 ≪爾雅≫ 〈釋言〉에서 "뽑는다.〔搴也〕"라고 하였고, 毛亨은 "선별한다.〔擇也〕"라고 하였으니,[509] 모두 毛亨의 설에 따라 해석한 것이다. 뽑고 선별하여 야채를 버무린다고 하면 뜻과 실제가 서로 완성되니, ≪詩經≫과 ≪의례≫의 뜻이 합치되지 않음이 없는 것이다.

周南文. 毛鄭詩考正曰, "芼, 菜之烹於肉湇者也. 禮羹芼菹醢凡四物, 肉謂之羹, 菜謂之芼, 肉謂之醢, 菜謂之菹. 菹醢生爲之, 是爲醢人豆實. 芼則湇烹之, 與羹相從, 實諸鉶. 儀禮'鉶芼, 牛藿·羊苦·豕薇.' '牲用魚, 芼之以蘋藻.' 內則'雉兔皆有芼'是也. 孔沖遠疑四豆之

507) 毛鄭詩考正 : 이 책은 戴震의 저서인데 단옥재가 내용을 고쳐서 인용하였다. 毛亨 傳과 鄭玄 箋을 위주로 하였으나 전적으로 따르지는 않았다. 자신의 생각으로 고증하기도 하고, 모전과 정전을 함께 인용하기도 하고, 一家의 설을 취하기도 하고, 經文만 인용하여 고증하기도 하는 등 古訓과 古義를 근거로 하였다.

508) 芼는……담는다 : ≪儀禮≫ 〈公食大夫禮〉의 "宰夫가 鉶을 설치하였다.〔宰夫設鉶〕"의 鄭玄 注에 "鉶은 육즙에 채소를 섞은 국을 담는 그릇이다.〔鉶 菜和羹之器〕"라고 하였다.

509) 毛亨은……하였으니 : ≪詩經≫ 〈周南 關雎〉의 "들죽날쭉한 마름나물을 좌우에서 캐도다.〔參差荇菜 左右芼之〕"에 대한 毛亨 傳에 보인다.

實無荇, 不知詩明言芼, 非莕也."

玉裁按 芼字本義是艸覆蔓, 故从艸毛會意. 因之爾雅曰"搴也", 毛公曰"擇也", 皆於從毛得解. 搴之而擇之, 而以爲菜釀, 義實相成, 詩禮本無不合.

02-012-0517  (蒼) 〔푸를/창〕 補

'풀의 색'이다. 艸를 따르고 倉(창)이 소리이다.

艸色也. ① **从艸, 倉聲.** ②

① 인신하여 일반적으로 青黑色의 명칭으로 쓰인다.
引伸爲凡青黑色之偁.

② 七과 岡의 반절이다. 제10部에 있다.
七岡切. 十部.

02-012-0518  (葻) 〔풀이 바람을 맞은 모양/람〕

'풀이 바람을 맞은 모양'이다. 艸·風을 따르고 風(풍)이 또한 소리이다. 婪(람)과 같이 읽는다.

艸得風皃. **从艸·風, 風亦聲, 讀若**婪. ①

① 盧와 含의 반절이다. 古音은 제7部에 있다.
盧含切. 古音在七部.

02-012-0519  (萃) 〔풀 모양/췌〕 補

'풀의 모양'이다. 艸를 따르고 卒(졸)이 소리이다. 瘁(췌)와 같이 읽는다.

艸皃. ① **从艸, 卒聲, 讀若**瘁. ②

① ≪周易≫ 萃卦 〈彖傳〉에 "萃는 '모이다'이다."라고 하였는데, 이것은 引伸된 뜻이다.
易彖傳曰, "萃, 聚也", 此引伸之義.

② 秦과 醉의 반절이다. 제15部에 있다. 살펴보건대 徐鍇本에는 '萃'자가 없다.
秦醉切. 十五部. 按鍇本無萃.

02-012-0520 (蒔)〔다시 따로 심을/시〕 補

'다시 따로 심다'이다. 艸를 따르고 時(시)가 소리이다.

更別種.[①] **从艸, 時聲.**[②]

① ≪方言≫에 "蒔는 '심다〔立〕'이고 蒔는 '다시〔更〕'이다."라고 하였다. ≪書經≫ 〈堯典〉[510]의 "백곡을 파종한다.〔播時百穀〕"의 '時'에 대해 鄭玄은 時를 '蒔'라고 읽었다. 지금의 江蘇 사람들은 농지에 모내기 하는 것을 '蒔秧'이라고 한다.
方言曰, "蒔, 立也. 蒔, 更也." 堯典 "播時百穀." 鄭讀時爲蒔. 今江蘇人移秧插田中曰蒔秧.

② 時와 吏의 반절이다. 제1部에 있다.
時吏切. 一部.

02-012-0521 (苗)〔풀이 밭에서 자랄/묘〕 補

'풀이 밭에서 자라는 것'이다. 艸·田을 따랐다.

艸生於田者. 从艸·田.[①]

① 武와 鑣의 반절이다. 제2部에 있다. 살펴보건대 苗의 故訓은 禾이니, 禾는 지금의 '좁쌀〔小米〕'이다.[511] ≪詩經≫ 〈大雅 生民〉에 "아름다운 곡식을 백성에게 내려 주니, 찰기장과 검은 기장이며, 붉은 차조와 흰 차조로다."라고 하였고, ≪爾雅≫와 毛亨 傳과 ≪說文≫에 모두 "虋(문)은 '붉은 차조〔赤苗〕'이고, 芑는 '흰 차조〔白苗〕'이다."라고 하였고, ≪詩經≫ 〈魏風 碩鼠〉에 "내 苗를 먹지 마라."에 대해 모형이 "苗는 좋은 곡식이다."라고 하였다. 이는 본래 ≪시경≫ 〈대아 생민〉의 詩로 첫 장에서는 '기장〔黍〕'을 말하고, 2장에서는 '보리〔麥〕'를 말하고, 3장에서는 '벼〔禾〕'를 말하였다.

≪春秋左氏傳≫ 경문의 莊公 7년에 "가을에 큰 홍수가 나서 보리와 벼〔麥苗〕가 없다."라고 하였고, 莊公 28년에 "겨울에 보리와 벼〔麥苗〕가 모두 흉작이었다."라고 하였는데, 麥苗가 바로 '麥禾'이다. 가을에는 '苗'라고 하고 겨울에는 '禾'라고 한 것이다. 何休가 "苗는 '禾'이니, 싹이 난 것을 '苗'라고 하고 이삭이 팬 것을 '禾'라고 한다."라고 하였다.

---

510) 堯典 : 지금 ≪書經≫에는 〈舜典〉에 실려 있다.

511) 禾는……좁쌀〔小米〕이다 : 7편 상 禾部에 "지금 세속에 '좁쌀'이라고 하는 것이 이것이다.〔今俗云小米是也〕"라고 하였다.

≪倉頡篇≫에 "苗는 벼가 이삭이 패지 않은 것이다."라고 하였다. ≪孟子≫ 〈盡心下〉에 孔子가 "가라지를 미워하는 것은 벼의 싹과 혼동되기 때문이다."라고 하였고, 魏文侯가 "幽莠(유유)는 禾와 비슷하다."라고 하였으니[512] 禾와 苗가 같은 식물인 것이 분명하다. 苗는 본래 벼가 패기 전의 이름인데 이로 인해서 모든 초목이 처음 자라는 것의 이름이 되었다.

≪詩經≫에서 稷之苗(기장의 싹)·稷之穗(기장의 이삭)·稷之實(기장의 열매)라고 말한 것이 이것이다. ≪說文≫에서 표제자를 배열할 때 마땅히 '苗'자를 虋의 앞에 두고 '禾이니, 좋은 곡식이다.'라고 하였다면 虋을 '붉은 차조〔赤苗〕'라고 하고, 籒文의 芑를 '흰 차조〔白苗〕'라고 하는 것이 말에 순서가 있을 것이다. "풀이 밭에서 자라다.〔艸生於田〕"라고 한 것은 자형을 견강부회하여 설명한 것이다.

○ 옛날에는 간혹 苗를 茅의 뜻으로 가차하였으니, 예컨대 ≪儀禮≫ 〈士相見禮〉의 鄭玄 注에 "古文에 艸茅는 '艸苗'로 되어 있다."[513]와 楊衒之[514]의 〈洛陽伽藍記〉[515]에 이른바 "魏나라 때 苗茨의 碑에서 苗茨가 사실은 茅茨이니 요임금과 순임금이 띠집의 띠 끝을 가지런히 자르지 않은 뜻을 취한 것이다."라고 한 것과 같다.

武鑣切. 二部. 按苗之故訓禾也, 禾者, 今之小米. 詩 "誕降嘉穀, 維秬維秠, 維虋[516]維芑." 爾雅·毛傳·說文皆曰, "虋, 赤苗, 芑, 白苗." 魏風"無食我苗." 毛曰, "苗, 嘉穀也." 此本生民詩, 首章言黍, 二章言麥, 三章則言禾. 春秋經莊七年 "秋大水, 無麥苗." 卄八年 "冬, 大無麥禾." 麥苗卽麥禾. 秋言苗, 冬言禾. 何休曰, "苗者, 禾也, 生曰苗, 秀曰禾." 倉頡篇曰, "苗者, 禾之未秀者也." 孔子曰, "惡莠, 恐其亂苗." 魏文侯曰, "幽莠似禾." 明禾與苗同物. 苗本禾未秀之名, 因以爲凡艸木初生之名. 詩言稷之苗·稷之穗·稷之實, 是也. 說文立文當以苗字次虋之前, 云禾也, 嘉穀也, 則虋爲赤苗, 籒文芑爲白苗, 言之有序. "艸生於田," 皮傅字形爲說而已. ○ 古或假苗爲茅, 如士相見禮 "古文艸茅作艸苗." 洛陽伽藍記所云 "魏時苗茨之碑, 實卽茅茨, 取堯舜茅茨不翦也."

---

512) 魏 文侯가……하였으니 : ≪戰國策≫ 〈魏策 一〉에 보인다.

513) 古文에……있다 : ≪儀禮≫ 〈士相見禮〉의 "〈초야에 묻혀〉 벼슬하지 않는 신하〔草茅之臣〕"에 대한 鄭玄 注에 "古文에 茅는 '苗'로 되어 있다.〔古文茅作苗〕"라고 한 내용을 인용하면서 艸자를 추가한 것이다.

514) 楊衒之 : ?~555? ≪史通≫에는 姓이 羊으로 되어 있다. 자는 不祥으로 北平 사람이다.

515) 洛陽伽藍記 : 楊衒之가 지은 책이다. 洛陽의 아름다운 사찰이 永熙之亂으로 폐허가 되자 양현지가 예전에 들은 것과 考績을 살펴서 〈洛陽伽藍記〉를 지었는데 모두 5권이다. 편찬 시기는 ≪隋書≫, ≪舊唐書≫, ≪新唐書≫를 참고할 때 魏나라 孝靜帝 武定 말기인 548년 전후로 추정된다.

516) 虋 : ≪詩經≫에는 虋이 '穈'로 되어 있다.

02-012-0522 苛 (苛) 〔작은 풀/가〕 補

'작은 풀'이다. 艸를 따르고 可(가)가 소리이다.

小艸也.① **艸从, 可聲.**②

① 引伸하여 대체로 자잘한 것의 명칭으로 쓴다.
引伸爲凡瑣碎之稱.

② 乎와 哥의 반절이다. 제17部에 있다.
乎哥切. 十七部.

02-012-0523 蕪 (蕪)[517] 〔거칠/무〕 補

'거칠다'이다. 艸를 따르고 無(무)가 소리이다.

薉也. 从艸, 無聲.①

① 武와 扶의 반절이다. 제5部에 있다.
武扶切. 五部.

02-012-0524 薉 (薉) 〔거칠/예〕

'거칠다'이다. 艸를 따르고 歲(세)가 소리이다.

蕪也. 从艸, 歲聲.①

① 於와 廢의 반절이다. 제15部에 있다. 지금은 穢로 쓴다.
於廢切. 十五部. 今作穢.

02-012-0525 荒 (荒) 〔거칠/황〕 補

'거칠다'이다. 艸를 따르고 巟(황)이 소리이다. 일설에는 '풀이 땅을 덮는 것'이라

517) 蕪 : 徐灝의 ≪段注箋≫에 "無와 蕪는 본래 같은 글자이다. 無자가 가차되어 語辭(虛辭)로 사용되었기 때문에, 다시 艸를 추가하여 蕪로 만들었을 뿐이다.〔無蕪蓋本一字 因無借爲語辭 又增艸作蕪耳〕"라고 하였다.

고도 한다.

蕪也.① **从艸, 巟聲.**② **一曰, "艸掩地也."**③

① 荒이라는 말은 '尨(크다)'의 뜻이므로 '蕪薉'라고 한다.
　① 荒之言尨也, 故爲蕪薉.

② 呼과 光의 반절이다. 제10部에 있다.
　呼光切. 十部.

③ ≪詩經≫ 〈周南 喬木〉과 ≪詩經≫ 〈魯頌 閟宮〉의 毛亨 傳과 鄭玄 箋에 모두 "荒은 '가리다'이다."라고 하였으니,[518] 이것은 '풀이 땅을 가린다'에서 인신된 뜻이다. 어떤 본에는 掩(엄)이 俺(암)으로 되어 있다.[519]
　周南·魯頌毛鄭皆曰, "荒, 奄也." 此艸掩地引伸之義也. 一本掩作俺.

02-012-0526 (䓴)〔풀이 어지러울/쟁〕

'䓴薴(풀이 어지럽다/쟁영)'이니 '풀이 어지러운 것'이다. 艸를 따르고 爭(쟁)이 소리이다. 杜林의 설에는 "䓴薴은 풀의 모양이다."라고 하였다.

䓴薴,① **艸亂也. 从艸, 爭聲.**② **杜林說** "䓴薴, **艸**皃."③

① 逗(句讀)이다.
　逗.

② 側과 莖의 반절이다. 제11部에 있다.
　側莖切. 十一部.

③ 䓴과 薴은 첩운이다. 이것은 ≪蒼頡訓纂≫과 ≪蒼頡故≫에서 나온 듯하다.
　䓴薴疊韻. 此葢出蒼頡訓纂·蒼頡故.

02-012-0527 (薴)〔풀이 어지러운 모양/녕〕

---

518) 毛亨의……하였으니 : ≪詩經≫ 〈周南 喬木〉의 "칡덩굴이 덮혀 있도다.〔葛藟荒之〕"의 毛亨 傳과 ≪詩經≫ 〈魯頌 閟宮〉의 "마침내 동쪽 끝까지 뻗었다.〔遂荒大東〕"의 鄭玄 箋에 보인다.

519) 어떤……있다 : 大徐本의 宋本, 初印의 毛本, 祁刻의 小徐本에 '淹'으로 되어 있는 것을 참고할 때 臺本의 '俺'은 '淹'의 오기로 보인다.

'풀이 어지러운 모양'이다. 艸를 따르고 寧(녕)이 소리이다.

䔰薴也. 从艸, 寧聲.①

① 女와 庚의 반절이다. 제11部에 있다. 이것은 두 글자의 篆書와 해설이 옛날에는 잘못 되었는데,[520] 지금 ≪說文≫의 通例에 의거하여 바로잡았다.
女庚切. 十一部. 此二篆及解舊訛舛, 今依全書通例正.

02-012-0528 (落) 〔나뭇잎 질/락〕 [補]

일반적으로 풀잎이 지는 것을 '零'이라 하고, 나뭇잎이 지는 것을 '落'이라 한다. 艸를 따르고 洛(락)이 소리이다.

凡艸曰零, 木曰落.① **从艸, 洛聲.**②

① 零은 ≪經典釋文≫ 〈爾雅音義〉에 苓으로 되어 있다. 落은 '울타리〔籬落〕'・'휘감다〔纆絡〕'라고 하니, 6편 상 木部에서 "杝〔울타리/리〕는 落이다."라고 한 것과 13편 상 糸部에서 "繯〔얽어 맬/현〕은 落이다."라고 한 것이 이것이다.
零, 爾雅音義作苓, 落亦爲籬落・纆絡字, 木部杝落也, 糸部繯落也, 是也.

② 盧와 各의 반절이다. 제5部에 있다.
盧各切. 五部.

02-012-0529 (蔽) 〔작은 풀/폐〕 [補]

'蔽蔽(폐폐)'이니 '작은 풀'이다. 艸를 따르고 敝(폐)가 소리이다.

蔽蔽,① **小艸也.**② **从艸, 敝聲.**③

① 疊字이다.
疊字.

---

520) 이것은……잘못되었는데 : 徐鉉의 大徐本에는 "薴 艸亂也 从艸 寍聲 杜林說 艸䔰薴皃"라고 하고, 그 뒤에 "䔰 䔰薴皃 從艸 爭聲"이라고 하여, 표제자 배열 순서가 '薴, 䔰'으로 다르고, 두 글자에 모두 '䔰薴皃'라는 주석이 있다. 段玉裁는 '䔰薴'이 선후 순차로 연용되고 '薴䔰'으로 연용되는 것이 아니므로 이에 맞추어 '䔰'을 앞에, '薴'을 뒤에 배열하고, 두 글자의 의미도 동일하게 '䔰薴'이라고 한 것이다.

② '也'는 '皃'가 되어야 한다. ≪詩經≫ 〈召南 甘棠〉의 "작은 감당나무〔蔽芾甘棠〕"에 대해 毛亨이 "蔽芾는 '작은 모양'이다."라고 하였으니, 이것은 작은 풀의 모양을 引伸한 것이다. 살펴보건대 ≪爾雅≫ 〈釋言〉에 "芾는 '작다'이다."라고 하였고, ≪詩經≫ 〈大雅 卷阿〉의 毛亨 傳에 "茀은 '작다'이다."라고 하였으니[521] 芾과 茀(불)은 同字이다. ≪說文≫에는 '茀'자는 있고[522] '芾'자는 없다. ≪詩經≫ 〈召南 甘棠〉에는 본래 茀로 되어 있으니 어떤 본에 市(불)로 되어 있었는지는 알 수 없다. 蔽와 芾(패)는 疊韻 관계이니 滭泼(필불)・滭沸(필불)과 같은 것이다.
也當作皃. 召南"蔽芾甘棠." 毛云"蔽芾, 小皃." 此小艸皃之引伸也. 按爾雅釋言"芾, 小也." 卷阿毛傳云"茀, 小也." 芾茀同字. 說文有茀無芾. 甘棠本作茀, 或本作市, 不可知. 蔽芾疊韻, 猶滭泼・滭沸.

③ 必과 袂의 반절이다. 제15부에 있다. 沈重[523]은 音이 必이라고 하였다.
必袂切. 十五部. 沈重音必.

02-012-0530 蘀(蘀)〔낙엽질/택〕

초목의 모든 껍질과 잎이 땅에 떨어지는 것을 '蘀'이라 한다. 艸를 따르고 擇(택)이 소리이다. ≪詩經≫ 〈豳風 七月〉에 "10월에 잎이 진다."라고 하였다.

艸木凡皮葉落陊地爲蘀.① 从艸, 擇聲.② 詩曰, "十月殞蘀."③

① 陊는 '떨어지다'이다. 徐鍇本에는 墮(타)로 되어 있다.
陊, 落也. 鍇本作墮.

② 他와 各의 반절이다. 제5부에 있다.
他各切. 五部.

③ ≪詩經≫ 〈豳風 七月〉의 글이다. 毛亨은 "蘀은 '떨어지다'이다."라고 하였다. 殞은 徐鉉本에 隕으로 되어 있다.
豳風文. 毛曰, "蘀, 落也." 殞, 鉉作隕.

---

521) 詩經……하였으니 : ≪詩經≫ 〈大雅 卷阿〉의 "복록이 너를 편안하게 할 것이다.〔茀祿爾康矣〕"에 대한 毛亨 傳에 보인다.

522) 說文에는……있고 : 1편 하 艸部에 "茀은 길게 풀이 많아 다닐 수 없는 것이다.〔茀 道多艸不可行〕"라고 하였다.

523) 沈重 : 500~583. 梁나라 때 학자이다.

02-012-0531 (薀)〔쌓을/온〕

'쌓다'이다. 艸를 따르고 溫(온)이 소리이다. ≪春秋左氏傳≫ 昭公 10년에 "이익을 쌓는 것은 재앙을 만든다."라고 하였다.

積也.① **从艸, 溫聲.**② **春秋傳曰, "薀利生孽."**③

① ≪春秋左氏傳≫ 隱公 6년에 "잡초를 베어 쌓다.〔芟夷薀崇〕"에 대한 杜預 注에 "薀은 '쌓다'는 뜻이다."라고 하였다. 또 〈隱公 3년의〉 "蘋(빈)·蘩(번)·薀藻(온조) 같은 채소〔蘋蘩薀藻之菜〕"에 대한 杜預 注에 "薀藻는 聚藻(붕어마름)이다."라고 하였다. ≪詩經≫ 〈小雅 都人士〉와 ≪禮記≫ 〈禮運〉에는 菀(완)을 苑(원)으로 가차하여 〈薀의〉 뜻으로 썼다.
左傳 "芟夷薀崇." 杜注 "薀, 積也." 又蘋蘩薀藻之菜注 "薀藻, 聚藻也." 小雅都人士·禮記禮運, 借菀苑字爲之.

② 於와 粉의 반절이다. 제13部에 있다. 세속에서는 蘊으로 쓴다.
於粉切. 十三部. 俗作蘊.

③ ≪春秋左氏傳≫ 昭公 10년의 글이다.
左傳昭十年文.

02-012-0532 (蔫)〔시들/언〕

'시들다'이다. 艸를 따르고 焉(언)이 소리이다.

菸也.① **从艸, 焉聲.**②

① 신선하지 않은 것이다.[524)]
不鮮也.

② 於와 乾의 반절이다. 제14部에 있다.
於乾切. 十四部.

02-012-0533 (菸)〔향기나는 풀, 시들/어〕

'향기나는 풀'이다. 艸를 따르고 於(어)가 소리이다. 일설에는 '시들다'의 뜻이라고

524) 신선하지……것이다 : 朱駿聲의 ≪說文通訓定聲≫에 "지금 蘇州 속언에 물건이 신선하지 않은 것을 '蔫'이라고 한다.〔今蘇俗謂物之不鮮新者曰蔫〕"라고 하였다.

도 한다.

鬱也.① 从艸, 於聲.② 一曰殘也.③

① 鬱(울)은 各本에 鬱로 되어 있으니 잘못이다. 菸·菸·鬱 3자는 雙聲이다. 鬱은 釀鬱(술을 빚는데 쓰는 향기나는 풀)의 鬱과 같다. ≪詩經≫ 〈王風 中谷有蓷〉에 "골짜기에 익모초가 있으니 가뭄에 바짝 말랐도다.〔中谷有蓷, 暵其乾矣〕"에 대해 毛亨이 "暵(한)은 마른 모양〔菸皃〕이다."라고 하였으니, 뭍의 풀이 골짜기에서 자라서 물에 해를 입은 것이다.

내(단옥재)가 살펴보건대 暵은 곧 蔫의 가차자이다. 그러므로 ≪詩經≫ 〈王風 中谷有蓷〉에 이미 "가뭄에 바짝 말랐도다〔暵其乾〕"라고 말하고 또 "습지에 있는 것도 말랐도다.〔暵其溼〕"라고 한 것이니, 乾과 溼은 그 뜻이 서로 충족시킨다.[525]

鬱各本作鬱, 誤. 蔫菸鬱三字雙聲. 鬱者如釀鬱也. 王風"中谷有蓷, 暵其乾矣." 毛曰. 暵·菸皃, 陸艸生於谷中, 傷於水. 玉裁按, 暵卽蔫字之假借. 故旣云"暵其乾," 又云"暵其溼", 乾溼文互相足.

② 央과 居의 반절이다. 제5部에 있다.
央居切. 五部.

③ 殘는 '시들다'이다. 菸와 殘는 雙聲 관계이다. ≪楚辭≫ 〈九辯〉에 "잎이 말라서 색이 없어지다.〔葉菸邑而無色〕"라고 하였다. 살펴보건대 鬱(울)과 殘(위)는 두 가지 뜻이 서로 충족된다.
殘, 病也. 菸殘雙聲. 九辯曰. 葉菸邑而無色. 按鬱殘二義互相足.

02-012-0534 𦽏(縈)[526] 〔풀이 엉킬/영〕

'풀이 엉켜 있는 모양'이다. 艸를 따르고 縈(영)이 소리이다. ≪詩經≫ 〈周南 樛木〉에 "〈남산의 나뭇가지〉 葛藟에 뒤얽혀 있네."라고 하였다.

艸旋皃也.① 从艸, 縈聲.② 詩曰, "葛藟縈之."③

① 縈은 縈과 音義가 같다.[527]

525) 乾과……충족시킨다. : 이것은 互文 관계로 보충함을 설명한 것이다. 각 章에서 동일한 글자를 중복하지 않고 1장에서는 "乾(가뭄)", 3장에서는 "濕(습지)"이라고 바꾸어서 暵의 의미 설명을 乾과 溼의 반대 경우로 설정하여 충족시킨 것을 말한다.

526) 縈 : 王筠의 ≪說文句讀≫에 "縈은 얽힌 것이다.〔縈 謂糾繚之也〕"라고 하였다.

527) 縈과……같다 : 13편 상 糸部에 "縈은 '뒤얽히다'이다. 糸를 따르고 熒의 생략형이 소리이다.〔縈 收卷也 從糸 熒省聲〕"라고 하였다. "从糸 熒省聲"에 대한 段玉裁 注에 "於營切"이라고 하였다.

䕋與縈音義同.

② 於와 營의 반절이다. 제11部에 있다.

於營切. 十一部.

③ ≪詩經≫ 〈周南 樛木〉의 글이다. 毛亨은 "'얽히다'이다.〔旋也〕"라고 하였는데, 지금의 ≪詩經≫에는 縈으로 되어 있다. 陸德明은 '帶'으로 썼다.

周南文. 毛曰, "旋也." 今詩作縈. 陸德明作帶.

02-012-0535 (蔡)〔풀 흐트러질/**채**〕補

'풀이 흐트러지다'이다. 艸를 따르고 祭(제)가 소리이다.

艸丯也.① **从艸, 祭聲.**②

① 丯(개)는 介와 같이 읽는다. '丯'자는 본래 없었는데 지금 보충하였다. 4편에서 "丯는 풀이 흐트러진 것이다.〔丯 艸蔡也〕"라고 하였고, 여기에서는 "蔡는 풀이 흐트러진 것이다.〔蔡 艸丯也〕"라고 하였는데, 이것은 轉注가 되며, 풀이 자라면서 흐트러진 것이다. 丯와 蔡는 疊韻이니 葶·藶과 같다. 여기에 '丯'자가 없었던 것은 蔡가 풀이름이기 때문에 여기에 배열하지 않은 것이다.

丯讀若介. 丯字本無, 今補. 四篇曰, "丯, 艸蔡也." 此曰, "蔡, 艸丯也." 是爲轉注, 艸生之散亂也. 丯蔡疊韻, 猶葶藶. 此無丯字, 則蔡當爲艸名, 不廁此處矣.

② 蒼과 大의 반절이다. 제15部에 있다.

蒼大切. 十五部.

02-012-0536 (茷)528)〔풀잎 많을/**벌**〕補

'풀잎이 많다'이다. 艸를 따르고 伐(벌)이 소리이다. ≪春秋左氏傳≫ 成公 11년에 이르기를 "晉의 糴茷(적벌)이다."라고 하였다.529)

艸葉多.① **从艸, 伐聲.**② **春秋傳曰, "晉糴茷."**③

---

528) 茷 : 朱駿聲의 ≪說文通訓定聲≫에 "茷은 가차되어 '깃발〔旆〕'이 되었다.〔茷 叚借爲旆〕"라고 하였다.

529) 春秋左氏傳에……하였다 : ≪春秋左氏傳≫ 成公 11년 秋에 "華元은 楚人이 이미 晉나라 糴茷의 화의를 허락하고서 糴茷에게 돌아가서 復命하게 했다는 소식을 들었다.〔聞楚人旣許晉糴茷成 而使歸復命矣〕"라고 한 내용에서 보인다.

① ≪詩經≫ 〈小雅 六月〉에 "하얀 깃발이 선명하다.〔白旆央央〕"에서 旆(패)가 어떤 本에는 또 茷로 되어 있다. ≪시경≫ 〈魯頌 泮水〉의 "그 깃발이 매우 많다.〔其旗茷茷〕"는 곧 ≪시경≫ 〈小雅 出車〉의 "깃발이 나풀거리는 것〔旟旐旆旆〕"이며, ≪시경≫ 〈小雅 采菽〉의 "그 깃발이 펄럭인다.〔其旗淠淠〕"이다. 그렇다면 ≪시경≫ 〈小雅 小弁〉의 "萑葦淠淠"는 또한 "萑葦茷茷"이라고 해야 한다. 본래는 '풀잎이 많다'는 뜻이었는데 引伸하여 '깃발'을 상징하게 된 것이다.
詩 "白旆央央." 本又作茷. 泮水之"其旗茷茷"卽出車之"旟旐旆旆", 采菽之"其旗淠淠"也. 然則小弁萑葦淠淠, 亦當云萑葦茷茷, 本言艸葉之多, 而引伸之狀旌旗也.

② 符와 發의 반절이다. 제15部에 있다.
符發切. 十五部.

③ ≪春秋左氏傳≫ 成公 11년에 보인다.
見成十〔一〕[530]年左氏傳.

02-012-0537  (菜) 〔나물/채〕 補

'풀 중에 먹을 수 있는 것'이다. 艸를 따르고 采(채)가 소리이다.

艸之可食者.① **从艸, 采聲.**②

① '菜'자는 芑와 葵 등의 글자 앞에 있어야 한다.
菜字當冠於芑葵等字之上.

② 이것은 形聲이라고 하였지만 會意를 포함하고 있는 것이다. 옛날에는 대부분 采가 菜의 의미로 사용되었다.[531] 蒼과 代의 반절이다. 제1部에 있다.
此擧形聲包會意. 古多以采爲菜. 蒼代切. 一部.

02-012-0538 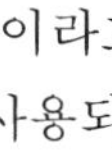 (荋) 〔풀잎이 많은 모양/이〕 補

'풀잎이 많은 모양'이다. 艸를 따르고 而(이)가 소리이다. 沛郡의 城父縣에 揚荋亭이 있다.

艸多葉皃.① **从艸, 而聲.**② **沛城父,**③ **有揚荋亭.**

530) 〔一〕: 저본에는 '一'이 없으나, ≪春秋左氏傳≫에 의거하여 보충하였다.

531) 옛날에는……사용되었다 : ≪周禮≫ 〈春官 大胥〉에 "봄에 태학에 들어가 석채례를 행할 때 절주에 맞춰 춤을 춘다.〔春入學舍采合舞〕"라고 하였다.

① 荋는 '之而'의 뜻이니, 물고기의 '之而(수염)'와 같다.[532]
荋之言之而也, 如鱗屬之之而.

② 如와 之의 반절이다. 제1部에 있다.
如之切. 一部.

③ ≪漢書≫ 〈地理志〉에 보인다.
見地理志.

02-012-0539 (芝) 〔풀이 물에 떠 있을/범〕 補

'풀이 물에 떠 있는 모양'이다. 艸를 따르고 乏(핍)이 소리이다.

艸浮水中皃.① **从艸, 乏聲.**②

① 芝는 氾과 音義가 같다.
(芝)〔芝〕[533]與氾音義同.

② 孚와 凡의 반절이다. 古音은 제7部에 있다.
孚凡切. 古音在七部.

02-012-0540 (薄) 〔숲이 빽빽할, 잠박/박〕 補

'숲이 빽빽하다'이다. 일설에는 '蠶薄'[534]이라고도 한다. 艸를 따르고 溥(부)가 소리이다.

林薄也.① **一曰蠶薄.**② **从艸, 溥聲.**③

① 左思의 〈吳都賦〉에 "수풀과 덤불이 뒤엎었다.〔傾藪薄〕"에 대한 劉逵 注에 "薄은 들어갈 수 없을 정도로 빽빽한 것이다."라고 하였다. 살펴보건대 숲속의 나무들이 서로 바싹 붙어 있어 들어갈 수 없는 것을 '薄'이라고 한다. 引伸하여 일반적으로 매우 가까이 있

---

532) 물고기의……같다 : 이 말은 ≪周禮≫ 〈冬官 梓人〉의 "발톱을 감추고 눈은 튀어나오고 수염이 나온다.〔深其爪 出其目 作其鱗之而〕"에 보인다. 戴震은 ≪周禮補注≫에서 "뺨 옆에서 '위로 올라간 것'을 '之'라고 하고 '아래로 드리운 것'을 '而'라고 하니, 수염의 종류이다.〔頰側上出者曰之 下垂者曰而 須鬣屬也〕"라고 하였다.

533) (芝)〔芝〕: 저본에는 '芝'로 되어 있으나, 문맥을 살펴 '芝'로 바로잡았다.

534) 蠶薄 : 누에를 치는 데 사용하는 채반으로 대나무나 나무로 만든다. 여기에 누에를 담아 층으로 된 시렁에 벌려 둔다.

는 것을 모두 '薄'이라고 한다.

예컨대 ≪尙書≫ 〈虞書 益稷〉에 "밖으로는 사해와 매우 가깝다.〔外薄四海〕"와 ≪史記≫ 〈天官書論〉에 "해와 달이 매우 가까이 있으면 일식과 월식이 생긴다.〔日月薄蝕〕"가 모두 이러한 사례이다. 傍과 各, 補와 各 두 가지 반절이 있는데 동일하다. 서로 매우 가까이 있으면 들어갈 틈이 없으니, 물건 가운데 얇고 두텁지 않은 것도 들어갈 틈이 없다. 그러므로 인신하여 厚薄이라고 할 때는 '薄(얇다)'의 의미로 쓰인다. 曹憲이 "반드시 礴(박)이 되어야 한다."라고 하였으니, 잘못이다.[535)]

吳都賦 "傾藪薄." 劉注曰, "薄, 不入之叢也." 按林木相迫不可入曰薄, 引伸凡相迫皆曰薄. 如外薄四海, 日月薄蝕皆是. 傍各・補各二切同也. 相迫則無閒可入, 凡物之單薄不厚者, 亦無閒可入. 故引伸爲厚薄之薄. 曹憲云 "必當作礴." 非也.

② ≪禮記≫ 〈月令〉의 "季春에 잠박기둥〔曲植〕과 광주리〔籧匡〕를 갖춘다."에 대한 鄭玄 注에 "당시에 누에를 칠 때 사용하던 기구이다. 曲은 '잠박〔薄〕'이고, 植은 '잠박을 매다는 기둥〔槌〕'이다."라고 하였다. ≪方言≫에 "宋・魏・陳・楚・江・淮의 지역에서는 '𧀹'이라고 하는데, 간혹 '曲'이라고도 한다. 關西 지역에서는 '薄'이라고 한다."라고 하였다. ≪漢書≫ 〈周勃傳〉에 "周勃이 잠박을 짜서 생계를 유지하였다."라고 하였다.[536)]

月令 "季春, 具曲植籧匡." 注 "時所以養蠶器也. 曲, 薄也. 植, 槌也." 方言云 '宋魏陳楚江淮之閒謂之𧀹, 或謂之曲. 自關而西謂之薄."' 周勃傳 "勃以織薄曲爲生."

③ 㫄과 各의 반절이다. 제5部에 있다.

㫄各切. 五部.

02-012-0541 𦱦(苑)〔짐승을 기르는 곳/원〕補

'짐승을 기르는 곳'이다. 艸를 따르고 夗(원)이 소리이다.

所㠯養禽獸.① **从艸, 夗聲.**②

① ≪周禮≫ 〈地官 囿人〉의 鄭玄 注에 "囿는 지금의 苑이다."라고 하였으니, 苑을 옛날에는 '囿'라고 하고, 한나라 때는 '苑'이라고 한 것이다. 班固의 〈西都賦〉에 "上囿禁苑"이라는 구절이 張衡의 〈西京賦〉에는 "上林禁苑"으로 되어 있다.

周禮地官囿人注 "囿, 今之苑." 是古謂之囿, 漢謂之苑也. 西都賦 "上囿禁苑," 西京賦作"上

535) 曹憲이……잘못이다 : 曹憲의 ≪博雅音≫에 "礴은 步와 各의 반절이다. 세상 사람들이 '磅礴'이라고 할 때 礴자를 艸 밑에 溥자를 붙이는데, 또한 잘못된 것이다.〔礴 步各切 世人磅礴之礴 艸下著溥 亦失之矣〕"라고 하였다.

536) 漢書……하였다 : ≪史記≫ 〈絳侯世家〉에도 동일한 내용이 있다.

林禁苑."

② 於와 阮의 반절이다. 제14部에 있다.
於阮切. 十四部.

02-012-0542 藪(藪)〔큰 늪/수〕

'큰 늪'이다. 艸을 따르고 數(수)가 소리이다. 九州의 큰 늪[537]은 楊州의 具區, 荊州의 雲夢, 豫州의 甫田, 青州의 孟諸, 兗州의 大野, 雝州의 弦圃, 幽州의 奚養, 冀州의 楊紆, 幷州의 昭餘祁이다.

大澤也.① 从艸, 數聲.② 九州之藪, ③ 楊州具區,④ 荊州雲夢⑤ 豫州甫田,⑥ 青州孟諸,⑦ 兗州大野,⑧ 雝州弦圃, ⑨ 幽州奚養, ⑩ 冀州楊紆,⑪ 幷州昭餘祁, 是也.⑫

① ≪周禮≫ 〈地官 澤虞〉에 "항상 '큰 못에는 큰 늪', '중간 못에는 중간 늪', '작은 못에는 작은 늪'이 있다."에 대한 鄭玄 注에 "澤은 '물이 모인 곳'이고, 물이 드문 곳을 '藪'라고 한다."라고 하였는데, 이것은 구분해서 말하면 澤과 藪로 구분된다. ≪주례≫ 〈夏官 職方氏〉에 "藪澤를 '某'라고 한다."라고 하고, ≪詩經≫ 〈鄭風 大叔于田〉의 毛亨 傳에는 "藪澤"이라고 하였는데, 이것은 합쳐서 말하면 구분되지 않는다.

≪주례≫ 〈하관 직방씨〉의 鄭玄 注에 "大澤은 '藪'이다."라고 하였으니 ≪說文≫과 합치한다. 藪는 실제로 '물이 모인 곳'과 '물이 드문 곳'을 아울러 말한 것이다. ≪爾雅≫에서는 '十藪'를 〈釋地〉에 포함시키고 〈釋水〉에 포함시키지 않았으니, 바로 땅이 많고 물이 적은 곳에 艸木이 모여 있는 것을 이른다.

地官澤虞曰, "每大澤大藪, 中澤中藪, 小澤小藪." 注 "澤水所鍾也. 水希曰藪." 此析言則澤藪殊也. 職方氏云 "其澤藪曰某." 毛詩傳曰, "藪澤." 此統言則不別也. 職方氏注曰, "大澤曰藪." 與說文合. 蓋藪實兼水鍾・水希而言. 爾雅十藪毄釋地, 不毄釋水, 正謂地多水少, 艸木所聚.

② 蘇와 後의 반절이다. 제4部에 있다.
蘇後切. 四部.

③ ≪周禮≫ 〈夏官 職方氏〉에 보인다.
見職方氏.

---

537) 九州의 큰 늪 : ≪淮南子≫ 〈墬形訓〉에 "무엇을 九藪라고 하는가? 越의 具區, 楚의 雲夢, 秦의 陽紆, 晉의 大陸, 鄭의 圃田, 宋의 孟諸, 齊의 海隅, 趙의 鉅鹿, 燕의 昭余이다.〔何謂九藪 曰 越之具區 楚之雲夢 秦之陽紆 晉之大陸 鄭之圃田 宋之孟諸 齊之海隅 趙之鉅鹿 燕之昭余〕"라고 하였다.

④ 鄭玄이 "具區는 吳땅 남쪽에 있다."라고 한 것은, 漢나라 吳縣 남쪽을 이르며, 會稽郡에 속했다.[538] ≪書經≫ 〈禹貢〉에서는 '震澤'이라고 하였는데 지금은 이를 '太湖'라고 한다.

鄭曰, "具區在吳南." 謂漢吳縣南, 屬會稽郡. 禹貢謂之震澤, 今謂之太湖.

⑤ '夢'은 지금 ≪周禮≫ 〈春官 眡祲〉에 '瞢'으로 되어 있다. 鄭玄이 "雲瞢은 華容에 있다."라고 하였는데 漢代의 華容縣은 南郡에 속했다.[539]

夢, 今周禮作瞢. 鄭曰, "雲瞢在華容." 漢華容縣屬南郡.

⑥ '甫'는 今本(小徐本)에 '圃'로 되어 있고, 汲古未改本[540] · 宋本[541] · 李燾의 五音韻譜本[542]에는 모두 '甫'로 되어 있다. ≪詩經≫ 〈小雅 車攻〉에 "동쪽에 甫草가 있으니"에 대해 毛亨은 "甫는 '크다'이다."라고 하였고, 鄭玄 箋에 "甫草는 甫田에 있는 풀이다."라고 하였다. "鄭玄이 '甫田'이라고 한 것-俗本에는 '圃田'으로 되어 있으니[543] ≪經傳釋文≫과 吳應龍本은 오류가 아니다.-은 대개 鄭玄이 의거한 ≪이아≫ 〈釋地〉와 許愼이 의거한 ≪주례≫에 모두 '甫田'으로 되어 있는데, 甫와 圃는 옛날에 통용되었기 때문에[544] ≪시경≫의 '甫艸'가 ≪韓詩≫에는 '圃艸'로 되어 있고,[545] ≪시경≫ 鄭玄 箋과 ≪說文≫에는 '甫田'으로 되어 있다. 지금 다른 책에는 모두 '圃田'으로 되어 있다.[546] ≪주례≫ 〈夏官 職方氏〉 注에 "圃田은 中牟에 있다."라고 하였는데, 漢代의 中牟는 河南郡에 속했다.[547]

甫, 今本作圃, 汲古未改本 · 宋本 · 李燾五音韻譜本皆作甫. 毛詩 "東有甫草." 毛云 "甫, 大也." 箋云 "甫草者, 甫田之草也." 鄭有甫田-俗本作圃田, 釋文及吳應龍本不誤.- 蓋鄭所據爾雅 · 許所據周禮皆作甫田, 甫圃古通用, 故毛詩甫艸, 韓詩作圃艸, 詩箋 · 說文作甫田. 今

---

538) 漢나라……속했다 : 이 내용은 ≪漢書≫ 〈地理志〉에 보인다.

539) 漢代의……속했다 : ≪漢書≫ 〈地理志〉에 보인다.

540) 汲古未改本 : '汲古閣大徐本'은 5차의 교정을 거치는데 4차 이전에는 교정과 수정이 약간 있었고, 5차에서 많은 교정과 수정이 있다. 이때 종종 小徐本인 ≪說文繫傳≫을 수용하였으며 또한 중간중간에 다른 책도 인용하였다. 여기서 말하는 '汲古未改本'은 5차 수정 이전 汲古閣本을 가리킨다. 교정을 거친 책이 段玉裁 당시에 널리 유행하였다.

541) 宋本 : 당시에 단옥재가 본 宋本으로 孫星衍本을 가리키는 것으로 보인다.

542) 五音韻譜本 : ≪說文解字五音韻譜≫를 가리킨다.

543) 俗本에는……있으니 : 明監本과 毛本 ≪毛詩≫에는 '圃'로 되어 있다.

544) 甫와……때문에 : 戴震의 ≪毛鄭詩考正≫에 "戴震은 생각건대 古字는 甫와 圃을 통용하였으며 뜻이 모두 '크다'이다.〔震按 古字 甫圃通 義皆爲大〕"라고 하였다.

545) 詩經의……있고 : ≪文選≫ 班固의 〈東都賦〉의 "풀을 무성하게 자라게 해서 짐승을 기른다.〔豐圃草以毓獸〕"에 대한 李善 注에서 인용하였다.

546) 지금……있다 : ≪春秋左氏傳≫ 定公 4년 "圃田의 북쪽 경계에 이르렀다.〔及圃田之北竟〕"라는 구절에 보인다.

547) 漢代의……속했다 : ≪漢書≫ 〈地理志〉에 보인다.

他書皆作圃田. 職方注曰, "圃田在中牟." 漢中牟屬河南郡.

⑦ '孟'은 지금 ≪周禮≫ 〈夏官 職方氏〉에 '望'으로 되어 있다. 鄭衆이 "望諸는 明都로 睢陽에 있다."라고 하였는데,[548] 漢代의 睢陽縣은 梁國에 속했다.[549]

孟, 今周禮作望. 鄭曰, "望諸, 明都也, 在睢陽." 漢睢陽縣屬梁國.

⑧ 鄭玄이 "大野는 巨野에 있다."라고 하였는데,[550] 漢代의 巨野는 山陽郡에 속했다.[551]

鄭曰, "大野在巨野." 漢巨野屬山陽郡.

⑨ 지금 ≪周禮≫에는 '弦蒲'로 되어 있는데, 鄭玄 注에 "弦은 간혹 '汧'으로 되어 있고, 蒲는 간혹 浦로 되어 있다."[552]라고 하였다. 살펴보건대 허신이 의거한 책은 아마 鄭玄이 말한 或本일 것인데, 圃와 浦 중에 어느 글자가 맞는지는 모르겠다. 今本 ≪說文≫에는 蒲로 되어 있고, 汲古未改本・宋本・李燾本에는 모두 '圃'로 되어 있다. ≪주례≫ 〈하관 직방씨〉의 注에 "弦蒲는 汧에 있다."라고 하였는데, 漢代 汧縣은 右扶風[553]에 속했다.[554]

今周禮作弦蒲, 注曰, "弦或爲汧. 蒲或爲浦." 按許所據, 蓋卽鄭之或本, 圃浦未知孰是. 今本說文作蒲, 汲古未改本・宋本・李燾本皆作圃. 職方注曰, "弦蒲在汧." 漢汧縣屬右扶風.

⑩ ≪주례≫ 〈夏官 職方氏〉에는 '貕養'으로 되어 있는데, 杜子春은 貕를 '奚'라고 읽었다. 살펴보건대 ≪설문≫ 10편 上 大部에 "奚는 "배가 큰 것〔大腹〕이다."라고 하였고, 豕部에 "貕는 태어난 지 3개월 된 돼지가[555] 배〔腹〕가 큰 모양이다."라고 하였다. 두자춘은 이 藪의 명칭을 설명하면서 배가 크다는 뜻을 취하고 豕의 뜻을 취하지 않았다. 그러므로 貕를 '奚'라고 고친 것인데, 班固와 許愼이 그 설을 따른 것이다. 鄭玄은 "貕養은 長廣에 있다."라고 하였는데, 漢代의 長廣縣은 琅邪郡에 속했다.[556]

周禮作貕養, 杜子春讀貕爲奚. 按說文大部"奚, 大腹也." 豕部"貕, 豘生三月, 腹奚奚皃也." 杜蓋說此藪名取大腹意, 不取豕意. 故易貕爲奚, 而班・許從之. 鄭曰, "貕養在長廣." 漢長

---

548) 鄭衆이……하였는데 : ≪周禮≫ 〈夏官 職方氏〉의 "못과 늪을 '望諸'라고 한다.〔其澤藪曰望諸〕"에 대한 賈公彦 疏에 보인다.

549) 漢代의……속했다 : 이 내용은 ≪漢書≫ 〈地理志〉에 보인다.

550) 鄭玄이……하였는데 : ≪周禮≫ 〈夏官 職方氏〉의 "못과 늪을 '大野'라고 한다.〔其澤藪曰大野〕"에 대한 鄭玄 注에 보인다.

551) 漢代의……속했다 이 내용은 ≪漢書≫ 〈地理志〉에 보인다.

552) 鄭玄……있다 : 이 내용은 鄭玄이 鄭衆의 말을 인용한 것이다.

553) 右扶風 : 한나라 수도 長安 부근을 관리하던 三輔의 하나로, 장안 서쪽에 있었다. 漢代에는 京兆尹, 左馮翊, 右扶風을 '三輔'라고 하였다.

554) 漢代의……속했다 : ≪漢書≫ 〈地理志〉에 보인다.

555) 豕部에……돼지가 : 9편 下에는 "豘生三月"이 "生三月豚"으로 되어 있다.

556) 漢代의……속했다 : ≪漢書≫ 〈地理志〉에 보인다.

廣縣屬琅邪郡.

⑪ 鄭玄은 "楊紆의 소재에 대해서는 듣지 못했다."라고 하고,[557] ≪爾雅≫ 〈釋地〉에는 "秦에 楊陓가 있다."라고 하고, ≪呂氏春秋≫ 〈有始覽〉에는 "陽華"로 되어 있는데, 注에 "陽華는 鳳翔에 있다. 혹자는 華陰의 서쪽에 있다고 한다."라고 하였다. ≪淮南子≫ 〈墬形訓〉에는 "陽紆"로 되어 있는데, 高誘 注에 "馮翊 池陽에 있는데 일명 '具圃'라고 한다."라고 하였다.

鄭曰, "楊紆所在未聞." 爾雅曰, "秦有楊陓." 呂氏春秋作陽華, 注曰, "陽華在鳳翔. 或曰在華陰西." 淮南作陽紆, 注曰, "在馮翊池陽. 一名具圃."

⑫ 鄭玄은 "昭餘祁는 鄔에 있다."라고 하였는데,[558] 漢代의 鄔縣은 太原郡에 속했다. 徐鍇本에는 '餘'가 '余'로 되어 있다. ≪淮南子≫ 〈墬形訓〉에는 "燕나라의 昭余이다."라고 하여 '祁'자가 없다. 일반적으로 ≪周禮≫ 〈夏官 職方氏〉의 川寖[559]에 대한 내용을 ≪說文≫에서는 여러 곳에서 거론하였는데, '藪'자에서는 한 곳에 모아서 거론하였다.

鄭曰, "昭餘祁在鄔." 漢鄔縣屬太原郡. 徐鍇本餘作余. 淮南作"燕之昭余," 無祁字. 凡職方氏之川寖, 說文散擧之, 藪則彙擧之.

02-012-0543 䔰(菑) 〔묵정밭/치〕 [補] 【重文 1】

'묵정밭'이다. 艸·田을 따르고, 巛(재)가 소리이다. ≪周易≫ 无妄卦에 "묵혀두지 않고 개간한다."라고 하였다. 甾(甾)는 菑의 或體이니, 艸를 생략하였다.

不耕田也.① **从艸·田, 巛聲.**② **易曰, "不菑畬."**③ **甾(甾), 菑或省艸.**④

① 海寧 陳鱣(진전)[560]이 "'不'자는 '才'자가 되어야 한다. '才耕田'은 '처음 밭을 가는 것'을 이른다. 才·財·材는 모두 '처음〔始〕'이라고 풀이한다."라고 하였다. 내(단옥재)가 살펴보건대 '不'자는 '反'자가 되어야 하니 글자가 잘못된 것이다. ≪爾雅≫ 〈釋地〉에 "밭이 1년 된 것을 '菑'라고 한다."라고 하였고, ≪詩經≫ 〈小雅 采芑〉의 毛亨 傳[561]과 馬融·

557) 鄭玄은……하고 : ≪周禮≫ 〈夏官 職方氏〉의 "못과 늪을 '楊紆'라고 한다.〔其澤藪曰楊紆〕"에 대한 鄭玄 注에 보인다.

558) 鄭玄은……하였는데 : ≪周禮≫ 〈夏官 職方氏〉의 "못과 늪을 '昭餘祁'라고 한다.〔其澤藪曰昭餘祁〕"에 대한 鄭玄 注에 보인다.

559) 川寖 : ≪周禮≫ 〈夏官 職方氏〉에는 "그 시내는 삼강이고 큰 못은 오호이다.〔其川三江 其寖五湖〕"라고 하였다. 浸은 '寖'자와 뜻이 같다.

560) 陳鱣 : 1753~1817. 淸代의 藏書家이며 校勘家이다. 자는 仲魚이고 호는 簡莊이며 별호는 河莊으로 浙江 海寧 사람이다. 錢大昕, 王念孫, 翁方綱 등과 교유하였다. 文字의 訓詁와 校勘으로 유명하였다. 저서로 ≪續唐書≫, ≪論語古義≫ 등이 있다.

虞翻의 ≪周易≫ 注에 모두 '菑'자를 썼다. ≪韓詩≫와 董遇[562]의 ≪周易章句≫에 모두 "菑는 '풀을 갈아엎는 것'이다.〔反艸〕"라고 하였으니, '밭이 1년 된 것'이라는 말과 뜻이 서로 들어맞는다. ≪毛詩≫ 〈小雅 大田〉의 鄭玄 箋에 "俶載는 '熾菑(치치)'로 읽어야 한다.[563] 농사철이 되면 백성은 날카로운 보습으로 묵정밭을 갈아 자신이 받은 땅을 개간하여 서둘러 농사를 짓는다."라고 하였다.[564]

여러 經傳을 살펴보니, 일반적으로 깊이 박아 세우는 것을 모두 '菑'라고 하였다. 예컨대 ≪周禮≫ 〈冬官 考工記 輪人〉에서는 菑는 바퀴살을 세우는 것[565]이라고 풀이하였고, 〈弓人〉에서는 菑는 톱으로 줄기를 쪼개는 것이다."라고 하였고, ≪春秋公羊傳≫ 昭公 25년에 "사람을 세워서 담〔菑〕을 만들었다."라고 하였고, ≪漢書≫ 〈溝洫志〉에 "돌을 꽂아 세운다."라고 하였다. 鄭仲師(鄭衆)이 "泰山 平原에 세운 물건을 '菑'라고 하는데 소리는 胾(자)와 같다. 六博 놀이에서 梟棊(효기)[566]를 세우는 것을 또한 '菑'라고 한다."라고 하였다.[567]

그 밖에도 예컨대 ≪詩經≫ 〈大雅 皇矣〉의 毛亨 傳에 "나무가 서서 죽어 있는 것을 '菑'라고 한다."라고 하였고,[568] ≪漢書≫ 〈蒯通傳〉에 "공(公)의 배〔腹〕에 칼을 찌르다."라고 하였고,[569] ≪急就篇≫에 "部首를 나누어 섞이지〔雜廁〕 않게 배열하였다."라고 하였고, 漢나라 太學에 있는 石經에는 〈廁의 부수 广을〉 人자로 바꾸어 側으로 썼으니, 모두 이 글자의 引伸假借이다. 또 가차하여 烖害(재해)라는 의미의 글자로 쓰인다.[570]

561) 詩經……傳 : ≪詩經≫ 〈小雅 采芑〉의 "잠깐 씀바귀를 캐네. 저 2년 묵은 밭에서도 이 1년 묵은 밭에서도〔薄言采芑 于彼新田 呈此菑畝〕"에 대한 毛亨 傳에 보인다.

562) 董遇 : ?~?. 漢나라 말기와 三國 魏나라 유학자이다. 자는 季直이다. ≪三國志≫에는 수록되지 않았고 魚豢의 ≪魏略≫에만 보인다.

563) 俶載는……한다 : ≪毛詩≫ 〈小雅 大田〉 "俶載南畝"의 鄭玄 箋에는 "俶은 '熾'로 읽어야 하고, 載는 '菑栗(줄기를 톱으로 쪼개다)'이라고 할 때의 '菑'로 읽는다.〔俶讀爲熾 載讀爲菑栗之菑〕"로 되어 있다.

564) 鄭玄 箋에……하였다 : ≪毛詩≫ 〈小雅 大田〉 "俶載南畝"의 鄭玄 箋에 보인다.

565) 菑는……것 : 鄭玄 注에 "바퀴살이 바퀴에 꼭 들어맞는 것을 말한다.〔菑 謂輻入轂中者也〕"라고 하였다.

566) 梟棊(효기) : 六博 놀이에서 맹수를 상징하는 梟가 새겨진 것으로, 이 梟子를 죽여야 이긴다. 육박 놀에에서 梟를 제외한 다섯 말을 '散棊'라고 한다.(≪戰國策≫ 〈楚策 三〉)

567) 鄭仲師(鄭衆)이……하였다 : ≪周禮≫ 〈冬官 考工記 輪人〉의 鄭玄 注에 보인다.

568) 詩經……하였고 : ≪詩經≫ 〈大雅 皇矣〉의 "서서 죽은 나무와 말라죽은 나무였네〔其菑其翳〕"에 대한 鄭玄 傳에 보인다.

569) 漢書……하였고 : ≪漢書≫ 〈蒯通傳〉에 "인자한 아버지와 효자는 감히 公의 배에 칼을 찌르지 못하니, 그것은 秦法을 두려워해서이다.〔慈父孝子 不敢事刃於公之腹者 畏秦法也〕"라고 하였다.

570) 또……쓰인다 : ≪禮記≫ 〈大學〉의 "재해가 함께 이른다.〔菑害竝至〕"에 보인다.

海寧陳氏鱣曰, "不, 當爲才. 才耕田, 謂始耕田也. 才財材皆訓始." 玉裁按 不, 當爲反, 字之誤也. 爾雅"田一歲曰菑,毛詩傳・馬融虞翻易注皆用之. 韓詩・董遇易章句皆曰, "菑, 反艸也." 與田一歲義相成. 詩大田箋曰, "俶載讀爲熾菑. 時至, 民以其利耜熾菑, 發所受之地, 趨農急也." 考諸經傳, 凡入之深而植立者, 皆曰菑. 如考工記輪人菑訓建輻, 弓人菑訓以鋸副析, 公羊傳以人爲菑, 漢書楗石菑. 鄭仲師云 "泰山平原所樹立物爲菑, 聲如胾. 博, 立梟棊亦爲菑." 其它若毛傳"木立死曰菑," 漢書"事刃公之腹中", 急就篇"分別部居不雜廁." 漢太學石經以人爲側, 皆此字之引伸假借. 又假爲烖害字.

② 徐鍇本에는 원래 聲字가 있었으나 田과 巛 두 글자의 위치가 바뀌었고, 또 잘못 합쳐져 한 글자가 되었다. 徐鍇는 "從艸巛田"의 구조로 만들려고 聲字가 없는 것은 잘못이다. 처음 밭을 갈 때 풀을 갈아 엎기 때문에 艸田을 따른 會意로, 巛을 소리로 삼은 것이다. 側과 詞의 반절이다. 제1部에 있다.

鍇本原有聲字, 惟田巛二字倒易, 又誤合爲一字. 鍇欲作从艸巛田, 無聲字, 非也. 初耕反艸, 故从艸田會意, 以巛爲聲也. 側詞切. 一部.

③ ≪周易≫ 无妄卦 六二의 爻辭이다. ≪周禮≫ 〈冬官 考工記 弓人〉의 鄭玄 注에 "묵혀두지 않고 개간하는 것이다."라고 하였는데[571] 말이 비교적 분명하니, 오래 묵혀 두지 않음을 말한 것이다. 畬는 2년 된 밭이다.[572]

周易無妄六二爻辭. 周禮注作"不菑而畬," 語較明, 言爲之無漸也. 畬, 二歲田也.

④ 이것은 巛를 취한 諧聲字이니, 鄭玄이 이른바 "날카로운 보습으로 묵정밭을 갈아 땅을 개간한다."라는 뜻이다.[573]

此取巛諧聲, 鄭所云利耜熾發地之意.

02-012-0544 蘨(繇)〔풀이 무성할/요〕

'풀이 무성한 모양'이다. 艸를 따르고 䌛(요)가 소리이다. ≪書經≫ 〈夏書 禹貢〉에 "그 풀이 무성하다."라고 하였다.

艸盛皃. **从艸**, 䌛**聲**.① **夏書曰**, "**厥艸惟**䌛."②

① 이 글자는 形聲이면서 會意를 포함하고 있다. 䌛는 '따르다'이다.[574] 다른 책에는 대체

---

571) 周禮……하였는데 : ≪周禮≫ 〈冬官 考工記 弓人〉의 "菑栗不迆"에 대한 鄭玄 注에서 鄭司農의 말을 인용한 것이다.

572) 畬는……밭이다 : 13편 下 田部에 "畬는 개간한지 2년 된 밭이다.〔畬 二歲治田也〕"라고 하였다.

573) 鄭玄이……뜻이다 : ≪毛詩≫ 〈大雅 大田〉의 鄭玄 箋을 인용한 것이다.

로 繇가 모두 繇로 되어 있고, 蘨가 蘨로 되어 있다. 餘와 招의 반절이다. 古音은 제3部에 있다.

此以形聲包會意, 䌛, 隨從也. 他書凡䌛皆作繇, 蘨作蘨. 餘招切. 古音在三部.

② 徐鍇本 및 宋本에 의거하여 䌛로 썼다. 馬融의 ≪尙書≫ 注에 "繇는 뽑다[抽]이다."라고 하였기 때문에 艸와 䌛를 합하여 蘨를 만든 것이다. 이것은 許愼이 ≪書經≫ 〈夏書 禹貢〉을 인용하여 艸와 䌛를 따랐으니 회의자라는 뜻을 밝힌 것이다. 經傳을 인용하여 자형을 설명한 예가 여기에서 처음 나타난다. 아래 '蘸'자의 해설에 상세하다.[575]

依鍇本及宋本作䌛, 馬融注尙書曰, "繇, 抽也," 故合艸䌛爲蘨. 此許君引禹貢明从艸䌛會意之恉. 引經說字形之例, 始見於此, 詳後蘸下.

02-012-0545 薙(薙) [풀을 벨/체]

'풀을 베다'이다. ≪禮記≫ 〈月令〉에 "늦여름에 풀을 베어 불태운다."라고 하였다. 艸를 따르고 雉(치)가 소리이다.

除艸也. (明堂)[576]月令曰, "季夏燒薙." 从艸, 雉聲. ①

① 他와 計의 반절이다. 살펴보건대 ≪周禮≫ 〈秋官 薙氏〉에 "雉氏는 풀을 베는 것을 맡는다."라고 하였다. 雉는 간혹 '夷'로도 쓰는데, 옛날에는 雉의 音이 '夷'와 같았다. 그렇기 때문에 鄭玄이 "글자는 類를 따른다."라고 한 것인데, 여기서의 類는 聲類[577]를 이른다.

鄭衆은 夷를 따랐고, 鄭玄은 雉를 따랐는데 '剃'라고 읽었다. 薙로 쓴 것은 바로 俗字이니, ≪周禮≫ 〈地官 稻人〉의 "稻人이 풀을 벤[芟夷]"에서의 芟夷를 세속에서 '芟荑'라고 쓴 것과 같다. ≪禮記≫ 〈月令〉의 "풀을 베어 불태운다.[燒薙]"는 아마도 본래 '燒雉'로 되어 있었을 것이다. 許愼의 ≪說文≫에는 본래 '薙'자가 없으니, 식견이 얕은 사람이 섞어 넣은 것이다.

他計切. 案周禮"雉[578]氏掌殺草." 雉或作夷, 古雉音同夷. 故鄭云 "字從類," 類謂聲類也. 大鄭從夷, 後鄭從雉, 而讀爲剃. 作薙乃俗字, 猶稻人芟夷字俗作芟荑也. 月令燒薙, 蓋亦本作燒雉. 許君說文本無薙字, 淺人所羼入也.

---

574) 䌛는 따르다이다 : 12편 下 系部에 '䌛'의 해설에 보인다.

575) 아래……상세하다 : 1편 下 艸部 '蘸' 참고.

576) (明堂) : 저본에는 '明堂'이 있으나, ≪禮記≫ 〈月令〉에 의거하여 衍文으로 처리하였다.

577) 聲類 : 聲韻學에서 聲母를 가리키는데 形聲字의 聲符가 된다.

578) 雉 : 저본에는 '雉'로 되어 있으나, 今本 十三經注疏本 ≪周禮≫에는 '薙'로 되어 있다.

02-012-0546 𦼞(莱)〔풀이 많을/뢰〕

'밭을 갈 때 풀이 많은 것'이다. 艸·耒를 따른다. 耒(뢰)가 또한 소리이다.

耕多艸. 从艸·耒,① 耒亦聲.②

① 耒는 밭을 가는 도구이다. 耒·艸를 따랐으니, 會意이다.
耒所以耕也. 從耒·艸, 會意.

② 形聲을 겸하였다. 盧와 對의 반절이다. 제15部에 있다.
兼形聲. 盧對切. 十五部.

02-012-0547 𦺧(菿)〔풀이 클/도〕

'풀이 크다'이다. 艸를 따르고 到(도)가 소리이다.

艸大也.① 从艸, 到聲.②

① ≪詩經≫ 〈小雅 圃田〉의 "훤한 저 큰 밭에〔倬彼甫田〕"[579]가 ≪韓詩≫[580]에는 "풀이 크게 자란 저 큰 밭에〔菿彼圃田〕"이라고 하였다. ≪爾雅≫ 〈釋詁 上〉에 "菿는 '크다'이다." 라고 하였으니, 卓聲과 到聲은 옛날에 함께 제2部에 있다.
毛詩 "倬彼甫田." 韓詩作"菿彼圃田." 釋(故)〔詁〕[581]曰, "菿, 大也." 卓聲到聲, 古同在弟二部.

② 都와 盜의 반절이다. ○ 살펴보건대 各本의 표제자는 菿로 되어 있는데 뜻은 같다. ≪玉篇≫과 ≪廣韻≫에는 모두 '菿'자가 없으니, 菿의 오자이다. 後人이 '菿'자를 찾다가 찾지 못하자 艸部 끝에 菿의 표제자를 배열하여 "초목이 쓰러진 것이다."라고 풀이하였으나, 말이 통하지 않기 때문에 지금 고쳐 바로잡았다. ≪爾雅≫·≪經典釋文≫ 〈毛詩音義〉와 ≪廣韻≫ '四 覺韻'에 모두 ≪說文≫을 인용하여 "菿는 '풀이 큰 것'이다."라고 하였다.
都盜切. ○ 案各本篆作菿, 訓同. 玉篇·廣韻皆無菿字, 菿之誤也. 後人檢菿字不得, 則於艸部末綴菿篆, 訓曰, "艸木倒." 語不可通, 今更正. 爾雅·釋文·廣韻四覺皆引說文, "菿, 艸大也."

---

579) 詩經……밭에〔倬彼甫田〕: ≪詩經≫ 〈小雅 圃田〉의 "倬彼甫田"에 대한 毛亨 傳에 "倬은 밝은 모양〔倬 明貌〕"이라고 하였다.

580) 韓詩 : 漢나라 초기 燕나라 사람 韓嬰이 전수받은 ≪詩經≫을 가리킨다.

581) 釋(故)〔詁〕: 저본에는 '故'로 되어 있으나, ≪爾雅≫에 의거하여 '詁'로 바로잡았다. '釋詁'는 ≪이아≫의 편명이다.

02-012-0548 蔪(蔪)〔풀 우거질/점〕【重文 1】

'풀이 서로 덮고 감싸는 것'이다. 艸를 따르고 斬(참)이 소리이다. 𧂇(𧂇)은 蔪의 或體이니, 槧(참)을 따른다.

艸相蔪苞也.① **从艸, 斬聲.**② **𧂇(𧂇), 蔪或从槧.**③[582]

① 蔪苞는 곧 지금 ≪書經≫ 〈夏書 禹貢〉에서 말하는 漸包이다. ≪經典釋文≫ 〈尙書音義〉에 "漸이 어떤 본에는 또 蔪으로도 썼다. ≪字林≫에는 '才와 冄의 반절이다. 풀이 서로 덮고 감싸는 것이다.'라고 하였다. 包는 간혹 苞로도 쓰는데 叢生이다.[583] 馬融이 '서로 덮고 감싸는 것이다.'"라고 하였다. 살펴보건대 叢生의 의미일 때의 글자는 苞로 쓰는 것이 옳다.
蔪苞卽今禹貢之漸包. 釋文曰, "漸, 本又作蔪. 字林'才冄反, 艸之相包裹也.' 包或作苞, 叢生也. 馬云 '相苞裹也.'" 按叢生之義, 字作苞者是.

② 慈와 冄의 반절이다. 제8部에 있다. 今本에는 "書曰艸木蔪苞" 6자가 더 있으나, 이것은 잘못하여 徐鍇의 말을 본문에 넣은 것이다. 지금 ≪古今韻會擧要≫에 의거하여 바로잡았다.
慈冄切. 八部. 今本有書曰艸木蔪苞六字, 此誤以鍇語入正文, 今依韻會訂.

③ 이 글자는 대체로 艸·木을 아울러 따른 것이다.
此蓋兼从艸木也.

02-012-0549 茀(茀)〔풀이 많아 다니지 못할/불〕補

'길에 풀이 많아서 다닐 수 없는 것'이다. 艸를 따르고 弗(불)이 소리이다.

道多艸, 不可行.① **从艸, 弗聲.**②

① ≪國語≫ 〈周語 中〉에 "大火心星이 새벽에 나타나는 立冬인데도 길에 풀이 우거져 다닐 수 없다."에 대한 韋昭 注에 "풀이 우거져 길을 막는 것을 '茀'이라고 한다."라고 하였다.
周語 "火朝覿矣, 道茀不可行也." 注 "草穢塞路爲茀."

② 分과 勿의 반절이다. 제15部에 있다. ≪毛詩≫에서는 가차하여 '무릎가리개'의 의미로

---

582) 从槧 : 朱駿聲의 ≪說文通訓定聲≫에 "槧의 소리를 따른다.〔從槧聲〕"라고 하였다.

583) 包는……叢生이다 : 저본에는 "包或作苞 叢生也"으로 되어 있으나, 十三經注疏本 ≪尙書≫ 〈夏書 禹貢〉에는 "字或作苞 非叢生也"으로 되어 있다.

썼다.

分勿切. 十五部. 毛詩借作蔽芾字.

02-012-0550 苾(苾)〔향기로울/필〕補

'향기롭다'이다. 艸를 따르고 必(필)이 소리이다.

馨香也.① **从艸, 必聲.**②

① ≪詩經≫ 〈小雅 楚茨〉에 보인다.[584] ≪韓詩≫에는 馥으로 되어 있는데,[585] 허신의 ≪說文≫ 香部에 '馥'자가 없으니[586] 毛亨을 따르고 ≪한시≫를 따르지 않은 것이다.

見小雅. 韓詩作馥, 許君香部無馥字, 從毛不從韓也.

② 毗와 必의 반절이다. 제13部에 있다.

毗必切. 十二部.

02-012-0551 蔎(蔎)〔향기로운 풀/설〕

'향기로운 풀'이다. 艸를 따르고 設(설)이 소리이다.

香艸也.①[587] **从艸, 設聲.**②

① '香艸'는 '艸香'이 되어야 한다. 앞의 본문에서 菅·芎 이하 12자는 모두 향기나는 풀〔香艸〕을 설명하였는데 蔎·芳·蕡 세 글자는 같은 부류에 넣지 않고 苾 다음에 배열하였으니, 이것이 풀이름이 아니라는 것을 알 수 있다. ≪楚辭≫ 劉向의 〈九歎〉에 "산초나무〔椒聊〕의 향기를 품고 있다.〔懷椒聊之蔎蔎〕"에 대한 王逸 注에 "椒聊는 香草이고, 蔎蔎은 향기가 나는 모양이다."라고 하였다.

香艸當作艸香. 前文菅芎已下十二字, 皆說香艸, 蔎芳蕡不與同列, 而廁苾下, 是非艸名可

---

584) 詩經……보인다 : ≪詩經≫ 〈小雅 信南山〉 鄭玄 箋에 "苾苾芬芬는 향기가 있는 것이다.〔苾苾芬芬 有馨香矣〕"라고 하였다.

585) 韓詩에는……있는데 : ≪文選≫ 권29 蘇武의 詩 제4首 "馥馥我蘭芳"의 注에 "≪韓詩≫에 '향기로운 효손의 제사여'에 대해 薛君은 〈馥은 향기나는 모양이다.〉라고 하였다.〔韓詩曰 馥芬孝祀 薛君曰 馥 香貌也〕"라고 하였다.

586) 허신의……없으니 : 7편 上 香部에는 '香'과 '馨' 두 글자만 있다.

587) 香艸也 : 王筠의 ≪說文句讀≫에는 "'香艸'는 '艸香'으로 되어야 한다.〔當作艸香〕"라고 하였다.

知也. 劉向九歎 "懷椒聊之蔎蔎." 王注 "椒聊, 香草也. 蔎蔎, 香貌."

② 識과 列의 반절이다.[588] 또 桑과 葛의 반절이다. 제15部에 있다.
識列切. 又桑葛切. 十五部.

02-012-0552 (芳) 〔향기로운 풀/**방**〕 補

'향기로운 풀'이다. 艸를 따르고 方(방)이 소리이다.

香艸也.① **从艸, 方聲.**②

① '香艸'는 '艸香'이 되어야 한다.
香艸當作艸香.

② 敷와 方의 반절이다. 제10部에 있다.
敷方切. 十部.

02-012-0553 (蕡) 〔여러 향이 나는 풀/**분**〕

'여러 향이 나는 풀'이다. 艸를 따르고 賁(분)이 소리이다.

雜香艸.① **从艸 賁聲.**②

① '雜艸香'[589]이 되어야 하니, 아마 이 글자의 本義일 것이다. ≪詩經≫ 〈周南 桃夭〉의 "열매가 크다〔有蕡其實〕"와 같은 경우는 다만 가차하여 '무덤이 크다〔墳大〕'라고 할 때의 墳의 의미로 쓰였다.
當作雜艸香, 蓋此字之本義. 若有蕡其實, 特假借爲墳大字耳.

② 浮와 分의 반절이다. 제13部에 있다.
浮分切. 十三部.

02-012-0554 (藥) 〔병을 치료하는 풀/**약**〕 補

'병을 치료하는 풀'이다. 艸를 따르고 樂(악)이 소리이다.

---

588) 識과……반절이다 : 이것은 大徐本의 反切이다.

589) 雜艸香 : ≪段注箋≫에 "지금 속어에서 '蕡香'이라고 말하는 것과 같다.〔今俗語猶言蕡香〕" 라고 하였다.

治病艸.① **从艸, 樂聲.**②

① ≪玉篇≫에는 ≪說文≫을 인용하여 '병을 치료하는 풀의 총칭'이라고 하였다.
王篇引作治疾病之艸總名.

② 以와 勺의 반절이다. 제2部에 있다.
以勺切. 二部.

02-012-0555 虈(蘼)〔초목이 나서 땅에 달라붙을/려, 리〕

'초목이 나서 땅에 붙어 있는 것'이다. 艸를 따르고 麗(리)가 소리이다. ≪周易≫ 離卦 〈彖傳〉에 "百穀과 草木이 땅에 붙어 있다."라고 하였다.

艸木生箸土.① **从艸, 麗聲.**② **易曰, "百穀艸木麗於地."**③[590]

① 箸은 丈과 略의 반절이다. 이것은 ≪古今韻會擧要≫에서 ≪說文≫을 인용한 것에 의거하였다.[591]
箸, 丈略切. 此依韻會引.

② 이것은 마땅히 "艸·麗를 따르고, 麗가 또한 소리이다."라고 해야 한다. 呂와 支, 郎과 計의 두 가지 반절이다. 제16部에 있다.
此當云从艸麗, 麗亦聲. 呂支·郎計二切. 十六部.

③ 이것은 ≪周易≫ 離卦 〈彖傳〉을 인용하여 '艸·麗를 따른다'〔从艸麗〕는 뜻을 설명한 것이다. 대체로 經傳을 인용할 때 字義를 증명하는 경우가 있고, 字形을 증명하는 경우가 있으며, 字音을 증명하는 경우가 있다.
예컨대 "艸木麗於地"에서 艸·麗를 따른다고 설명하고,[592] "豐其屋"에서 宀·豐을 따른다고 설명한 것 같은 경우는[593] 모두 字形을 논한 것일 뿐이다. 그런데 陸德明의 ≪經典釋文≫ 〈周易音義〉에서 "≪說文≫에는 '蘼로 되어 있다'·'寷으로 되어 있다.'"라고 이른 것은 또한 잘못이 아니겠는가.
다른 사례로 '蘇'자의 해설에서 ≪尙書≫의 〈夏書 禹貢〉을 인용하고, '荆'자·'相'자·'晉'자·'和'자·'葬'자·'庸'자·'𠫓(돌)'자[594]의 해설에서 ≪周易≫을 인용하고, '轡'자의

---

590) 百穀艸木麗於地 : 十三經注疏本 ≪周易正義≫에는 "百穀草木麗乎土"로 되어 있다.

591) 이것은……의거하였다 : ≪說文≫에는 箸가 없기 때문이다.

592) 艸木麗於地에서……설명하고 : 麗를 艸가 증가된 蘼의 자형으로 설명한 것이다.

593) 豐其屋에서는……경우는 : 豐을 宀이 증가된 寷의 자형으로 설명한 것이다. 寷은 7편 下 宀部에 "寷은 '큰 집'을 이른다. 宀을 따르고, 豐이 소리이다. ≪周易≫에 '그 집을 풍성하게 한다.'라고 하였다.〔寷 大屋也 從宀 豐聲 易曰 豐其屋〕"라고 하였다.

해설에서 ≪詩經≫을 인용하고,[595] '有'자의 해설에서 ≪春秋左氏傳≫을 인용하고,[596] '仌'자의 해설에서 ≪孝經說≫을 인용하고,[597] '貝'자의 해설에서 ≪孟子≫를 인용하고,[598] '易'자의 해설에서 祕書를 인용하고,[599] '畜'자의 해설에서 ≪淮南子≫를 인용하고,[600] '公'자의 해설에서 ≪韓非子≫를 인용한 것[601]은 모두 字形과 會意의 뜻을 설명한 것인데 학자들이 대부분 잘못 이해하였다.

此引易彖傳說从艸麗之意也. 凡引經傳, 有證字義者, 有證字形者, 有證字音者. 如艸木麗於地, 說从艸麗, 豐其屋, 說從宀豐, 皆論字形耳. 陸氏易釋文乃云"說文作蘼・作寷," 不亦謬哉. 他如蘇字之引夏書, 荆字・相字・晉字・和字・莽字・庸字・𠫓字之引易, 䜌字之引詩, 有字之引春秋傳, 仌字之引孝經說, (冏)〔貝〕[602]字之引孟子, 易字之引祕書, 畜字之引淮南(王)〔子〕[603], 公字之引韓非, 皆說字形會意之恉, 而學者多誤會.

02-012-0556 蓆(蓆)〔넓고 많을/석〕

'넓고 많은 것'이다. 艸를 따르고 席(석)이 소리이다.

廣多也.① **从艸, 席聲.**②

① ≪詩經≫〈鄭風 緇衣〉에 "검은 옷이 크도다.〔緇衣之席兮〕"라고 하였는데, ≪爾雅≫〈釋詁 上〉와 毛亨 傳에는 모두 "席은 '크다'이다."라고 하였고, ≪韓詩≫에 "儲(쌓다)이다."라고 하였으니,[604] '廣'자의 뜻은 大에 가깝고 '多'자의 뜻은 儲와 가깝다.

---

594) 荆자……𠫓(돌)자 : 荆은 5편 下 井部, 相은 4편 상 目部, 晉은 7편 日部, 和는 2편 上 口部, 莽은 1편 下 茻, 庸은 3편 下 用部, 𠫓은 14편 下에 보인다.

595) 䜌자의……인용하고 : 13편 上 絲部에 보인다.

596) 有자의……인용하고 : 7편 上 有部에 보인다.

597) 仌자의……인용하고 : 2편 上 八部에 보인다.

598) (冏)〔貝〕자의……인용하고 : 6편 下 貝部에 "맹자가 '농단에 올라 시장의 이익을 쓸어담는다.〔孟子曰 登壟斷而网市利〕'라고 하였다."라고 하였다.

599) 易자의……인용하고 : 9편 下 易部에 보인다.

600) 畜자의……인용하고 : 13편 下 田部에 보인다.

601) 公자의……것 : 2편 上 八部에 보인다.

602) (冏)〔貝〕: 저본에는 '冏'으로 되어 있으나, ≪說文≫ 6편 下 貝部에 의거하여 '貝'로 바로잡았다.

603) (王)〔子〕: 저본에는 '王'으로 되어 있으나, ≪說文≫ 13편 下 田部에 의거하여 '子'로 바로잡았다.

604) 韓詩에……하였으니 : ≪經典釋文≫〈毛詩音義 緇衣〉에 인용되었다.

鄭風 "緇衣之席[605]兮. 釋(故)〔詁〕[606]・毛傳皆云 "席, 大也." 韓詩云 "儲也." 廣義與大近, 多義與儲近.

② 祥과 易의 반절이다. 古音은 제5部에 있다.
祥易切. 古音在五部.

02-012-0557 芟 (芟)〔풀 벨/삼〕補

'풀을 베다'이다. 艸・殳(수)를 따른다

刈艸也.① **从艸殳.**②

① ≪詩經≫ 〈周頌 載芟〉과 ≪周禮≫ 〈春官 肆師〉에 보인다.[607] 毛亨이 "제초하는 것을 '芟'이라고 한다."라고 하였다.[608]
見周頌・周禮. 毛云 "除艸曰芟."

② 徐鍇本에 聲字가 있으니 잘못이다. 이것은 會意로 殳(수)는 '殺(베다)'의 뜻을 취한 것이다.[609] 所와 銜의 반절이다. 제8部에 있다.
鍇有聲字, 非. 此會意, 殳取殺意也. 所銜切. 八部.

02-012-0558 荐 (荐)〔겹자리/천〕

'겹자리'이다. 艸를 따르고 存(존)이 소리이다.

薦席也.① **从艸, 存聲.**②

① 薦은 廌部에 보이는데 薦은 '풀이다〔艸也〕'라고 하였다.[610] '풀로 만든 자리'라고 하지

---

605) 席 : 저본에는 '席'으로 되어 있으나, 今本 ≪詩經≫에는 '蓆'으로 되어 있다.

606) (故)〔詁〕: 저본에는 '故'로 되어 있으나, 문맥을 살펴 '詁'로 바로잡았다.

607) 周禮……보인다 : ≪周禮≫ 〈春官 肆師〉의 "이르러 내년의 풀 베는 것에 관해 점을 치며〔蒞卜來歲之芟〕"에 대한 鄭玄 注에 "≪詩經≫에 풀을 베어 내고 나무를 베어 내니, 밭갈이에 흙이 잘 풀어지네.〔詩云 載芟載柞 其耕澤澤〕"라는 내용이 있다.

608) 毛亨이……하였다 : ≪詩經≫ 〈周頌 載芟〉의 "풀을 베어내고, 나무를 베어내니〔載芟載柞〕"에 대한 毛亨 傳에 보인다.

609) 이것은……것이다 : 3편 下 殳部에 "殳는 '몽둥이로 사람을 죽이다.'라는 뜻이다.〔殳 目杖殊人也〕"라고 하였다.

610) 薦은……하였다 : 10편 上 廌部에 "薦은 짐승이 먹는 풀이다.〔薦 獸之所食艸〕"라고 하였다.

않고 '거적자리〔薦席〕'라고 한 것은, 音이 비슷한 것을 취한 것이다. 席은 各本에 蓆으로 잘못되어 있다. 薦席은 承藉(승자)라고 하는데 까는 것과 함께 두 개이다. 그러므로 ≪爾雅≫ 〈釋言〉에서 "薦・原은 '거듭〔再〕'이다."라고 한 것이다. 예컨대 且(조)를 ≪說文≫ 14편 且部에서 '도마〔俎几〕'라고 하는 것과 같기 때문에 또한 '덧보탠다.'는 말도 된다. ≪周易≫ 坎卦 〈象傳〉에는 '洊'으로 되어 있다.[611)]

薦見廌部, 艸也. 不云艸席, 云薦席者, 取音近也. 席各本誤蓆. 薦席爲承藉, 與所藉者爲二, 故釋言云"薦・原, 再也." 如且爲俎几, 故亦爲加增之詈. 易作洊.

② 在와 甸의 반절이다. 古音은 제12部와 제13部에 있다. 荐은 薦과 音이 같다. 이 때문에 荐이 '承藉'라는 의미로 대부분 假借하여 쓴다. 예컨대 ≪詩經≫ 〈小雅 節南山〉 毛亨 傳에 "薦은 '거듭'이다.〔重也〕"라고 하였고,[612)] ≪說文≫에 "且는 '거듭'이다.〔薦也〕"라고 하였으니, 모두 荐으로 쓴 것과 일치한다.

≪春秋左氏傳≫ 襄公 4년에 "오랑캐는 모여 산다."라고 하였다. ≪外傳(國語)≫ 〈晉語 七〉의 "풀을 따라서 거처를 옮긴다.〔荐處〕"에 대해 服虔이 "荐은 '풀'이다.〔艸也〕"라고 하였다.[613)] 이것은 荐이 薦과 같다는 것을 말한 것이고, 韋昭가 "荐은 '모이다'〔聚也〕"라고 하였으니,[614)] 이것은 ≪爾雅≫에서 '거듭〔再〕'이라고 풀이한 것과 유사하다.

在甸切. 古音在十二・十三部, 荐與薦同音, 是以承藉字多假借爲之. 如節南山傳"薦, 重也." 說文云"且, 薦也." 皆作荐乃合. 左傳云"戎狄荐居." 外傳"荐處." 服云"荐, 艸也." 此謂荐同薦. 韋云"荐, 聚也." 此與爾雅再訓近.

02-012-0559 䕉(藉)〔제사 깔개/자, 적〕補

'제사 때 까는 자리'이다. 일설에는 '풀을 엮지 않아 어지러운 것'이라고도 한다. 艸를 따르고 耤(적)이 소리이다.

祭藉也.① 一曰艸不編, 狼藉.② 从艸, 耤聲.③

---

611) 周易……있다 : ≪周易≫ 坎卦 〈象傳〉에 "물이 거듭 이르는 것이 習坎이니……〔象曰 水洊至 習坎……〕"라고 하였다.

612) 詩經……하였고 : ≪詩經≫ 〈小雅 節南山〉 "하늘이 거듭 재앙을 내리니〔天方薦瘥〕"의 毛亨 傳에 보인다.

613) 服虔이……하였다. : ≪春秋左氏傳≫의 正義를 인용한 것이다.

614) 韋昭가……하였으니 : ≪國語≫ 〈晉語 七〉 "또한 융적은 풀을 따라 〈옮겨 다니며〉 거처한다.〔且夫戎狄薦處〕"의 韋昭 注와 ≪春秋左氏傳≫ 襄公 4년 "융적은 풀을 따라 〈옮겨 다니며〉 산다.〔戎狄薦居〕"의 杜預 注에 보인다.

① '稭'자의 해설에서 "볏짚에서 껍질을 벗긴 것으로, 하늘에 제사를 지낼 때 이것을 깐다."라고 하였다. 인신하여 일반적으로 承藉·蘊藉의 뜻이 되었고, 또 '빌리다'의 뜻이 되었다.

稭字下"禾稾去其皮, 祭天以爲藉[615]也." 引伸爲凡承藉·蘊藉之義, 又爲假借之義.

② 이것은 별도로 하나의 뜻이다.

此別一義.

③ 慈와 夜, 秦과 昔의 두 가지 반절이다.[616] 古音은 제5部에 있다.

慈夜·秦昔二切. 古音在五部.

02-012-0560 蒩(蒩)〔띠풀 자리/조〕

'띠풀 자리'이다. 艸를 따르고 租(조)가 소리이다. ≪禮記≫에 "諸侯에게 토지를 봉해줄 때 흰 띠풀로 만든 자리에 싸서 주었다."라고 하였다.[617]

茅藉也.① 从艸, 租聲.② 禮曰,③ "封諸侯㠯土, 蒩㠯白茅."④

① ≪周禮≫ 〈春官 司巫〉에 "祭祀를 지낼 때 鉏館(띠풀을 담은 광주리)을 바친다."라고 한 것에 대한 鄭玄 注에 "杜子春은 '鉏는 蒩로 읽어야 하니, 蒩는 藉의 뜻이다.'라고 하였다. 내(鄭玄)가 생각할 때 '蒩'라는 글자는 '藉'이니, 祭食[618]할 때에도 藉가 있는 것이다. 館(광주리)은 蒩를 받드는 것이다. ≪儀禮≫ 〈士虞禮〉에 '苴는 茅를 잘라 5촌 길이로 광주리에 담는다.'라고 하였다."라고 하였다.

살펴보건대 鄭玄이 ≪儀禮≫에서 말하는 '苴'는 바로 ≪周禮≫에서 말한 '蒩'이다.

司巫 "祭祀共鉏[619]館." 杜子春云 "鉏讀爲蒩. 蒩, 藉也." 玄謂蒩之言藉也, 祭食有當藉者. 館所以承蒩. 士虞禮 "苴刌茅, 長五寸, 實於筐."[620] 按鄭謂儀禮之苴, 卽周禮之蒩也.

---

615) 藉 : ≪說文≫ 권7 상 禾部에는 "稭는 볏짚에서 껍질을 벗긴 것으로, 하늘에 제사 지낼 때 이것으로 자리를 만든다.〔稭 禾稾去其皮 祭天㠯爲席也〕"로 되어 있다.

616) 慈와……반절이다 : 大徐本에만 두 가지 반절이 있다.

617) 禮記에……하였다 : 저본에는 실려 있으나, 今本 十三經注疏本 ≪禮記≫에는 이 내용이 보이지 않는다.

618) 祭食 : 옛사람들은 식사 때마다 근본을 잊지 않는다는 뜻으로, 상 위에 있는 음식을 조금씩 덜어 내어 豆 사이에 놓고서 처음으로 음식을 만든 사람에게 제사하였는데, 이를 '제식'이라 한다.

619) 鉏 : 今本 十三經注疏本 ≪周禮≫ 〈春官 司巫〉에는 '蒩'로 되어 있다.

620) 筐 : 十三經注疏本 ≪儀禮≫ 〈士虞禮〉에는 '篚'로 되어 있다.

② 子와 餘의 반절이다. 또 子와 都의 반절이다. 제5部에 있다.

子餘切. 又子都切. 五部.

③ 이것(禮曰)은 '禮記曰'로 되어야 하니 '記'자가 누락된 것이다. '記'는 ≪禮記≫ 131편의 글이다.[621]

此當云禮記曰, 脫記字. 記者, 百三十一篇文也.

④ ≪白虎通義≫와 ≪獨斷≫[622]에 모두 "天子의 大社는 오색의 흙을 쌓아서 壇을 만들었다. 제후로 봉해질 때 천자의 社에 있는 흙을 받는데, 봉토를 주는 방향의 색을 근거로 하여 동쪽은 푸른색 흙은 받았고, 남쪽은 붉은색 흙을 받았다. 이외에도 그 방향의 색에 맞게 받았는데, 모두 흰 띠풀로 싸서 주면 자기의 나라로 돌아가 社를 세웠다." 라고 하였다. 살펴보건대 班固와 蔡邕은 苴로 썼으니, 이것은 假借字이고 許愼은 蒩으로 썼으니 正字이다.

白虎通・獨斷皆云 "天子大社, 以五色土爲壇. 封諸侯, 受天子社土, 以所封之方色, 東方受靑, 南方受赤. 他如其方色, 皆以白茅授之, 歸國立社." 按班・蔡作苴, 假借字, 許作蒩, 正字也.

02-012-0561 蕝(蕝) 〔띠풀을 묶어 자리를 표시할/절, 최, 찬〕 補

조회할 때 띠풀을 묶어 자리를 표시하는 것을 '蕝'이라고 한다. 艸를 따르고 絕(절)이 소리이다. ≪春秋國語≫ 〈晉語 八〉에 "띠풀을 묶어서 자리를 표시하였다."라고 하였다.[623]

朝會束茅表位曰蕝.① **从艸, 絕聲.**② **春秋國語曰, "致茅蕝表坐."**

① ≪國語≫ 〈晉語 八〉에 "옛날 成王이 岐山의 남쪽에서 제후들과 회맹할 적에 〈초나라는 荊 땅의 오랑캐였기 때문에〉 띠풀을 묶어 두고 望表를 설치하며, 鮮卑族과 화톳불을 지키느라 회맹에 참여하지 못하였습니다."라고 하였다. 司馬貞이 賈逵의 말을 인용하

---

621) 禮記……글이다 : ≪大戴禮記≫ 85편과 ≪小戴禮記≫ 46편을 합쳐서 말한 것이라는 설이 있으나, 그 진위에 대해서는 여러 학설이 분분하다.

622) 獨斷 : 漢代 蔡邕이 황실의 복식 등급의 규정, 중요한 명절에 대한 설명과 漢代 역대 황제의 교체에 대한 전말과 시호에 관해 기술한 자료이다.

623) 春秋國語……하였다 : ≪春秋國語≫는 ≪國語≫를 가리킨다. ≪국어≫ 〈晉語〉에는 "옛날 成王께서 岐山의 남쪽에서 제후들과 맹약할 적에 楚나라는 荊 땅의 오랑캐였습니다. 띠풀을 묶어서 세워 두고 望表를 설치하며……〔昔 成王 盟諸侯於岐陽 楚爲荊蠻 置茅蕝 設望表……〕"라고 하였다.

여 "띠풀을 묶어서 자리를 표시하는 것이 '蕝'이다."라고 하였는데, 許愼은 賈侍中(賈逵)의 설을 수용한 것이다. ≪史記≫와 ≪漢書≫의 〈叔孫通傳〉에는 蕝이 蕞로 되어 있는데, 如淳[624]의 ≪漢書≫ 注에 "蕞는 띠풀을 잘라 땅에 세워 두어 지위의 높고 낮은 순서로 삼은 것을 이른다."라고 하였다.

晉語 "昔成王盟諸侯於岐陽, 置茅蕝, 設望表, 與鮮卑守燎, 故不與盟." 司馬貞引賈逵云 "束茅以表位爲蕝." 許用賈侍中說也. 史記・漢書叔孫通傳字作蕞, 如淳曰, "蕞謂以茅翦樹地, 爲纂位尊卑之次也."

② 子와 悅의 반절이다. 또 玆와 會의 반절이다. 또 다른 음은 纂(찬)이다. 이는 제14部와 제15部의 두 韻符가 合音되기 때문이다. 何承天의 ≪纂文≫[625]에 "蕝은 지금의 '纂'자이다."라고 한 것이 이것이다.[626] ≪禮記≫ 〈樂記〉의 鄭玄 注에서 酇으로 썼는데, 作과 管의 반절이다.[627] 지금 사람들의 '編纂'이라고 하는 말이 여기에서 근원하였다.

子悅切, 又玆會切, 又音纂. 此十四部・十五部合音. 何氏纂文云 "蕝, 今之纂字." 是也. 鄭注樂記作酇, 作管切. 今人編纂之語本此.

02-012-0562 (茨)〔띠풀로 지붕을 올릴/차〕 補

'띠풀로 지붕을 올리다'이다. 艸를 따르고 次(차)가 소리이다.

茅蓋屋.① 从艸, 次聲.②

① 俗本에는 "띠풀과 갈대로 지붕을 올리다.〔以茅葦蓋屋〕"로 되어 있는데, ≪詩經≫ 〈小雅 甫田〉의 鄭玄 箋에 보인다.[628] ≪釋名≫ 〈釋宮室〉에 "집에 풀로 지붕을 이는 것을 '茨'라고 한다. 茨는 '차례짓다〔次〕'이니, '풀을 차례지어 만든 것'이다."라고 하였다.

俗本作以茅葦蓋屋, 見甫田鄭箋. 釋名曰, "屋以艸蓋曰茨. 茨, 次也, 次艸爲之也."

② 이 글자는 형성이면서 會意를 포함한다. 疾과 資의 반절이다. 제15部에 있다.

此形聲包會意. 疾資切. 十五部.

---

624) 如淳 : ?~?. 三國 曹魏 때 사람으로 ≪漢書≫에 注를 달았다.

625) 纂文 : 訓詁書로 南朝 宋의 何承天이 편찬하였다. ≪爾雅≫의 체제를 모방하였다. 원본은 없어지고, 淸代 馬國翰이 편집한 책이 있다.

626) 何承天의……이것이다 : ≪史記≫ 〈索隱〉에서 인용하였다.

627) 作과……반절이다 : ≪禮記≫ 〈樂記〉의 "綴兆"에 대한 鄭玄 注에 "綴은 '酇'을 이르니, 춤추는 사람의 자리이다.〔綴謂酇 舞者之位也〕"라고 하였는데, ≪經典釋文≫ 〈禮記音義〉에서 "酇은 作과 管의 반절이다.〔酇 作管反〕"이라고 하였다.

628) 詩經……보인다 : ≪詩經≫ 〈小雅 甫田〉의 "이엉 같고 수레의 끌채 같으며〔如茨如梁〕"에 대한 鄭玄 箋에 "茨는 지붕을 이는 풀이다.〔茨 屋蓋也〕"라고 하였다.

02-012-0563 葺(葺)〔지붕 올릴/**집**〕補

'띠풀로 지붕을 올리다'이다. 艸를 따르고 咠(집)이 소리이다.

茨也. 从艸, 咠聲.①

① 七과 入의 반절이다 제7部에 있다.
七入切. 七部.

02-012-0564 蓋(蓋)〔이엉/**개**〕補

'이엉'이다. 艸를 따르고 盇(합)이 소리이다.

苫也.① **从艸, 盇聲.**②

① 引伸하여 發語詞가 되었다. 또 모르는 것을 말하지 않을 때도 쓰니, ≪論語≫〈子路〉에서는 '모르는 채로 놓아 둔다.〔蓋闕〕'라고 하였고, ≪漢書≫〈儒林傳〉에서는 "알지 못한다.〔丘蓋〕"라고 하였다.[629)]
引伸之爲發端語詞. 又不知者不言, 論語謂之蓋闕, 漢書謂之丘蓋.

② 古와 太의 반절이다. 제15部에 있다. 盇은 제8部에 있으니 이것은 合音이다.
古太切. 十五部. 盇在八部, 此合音也.

02-012-0565 苫(苫)〔덮개/**점**〕

'덮개'이다. 艸를 따르고 占(점)이 소리이다.

蓋也. 从艸, 占聲.①

① 失과 廉의 반절이다. 지금의 俗語에서는 舒와 瞻의 반절이다. 古音은 제7部에 있다.
失廉切, 今俗語舒瞻切. 古音在七部.

---

629) 漢書……하였다 : ≪漢書≫〈儒林傳 王式傳〉의 "의심스러운 것은 몰라서 말하지 않았다.〔疑者丘蓋不言〕"에 대해 蘇林은 "'丘蓋不言'은 '모른다.'는 뜻이다.〔丘蓋不言 不知之意也〕"라고 하였다.

02-012-0566 (藹)〔덮개/애〕

'덮개'이다. 艸를 따르고 渴(갈)이 소리이다.

蓋也.① **从艸, 渴聲.**②

① 지금 사람들이 쓰는 '靄'630) 자는 이 글자를 써야 한다.
今人靄字當用此.

② 於와 蓋의 반절이다. 제15部에 있다.
於蓋切. 十五部.

02-012-0567 (䓛)〔쓸어버릴/굴〕

'쓸어버리다'이다. 艸를 따르고 屈(굴)이 소리이다.

㕞也.① **从艸, 屈聲.**②

① 㕞는 刷가 되어야 하니 글자의 오류이다. 㕞는 '닦다'이고,631) 刷는 '긁다〔捪杷〕'이다.632) 䓛은 '파다〔掘〕'는 뜻이니 捪杷와 뜻이 비슷하다. 지금 사람들은 무딘 빗자루로 오물을 제거하는 것을 '䓛'이라고 하니633) 바로 이 글자이다. ≪廣雅≫〈釋器〉에 "䓛634)을 '刷'라고 한다."라고 하였다.
㕞當作刷, 字之誤也. 㕞, 拭也, 刷, 捪杷也. 䓛之言掘也, 與捪杷義近. 今人謂以鈍帚去薉物曰䓛, 正是此字. 廣雅釋器 "䓛謂之刷."

② 區와 勿의 반절이다. 제15部에 있다.
區勿切. 十五部.

02-012-0568 (藩)〔가릴/번〕

630) 靄 : ≪說文≫에는 이 글자가 실려 있지 않다.

631) 㕞는 닦다이고 : 3편 下 又部 '㕞'의 해설에 보인다.

632) 刷는 긁다〔捪杷〕이다 : 4편 下 刀部 '刷'의 해설에 보인다.

633) 지금……하니 : ≪義證≫에는 "지금 세속에서는 오히려 洗滌을 '䓛'이라고 한다.〔今俗猶謂洗滌曰 䓛〕"라고 하였다.

634) 䓛 : 저본에는 '䓛'로 되어 있으나, 文淵閣 四庫全書本 ≪廣雅≫〈釋器〉에는 '䈏'로 되어 있다.

'가리다'이다. 艸를 따르고 潘(반)이 소리이다.

屛也.① **从艸, 潘聲.**②

① 屛은 덮는 것이다.[635)]
屛蔽也.
② 甫와 煩의 반절이다. 제14部에 있다.
甫煩切. 十四部.

02-012-0569 菹(菹)〔초절임 채소/저〕 補 【重文 2】

'초절임 채소'이다. 艸를 따르고 沮(저)가 소리이다. 䔾(𦵔)는 菹의 或體이니 血을 따랐고, 䕡(蘫)는 菹의 혹체이니 缶를 따랐다.

酢菜也.① **从艸, 沮聲.**② **䔾(𦵔), 或从血. 䕡(蘫), 或从缶.**③

① 酢는 지금의 '醋'자이다. 菹는 식초〔醯〕가 있어야 맛을 낼 수 있다. ≪周禮≫ 〈天官 醢人〉에 "七菹는 부추〔韭〕·무〔菁〕·순채〔茆〕·아욱〔葵〕·미나리〔芹〕·봄 죽순〔箈〕·겨울 죽순〔筍〕이다."라고 하였는데, 鄭玄이 "일반적으로 醯와 醬으로 요리할 때 가늘게 썬 것이 '齏'이고 전체를 저민 것이 '菹'이다."라고 하였다. ≪禮記≫ 〈少儀〉에 "麋鹿으로 菹를 만들었다."라고 하였으니 菹라는 명칭은 채소와 고기에 통용되는 것이다. 내(단옥재)가 생각하기에 齏와 菹는 모두 본래는 채소를 가리키는 것이었는데, 고기를 가리키는 말로도 쓰인다.
酢今之醋字. 菹須醯成味. 周禮"七菹韭菁茆葵芹箈筍也." 鄭曰, "凡醯醬所和, 細切爲齏, 全物若牒爲菹." 少儀"麋鹿爲菹," 則菹之稱菜肉通. 玉裁謂齏菹, 皆本菜稱, 用爲肉稱也.
② 側과 魚의 반절이다. 제5部에 있다.
側魚切. 五部.
③ 살펴보건대 두 개의 小篆은 今本에 皿을 따랐고, 李燾本 注에서는 血을 따르기도 하였다.[636)] 五篇 血部에는 𦵔·蘫 두 자가 있는데, ≪玉篇≫ 血部의 𦵔자의 해설에는 ≪周禮≫ 〈天官 醢人〉의 七𦵔를 인용하였다. 菹는 血을 따르기도 하는데, 鄭玄이 채소와 고기의 통칭이라고 한 설이 이것이다. 缶를 따르는 것은 그릇에 채워서 만들어 지는 것을 이른다. 菹와 醢는 통칭이므로 血部에 "𦵔은 醢이다."라고 하였다. 이 艸部의

635) 屛은……것이다 : 8편 上 尸部에 보인다.
636) 李燾本……하였다 : 李燾의 ≪說文解字五音韻譜≫에 보인다.

蕰・薀 두 자는 아마도 後人이 추가한 것으로 보인다.

案二篆今本從皿, 李燾本注或從血, 五篇血部有蕰薀二字, 玉篇血部蕰字下引周禮醓人七蕰. 菹或從血者, 鄭君菜肉通稱之說是也. 從缶者, 謂鬱諸器中乃成也. 菹醢通稱, 故血部云蕰, 醢也. 此艸部蕰薀二字蓋後人增之.

02-012-0570 (荃)〔겨자 무침/전〕

'겨자 무침'이다. 艸를 따르고 全(전)이 소리이다.

芥脃也.① 从艸, 全聲.②

① ≪說文≫ 黑部에 "겨자를 넣고 무친 것을 '芥荃'이라고 부른다."라고 하였으니,[637] 芥脃(개취)라고 한 것은, 겨자를 넣고 버무려 연하여〔芥齏鬆脃〕 먹을 만한 것을 이른다. 이 글자는 앞뒤의 글자를 참고할 때 ≪楚辭≫[638] 〈離騷〉에 나오는 '荃'자가 아니다.[639]

黑部曰, "以芥爲齏名曰芥荃." 云芥脃者, 謂芥齏鬆脃可口也. 此字據上下文則非楚詞荃字也.

② 晁說之(조열지)[640]가 "唐本 ≪說文≫에는 初와 劣의 반절이다."라고 하였다.[641] 살펴보건대 ≪集韻≫에 아직 그 音이 남아 있다.[642] 全聲은 14部에 있어야 한다. 이는 제14部와 제15部 二部의 合音이다.

晁說之云 "唐本說文初劣切." 按集韻猶存其音. 全聲當在十四部. 此十四・十五二部合音也.

02-012-0571 (酤)〔부추절임/고〕

---

637) 黑部에……하였으니 : 10편 上 黑部 '黶'의 해설에 "겨자를 넣고 무친 것을 '芥荃'이라고 부른다.〔目芥爲齏名曰芥荃也〕"라고 하였다.

638) 楚辭 : 段玉裁 注에는 '楚辭'가 '楚詞'로 되어 있다.

639) 楚辭……아니다 : ≪楚辭≫ 〈離騷〉의 "님은 내 마음속을 살피지도 않고〔荃不察余之中情兮〕"에 대한 王逸의 注에 "荃은 '향초'로 君子를 비유한 것이다.〔荃 香草 以諭君子也〕"라고 하였다.

640) 晁說之(조열지) : 1059~1129. 宋代의 학자이며 문학가이다. 자는 以道・伯以이며 澶州 淸豐 사람이다. 司馬光의 사람됨을 사모하여 사마광의 호 '迂叟'를 따라 '景迂'라고 自號하였다. 저서로 ≪易商瞿大傳≫, ≪詩論≫, ≪晁氏書傳≫, ≪晁氏春秋傳≫, ≪論語講義≫, ≪中庸傳≫ 등이 있다.

641) 晁說之(조열지)가……하였다 : ≪六書故≫에 "조열지가 芥脃의 荃은 唐本을 따라서 初와 劣의 반절이 되어야 한다.〔晁說之曰 芥脃之荃 當从唐本初劣切〕"라고 하였다.

642) 集韻에……있다 : ≪集韻≫ 入聲 17薛에 "荃은 '채소'이다〔荃 菜也〕"라고 하였다.

'부추절임'이다. 艸를 따르고 酤(고)가 소리이다.

韭鬱也.① **从艸, 酤聲.**②

① 鬱은 鬱과 같다. ≪廣雅≫ 〈釋器〉에 "寑·醢·鬱·𨡜은 음식을 절여서 저장하다.〔幽〕"라고 하였는데, 모두 飮食을 말한 것이다.[643] 이것이 허신이 蕗를 '부추절임'이라고 풀이하고 豉를 '幽尗(메주/유숙)'이라고 풀이한 것이 증거이다.
鬱同鬱. 廣雅 "寑醢鬱𨡜幽也." 皆謂飮食也. 此許君(酤)〔蕗〕[644]訓韭鬱, 豉訓幽尗之證.

② 苦와 步의 반절이다. 제5部에 있다.
苦步切. 五部.

02-012-0572 (藍)〔오이 절임/람〕

'오이 절임'이다. 艸를 따르고 濫(람)이 소리이다.

瓜菹也. 从艸, 濫聲.①

① 각본의 小篆은 藍으로 되어 있으니, 잘못 이해하여 監聲으로 된 것이다. 지금 ≪廣韻≫과 ≪集韻≫에 의거하여 바로잡았다. 魯와 甘의 반절이다. 제8部에 있다.
各本篆作藍, 解誤作監聲. 今依廣韻·集韻訂. 魯甘切. 八部.

02-012-0573 (菧)〔절임/지〕【重文 1】

'절임'이다. 艸를 따르고 泜(지)가 소리이다. 𥂰(䀋)은 菧의 **或體**이니, 皿을 따랐다. 皿은 器(그릇)이다.

菹也. 从艸, 泜聲.① 𥂰(䀋), **或从皿. 皿, 器.**

① 纏과 伊의 반절이다. 제15部에 있다.
纏伊切. 十五部.

---

643) 廣雅에……것이다 : 7편 下 𣏌의 설명에는 "≪廣雅≫에서 飮食을 설명한 것으로 '寑·醢·鬱·𨡜은 幽이다. 幽는 鬱과 뜻이 같다.'〔廣雅說飮食曰 寑醢鬱𨡜 幽也 幽與鬱同義〕"라고 하였다. 王念孫은 ≪廣雅疏證≫에서 "이것은 통틀어 '저장 음식물'이라고 이른다.〔此通謂藏食物〕"라고 하였다.

644) (酤)〔蕗〕 : 저본에는 '酤'로 되어 있으나, 문맥을 살펴 '蕗'로 바로잡았다.

02-012-0574 𦽣(蘇)〔말린 매실/료〕【重文 1】

'말린 매실'이다. 艸를 따르고 橑(료)가 소리이다. ≪周禮≫ 〈天官 籩人〉에 "饋食禮를 행할 때 올리는 籩에 담는 것은 '말린 매실〔乾蘇〕'이다."라고 하였다.645) 後漢의 長沙王이 처음으로 초목을 삶아서 蘇(삶아서 말린 음식)를 만들었다. 𧁖(藔)는 蘇의 或體이니 潦를 따랐다.

乾梅之屬.① **从艸, 橑聲.**② **周禮曰, "饋食之籩, 其實乾蘇."**③ **後漢長沙王始煮艸爲蘇.**④ **𧁖(藔), 或从潦.**

① ≪周禮≫ 〈天官 籩人〉의 鄭玄 注에 "乾蘇는 '말린 매실'이다. 또 '桃諸'와 '梅諸'가 있는데, 이것도 말린 것이다."라고 하였다.646) 살펴보건대, 鄭玄은 ≪周禮≫의 앞 글에 있는 桃가 물기가 있는 것이기 때문에, 여기서는 앞에 '乾'자를 붙여 구별한 것이다.
鄭注周禮云 "乾蘇, 乾梅也. 有桃諸梅諸, 是其乾者." 按鄭意周禮上文桃是濡者, 此著乾以別之.

② '梅'자와 '桃'자는 木을 따라야 하지만 艸를 따른 것은 풀〔艸〕도 나무〔木〕이기 때문이다. 盧와 晧의 반절이다. 제2部에 있다.
梅桃當從木而从艸者, 艸亦木也. 盧晧切. 二部.

③ ≪周禮≫ 〈天官 籩人〉의 글이다.
籩人文.

④ ≪周禮≫가 만들어진 이후 漢 長沙王 때 처음으로 초목을 삶아 蘇를 만들었고, 매실과 복숭아는 쓰지 않은 것을 이른다.
謂周禮之後至漢長沙王始煮艸爲蘇, 不用梅桃也.

02-012-0575 藙(藙)〔전수유/의〕

'煎茱萸(전수유)'이다.647) 艸를 따르고 毅(의)가 소리이다. ≪漢律≫에 "會稽에서

---

645) 周禮……하였다 : ≪周禮≫ 〈天官 籩人〉에 "궤사례를 행할 때 올리는 籩에 담는 것은 대추, 밤, 복숭아, 말린 매실, 개암이다.〔饋食之籩 其實棗 栗 桃 乾蘇 榛實〕"라고 하였다.

646) 桃諸와……하였다 : '桃諸와 '梅諸'는 ≪禮記≫ 〈內則〉에 보인다.

647) 煎茱萸(전수유)이다 : 朱駿聲의 ≪說文通訓定聲≫에 "藙는 곧 ≪本草≫에 나오는 '오수유'이다. 사실 본래 이름이 藙인데 달인 것도 '藙'라고 했을 뿐이다.〔藙卽本草之吳茱萸 其實

藙 한 말을 바쳤다."라고 하였다.

煎茱萸.① **从艸, 顡聲.**② **漢律會稽獻藙一斗.**

① ≪禮記≫ 〈內則〉에 "三牲에는 藙을 쓴다."라고 하였는데, 鄭玄이 "藙는 '煎茱萸'이다. ≪漢律≫에 會稽에서 바쳤다."라고 하였다. ≪爾雅≫ 〈釋木〉에서는 '榝'이라 하였다.

내(단옥재)가 살펴보건대 許愼이 '榝은 茱萸와 비슷하고 淮南에서 나온다.'라고 하였기 때문에 鄭玄의 설과 다르다. 皇侃의 ≪禮記義疏≫에 "煎茱萸는 지금 蜀郡에서 만드는데, 9월 9일에 茱萸를 채취하여 가지를 꺾고 열매가 이어, 너비와 길이가 4寸 내지 5寸이다. 1升의 열매에 10升의 기름을 섞은 것을 '藙'라 부른다."라고 하였다.[648] ≪本艸圖經≫에는 "食茱萸는 蜀人은 그 씨앗을 '艾子'라고 부른다."라고 하였다. 살펴보건대 '艾'는 바로 '藙'자이다.

內則 "三牲用藙." 鄭云 "藙, 煎茱萸也." 漢律"會稽獻焉." 爾雅謂之榝. 玉裁謂許君云 '榝似茱萸, 出淮南.' 則與鄭說異. 皇侃義疏曰, "煎茱萸, 今蜀郡作之, 九月九日取茱萸, 折其枝, 連其實, 廣長四五寸, 一升實可和十升膏, 名之藙也." 本艸圖經曰, "食茱萸, 蜀人呼其子爲艾子." 按艾卽藙字.

② 魚와 旣의 반절이다. 제15部에 있다.

魚旣切. 十五部.

02-012-0576 (䔂) 〔국거리 나물/**자**〕

'국거리 나물'이다. 艸를 따르고 宰(재)가 소리이다.

羹菜也.① **从艸, 宰聲.**②

① 채소를 채취하여 국을 끓이는 것을 이른다. ≪集韻≫에 '寀(재)'자가 있는데 뜻은 '삶다〔烹也〕'라고 한 것이 바로 이 글자이다.

謂取菜羹之也. 集韻有寀字, 烹也, 卽此字.

② 阻와 史, 子와 亥 두 가지 반절이다.[649] 제1部에 있다.

阻史·子亥二切. 一部.

本名藙 煎之亦卽稱藙耳〕"라고 하였다.

648) 煎茱萸는……하였다 : ≪禮記≫ 〈內則〉의 '正義'에 '賀氏云'으로 인용되었다.

649) 阻와……반절이다 : '阻와 史'는 大徐本의 반절이고, '子와 亥'는 ≪集韻≫ 上聲 15海의 반절이다.

02-012-0577 (若)〔채소 고를, 두약/약〕補

‘채소를 고르다’이다. 艸・右를 따랐다. 일설에는 ‘杜若’[650]이라고 하니 ‘향기나는 풀’이다.

擇菜也.① 从艸・右.② 一曰杜若, 香艸.③

① ≪國語≫ 〈晉語 二〉에서 秦 穆公이 “晉나라에 亂이 일어났는데 내가 누구를 먼저 보내서 저들 두 공자 중 선택해서〔若〕 세워야 하겠는가. 한시가 급하기 때문이다.”라고 하였다. 이것은 두 공자 중 누구를 선택하여 왕으로 세울지를 말한 것이니 若의 바른 뜻은 ‘고르다〔擇〕’이고, ‘채소를 가리다〔擇菜〕’는 引伸된 뜻이다.

晉語 秦穆公曰, “夫晉國之亂, 吾誰使先若夫二公子而立之, 以爲朝夕之急.” 此謂使誰先擇二公子而立之, 若正訓擇, 擇菜引伸之義也.

② 右는 손이니 이것은 會意이다. ≪詩經≫ 〈大雅 烝民〉의 毛亨 傳에 “若은 ‘순하다’이다.”라고 하였으니[651] 右와 若은 雙聲으로 假借한 것이다. 또 가차되어 ‘……같다〔如〕’, ‘그렇다〔然〕’, ‘이에〔乃〕’, ‘너〔汝〕’의 뜻이 되었다. 또 아울러 ‘……및〔及〕’이라는 의미가 있다.[652] 제5部에 있다.

右, 手也, 此會意. 毛傳曰, “若, 順也.” 於雙聲叚借也. 又假借爲如也・然也・乃也・汝也. 又兼及之詞. 五部.

③ 이것은 별도의 한 가지 뜻이다. 이 6자(一曰杜若 香艸)는 ≪古今韻會擧要≫에 의거하였다. 아마도 이것은 徐鉉이 徐鍇의 말을 인용하여 추가한 듯한데, 지금 사람은 또 徐鉉本을 가지고 徐鍇本을 고쳤을 뿐이다.

此別一義. 此六字依韻會, 恐是鉉用鍇語增, 今人又用鉉本改鍇本耳.

02-012-0578 (蓴)〔부들 포기/순〕

‘부들 포기’이다. 艸를 따르고 専(전)이 소리이다.

---

650) 杜若 : 꽃은 붉은색이고 과실은 球形이다. 직경은 5~7mm이다. 익은 열매는 어두운 남색이다.

651) 詩經의……하였으니 : ≪詩經≫ 〈大雅 烝民〉의 “천자를 따르며〔天子是若〕”와 〈魯頌 閟宮〉의 “魯侯를 따랐다.〔魯侯是若〕”에 대한 毛亨 傳에 보인다.

652) 또……있다 : ≪周禮≫ 〈考工記 宰人〉 注에 “若은 ‘……와 같다.’이다.〔若 如也〕”, ≪漢書≫ 〈賈山傳〉 注에 “若은 ‘그렇다.’이다.〔若 猶然〕”, ≪國語≫ 〈周語〉 注에 “若은 ‘이에’와 같다.〔若 猶乃也〕”, ≪國語≫ 〈晉語 四〉 注에 “若은 ‘너’이다.〔若 女也〕”, ≪漢書≫ 〈高帝紀〉 注에 “若은 ‘……및’이다.〔若 及也〕”라고 하였다.

蒲叢也.① **从艸, 專聲.**②

① ≪本艸圖經≫에서 ≪西京雜記≫를 인용하여 "太液池[653] 주변이 모두 줄풀〔雕胡〕·갈대잎〔紫蘀〕·줄풀 줄기〔綠節〕·부들 포기〔蒲叢〕 따위이다."라고 하였다. ≪廣雅≫ 〈釋艸〉에 "蒲穗를 '蓴'이라고 하니, 大와 丸의 반절이다."[654]라고 하였다. 謝靈運의 〈於南山往北山經湖中瞻眺〉라는 詩에 "새로 자란 부들 자주빛 꽃을 머금었네〔新蒲含紫茸〕"라고 하였는데, 이것 또한 '부들 이삭'을 이른다.
本艸圖經引西京雜記曰, "太液池邊皆是雕胡·紫蘀·綠節·蒲叢之類." 廣雅釋艸曰, "蒲穗謂之蓴, 大丸切." 謝靈運詩 "新蒲含紫茸." 亦謂蒲穗.

② ≪集韻≫의 "徒와 官의 반절이다"를 따라야 한다. 제14部에 있다. 徐鉉本에는 常과 倫의 반절로 되어 있으니, 이것은 '순채나물〔蓴絲〕'이라는 의미이다.
當從集韻徒官切. 十四部. 鉉本常倫切. 此蓴絲字.

02-012-0579 (茵)〔풀로 빈 곳을 메울/체, 협〕

'풀로 빈 곳을 메우다'이다. 艸를 따르고 丙(첨)이 소리이다. 俠(협)과 같이 읽는다. 혹은 '잇다'라고도 한다. 일설에는 '約空'[655]이라고도 한다.

𠬝艸補缺.① **从艸, 丙聲. 讀若俠.**② **或𠬝爲綴.**③ **一曰約空也.**④

① ≪廣雅≫ 〈釋詁 4下〉에 "茵는 '메우다'이다. 丈과 例의 반절이다."라고 하였다.
廣雅釋詁四 "茵, 補也. 丈例反."

② 간혹 '陸'으로 쓰기도 하는데[656] 誤字이다.
或作陸, 誤字也.

③ 俠과 같이 읽을 때의 음은 제8部에 있고, 綴과 같이 읽을 때의 음은 제15部에 있다. 古文의 '丙'자는 또한 沾과 誓 두 가지로 읽었다. 徐鉉은 直과 例의 반절이라고 했다.

---

653) 太液池 : 중국 역대 왕조에서는 음양오행에 의거하여, 북방의 물을 상징하는 대형 연못을 궁궐 북쪽이나 서쪽에 조성하여 왕궁을 보호하였다. '물이 크고 넓게 가득 찼다'는 의미로 '太液池'라고 불렀다.

654) 大와……반절이다 : 曹憲의 ≪博雅音≫에 보인다.

655) 約空 : 沈濤의 ≪讀若考≫에 "約空은 빈 곳을 동여매는 것으로, '補缺'과 같은 뜻이다.〔約空者 謂纏束其空處 如補缺同一義〕"라고 하였다.

656) 간혹……하는데 : 小徐本에 '俠'으로 되어 있고, 宋本과 汲古閣未改本에는 '陸'으로 되어 있고, 汲古閣改本에는 '陸'을 空白으로 처리하였다.

讀如俠, 在八部. 讀如綴, 在十五部. 古文丙字亦沾誓兩讀. 銥直例切.

④ 이것은 별도의 한 가지 뜻이다. 約空에 대해서는 들어보지 못했다.
此別一義. 約空未聞.

02-012-0580 (蕁)〔무성한 풀/준〕

'무성한 풀'이다. 艸를 따르고 尊(준)이 소리이다.

叢艸也.① **从艸, 尊聲.**

① "蕁蕁"은 左思의 〈魏都賦〉 李善 注에 보이는데, 무성한 모양이다.
蕁蕁見魏都賦, 茂盛皃.

② 慈와 損의 반절이다. 제13部에 있다.
慈損切. 十三部.

02-012-0581 (莜)〔김매는 도구/조〕補

'김매는 도구'이다. 艸를 따르고 攸(유)가 소리이다. ≪論語≫ 〈微子〉에 "지팡이로 삼태기를 메었다."라고 하였다.

耘田器.① **从艸, 攸聲.**② **論語曰, "以杖荷**蓧**."**③

① 舊本에는 '艸田器'으로 되어 있었는데, 지금 ≪古今韻會擧要≫와 ≪論語≫의 疏에 '芸田器'으로 되어 있는 것에 의거하였다. ≪詩經≫ 〈小雅 甫田〉의 毛亨 傳에 "'芸'은 풀을 제거하는 것이다."라고 하였고, 孔安國은 ≪논어≫ 〈微子〉 集解에 "풀을 제거하는 것을 '芸'이라고 한다." 라고 하였기 때문에 그 글자는 艸를 따랐다. 匚部에 '匬'자가 있고 金部에 '銚'자가 있는데, 모두 '밭에서 쓰는 도구'라고 하였으니, 모두 이 글자의 古文인 듯하다.
舊作艸田器, 今依韻會・論語疏作芸田器. 毛傳曰, "芸, 除艸也." 孔安國曰, "除艸曰芸," 故其字从艸. 匚部有匬字, 金部有銚字, 皆云田器, 疑皆此字之古文也.

② 舊本에는 '條의 생략형이 소리이다.〔條省聲〕'로 되어 있었는데, 곧 식견이 얕은 사람이 고친 것으로 '條'도 '攸'가 소리이다. 徒와 吊의 반절이다. 古音은 제3部에 있다.
舊作條省聲, 乃淺人所改, 條亦攸聲也. 徒吊切, 古音在三部.

③ ≪論語≫ 〈微子〉를 보면, "子路가 老人을 만났는데, 손에는 지팡이를 짚고 어깨에는 蓧

를 걸치고 걸어와 밭에 이르러서는 땅에 지팡이를 꽂아 놓고 밭에서 蓧로 김을 매었다."라고 하였다. '植杖'은 지팡이를 땅에 세워놓은 것이니, 지팡이로 '蓧'를 매고 가서 지팡이를 세워놓고 김을 맨 것이라면 蓧는 밭에서 김을 매는 도구가 분명한데, ≪論語集解≫에 包咸[657]은 "蓧는 대나무로 만든 도구이다."라고 하였으니, 여기에는 脫字나 誤字가 있다.

見微子篇, 謂子路見丈人, 手用杖, 蓧加於肩, 行來至田, 則置杖於地, 用蓧芸田. 植杖者, 置杖也, 云以杖荷蓧, 置杖而芸. 則蓧爲芸田器明矣. 集解包曰, "蓧竹器." 此有脫誤.

02-012-0582 (萆) 〔도롱이, 상복/비〕 補

'도롱이'이다. 일설에는 '상복'이라고도 한다. 艸를 따르고 卑(비)가 소리이다.

雨衣. 一曰衰衣.① **从艸, 卑聲.**②

① 萆를 일명 '도롱이〔衰〕'라고도 한다. 韋昭의 ≪國語≫〈齊語〉注에 "襏襫(발석)은 '도롱이〔蓑薜衣〕'이다."라고 하였다. 薜은 간혹 襞으로 되어 있는데[658] 모두 곧 '萆'자이다. ≪廣雅≫〈釋器〉에 "萆는 '衰'라고 한다."라고 하였다.

謂萆一名衰也. 韋昭注齊語曰, "襏襫, 蓑薜衣也." 薜或作襞, 皆卽萆字. 廣雅釋器曰, "萆謂之衰."

② 蒲와 曆의 반절이다. 제16部에 있다. 일설에 "萆曆은 '烏韭'와 비슷하다."라고 하였으니, 이것은 별도로 하나의 뜻으로, 풀이름이다. 烏韭는 ≪本艸≫〈艸部下品之下〉에 있는데 '이끼'이다. 푸르고 무성하며 길이는 4촌~5촌쯤 된다.

蒲曆切. 十六部. 一曰萆曆佀烏韭, 此別一義, 艸名也. 烏韭在本艸艸部下品之下, 石衣也. 靑翠茸茸, 長者可四五寸.

02-012-0583 (菭) 〔풀이름/시〕 補

'풀이름'이다. 艸를 따르고 是(시)가 소리이다.

艸也.① **从艸, 是聲.**②

---

657) 包咸 : B.C. 6~A.D. 65. 東漢의 대신이며 경학가로 자는 子良으로 會稽郡 曲阿縣 사람이다. 長安에서 ≪魯詩≫와 ≪論語≫를 배웠다. 孝廉으로 천거되어 郎中에 제수되었으며 皇太子에게 ≪論語≫를 가르쳤다.

658) 薜은……있는데 : ≪國語≫ 公序本에는 '薜'으로 되어 있고, 明道本에는 '襞'으로 되어 있다.

① 芪母는 앞에 이미 보이니, 이것은 芪母가 아니다.[659]

芪母前已見, 則此非芪母也.

② 是와 支의 반절이다. 제16부에 있다. 살펴보건대 풀이름에 해당하는 글자는 여기에 배열해서는 안된다.

是支切. 十六部. 案艸名之字, 不當廁此.

02-012-0584 苴(苴)〔신바닥 깔창 풀/저〕補

'신발 속의 바닥에 깔창으로 쓰는 풀'이다. 艸를 따르고 且(저)가 소리이다.

履中艸.① 从艸, 且聲.②

① ≪漢書≫ 〈賈誼傳〉에 "갓〔冠〕이 아무리 낡아도 신발의 깔창으로는 쓰지 않는다."라고 하였다. 인신하여 '苞苴'[660]의 뜻으로 쓴다.

賈誼傳, "冠雖敝, 不以苴履." 引伸爲苞苴.

② 且는 깔개이다. 이는 형성이면서 회의를 포함하고 있다. 子와 余의 반절이다. 제5部에 있다.[661]

且, 薦也. 此形聲包會意. 子余切. 五部.

02-012-0585 ⿱艹麤(⿱艹麤)〔짚신/추〕

'짚신'이다. 艸를 따르고 麤(추)가 소리이다.

艸履也.① 从艸, 麤聲.②

① ≪方言≫에 "실〔絲〕로 만든 것을 '履'라고 이르고, 삼〔麻〕으로 만든 것을 '不借'라고 이른

659) 芪母는……아니다 : ≪說文繫傳≫에서 "바로 지금의 '知母'이다.〔卽今之知母〕"라고 하였다.

660) 苞苴 : 부들이나 띠풀로 만든, 魚肉 등의 식품을 싸는 용구이다.

661) 제5部에 있다 : 苴자의 音이 〈六書音均表〉二의 〈古十七部諧聲表〉 제5部(且聲)에 있고, 또 〈今韻古分十七部表〉 제5部 〈六書音均表〉一의 〈今韻古分十七部表〉 제5部에 있다는 뜻이다. 여기서 "〈今韻古分十七部表〉 제5部에 있다"는 것은, 苴자를 ≪廣韻≫에서 찾아보면 '上平 9魚'에 속해 있고 이 '9魚'가 〈今韻古分十七部表〉의 제5部에 있다는 말이다. 그리고 〈今韻古分十七部表〉는 ≪廣韻≫에 수록된 今韻 206韻目字들을 ≪詩經≫에 쓰인 옛 韻字를 기준으로 총 17部로 나누어 놓은 표이다. 그러므로 苴자의 古音(古韻)과 今音(今韻)은 모두 〈六書音均表〉의 제5部에 있음을 알 수 있다. 다른 표제자에서도 '古音'이란 말이 없이 '○部'라고만 표기한 경우 모두 이와 같다.

다. 거친 것을 '屨(구)'라고 이르며, 동북 지방과 朝鮮의 한강〔洌水〕 지역에서는 '靰角(앙각)'이라고 하며, 남방 楚나라의 長江과 沔水(면수) 지역에서는 모두 이를 '麤'라고 한다."라고 하였다. ≪急就篇≫에 "나막신〔屐〕·짚신〔屩〕·미투리〔絜〕·짚신〔麤〕"이라고 하였다. ≪儀禮≫〈喪服傳〉의 '疏屨'에 대한 鄭玄 注에 "疏는 麤와 같다."라고 하였다. 살펴보건대, ≪儀禮≫ 注·≪方言≫·≪急就篇≫의 '麤'자는 모두 麤의 생략형이다. '疏屨'는 藨草(표초)와 蒯草(괴초)로 만든 짚신으로, 풀로 만드는 것이다.

方言曰, "以絲作之者謂之履, 以麻作之者謂之不借, 麤者謂之屨. 東北朝鮮洌水之間謂之靰角, 南楚江沔之間總謂之麤." 急就篇"屐屩絜麤." 儀禮喪服傳疏屨注云 "疏猶麤也." 按禮注·方言·急就之麤字, 皆麤字之省. 疏屨者, 藨蒯之菲, 則是艸爲之.

② 倉과 胡의 반절이다. 제5部에 있다.

倉胡切. 五部.

02-012-0586 蕢(蕢)〔삼태기/궤〕【重文 1】

'삼태기'이다. 艸를 따르고 貴(귀)가 소리이다. 臾(臾)는 蕢의 古文이다. 상형이다. ≪論語≫〈憲問〉에 "삼태기〔臾〕를 메고 孔氏의 문 앞을 지나갔다."라고 하였다.

艸器也.① **从艸, 貴聲.**② **臾, 古文蕢. 象形. 論語曰, "有荷臾而過孔氏之門."**③

① ≪孟子≫〈告子 上〉에 "발 크기를 모르고 신발을 만들어도, 나는 그것이 삼태기가 되지 않을 줄 안다."라고 하였으니, 삼태기는 물건을 담는 그릇임을 알 수 있다.

孟子曰, "不知足而爲屨, 我知其不爲蕢也." 知蕢是盛物之器.

② 求와 位의 반절이다. 제15部에 있다.

求位切. 十五部.

③ 이것은 古文의 ≪論語≫이며, 〈憲問〉의 글이다.

此古文論語也, 憲問篇.

02-012-0587 蕶(蓡)[662]〔덮을/침〕

'덮다'이다. 艸를 따르고 侵(침)의 생략형이 소리이다.

覆也. 从艸, 侵省聲.①

662) 蓡 : ≪正字通≫〈艸部〉에 "蓡은 蕶의 本字이다.〔蓡 蕶本字〕"라고 하였다.

① 七과 朕의 반절이다. 제7部에 있다.
七朕切. 七部.

02-012-0588 (茵)〔수레 안에 까는 겹자리/인〕補【重文 1】

'수레 안에 까는 겹자리'이다. 艸를 따르고 因(인)이 소리이다. 鞇(鞇)은 司馬相如의 해설에 '茵이니, 革을 따랐다.'라고 하였다.

車重席也.① 从艸, 因聲.② 鞇, 司馬相如說'茵从革.'③

① ≪詩經≫ 〈秦風 小戎〉에 "文茵"이라고 하였는데, 〈文茵의〉 '文'은 호랑이가죽이니[663] 〈文茵은〉 호랑이가죽으로 茵을 만든 것이다.
秦風"文茵." 文, 虎皮也, 以虎皮爲茵也.

② 於와 眞의 반절이다. 제12部에 있다.
於眞切. 十二部.

③ 아마도 司馬相如의 ≪凡將篇≫에 나오는 글자인 듯하다. ≪廣雅≫ 〈釋器〉에 "鞋韉(두박)을 '鞇'이라고 한다."라고 하였고, ≪釋名≫ 〈釋車〉에 "鞋韉은 '수레 안에 까는 겹자리'이다."라고 하였다.
蓋亦凡將篇字. 廣雅釋器曰, "鞋韉謂之鞇." 釋名曰, "鞋韉, 車中重薦也."

02-012-0589 (芻)〔베어 놓은 꼴/추〕補

'베어놓은 풀'이다. 풀을 감싸 묶은 모양을 본떴다.

刈艸也.① 象包束艸之形.②

① 소와 말을 먹일 수 있는 풀을 이른다.
謂可飤牛馬者.

② 叉와 愚의 반절이다. 古音은 제4部에 있다.[664]

---

663) 文茵의……호랑이가죽이니 : ≪詩經≫ 〈秦風 小戎〉의 "文茵"에 대한 毛亨 傳에는 "文茵은 '호랑이가죽'이다.〔文茵 虎皮也〕"라고 하였다.

664) 古音은……있다 : 芻의 古音이 〈六書音均表〉二, 〈古十七部諧聲表〉 제4部에 있었는데, 뒤에 芻의 音이 변하여 〈六書音均表〉 가운데 제1표인 〈今韻古分十七部表〉의 제5부(10虞)에 들어가 있다는 뜻이다. 즉 〈今韻古分十七部表〉는 ≪廣韻≫에 수록된 今韻 206韻目字들을 ≪詩經≫에 쓰인 옛 韻字를 기준으로 총 17部로 나누어 놓은 표인데, 芻자는

叉愚切. 古音在四部.

02-012-0590 (茭)〔마른 꼴/교〕

'마른 꼴'이다. 艸를 따르고 交(교)가 소리이다. 일설에는 '牛蘄艸(우기초)'[665]라고 한다.

乾芻.① **从艸, 交聲.**② **一曰牛蘄艸.**③

① ≪尙書≫ 〈費誓〉에 "너의 꼴과 건초를 비축하라."라고 하였다. 鄭玄 注에서도 같다.
(粊)〔費〕[666]誓曰, "峙乃芻茭." 鄭注同.

② 古와 肴의 반절이다. 제2部에 있다.
古肴切. 二部.

③ 이는 별도의 다른 뜻이며, ≪爾雅≫ 〈釋艸〉에 보인다.[667] 蘄는 音이 祈(기)이다.
此別一義, 見釋艸. 蘄音祈.

02-012-0591 (荹)〔어지럽게 난 풀/보〕

'어지럽게 난 풀'이다. 艸를 따르고 步(보)가 소리이다.

亂艸.① **从艸, 步聲.**②

① ≪玉篇≫ 艸部에 "소와 말을 먹이는 풀이다. 어지럽게 난 풀이다."라고 하였다.
玉篇曰, "牛馬艸. 亂稾也."

② 薄과 故의 반절이다. 제5部에 있다.
薄故切. 五部.

≪광운≫의 '上平 10虞'에 속해 있고 이 '10虞'는 〈今韻古分十七部表〉의 제5부에 있기 때문이다. 이는 〈六書音均表〉四인 〈詩經韻分十七部表〉 제4部의 '古本音'에 "芻 : 芻聲은 이 部(제4부)에 있다. ≪詩經≫ 〈唐風 綢繆〉에 한번 보인다. 지금은 虞로 들어갔다.〔芻 芻聲在此部 詩綢繆一見 今入虞〕"라는 글이 증명해준다. 다른 표제자의 古音에 대한 部 표기도 이와 같다.

665) 牛蘄艸(우기초) : 미나리와 비슷하며 먹을 수 있는 채소이다.

666) (粊)〔費〕 : 저본에는 '粊'로 되어 있으나, ≪尙書正義≫에 의거하여 '費'로 바로잡았다. 阮元의 校勘記에 의하면, '粊'는 古文 ≪尙書≫에 의거한 것이라고 한다.

667) 爾雅……보인다 : ≪爾雅≫ 〈釋艸〉에 "茭는 '牛蘄'이다.〔茭 牛蘄〕"라고 하였다.

02-012-0592 (茹)〔말에게 여물 먹일/여〕 補

'말에게 〈여물을〉 먹이다.'이다. 艸를 따르고 如(여)가 소리이다.

飤馬也. 从艸, 如聲.①

① 人과 庶의 반절이다. 제5部에 있다.
人庶切. 五部.

02-012-0593 (莝)〔썰어놓은 마른 꼴/좌〕

'썰어놓은 마른 꼴'이다. 艸를 따르고 坐(좌)가 소리이다.

斬芻.① **从艸, 坐聲.**②

① 작두로 썰어놓은 꼴풀을 이른다.
謂以鈇斬斷(斷)之芻.

② 麤와 臥의 반절이다. 제17部에 있다. ≪詩經≫ 〈小雅 鴛鴦〉에 "여물을 먹이고 곡식을 먹이다.〔秣之摧之〕"라고 하였는데, 〈毛亨 傳에〉 摧를 '莝'라고 하였다. '莝之'는 '여물을 〈말에게〉 먹인다'는 뜻이다.
麤臥切. 十七部. 小雅"秣之摧之." 以摧爲莝. 莝之者, 以莝飤馬也.

02-012-0594 (萎)〔소에게 여물 먹일/위〕

'소에게 여물을 먹이다.'이다. 艸를 따르고 委(위)가 소리이다.

食牛也.① **从艸, 委聲.**②

① 아래 글('蔌'자의 해설)에 "곡식을 말에게 먹이다."라고 하였으니, 그렇다면 소와 말을 통틀어 '萎'라고 일컫는 것이다.
下文云 "以穀萎馬." 則牛馬通偁萎.

② 於와 僞의 반절이다. 제16部에 있다. 지금의 글자는 餧(먹일/위)로 되어 있는데, ≪禮記≫ 〈月令〉에 보인다.[668)]
於僞切. 十六部. 今字作餧, 見月令.

---

668) 餧(먹일/위)로……보인다 : ≪禮記≫ 〈月令〉에 "짐승에게 먹이는 독약〔餧獸之藥〕"이라고 하였다.

02-012-0595 (蔌)〔곡물이 섞여 있는 여물/책〕

'말에게 먹이는 곡물이 마른 여물 속에 섞여 있는 것'이다. 艸를 따르고 敕(책)이 소리이다.

曰穀萎馬, 置莝中.① 从艸, 敕聲.②

①〈말에게 먹이는〉 곡물을 '餘(말)'이라 하고, 곡물이 마른 여물 속에 섞여 있는 것을 '蔌'이라 한다.
以穀曰餘, 穀襍莝中曰蔌.

② 楚와 革의 반절이다. 古音은 제16部에 있다.
楚革切. 古音十六部.

02-012-0596 (苗)〔잠박/곡〕

'잠박'이다. 艸를 따르고 曲(곡)이 소리이다.

蠶薄也.① 从艸, 曲聲.②

① ≪詩經≫〈國風 豳風〉의 毛亨 傳에 "갈대를 미리 비축해 놓으면, 이것으로 잠박〔曲〕을 만들 수 있다."라고 하였다. ≪禮記≫〈月令〉季春에 "曲과 '잠박을 매다는 짤막한 기둥〔植〕'과 네모난 광주리〔筥〕와 둥근 광주리〔筐〕를 갖춘다."라고 하였는데, 鄭玄 注에 "曲은 '잠박〔薄〕'이다."라고 하였다. ≪方言≫에 "薄은 宋·魏·陳·楚·江水·淮水 지역에서는 '苗'이라 하고, 혹은 '麴(국)'이라고도 한다. 함곡관 서쪽 지역에서는 '薄'이라 하고 南楚에서는 '蓬薄'이라고 한다."라고 하였다.
살펴보건대, 曲과 苗은 같은 글자이다. ≪說文解字≫의 '曲部'에 "或說에 曲은 '蠶薄'이라고 한다."라고 하였으니, 이는 許愼이 이 두 가지 字形을 아울러 쓴 것이다.
豳風毛傳曰, "豫畜萑葦, 可以爲曲也." 月令季春"具曲·植·筥·筐." 注曰, "曲, 薄也." 方言"薄, 宋·魏·陳·楚·江·淮之閒謂之苗, 或謂之麴. 自關而西謂之薄, 南楚謂之蓬薄." 案曲與苗同. 曲部云 "或說, 曲, 蠶薄也." 是許兼用此二形.

② 邱와 玉의 반절이다. 제3部에 있다.
邱玉切. 三部.

02-012-0597 (蔟)〔누에섶/족〕

'누에를 올리는 섶'이다. 艸를 따르고 族(족)이 소리이다.

行蠶蓐. 从艸, 族聲.①

① 千과 木의 반절이다. 제3部에 있다. 인신하여 六律 가운데 太蔟(태주)의 '蔟'자로 쓴다. 七과 豆의 반절이다.
千木切. 三部. 引伸爲六律大蔟字, 七豆切.

02-012-0598 (苣)〔횃불/거〕補

'갈대를 묶어 불태우는 것(횃불)'이다. 艸를 따르고 巨(거)가 소리이다.

束葦燒也.① **从艸, 巨聲.**②

① ≪後漢書≫〈皇甫嵩傳〉에 "〈軍士들이 모두〉 갈대를 묶어 횃불을 만들어 城으로 올라갔다."라고 하였다. 민간에서는 〈苣를〉 炬(횃불/거)로 쓰고, 〈苣를〉 '苣藤(검은깨/거승)'·'萵苣(상추/호거)'의 '苣'자로 쓴다.[669]
後漢書皇甫嵩傳"束苣乘城." 俗作炬, 以此爲苣藤·萵苣字.

② 其와 呂의 반절이다. 제5部에 있다.
其呂切. 五部.

02-012-0599 (蕘)〔풀을 베어 말린 땔감/요〕補

'풀을 베어 말린 땔감'이다. 艸를 따르고 堯(요)가 소리이다.

艸薪也.① **从艸, 堯聲.**②

① '艸'자는 ≪經典釋文≫〈毛詩音義〉에 의거하여 보충하였다. ≪詩經≫〈大雅 板〉에 "芻蕘(추요)에게 물었다."라고 하였는데, 毛亨 傳에 "芻蕘는 '땔나무를 하는 자'이다."라고 하였다. 살펴보건대, ≪說文解字≫에서는 '식물'로 말하고, ≪詩經≫에서는 '사람'으로 말하였다.

---

669) 민간에서는……쓴다 : 炬는 苣의 俗字이며, 苣(횃불/거)가 '苣藤(검은깨/거승)'·'萵苣(상추/호거)로 쓰인 가차임을 밝힌 것이다.

艸字依詩釋文補. 大雅"詢於芻蕘." 毛曰, "芻蕘, 薪采者." 按說文謂物, 詩義謂人.

② 如와 昭의 반절이다. 제2部에 있다.
如昭切. 二部.

02-012-0600 (薪)〔풀을 베어 말린 땔감/신〕補

'풀을 베어 말린 땔감'이다. 艸를 따르고 新(신)이 소리이다.

蕘也. 从艸, 新聲.①

① 息과 鄰의 반절이다. 제12部에 있다.
息鄰切. 十二部.

02-012-0601 (蒸)〔껍질을 벗긴 삼대/증〕補【重文 1】

'삼〔麻〕에서 껍질을 벗긴 삼대'이다. 艸를 따르고 烝(증)이 소리이다. (菳)은 蒸의 或體이니, 火(灬)를 생략한 것이다.

析麻中榦也.① **从艸, 烝聲.**② **, 蒸或省火.**③

① 析은 各本에 折로 되어 있는 것은 잘못이다. 생각건대, 삼 줄기에서 껍질을 벗겨낸〔朩〕- 音은 匹과 刃의 반절이다.-670) 것을 '麻'라 하고, 그 속의 줄기를 '蒸'이라 이르고 또한 '菆(겨릅대/추)'라 이르기도 하는데, 지금의 민간에서 이른바 '麻骨棓(마골부)'이다. 潘嶽의 〈西征賦〉의 李善 注에 "菆井은 渭城에 있는 麻蒸(겨릅대/마증)을 사고파는 시장이다."라고 하였고, ≪詩經≫의 箋에 "〈땔나무가〉 거친 것을 '薪'이라 하고, 가느다란 것을 '蒸'이라 한다."라고 하였으며, ≪周禮≫ 〈天官 甸師〉의 鄭玄 注에 "〈땔나무가〉 큰 것을 '薪'이라 하고, 작은 것을 '蒸'이라고 한다."671)라고 하였으니, 이는 薪과 蒸이 모두 반드시 麻骨(겨릅대)를 이르는 것이 아님을 말한 것이다.

옛날에는 대개 횃불감으로 蒸을 사용하였는데, ≪管子≫ 〈弟子職〉에 "蒸 사이에 蒸

---

670) 朩……반절이다 : ≪說文解字≫의 朩部에 "朩(빈)은 '삼 줄기에서 껍질을 분리하다'이다.……髕과 같이 읽는다.〔朩 分枲莖皮也……讀若髕〕"라고 하였는데, 단옥재 注에서 髕의 音을 "匹과 刃의 반절이다〔匹刃切〕"라고 하였다.

671) 周禮……한다 : ≪周禮≫ 〈天官 甸師〉의 "부하들을 거느리고 內饔·外饔의 일에 사역하여 薪과 蒸을 공급한다.〔帥其徒 以薪蒸 役外內饔之事〕"에 대한 鄭玄 注에 "땔나무가 큰 것을 '薪'이라 하고 작은 것을 '蒸'이라 한다.〔木大曰薪 小曰蒸〕"라고 하였다.

이 〈하나 더〉 들어갈 만큼의 간격을 둔다."[672)]라고 하였고, ≪詩經≫ 〈小雅 巷伯〉의 毛亨 傳에 "蒸이 다 타버리자, 지붕의 지푸라기를 뽑아 계속해서 불을 밝혔다."라고 한 것이 이것이다.

析, 各本作折, 誤. 謂朩-音匹刃切.-其皮爲麻, 其中莖謂之蒸, 亦謂之菆, 今俗所謂麻骨棓也. 潘嶽西征賦李注云"菆井卽渭城賣麻蒸市也." 毛詩(傳)〔箋〕[673)]曰, "粗曰薪, 細曰蒸." 周禮甸師注云"大曰薪, 小曰蒸." 是凡言薪蒸者皆不必專謂麻骨. 古凡燭用蒸, 弟子職云"蒸間容蒸." 毛詩傳云"蒸盡, 搯屋而繼之."是也.

② 煮와 仍의 반절이다. 제6部에 있다.

煮仍切. 六部.

③ 丞聲과 烝聲은 동일하다. ≪儀禮≫의 〈大射儀〉의 注와 〈旣夕禮〉의 注에는 모두 이 菶으로 되어 있다.[674)] 張淳과 葉林宗[675)]이 보았던 ≪經典釋文≫도 모두 그러하다.

丞聲烝聲一也. 大射儀注・旣夕禮注皆作此菶. 張淳・葉林宗所見釋文皆爾.

02-012-0602 蕉(蕉)〔생마, 파초/초〕

'生枲(생마/생시)'이다. 艸를 따르고 焦(초)가 소리이다.

生枲也.① 从艸, 焦聲.②

① 枲는 麻이다. 生枲는 아직 물에 불려 가공하지 않은 것을 이른다. 지금 민간에서는 '蕉'

672) 蒸……둔다 : ≪管子纂詁≫ 〈弟子職〉 59의 "總을 놓아두는 방법〔錯總之法〕"에 대하여, 明나라 趙用賢은 "總은 '묶는다'이다. 옛날에는 薪蒸을 묶어 횃불을 만들었기 때문에 '總'이라고 말한 것이다.〔總 束也 古者 束薪蒸以爲燭 故謂之總〕"라 하였고, 또 같은 곳의 "蒸間容蒸"에 대하여 "蒸은 가느다란 薪이다. 蒸을 조금 느슨하게 묶어서 蒸 사이에 각각 蒸이 하나 더 들어갈 만큼의 간격을 두어 火氣를 통하게 한다.〔蒸 細薪也 稍寬其束 使其蒸間可各容一蒸 以通火氣〕"라고 하였다.

673) (傳)〔箋〕: 저본에는 '傳'으로 되어 있으나, ≪詩經≫ 〈小雅 無羊〉의 "薪을 베고 蒸을 벤다.〔薪以蒸〕"에 대한 鄭玄 箋에 "粗曰薪 細曰蒸"라고 한 것에 의거하여 '箋'으로 바로잡았다.

674) 儀禮의……있다 : ≪儀禮註疏≫ 〈大射儀〉의 "甸人이 들에서 큰 촛불을 잡는다.〔甸人執大燭於庭〕"에 대한 鄭玄 注에 "甸人은 薪・蒸을 공급하는 일을 관장한다.〔甸人掌共薪蒸者〕"라 하였고, ≪儀禮註疏≫ 〈旣夕禮〉의 "횃불 두 개가 빈소의 문 밖에서 기다린다.〔二燭俟於殯門外〕"에 대한 鄭玄 注에 "횃불감으로 蒸을 쓴다.〔燭用烝〕"라 하여, 모두 '蒸'으로 되어 있다.

675) 張淳과 葉林宗 : 張淳(1121~1181)은 宋나라 사람으로 자는 忠甫이며, 乾淳 연간의 大儒이다. 薛士龍・鄭景望과 명성이 나란하며, 저서로 ≪儀禮識誤≫가 있다. 葉林宗(?~?)은 明나라 사람으로, 행적은 자세하지 않다. 다만 崇禎 연간에 文淵閣에 소장된 宋槧本에서 陸德明의 ≪經典釋文≫을 筆寫했는데, 이것이 바로 宋本 ≪經典釋文≫이다.

를 '芭蕉(파초)'의 '蕉'자로 쓴다. 楚金(徐鍇의 字)은 左思 〈吳都賦〉의 "蕉葛과 升越"[676]을 인용하였다.

살펴보건대, ≪本艸圖經≫에 "閩 땅 사람들은 재〔灰〕로 芭蕉의 껍질을 가공하여 매끄럽고 곱게 만들고 이를 길쌈하여 베〔布〕를 짜는데, 옛날의 錫衰(석최)[677]와 같다."라고 하였다.[678] 그러니 左思의 〈吳都賦〉에서 말한 '蕉'는 바로 芭蕉를 이르는 것이지 生枲가 아니다.

枲麻也. 生枲謂未漚治者. 今俗以此爲芭蕉字. 楚金引吳都賦"蕉葛(竹)〔升〕[679]越." 按本艸圖經云 "閩人灰理芭蕉皮令錫滑, 緝以爲布, 如古之錫衰焉." 左賦之蕉, 正謂芭蕉, 非生枲也.

② 卽과 消의 반절이다. 제2部에 있다.

卽消切. 二部.

02-012-0603 (菡)〔똥/시〕補

'똥'이다. 艸를 따르고 胃(위)의 생략형을 따랐다.

糞也. 从艸, 胃省.①

① 會意이다. 式과 視의 반절이다. 제15部에 있다. ≪春秋左氏傳≫과 ≪史記≫에서는 '矢'자를 假借하여 菡의 뜻으로 썼다.[680] 官溥[681]의 學說에, '𥻍(糞)'자 위쪽의 "米와 비슷하지만 米가 아니고 '矢'자이다."라고 하였으니, 이는 漢人들이 대부분 矢를 썼던 것이다.

會意也. 式視切. 十五部. 左氏傳・史記假借矢字爲之. 官溥說𥻍字之上"佀米而非米者, 矢字." 是漢人多用矢也."

---

676) 蕉葛과 升越 : 蕉葛은 파초의 섬유로 짠 베이며, '蕉布'라고도 한다. 升越은 올이 고운 삼베인 細布를 이른다.

677) 錫衰(석최) : '緆衰(석최)'와 같은 말로, 고대에 왕이 三公과 六卿을 위해 입던 細麻布(고운 삼베)로 만든 상복을 이른다.

678) 本艸圖經에……하였다 : ≪本艸圖經≫ 草部 下品之下 卷第九의 "甘蕉根"條에 보인다.

679) (竹)〔升〕: 저본에는 '竹'으로 되어 있으나, ≪文選≫에 실려 있는 左思의 <吳都賦>에 의거하여 '升'으로 바로잡았다.

680) 春秋左氏傳과……썼다 : ≪春秋左氏傳≫ 文公 18년에 "惠伯을 죽여서 말똥 속에 묻었다.〔殺而埋之馬矢之中〕"라고 하였고, ≪史記≫ 〈廉頗藺相如列傳〉에 "세 번이나 대변을 보았다.〔三遺矢〕"라고 하였다. 矢(화살/시)가 '똥/시'로 쓰인 것은 菡의 가차임을 밝힌 것이다.

681) 官溥 : ?~?. ≪說文解字≫ 〈說文解字敍〉에 "통달한 사람에게서 널리 채집하였다.〔博采通人〕"라고 한 '通人' 가운데 한 사람이다.

02-012-0604 𦵽(蕕)〔묻을, 메울/매〕補

'묻다'이다. 艸를 따르고 貍(매)가 소리이다.

瘞也.① 从艸, 貍聲.②

① ≪설문해자≫ 土部에 "瘞(예)는 '깊이 묻다'이다."라고 하였다.
土部曰, "瘞, 幽薶也."

② 莫과 皆의 반절이다. 古音은 제1部에 있다. ≪周禮≫ 〈地官 族師〉에서 '貍'자를 가차하여 薶의 뜻으로 썼다.[682] 지금 민간에서는 埋(묻을/매)로 쓴다.
莫皆切. 古音在一部. 周禮假借貍字爲之. 今俗作埋.

02-012-0605 蘉(蘉)〔상중의 거적자리/점〕

'喪中에 까는 거적자리'이다. 艸를 따르고 侵(침)이 소리이다.

喪藉也. 从艸, 侵聲.①

① 살펴보건대, 이 글자는 의심스럽다. 앞의 글(02-012-0587)에서 "蔓은 '덮다'이다. 艸를 따르고 侵의 생략형이 소리이다."라고 하였으니, 획을 하나 줄이거나 줄이지 않음으로써 다른 글자와 다른 뜻이 될 수 없는 것이 분명하다. 또한 徐鉉이 "失과 廉의 반절이다."라고 말하였으니, 苫과 음과 뜻이 같다. 苫은 본디 凶服 가운데 '덮거나 바닥에 펼쳐 까는 거적'이다. 또한 〈글자 배열의〉 차례로 탐색해보더라도 여기에 배열하는 것은 마땅하지 않다.
按此字可疑. 上文曰, "蔓, 覆也. 從艸, 侵省聲." 不得以一省一不省晝爲二字二義, 明矣. 且鉉曰, "失廉切", 則與苫音義同. 苫固凶服覆席也. 且以次第求之, 不當廁此.

02-012-0606 𣂺(𣂺)[683]〔자를/절〕補【重文2】

'자르다'이다. '낫〔斤〕으로 풀〔艸〕을 자르다'의 뜻을 따랐다. 〈이는〉 譚長(담장)[684]

682) 貍자를……썼다 : ≪周禮≫ 〈地官 族師〉에 "장례하고 매장하는 일을 돕는다.〔以相葬貍〕"라고 하였다. 貍(살쾡이/리)가 '묻을, 메울/매'로 쓰인 것은 薶의 가차임을 밝힌 것이다.

683) 𣂺 : 𣂺은 折의 本字이다. ≪玉篇≫ 〈艸部〉에 "𣂺은 '끊다'이다. 지금은 '折'로 쓴다.〔𣂺 斷也 今作折〕"라고 하였다.

의 학설이다. (𣃔)은 𣂚의 籒文이니, 풀이 얼음〔仌〕 속에 있는 뜻을 따랐다. 얼음은 차갑기 때문에 갈라진다. (㪿)은 𣂚의 篆文이니, 手(扌)를 따랐다.

斷也. 从斤斷艸. 譚長說.① , **籒文**𣂚, **从艸在**仌**中,** 仌**寒, 故折.**② , **篆文**𣂚, **从手.**③

① 會意이다. 食과 列의 반절이다. 제15部에 있다. ≪周禮≫ 〈天官 瘍醫〉에 "折瘍(절양)[685]"이라고 하였다. 劉昌宗[686]의 本에는 𣂚로 되어 있는데, 이는 漢人이 쓰던 옛 글자이다.
會意也. 食列切, 十五部. 周禮"折瘍" 劉昌宗本作𣂚, 此漢人之舊也.

② ≪廣雅≫ 〈釋器〉의 '膌[687]'자는 이를 따랐다.
廣雅釋器膌字從此.

③ 살펴보건대, 이 글자는 唐나라 이후 사람들이 함부로 보탠 것이다. '낫으로 풀을 자르다'는 뜻의 글자는 小篆이고, '풀이 얼음 속에 있다'는 뜻의 글자는 籒文이며, '手를 따르고 斤을 따랐다'는 것은 隸書 글자이다. ≪九經字樣≫ 手部에 "≪설문≫에는 𣂚로 되어 있고, 隸書는 생략형인 折로 되어 있다."라고 하였다. ≪類篇≫ 手部와 ≪集韻≫ 入17 薛에 모두 "隸書는 手를 따랐다."라고 하였으니, 折은 篆文이 아닌 것이 분명하다.
按此唐後人所妄增. 斤斷艸, 小篆文也. 艸在仌中, 籒文也. 從手從斤, 隸字也. 九經字樣云 "說文作𣂚, 隸省作折." 類篇・集韻皆云 "隸從手." 則折非篆文, 明矣.

02-012-0607 (卉)〔풀의 총칭/훼〕補

'풀의 총칭'이다. 艸・屮을 따랐다.

艸之總名也.① 从艸屮.②

---

684) 譚長 : ?~?. ≪說文解字≫에 학설이 인용된 사람으로, 〈說文解字敍〉에 "통달한 사람에게 널리 채집했다.〔博采通人〕"라고 한 '通人' 중의 한 사람이다.

685) 折瘍(절양) : ≪周禮≫ 〈天官 瘍醫〉의 "折瘍"에 대한 鄭玄 注에 "折瘍은 구부러지거나 넘어져서 생기는 瘡瘍이다.〔折瘍 踠跌者〕"라고 하였다. 淸나라 孫詒讓의 ≪周禮正義≫에 "踠跌(원질)은 손과 발이 구부러지거나 넘어져서 생기는 창양을 이른다. 이로 인하여 肢體를 자르기 때문에 이를 '折瘍'이라고 한다.〔踠跌 謂手足宛屈及蹷仆 因而折損支體 故謂之折瘍〕"라고 하였다.

686) 劉昌宗 : 晉나라 사람으로 ≪周禮音≫・≪儀禮音≫ 각 1권과 ≪禮記音≫ 5권을 편찬하였다.

687) 膌 : ≪廣雅≫ 〈釋器〉에 "膌은 '기름〔脂〕'이다."라고 하였다. 膌은 脂(소・양의 기름/절)과 같은 글자이다.

① ≪方言≫ 第十에 "卉는 풀이다. 東越과 楊州의 지역에서는 '卉'라고 한다."라고 하였다.
方言曰, "卉, 艸也. 東越楊州之閒曰卉."

② 3개의 屮은 바로 3개의 艸이니, 會意이다. 許와 偉의 반절이다. 제15部에 있다.
三屮卽三艸也, 會意. 許偉切. 十五部.

02-012-0608 艽(艽)〔도읍에서 먼 황량한 곳/구〕補

'도읍에서 먼 황량한 곳'이다. 艸를 따르고 九(구)가 소리이다. ≪詩經≫ 〈小雅 小明〉에 "도읍에서 멀리 떨어진 황량한 곳에 이르렀다."라고 하였다.

遠荒也.① 从艸, 九聲.② 詩曰, "至于艽野."

① 艽라는 말은 究이며 '궁극'이란 뜻이다.
艽之言究也, 竆也.

② 巨와 鳩의 반절이다. 제3部에 있다.
巨鳩切. 三部.

02-012-0609 蒜(蒜)〔훈채/산〕

'葷菜(훈채)'이다. '채소 가운데 맛있는 것'이니, 雲夢澤(지명)에서 나는 葷菜이다. 艸를 따르고 祘(산)이 소리이다.

葷菜也. 菜之美者, 雲夢之葷菜.① 从艸, 祘聲.②

① ≪經典釋文≫ 〈爾雅音義〉・≪齊民要術≫・≪太平御覽≫에 인용된 글[688]은 모두 이 아홉 글자(菜之美者 雲夢之葷菜)로 되어 있다. ≪경전석문≫ 〈이아음의〉에 "어떤 판본에는 이(아홉 글자)와 같다."[689]라고 하였으니, 지금은 〈여기에〉 두 구절(菜之美者 雲夢之葷菜)만 남겨

---

688) 爾雅音義……글 : ≪爾雅≫ 〈釋艸〉의 "蒿 山蒜(蒿(력)은 산마늘이다.)"에 대한 ≪經典釋文≫ 〈爾雅音義〉에 "蒜은 西와 亂의 반절이다. ≪說文≫에 '〈蒜은〉 葷菜이다.'라고 하였고, 어떤 본에는 '채소 중에 좋은 것이니, 운몽의 훈채이다.'라고 하였다.〔蒜 西亂反 說文云 葷菜也 一本云 菜之美者 雲夢之葷菜〕"라고 하였다. ≪齊民要術≫ 권10 〈菜茹〉에 "蒜은 ≪說文≫에 '채소 가운데 맛있는 것이니, 雲夢에서 나는 煮菜이다.'라고 하였다.〔蒜 說文曰 菜之美者 雲夢之煮菜〕"라고 하였다. ≪太平禦覽≫ 권977 〈菜茹部二 蒜〉에 "채소 가운데 맛있는 것은 雲夢에서 나는 葷菜이다.〔菜之美者 雲夢之葷菜〕"라고 하였다.

689) 어떤……같다 : 바로 앞 주석에 "다른 본에는 '채소 중에 맛있는 것으로 雲夢에서 나는

놓았다. ≪大戴禮記≫ 〈夏小正〉 12월에 "卵蒜(난산)을 바친다〔納〕. '卵蒜'은 무엇인가? 뿌리가 달걀만한 것이다. 納은 무슨 뜻인가? '군주에게 바친다'는 뜻이다."라고 하였다.

살펴보건대, 經文의 卵蒜은 지금의 小蒜(달래)이다. 대체로 물건이 작은 것을 '卵'이라고 일컫는다. ≪禮記≫ 〈內則〉의 "卵醬(난장)"은 바로 鯤醬(곤장)이다.[690] ≪詩經≫ 〈齊風 甫田〉에 "쌍상투를 한 總角이다."라고 한 말은 '나이가 어린 것'을 이른다. 卝은 ≪說文≫의 '卵'자이다.[691]

陶貞白[692]은 "小蒜을 '亂子'라고 부르는데 亂의 音은 亂이다."라고 하였으니, 바로 ≪大戴禮記≫ 〈夏小正〉의 '卵'字이다. 大蒜(마늘)은 바로 張騫(장건)[693]이 西域에서 처음으로 얻었다는 것이다. ≪本艸≫에 "大蒜을 '葫'라고 부르고, 小蒜을 '蒜'이라고 부른다."라고 하였으니, 대체로 처음에는 大蒜을 蒜과 구별하고 뒤에 다시 小蒜을 大蒜과 구별하였다. 옛날에는 단지 蒜만 있었을 뿐이다.

爾雅音義・齊民要術・太平御覽引, 皆作此九字. 音義云 "一本如是", 今兩存之. 大戴禮夏小正十二月"納卵蒜. 卵蒜者何, 本如卵者也. 納者何, 納之君也." 案經之卵蒜, 今之小蒜也, 凡物之小者偁卵. 禮之卵醬, 卽鯤醬. 詩之"總角卝兮" 謂幼稚也. 卝者, 說文卵字也. 陶貞白云 "小蒜名亂子, 亂音亂." 卽小正卵字. 其大蒜乃張騫始得自西域者. 本艸"大蒜名葫, 小蒜名蒜." 蓋始以大蒜別於蒜, 後複以小蒜別於大蒜, 古祇有蒜而已.

② 蘇와 貫의 반절이다. 제14部에 있다. 살펴보건대, '蒜'자는 '董'자 다음에 배열해야 한다. 그런데 지금 여기에 있는 것은 傳寫하는 자가 그곳에서 빼다가 여기에 보충한 것이다. 혹자는 "아래에 나오는 '芥・葱'자와 연달아 배열해야 하며, 또한 大篆의 茻(망)을 따른 글자 가운데 하나이다."라고 하였다.

蘇貫切. 十四部. 案蒜字當聯董字之下. 今在此者, 寫者脫而補於此. 或曰, "當下屬芥葱字, 亦大篆從茻之一也."

아래에 있는 글자 53개와 중복자 2개는 大篆에서 茻(망)을 따른 글자들이다.

左文五十三, 重二, 大篆從茻.

董茱이다.'라고 하였다.〔一本云 茱之美者 雲夢之董茱〕"라고 한 말을 가리킨다.

690) 卵醬은……鯤醬(곤장)이다 : ≪禮記≫ 〈內則〉의 "卵醬"에 대한 鄭玄 注에 "卵은 鯤(곤)과 같이 읽어야 한다. 鯤은 '물고기 알〔魚子〕'이다.〔卵讀爲鯤 鯤 魚子〕"라고 하였다.

691) 卝은……卵자이다 : ≪說文解字≫ 13편下의 '卵'자에 "卝은 卵의 古文이다.〔卝 古文卵〕"라고 하였다.

692) 陶貞白 : ?~?. 南朝의 齊나라 隱士인 陶弘景을 가리킨다. 貞白은 그의 시호이다.

693) 張騫 : ?~B.C. 114. 漢나라 武帝 때의 문신이다. 西域 지방에 사신으로 갔다왔고, 中郎將을 지냈으며 博望侯에 봉해졌다.

左는 𠂇가 되어야 하니, 아마도 許愼의 시대에 〈𠂇가〉 이미 左로 통용되었기 때문에 허신이 俗字를 따른 듯하다.

아래에 있는 글자 53자 모두 小篆은 艸를 따르고 大篆은 茻을 따랐으니, 예컨대 芥(개)는 莽로 되어 있고 葱(총)은 𦵔으로 되어 있는 것과 같으며, 나머지도 같다. 말을 간단하게 줄인 것을 모두 여기에서 알 수 있으니, 바로 目下의 글(左文五十三 重二 大篆從茻) 때문이다. 이 때문에 苹(개구리밥/평)과 蓱(개구리밥/평)은 동일한 식물이지만 서로 연달아 배열하지 않았고, 蒹(겸)·薍(완)·菼(담)·薕(렴)과 萑(환)·葭(가)는 동일한 식물이지만 서로 연달아 배열하지 않았으며, 蓼(료)와 薔(장)은 동일한 식물이지만 서로 연달아 배열하지 않았고, 虋(란)과 茆(묘)는 동일한 식물이지만 서로 연달아 배열하지 않았으며, 蒸(증)과 菆(추)는 동일한 식물이지만 서로 연달아 배열하지 않았으니, 모두 이로 말미암아 분별한 것이다. ≪汗簡≫과 ≪古文四聲韻≫ 같은 경우는 광범위하게 大篆을 찾았지만 이 53개의 글자를 거론할 줄 몰랐으니, 이는 허술한 것이다.

또한 살펴보건대, 徐鍇本에는 이 11개의 大字(左文五十三 重二 大篆從茻)가 없지만, '艽(변방/구)'자의 아래에 '蘇(차조기/소)'자·'芓(암삼/자)'자·'萁(암삼/이)'자를 이어 배열하고, 바로 뒤에 蒜·芥·葱 〈3자를〉 이어 배열하였다. 蘇와 荏(임)은 동일한 식물인데 서로 연달아 배열하지 않고, 芓·萁는 萉(비)와 같은 종류이지만 서로 연달아 배열하지 않았으며, 蒜은 葷(훈)과 같은 종류이지만 서로 연달아 배열하지 않았다. 또한 䓊(오) 아래에 '蓻(축)'자가 나오고, 茆 아래에 '苗(적)'자가 거듭 나오고 다시 '莆(보)'자가 나오며, 茸(용) 아래에 '萑(추)'자가 나오는 것은 모두 徐鉉本과 같지 않다. 대체로 글자를 고친 것이 많으므로, 근거 없이 고집을 세워 말할 수가 없다.

徐鉉本의 11개 大字는 결단코 쓸데없이 논한 것이 아니기 때문에 徐鉉本을 그대로 따른 지가 오래 되었다. 그러나 잘못되고 겹친 글자인 菰(菦(02-012-0500, 풀이름/은)의 譌字)과 蒟(02-012-0547, 풀이 클/도)를 산삭하고, '萑'자는 徐鍇本을 따라 취하여, 52개의 글자를 추가하였다.

左當作𠂇, 蓋許時已通用左, 許從俗也. 在左之字五十三, 皆小篆從艸, 大篆從茻, 如芥作莽, 葱作𦵔, 餘同. 省約其辭, 總識於此, 以目下文. 是以苹與蓱一物而不相屬, 蒹薍菼薕與萑葭一物而不相屬, 蓼與薔一物而不相屬, 虋與茆一物而不相屬, 蒸與菆一物而不相屬, 皆由此分別. 若汗簡古文四聲韻廣搜大篆, 不知擧此五十三文, 是爲疏矣. 又案鍇本無此十一大字, 而艽字之下繫以蘇字·芓字·萁字, 乃後系以蒜芥葱字. 蘇與荏一物不相屬, 芓萁與萉同類不相屬, 蒜與葷同類不相屬. 又䓊下出蓻字, 茆下重出苗字, 又出莆字, 茸下出萑字, 皆與鉉本不同. 蓋改竄者多, 莫能肊說. 鉉本十一大字斷非鑿空, 故仍鉉舊, 而刪[694]菰蒟之譌複, 萑字從鍇本, 得五十二文云.

---

694) 𠛱 : 刪의 古字이다.

02-012-0610  (芥) 〔채소이름/개〕 補

'채소이름'이다. 艸를 따르고 介(개)가 소리이다.

菜也.① 从艸, 介聲.②

① 가차하여 草芥(지푸라기/초개) · 纖芥(티끌/섬개)의 芥로 쓴다.
借爲艸芥 · 纖芥字.

② 古와 拜의 반절이다. 제15部에 있다. 籒文은 莽로 되어 있다.
古拜切. 十五部. 籒文作莽.

02-012-0611  (蔥)[695] 〔채소이름/총〕 補

'채소이름'이다. 艸를 따르고 悤(총)이 소리이다.

菜也.① 从艸, 悤聲.②

① ≪爾雅≫ 〈釋艸〉의 "茖(각)은 山蔥(산파/산총)이다."라는 구절의 '山蔥'과 ≪管子≫에서 말한 "冬蔥"[696]은 모두 파〔蔥〕의 종류이다.
爾雅"茖, 山蔥." 管子"冬蔥", 皆蔥之屬.

② 倉과 紅의 반절이다. 제9部에 있다. 籒文은 蕻으로 되어 있다.
倉紅切. 九部. 籒文作蕻.

02-012-0612  (蒮) 〔풀이름/욱〕

'풀이름'이다. 艸를 따르고 隺(혹)이 소리이다. ≪詩經≫에 "鬱(산앵도/울)과 蒮을 먹는다."[697]라고 하였다.

艸也.① 从艸, 隺聲.② 詩曰, "食鬱及蒮."③

---

695) 蔥 : 葱의 古字이다.

696) 冬蔥 : ≪管子≫ 〈戒〉에 "북방의 山戎을 정벌하고, 冬葱과 戎叔을 반출하여 천하에 배포하였다.〔北伐山戎 出冬蔥與戎叔 布之天下〕"라고 하였다.

697) 詩經에……먹는다 : 이 해석에 대한 원문의 "六月食鬱及蒮"은 ≪韓詩外傳≫에는 없고, ≪詩經≫ 〈豳風 七月〉에 "6월에는 鬱과 薁(머루/욱)을 먹는다.〔六月食鬱及薁〕"라는 글이 보인다.

① ≪爾雅≫ 〈釋艸〉에 "雚은 '산부추'이다."라고 하였는데, 郭璞 注에 "山中에 이러한 채소가 많이 있는데, 民家에서 파종한 것과 같다."라고 하였다. 그러므로 許愼이 '나물'이라고 말하지 않은 듯하다.
爾雅"雚, 山韭." 郭注謂 "山中多有此菜, 如人家所種者." 故許不謂之菜與.

② 余와 六의 반절이다. 古音은 제2部에 있다. 籒文은 蘿으로 되어 있다.
余六切. 古音在二部. 籒文作蘿.

③ 宋나라 掌禹錫과 蘇頌은 모두 "≪韓詩外傳≫에 '6월에는 鬱과 雚을 먹는다.'라고 하였다."라고 하였으니, 許愼이 ≪詩經≫에 대해서는 ≪毛詩≫를 기본으로 하면서도 三家詩[698]도 폐하지 않았다.
宋掌禹錫・蘇頌皆云 "韓詩'六月食鬱及雚.'" 許於詩主毛, 而不廢三家也.

02-012-0613  (葷) 〔두루미냉이/전〕

'亭歷(두루미냉이/정력)'이다. 艸를 따르고 單(단)이 소리이다.

亭歷也.① 从艸, 單聲.②

① ≪爾雅≫ 〈釋艸〉의 글이다.[699] ≪禮記≫ 〈月令〉에 보이는 '靡草' 가운데 하나이다.[700]
釋艸文. 月令靡艸之一也.

② 多와 殄의 반절이다. 제14部에 있다. 籒文은 蕇으로 되어 있다.
多殄切. 十四部. 籒文作蕇.

02-012-0614  (苟) 〔풀이름/구〕 補

'풀이름'이다. 艸를 따르고 句(구)가 소리이다.

艸也.① 从艸, 句聲.②

---

698) 三家詩 : 漢代에 ≪詩經≫을 전승한 三家, 즉 申培가 해설한 ≪魯詩≫, 韓嬰이 해설한 ≪韓詩≫, 轅固生이 해설한 ≪齊詩≫를 이른다. 그러나 이들은 모두 없어지고 지금은 ≪韓詩≫ 가운데 外傳만 남아 있다.

699) 爾雅……글이다 : ≪爾雅≫ 〈釋艸〉에 "葷은 亭歷이다.〔葷 亭歷〕"라고 하였다.

700) 禮記……하나이다 : ≪禮記≫ 〈月令〉의 '靡草死'에 대한 鄭玄 注에 "舊說에 '靡草는 薺・亭歷의 종류이다.'라고 하였다.〔舊說云 靡草 薺亭歷之屬〕"라고 하였고, 孔穎達 疏에 "葶藶의 종류는 그 가지와 잎이 가늘기 때문에 '靡草'라 한다.〔葶藶之屬 以其枝葉靡細 故云靡草〕"라고 하였다.

① ≪論語≫ 〈里仁〉의 孔注[701]에 "苟는 '진실로'이다."라고 하였고, ≪儀禮≫ 〈燕禮〉의 鄭注[702]에 "苟는 '또한'이며 '假令'이다."라고 하였으니, 모두 假借이다.

孔注論語云 "苟, 誠也." 鄭注燕禮云 "苟, 且也, 假也." 皆假借也.

② 古와 厚의 반절이다. 제4部에 있다. 籒文은 茍로 되어 있다.

古厚切. 四部. 籒文作茍.

02-012-0615 (蕨)〔고사리/궐〕

'고사리'이다. 艸를 따르고 厥(궐)이 소리이다.

鼈也.① 从艸, 厥聲.②

① ≪爾雅≫ 〈釋艸〉와 ≪詩經≫ 〈召南 草蟲〉의 毛亨 傳도 같다.[703] 陸璣는 "周・秦에서는 '蕨'이라 하고, 齊・魯에서는 '鼈(고사리/별)'이라고 한다."[704]라고 하였다. 鼈은 민간에서는 艸를 따른다.[705]

釋艸・毛傳同. 陸璣云 周・秦曰蕨, 齊・魯曰鱉. 鱉俗从艸.

② 居와 月의 반절이다. 제15部에 있다. 籒文은 蘖로 되어 있다.

居月切. 十五部. 籒文作蘖.

02-012-0616 (莎)〔사초/사〕 補

'鎬侯(사초/호후)'이다. 艸를 따르고 沙(사)가 소리이다.

鎬侯也.① 从艸, 沙聲.②

① ≪大戴禮記≫ 〈夏小正〉 正月에 "緹縞(제호)이다. 縞는 莎隨이며, 緹는 그 열매이다. 먼

701) 孔注 : ≪論語≫ 〈里仁〉에 "진실로 仁에 뜻을 두면 〈그 나머지 행실에는〉 악함이 없다.〔苟志於仁矣 無惡也〕"에 대한 孔安國 注를 가리킨다.

702) 鄭注 : ≪儀禮≫ 〈燕禮〉의 '燕禮記'에 "賓을 또한 공경한다.〔賓爲苟敬〕"에 대한 鄭玄 注를 가리킨다.

703) 爾雅……같다 : ≪爾雅≫ 〈釋艸〉에 "蕨은 고사리이다.〔蕨 虌〕"라고 하였다. 虌과 鼈(고사리/별)은 같은 글자이다. ≪詩經≫ 〈召南 草蟲〉의 "나는 蕨을 뜯는다.〔言采其蕨〕"에 대한 毛亨 傳에 "蕨은 '고사리'이다.〔蕨 鱉也〕"라고 하였다.

704) 陸璣……한다 : 陸璣의 ≪毛詩草木鳥獸蟲魚疏≫에 보인다.

705) 鼈은……따른다 : 鼈에 艸를 따른 '虌'자를 가리킨다.

저 '緹'를 말하고 나중에 '縞'를 말한 것은 어째서인가. 緹를 먼저 보기 때문이다."라고 하였다. ≪爾雅≫ 〈釋艸〉에서는 "薃(향부자/호)는 侯莎(후사)이며 그 열매는 媞(제)이다."라고 하였다.

살펴보건대, 縞・薃・鎬는 같은 글자인데, 許愼은 ≪爾雅≫를 읽을 때 鎬侯를 한 句로 여겼다. 鎬・侯는 쌍성이며, 莎・隨는 첩운이니, 모두 붙여서 말한 것이다. 낱글자로 말하면 '縞'라고 하고 '莎'라고 한다. 그 뿌리는 바로 지금의 '香附子'이다.

夏小正正月"緹縞. 縞也者, 莎隨也. 緹也者, 其實也. 先言緹而後言縞者何也, 緹先見者也." 釋艸"薃, 侯莎, 其實媞." 按縞薃鎬同字, 許讀爾雅鎬侯爲句. 鎬侯雙聲, 莎隨疊韻, 皆絫呼也. 單呼則曰縞曰莎. 其根卽今香附子.

② 穌와 和의 반절이다. 제17部에 있다. 籒文은 𦵩로 되어 있다. ≪漢書≫ 〈地理志〉의 "𦮃題"의 𦮃는 水(氵)를 생략하고 尐를 따랐다.[706] 尐는 少와 같은 글자[707]이다. 민간에서 잘못 芯(심)으로 쓰고 있다.

穌禾切. 十七部. 籒文作𦵩. 漢書地理志"𦮃題"省水從尐. 尐與少同也. 俗誤作芯.

02-012-0617 𦿆(洴)〔개구리밥/평〕

'개구리밥'이다. 艸와 水를 따르고, 幷(병)이 소리이다.

苹也.① 从艸水, 竝聲.②

① 이는 앞의 '苹'자와 互訓한 것이지만,[708] 같은 종류로 배열하지 않은 것은 字體를 篆文과 籒文으로 구별하였기 때문이다. ≪大戴禮記≫ 〈夏小正〉 七月에 "苹이 자란다."라고 하였고, ≪禮記≫ 〈月令〉의 三月에 "자라는 洴"이라고 하였다.[709] 郭璞은 "江東에서는 이를 '薸(개구리밥/표)'라고 한다."라고 하였다.[710]

此與前苹字互訓, 而不類廁者, 以字體篆籒別之也. 小正於七月言"苹生." 月令於三月言"生

706) 漢書……따랐다 : ≪漢書≫ 〈地理志〉 제8上의 '淸河郡'條에 㣺題縣이 있는데, 이에 대한 顔師古 注에 "㣺는 莎의 古字이다.〔㣺 古莎〕"라고 하였다. 단옥재의 해설로 볼 때 㣺의 心은 尐의 잘못이며, 𦮃가 되어야 한다.

707) 尐는……글자 : ≪說文解字≫ 2篇上 小部에 "尐는 少이다.〔尐 少也〕"라고 하였다.

708) 苹자와……것이지만 : '苹 洴也'라고 한 것과 '洴 苹也'라고 한 것이 互訓임을 지적하여 轉注 관계임을 밝힌 것이다.

709) 禮記……하였다 : ≪禮記正義≫ 〈月令〉의 三月에는 "洴이 비로소 자란다.〔洴始生〕"로 되어 있다.

710) 郭璞은……하였다 : ≪爾雅≫ 〈釋艸〉의 "苹은 洴이다.〔苹 洴〕"에 대한 郭璞 注에 "강동에서는 이를 '薸'라고 한다.〔江東謂之薸〕"라고 하였다.

蓱." 郭璞云 "江東謂之薸."

② 옛날에는 '艸를 따르고 洴(병)이 소리이다.'라고 하였는데, ≪說文≫에는 '洴'자가 없어 지금 고쳤다. '蒲(우)·蕍(독)·藻(조)'자의 사례와 같다. 薄과 經의 반절이다. 제11部에 있다. 籒文은 蓱으로 되어 있다.

舊作從艸洴聲, 說文無洴字, 今改. 同蒲蕍藻字之例. 薄經切. 十一部. 籒文作蓱.

02-012-0618 𦻎(菫)〔풀이름/근〕補

'풀이름'이다. 뿌리는 냉이〔薺〕와 같고, 잎은 세버들〔細柳〕과 같으며, 쪄서 먹으면 달다. 艸를 따르고 堇(근)이 소리이다.

艸也, 根如薺, 葉如細柳, 蒸食之甘.① **从艸, 堇聲.**②

① ≪詩經≫〈大雅 綿〉에 "菫과 荼(씀바귀/도)가 엿처럼 달다."라고 하였는데, 毛亨 傳에 "菫은 채소이다."라고 하였다. ≪大戴禮記≫〈夏小正〉二月에 "菫에 꽃이 필 때 蘩[711](흰쑥/번)을 뜯는다."이라고 하였는데, 戴德 傳에 "〈菫과 蘩은〉 모두 祭器에 담는 것이다. 菫은 채소이다."라고 하였다. ≪禮記≫〈內則〉에 "菫과 荁(나물이름/환)"이라고 하였는데, 鄭玄 注에 "荁은 菫의 종류이다. 겨울에는 '菫'을 쓰고, 여름에는 '荁'을 쓴다."라고 하였다.

살펴보건대, ≪爾雅≫〈釋艸〉에 菫에는 두 가지가 있는데, "齧(설)은 苦菫(개구리자리/고근)이다."라고 한 것은 ≪詩經≫과 ≪禮記≫의 菫이고, "芨(급)은 菫草(바곳/근초)이다."라고 한 것은 ≪國語≫〈晉語 二〉의 "고기에 菫을 넣어두었다."라고 했을 때의 菫이니, 바로 지금의 附子이다.

大雅"菫荼如飴." 傳曰, "菫, 菜也." 夏小正二月"榮菫采蘩" 傳曰, "皆豆實也. 菫, 采也." 內則"菫荁", 注曰, "荁, 菫類也. 冬用菫, 夏用荁." 按釋艸菫有二. "齧, 苦菫." 詩禮之菫也, "芨, 菫艸." 晉語之"置菫於肉." 卽今附子也.

② 居와 隱의 반절이다. 제13部에 있다. 籒文은 蘄으로 되어 있다. 지금 經典에는 '菫'자로 통용된다.

居隱切. 十三部. 籒文作蘄. 今經典通用菫字.

02-012-0619 𦯷(菲)〔순무/비〕

'芴(순무/물)'이다. 艸를 따르고 非(비)가 소리이다.

---

711) 蘩 : 저본의 蘇은 蘩의 本字이다.

芴也.① 从艸, 非聲.②

① ≪爾雅≫〈釋艸〉와 毛亨 傳이 모두 같다.[712] 〈釋艸〉에 또 "菲는 蒠菜(개갓냉이/식채)이다."라고 하였다.

釋艸·毛傳皆同. 釋艸又云 "菲, 蒠菜也."

② 芳과 尾의 반절이다. 제15部에 있다. 籒文은 萉로 되어 있다.

芳尾切. 十五部. 籒文作(芴)〔萉〕.[713]

02-012-0620 (芴)〔순무/물〕

'菲(순무/비)'이다. 艸를 따르고 勿(물)이 소리이다.

菲也.① 从艸, 勿聲.②

① 音義가 모두 같다.

音義皆同.

② 文과 弗의 반절이다. 제15部에 있다. 籒文은 芴로 되어 있다.

文弗切. 十五部. 籒文作(萉)〔芴〕.[714]

02-012-0621 (蘸)〔풀이름/연〕

'풀이름'이다. 艸를 따르고, 難(난)이 소리이다.

艸也. 从艸, 難聲.①

① 呼와 旰의 반절이다. 제14部에 있다. 籒文은 蘸로 되어 있다. 살펴보건대, 鳥部의 鸛와 難은 동일한 글자이지만 艸部의 蘸과 鷬은 각기 다른 글자인데, 아마도 오류가 있는 듯하다.

呼旰切. 十四部. 籒文作蘸. 按鳥部鸛難一字也, 而艸部蘸鷬各字, 恐有誤.

---

712) 爾雅……같다 : ≪爾雅≫〈釋艸〉에 "菲는 '순무'이다.〔菲 芴也〕"라고 하였고, ≪詩經≫〈邶風 谷風〉에 "葑을 캐고 菲를 캔다.〔采葑采菲〕"라고 하였는데, 毛亨 傳에 "菲 芴也"라고 하였다.

713) (芴)〔萉〕: 저본에는 '芴'로 되어 있으나, 문맥을 살펴 '萉'로 바로잡았다.

714) (萉)〔芴〕: 저본에는 '萉'로 되어 있으나, 문맥을 살펴 '芴'로 바로잡았다.

02-012-0622 (萑)〔물억새/환〕

'薍(물억새/완)'이다. 艸를 따르고 雈(환)이 소리이다.

薍也.① 从艸, 雈聲.②

① 〈萑은〉 薍이 이미 이삭이 팬 것이다. 薍이 이미 앞(02-012-0400)에 나왔는데, 이는[715] 篆文과 籒文으로 분별하여 위치를 달리했기 때문이다.

薍之已秀者也. 薍已見前, 此以篆籒分別異處.

② 胡와 官의 반절이다. 제14部에 있다. 籒文은 藿로 되어 있다. 지금 사람들이 대부분 萑로 쓰는 것은 아마도 처음에 솔개〔雖〕[716] 종류를 나타내는 '雈(환)'자를 가차하여 쓰다가, 뒤에 다시 잘못하여 '풀이 많은 모양'을 뜻하는 '萑(추)'자로 쓴 듯하다.

胡官切. 十四部. 籒文作藿. 今人多作萑者, 蓋其始假雖屬之雈爲之, 後又誤爲艸多皃之萑.

02-012-0623 (葦)〔큰 갈대/위〕 補

'큰 갈대'이다. 艸를 따르고 韋(위)가 소리이다.

大葭也.① 从艸, 韋聲.②

① ≪大戴禮記≫ 〈夏小正〉 七月에 "이삭이 아직 패지 않았으면 萑葦(환위)[717]라고 하지 않고, 이삭이 팬 뒤에야 '萑葦'라고 한다."라고 하였다. 毛亨 傳[718]에 "8월이면 薍(완)은 萑(환)이 되고 葭(가)는 葦(위)가 된다."라고 하였다. 許愼이 "큰 갈대〔大葭〕"라고 한 것은 '葭가 이미 이삭이 팬 것'이라고 말한 것과 같다.

夏小正曰, "未秀則不爲萑葦, 秀然後爲萑葦." 毛傳曰, "八月薍爲萑, 葭爲葦." 許云 "大葭", 猶言葭之已秀者.

② 于와 鬼의 반절이다. 제15部에 있다. 籒文은 蘳로 되어 있다.

于鬼切. 十五部. 籒文作蘳.

---

715) 이는 : "'萑'자를 '薍'자에 이어 같은 종류로 배열하지 않고, 이곳에 배열한 것은"이라는 뜻이다.

716) 雖 : ≪玉篇≫ 〈隹部〉에 "雖는 나쁘게 우는 새이다. 또한 '鴅'로도 쓴다.〔雖 惡鳴之鳥 亦作鴅〕"라고 하였다.

717) 萑葦(환위) : 저본에는 '萑葦'로 되어 있으나, 文淵閣 四庫全書本 ≪大戴禮記≫ 〈夏小正〉 七月에는 '雚葦'로 되어 있다. 바로 아래 '萑葦'도 '雚葦'로 되어 있다.

718) 毛亨 傳 : ≪詩經≫ 〈豳風 七月〉의 "8월이면 〈薍은〉 萑이 되고 〈葭는〉 葦가 된다.〔八月萑葦〕"에 대한 毛亨 傳을 가리킨다.

02-012-0624 (葭)〔이삭 패지 않은 큰 갈대/가〕補

'큰 갈대가 아직 이삭이 패지 않은 것'이다. 艸를 따르고 叚(가)가 소리이다.

葦之未秀者. 从艸, 叚聲.①

① 古와 牙의 반절이다. 古音은 제5部에 있다. 籒文은 蕸로 되어 있다.
古牙切. 古音在五部. 籒文作蕸.

02-012-0625 (萊)〔명아주/래〕補

'蔓華(명아주/만화)'이다. 艸를 따르고 來(래)가 소리이다.

蔓華也.① **从艸, 來聲.**②

① 지금의 ≪爾雅≫ 〈釋艸〉에는 "釐[719]는 蔓華이다."로 되어 있는데, 許愼이 본 책에는 '萊'로 되어 있던 것이다. ≪詩經≫ 〈小雅 南山有臺〉에 "北山에 萊가 있다."의 '萊'자가 바로 이 글자인지 아닌지는 모르겠다. 經典에서는 대부분 '草萊'(황무지)의 '萊'자로 쓰였다.
今釋艸作"釐, 蔓華." 許所見作萊. 小雅"北山有萊"之萊, 未知卽此與不也. 經典多用爲艸萊字.

② 洛과 哀의 반절이다. 제1部에 있다. 籒文은 棶로 되어 있다.
洛哀切. 一部. 籒文作棶.

02-012-0626 (荔)〔풀이름/려〕補

'풀이름'이다. 부들과 비슷하면서도 작으며, 뿌리는 솔을 만들 수 있다. 艸를 따르고 劦(협)이 소리이다.

艸也, 佀蒲而小, 根可作刷.① **从艸, 劦聲.**②

① ≪禮記≫ 〈月令〉 11월에 "荔挺(여정)이 돋는다."라고 하였는데, 鄭玄은 "荔挺은 馬薤(마해)[720]이다."라고 하였다. 鄭玄은 '荔挺'을 '풀이름'이라고 하였는데, 蔡邕의 ≪月令

---

719) 釐 : 郝懿行은 ≪爾雅義疏≫에서 "萊와 釐는 옛날에 同聲이다."라고 하였다.

章句≫에서는 "荔는 挺과 비슷하다."라고 하였고, ≪呂氏春秋≫의 高誘 注에는 "荔艸가 돋아나온다."라고 하였으니, 挺을 아래에 붙여야 한다.[721] 歙(흡) 땅의 程瑤田[722]이 "荔는 지금 北方에서 그 뿌리를 묶어 노구솥〔鍋〕을 닦는다."라고 하였다. 李時珍이 馬帚인 荓[723]을 荔에 해당시킨 것은[724] 잘못이다.

살펴보건대, 刷는 各本에 㕞로 되어 있는데, 지금 ≪顏氏家訓≫에 의거하여 바로잡았다. 앞의 글(葿, 02-012-0567)에 "葿(쓸어버릴/굴)은 刷(청소할/쇄)이다."라고 하였다.

月令十一月"荔挺出." 鄭云"荔挺, 馬薤也." 鄭以荔挺爲艸名, 蔡邕章句云"荔佀挺." 高注呂覽云"荔艸挺出." 則以挺下屬. 歙程氏瑤田曰, "荔, 今北方束其根以刮鍋." 李時珍以馬帚之荓當之, 誤也. 按刷各本作㕞, 今依顏氏家訓正. 上文曰, "葿, 刷也."

② 郎과 計의 반절이다. 제15部에 있다. 籒文은 𦾓로 되어 있다.

郎計切. 十五部. 籒文作𦾓.

02-012-0627 (蒙)〔왕녀/몽〕補

'王女'이다. 艸를 따르고 冡(몽)이 소리이다.

王女也.① **从艸, 冡聲.**②

① 王이 간혹 玉으로 되어 있는데, 잘못이다. ≪爾雅≫〈釋艸〉에 "蒙은 '王女'이다."라고 하였다. ≪이아≫〈석초〉에 또 "唐(새삼/당)은 '蒙'이요, '女蘿(여라)'이다. 女蘿는 '兔絲'이다."라고 하였는데, 孫炎은 "3가지 명칭으로 구별한 것이다."라고 하였다.

살펴보건대, ≪詩經≫〈鄘風 桑中〉에 "어디서 唐을 뜯을까."라고 하였는데, 毛亨 傳에 "唐은 蒙이니 '채소이름'이다."라고 하였다. ≪시경≫〈小雅 頍弁〉에 "蔦(담쟁이/조)와 女蘿"라고 하였는데, 毛亨 傳에 "女蘿는 '兔絲'이고 '松蘿'이다."라고 하였다. 의심컨대 ≪爾

720) 馬薤(마해) : 저본에는 '馬薤'로 되어 있으나, 文淵閣 四庫全書本 ≪禮記正義≫〈月令〉 11月의 鄭玄 注에는 "馬韰"로 되어 있다.

721) 挺을……한다 : ≪禮記≫〈月令〉 11월의 "荔挺 出"의 '挺'자를 아래에 붙여 "荔 挺出"이라고 해야 한다는 뜻이다.

722) 程瑤田 : 1725~1814. 淸나라 歙縣 사람으로 자는 易疇이고, 호는 葺壽翁·讓疆道人이다. 名物과 訓詁에 정통했고 考證에 뛰어났다. 저서로 ≪通藝錄≫, ≪釋草小記≫ 등이 있다.

723) 馬帚인 荓 : ≪爾雅≫〈釋艸〉에 "荓은 '말솔풀'이다.〔荓 馬帚〕"라고 하였다.

724) 李時珍이……것은 : 李時珍의 ≪本草綱目≫〈草四〉 蠡實에 "荓은 音이 瓶이며, '馬帚'이다. 이것이 바로 荔草이니, 말솔〔馬刷〕을 만들 수 있다고 하여 '馬帚'라고 명명한 것이다.〔荓音瓶 馬帚也 此卽荔草 謂其可爲馬刷 故名〕"라고 하였다.

雅≫와 ≪시경≫ 毛亨 傳에서는 이 두 가지(蒙과 女蘿)를 모두 동일한 식물이라고 말하지 않았다.

王或作玉, 誤. 釋艸云 "蒙, 王女." 又云 "唐, 蒙, 女蘿. 女蘿, 兎絲." 孫炎曰, "別三名." 按(衛)〔鄘〕[725]風"爰采唐矣." 傳云 "唐, 蒙, 菜名." 小雅"蔦與女蘿" 傳云 "女蘿, 兎絲・松蘿也." 疑爾雅・毛傳此二條, 皆不謂一物.

② 莫과 紅의 반절이다. 제9部에 있다. 籒文은 䝉으로 되어 있다. 지금 사람들은 冡과 冒를 모두 '蒙'자로 통용하여 쓴다.

莫紅切. 九部. 籒文作䝉. 今人冡冒皆用蒙字爲之.

02-012-0628 𧂇(藻)〔물풀/조〕【重文 1】

'물풀'이다. 艸와 水를 따르고, 巢(소)가 소리이다. ≪詩經≫ 〈召南 采蘋〉에 "어디서 藻[726]를 뜯을까."라고 하였다. 𧂇(藻)는 藻(조)의 或體이니 澡를 따랐다.

水艸也.① 从艸水, 巢聲.② 詩曰, "于以采藻."③ 𧂇, 藻或从澡.

① 지금의 물속에서 자라는 줄기의 크기가 비녀가락 만하고, 잎사귀가 무성하고 짙은 녹색이며, 줄기가 1寸쯤에 마디가 있는 식물이 이것이다. 左氏는 이를 '薀藻'라고 말하였다.[727]

今水中莖大如釵股, 葉蒙茸深綠色, 莖寸許有節者是. 左氏謂之薀藻.

② 子와 晧의 반절이다. 제2部에 있다. 籒文은 藻로 되어 있다. 禮經에 나오는 '화려한 채색'을 뜻하는 글자인데,[728] 古文에서는 繅로 썼고 今文에서는 藻・璪로 썼다.

子晧切. 二部. 籒文作藻. 禮經華采之字, 古文用繅, 今文用藻・璪.

---

725) (衛)〔鄘〕: 저본에는 '衛'로 되어 있으나, 今本 ≪詩經≫에 의거하여 '鄘'으로 바로잡았다.

726) 藻 : ≪毛詩正義≫에는 "藻"로 되어 있다. ≪五經文字≫에 "藻는 藻와 같다.〔藻 同藻〕"라고 하였다.

727) 左氏는……말하였다 : ≪春秋左氏傳≫ 隱公 3년 傳에 보인다.

728) 禮經에……글자인데 : ≪儀禮≫ 〈聘禮〉의 記의 "圭와 繅는 모두 9촌으로 한다.〔圭與繅皆九寸〕"에 대한 鄭玄 注에 "여러 색채가 섞여 있는 〈옥받침을〉 繅(조)라 한다. 古文에는 繅가 간혹 藻로 되어 있으며, 今文에는 璪로 되어 있다.〔雜采曰繅……古文繅或作藻 今文作璪〕"라고 하였고, 賈公彦 疏에 "대체로 '繅'라고 말한 것은 모두 水草의 무늬를 본뜬 것이다. 天子는 5가지 색채로, 公・侯・伯은 3가지 색채로, 子・男은 2가지 색채로 되어 있으니, 모두 여러 색채가 섞여 있는 것이다.〔凡言繅者 皆象水草之文 天子五采 公侯伯三采 子男二采 皆是雜采也〕"라고 하였다. 또한 ≪周禮≫ 〈夏官〉의 '弁師'와 '諸侯之繅'에 대한 鄭玄 注에 "鄭衆이 '繅는 藻가 되어야 한다. 繅는 古字이고 藻는 今字이다.'라고 하였다.〔鄭司農云 繅當爲藻 繅古字也 藻今字也〕"라고 하였다.

③ ≪詩經≫ 〈召南 采蘋〉의 글이다.
召南文.

02-012-0629 (菉) 〔조개풀/록〕

'王芻(조개풀/왕추)'이다. 艸를 따르고 彔(록)이 소리이다. ≪詩經≫ 〈衛風 淇奧〉에 "菉과 竹(마디풀)[729]이 무성하도다!"라고 하였다.

王芻也.① 从艸, 彔聲.② 詩曰, "菉竹猗猗."③

① ≪爾雅≫ 〈釋艸〉와 ≪詩經≫ 〈衛風 淇奧〉의 毛亨 傳에 보인다.[730]
見釋艸・毛傳.

② 力과 玉의 반절이다. 제3部에 있다. 籒文은 [illegible]으로 되어 있다.
力玉切. 三部. 籒文作[illegible].

③ 지금의 ≪詩經≫에는 〈菉이〉 '綠'으로 되어 있고, ≪大學≫에 인용된 글에는 '菉'으로 되어 있다. ≪詩經≫ 〈小雅 采綠〉에 "아침이 다가도록 綠을 뜯는다."라고 하였다. 王逸이 인용한 글에는 菉으로 되어 있다.[731]
今毛詩作綠, 大學引作菉. 小雅"終朝采綠." 王逸引作菉.

02-012-0630 (蓸) 〔풀이름/조〕 補

'풀이름'이다. 艸를 따르고 曹(조)가 소리이다.

艸也. 从艸, 曹聲.①

① 昨과 牢의 반절이다. 古音은 제3部에 있다. 籒文은 [illegible]로 되어 있다.
昨牢切. 古音在三部. 籒文作[illegible].

---

729) 竹(마디풀) : <淇奧>의 孔穎達 疏에는 "萹竹(마디풀)"이라고 하였다.

730) 爾雅와……보인다 : ≪爾雅≫ 〈釋艸〉에 "菉은 왕추이다.〔菉 王芻〕"라 하였고, ≪詩經≫ 〈衛風 淇奧〉의 "조개풀과 마디풀이 무성하도다!〔綠竹猗猗〕"에 대한 毛亨 傳에 "綠은 왕추이다.〔綠 王芻也〕"라고 하였다. ≪爾雅≫의 邢昺 疏에서는 菉과 綠을 같은 글자로 보았다.

731) 王逸……있다 : ≪楚辭≫ 〈離騷〉에 "남가새・조개풀・도꼬마리가 집안에 가득하다.〔薋菉葹以盈室兮〕"라고 하였는데, 王逸 注에 "菉은 王芻이다.〔菉 王芻也〕"라고 하였다.

02-012-0631 (蓾)〔풀이름/유〕

'풀이름'이다. 艸를 따르고 鹵(유)가 소리이다.

艸也. 从艸, 鹵聲.①

① 以와 周의 반절이다. 제3部에 있다. 籒文은 蘀로 되어 있다.
以周切. 三部. 籒文作蘀.

02-012-0632 (菬)〔풀이름/초〕

'풀이름'이다. 艸를 따르고 沼(소)가 소리이다.

艸也. 从艸, 沼聲.①

① 昨과 焦의 반절이다. 제2部에 있다. 籒文은 蕣로 되어 있다.
昨焦切. 二部. 籒文作蕣.

02-012-0633 (菩)〔풀이름/오〕

'풀이름'이다. 艸를 따르고 吾(오)가 소리이다. ≪楚辭≫에 "菩・蕭(산쑥/소)"가 있다.

艸也.① **从艸, 吾聲.**② **楚詞有菩蕭.**③

① ≪廣韻≫에 "쑥과 비슷하다."라고 하였다.[732] ≪方言≫의 郭璞 注에 "지금 江東 사람들은 荏(들깨/임)을 '菩'라고 말한다. 〈菩는〉 音이 魚이다."라고 하였다.
廣韻云 "似艾." 郭注方言云 "今江東人呼荏爲菩. 音魚."

② 五와 乎의 반절이다. 제5部에 있다. 籒文은 葬로 되어 있다.
五乎切. 五部. 籒文作葬.

③ 살펴보건대, 지금 ≪楚辭≫에는 '菩蕭'라는 구절이 없고, 오직 宋玉의 〈九辨〉에만 "이슬이 온갖 풀〔百艸〕에 내리자, 갑자기 오동나무 가래나무〔梧楸〕 잎이 떨어져 흩어지네."라고 하였는데, 여기의 "梧楸"가 아마도 許愼이 본 책에는 '菩蕭'로 되어 있었던 듯하며, 바로 百艸 가운데 두 종류이다.

---

732) 廣韻에……하였다 : ≪廣韻≫ 上平 '十一 模韻'에 "풀이름이며, 쑥과 비슷하다.〔草名 似艾〕"라고 하였다.

按今楚詞無菩蕭, 惟宋玉九辨云 "白露旣下百艸兮, 奄離披此梧楸." 梧楸蓋許所見作菩蕭, 正百艸之二也.

02-012-0634 (范)〔풀이름/범〕補

'풀이름'이다. 艸를 따르고 氾(범)이 소리이다.

艸也. 从艸, 氾聲.①

① 房과 芝의 반절이다. 제8部에 있다. 籒文은 䒦으로 되어 있다.
房芝切. 八部. 籒文作䒦.

02-012-0635 (艿)〔풀이름/잉〕補

'풀이름'이다. 艸를 따르고 乃(내)가 소리이다.

艸也.① **从艸, 乃聲.**②

① 살펴보건대, 許愼은 艿을 '풀이름'이라고 하였다. 그런데 ≪廣韻≫ 下平 十六 蒸韻에 "묵은 뿌리에서 자란 풀을 베지 않은 데서 새 풀이 다시 나서 서로 거듭 자라는 풀이니, 이른바 '燒火艿(불쏘시개 풀)'이다."라고 하였는데, 이는 별도의 다른 뜻이다. 그 글자가 또한 芿(잉)으로 되어 있는 데도 있으니, ≪列子≫ 〈黃帝〉에 "趙襄子[733]가 中山에서 사냥을 할 때, 芿을 깔고 〈불을 피워〉 수풀을 태웠다."의 〈'芿'자가〉 이것이다. 지금 ≪옥편≫에서는 "오래된 풀을 베지 않은 데서 새 풀이 다시 자라는 것을 '艿'이라고 한다."는 말을 ≪설문≫에 연계시켰으니,[734] 이는 孫强과 陳彭年 등의 잘못이다.[735]
按許謂艿爲艸名也. 廣韻云 "陳根艸不芟, 新艸又生, 相因(仍)〔艿也〕,[736] 所謂燒火艿." 此別一義, 其字亦作芿, 列子"趙襄子狩於中山, 藉芿燔林."是也. 今玉篇以"舊艸不芟, 新艸又生曰艿." 係之說文. 此孫强・陳彭年輩之誤也.

---

733) 趙襄子 : ?~B.C. 443. 춘추시대 晉나라의 正卿인 趙無恤을 가리킨다. 襄子는 조무휼의 諡號이다.

734) 오래된……연계시켰으니 : ≪玉篇≫ 艸部 제162의 '艿'자에 "音仍 說文曰 舊草不芟 新草又生曰艿"이라고 하여 "說文曰"이라는 말을 붙인 것을 가리킨다.

735) 孫强과……잘못이다 : 唐나라의 孫强이 顧野王의 ≪玉篇≫을 증보하였고, 또 宋나라의 陳彭年이 顧野王의 ≪玉篇≫을 증보하였기 때문에 이렇게 말한 것이다.

736) (仍)〔艿也〕: 저본에는 '仍'으로 되어 있으나, ≪廣韻≫에 의거하여 '艿也'로 바로잡았다.

② 如와 乘의 반절이다. 제6部에 있다. 乃는 제1部에 있다. 仍(잉)과 艿(잉)이 제6部에 있다는 것은 合韻이 되어서 音이 가장 가깝기 때문이다. 籒文은 芿으로 되어 있다.
如乘切. 六部. 乃在一部. 仍·艿在六部者, 合韻冣近也. 籒文作芿.

02-012-0636  (𦬌) 〔풀이름/혈〕

'풀이름'이다. 艸를 따르고 血(혈)이 소리이다.

艸也.① 从艸, 血聲.②

① 蒨(꼭두서니/천)을 간혹 '地𦬌'이라고 하는데, 許愼은 〈𦬌을〉 "'꼭두서니〔茜也〕'이다."라고 말하지 않았으니, 허신은 동일한 식물이 아니라고 생각한 것이다.
蒨或謂之地𦬌, 許不云"茜也." 則許意非一物也.

② 呼와 決의 반절이다. 제12部에 있다. 籒文은 𦬌로 되어 있다.
呼決切. 十二部. 籒文作𦬌.

02-012-0637  (萄) 〔풀이름/도〕 補

'풀이름'이다. 艸를 따르고 匋(도)가 소리이다.

艸也.① 从艸, 匋聲.②

① 지금 사람들은 '葡萄'의 '萄'자라고 한다.
今人爲蒲萄字.

② 徒와 刀의 반절이다. 古音은 제2部에 있다.737) 籒文은 萄로 되어 있다.
徒刀切. 古音在二部. 籒文作萄.

02-012-0638  (芑) 〔흰 차조/기〕 補

'白苗(흰 차조/백묘)'이니, 좋은 곡식이다. 艸를 따르고 己(기)가 소리이다. ≪詩經≫

737) 古音은……있다 : 여기의 '제2部'는 '제3部'의 잘못이다. 그 까닭은 萄의 聲符인 '匋聲'이 〈古十七部諧聲表〉(六書音均表 二)에는 제3部에 있고, 또 〈詩經韻分十七部表〉(六書音均表 四) 제3部의 '古本音'에 "綯자의 匋聲은 이 部(제3부)에 있다.……지금은 豪韻으로 들어갔다.〔綯匋聲在此部……今入豪〕"라고 하였는데, '豪韻'은 今韻을 17部로 분류해 놓은 〈今韻古分十七部表〉(六書音均表 一)의 제2部에 있기 때문이다.

〈大雅 生民〉에 "붉은 차조〔虋〕와 흰 차조〔芑〕로다."라고 하였다.

白苗[①] **嘉穀也.**[②] **从艸, 己聲.**[③] **詩曰, "維虋維芑."**[④]

① 句(句讀)이다.
句.

② '虋(문)'자의 해설에 자세하다. 芑를 虋과 같은 종류로 배열하지 않은 것은, 글자가 篆文과 籒文으로 구별됨이 있기 때문이다. ≪管子≫ 〈地員〉에는 "그 종류는 여뀌〔蓼〕와 秠이다."[738]라고 하여, '秠'자는 禾를 따랐다.
虋字下詳之矣, 芑不類廁於虋者, 以字有篆籒別之. 管子"其種蓼秠." 字從禾.

③ 驅와 里의 반절이다. 제1部에 있다. 籒文은 䒗로 되어 있다.
驅里切. 一部. 籒文作䒗.

④ 지금 판본에는 이 6자가 없어, ≪古今韻會擧要≫에 의거하여 보충하였다. ≪詩經≫ 〈小雅 采芑〉에 "芑를 뜯는다."라고 하였는데 毛亨 傳에 "〈芑는〉 '나물'이다."라고 하였고, ≪詩經≫ 〈大雅 文王有聲〉에 "豐水 가에 芑가 있네."라고 하였는데 毛亨 傳에 "〈芑는〉 풀이다."라고 하였다.
今本無此六字, 依韻會所據補. 詩小雅采芑, 毛云 "菜也." 大雅"豐水有芑." 毛云 "艸也."

02-012-0639 𧄼(藚)〔벗풀/속〕

'水舄(벗풀/수석)'이다. 艸를 따르고 賣(육)[739]이 소리이다. ≪詩經≫ 〈魏風 汾沮洳〉에 "藚을 뜯는다."라고 하였다.

---

738) 管子……秠이다 : ≪管子纂詁≫ 〈地員〉에는 "그 종류는 큰 樛杞와 작은 樛杞이다.〔其種大樛杞 細樛杞〕"라고 하여, 木을 따른 것으로 되어 있다.

739) 賣(육) : 音이 '육'(자랑할/육)과 '매(재물을 낼/매)'로 두 가지인데 여기서는 '육'이다. 가운데 자획이 四(目의 변형)이면 '육'이고, 罒(网의 변형)이면 '매'이다. 이것의 구별이 어려우므로 혼용된 것이다. 이에 대한 구분은 ≪形音義綜合大字典≫에 "賣(재물을 낼/매)는 중간을 罒(网의 변형)으로 쓰고 四(目의 변형)으로 쓰지 않는다. 四(목)으로 쓰면 賣(음은 '육'으로, '자랑하다'라고 풀이한다.)이 된다.〔賣 中作罒 不作四 作四爲賣(音育 作衒解)〕"라고 하였다.

≪漢語大字典≫에서는 賣(매)와 賣(육)을 별도의 표제자로 설정하였다. 賣(매)는 "≪說文≫에 賣는 '재물을 내다/매'이다. 出(날/출)을 따르고 買(살/매)를 따랐다.〔說文 賣 出物貨也 從出 從買〕"라고 하였고, 賣(육)은 "≪說文≫에 賣(육)은 '자랑하다/육'이다. 貝(조개/패)를 따르고 𡙁(화목할/목)을 따랐다. 𡙁은 睦(화목할/목)의 古文이니, 育(육)과 같이 읽는다. 〈朱珔叚借義證〉에 隸辨으로부터 '𧶠'자가 賣(육)으로 되어 賣(매)와 혼용되었다.〔說文 賣 衒也 從貝 𡙁聲 𡙁 古文睦 讀若育 朱珔叚借義證 自隸辨𧶠字作賣 與賣相混〕"라고 하였다.

水舃也.① 从艸, 賣聲.② 詩曰, "言采其藚."

① ≪詩經≫ 〈魏風 汾沮洳〉의 毛亨 傳도 같다.[740] ≪爾雅≫ 〈釋艸〉에 "藚은 牛脣(벗풀/우순)이다."라고 하였다.
魏風毛傳同. 釋艸"藚, 牛脣."

② 似와 足의 반절이다. 제3部에 있다. 살펴보건대 ≪經典釋文≫ 〈毛詩音義〉에서는 ≪說文≫을 인용하여 其와 彧의 반절이라고 하였는데,[741] 지금 판본에는 대부분 바뀌어 似와 足의 반절로 되어 있다. 籒文은 蕒로 되어 있다.
似足切. 三部. 按詩釋文引說文其彧反, 今本多改爲似足矣. 籒文作蕒.

02-012-0640 苳(苳) 〔풀이름/동〕

'풀이름'이다. 艸를 따르고 冬(동)이 소리이다.

艸也. 从艸, 冬聲.①

① 都와 宗의 반절이다. 제9部에 있다. 籒文은 苰으로 되어 있다.
都宗切. 九部. 籒文作苰.

02-012-0641 薔(薔) 〔여뀌/색〕

'薔虞(여뀌/색우)'이니, '여뀌'이다. 艸를 따르고 嗇(색)이 소리이다.

薔虞① 蓼.② 从艸, 嗇聲.③

① 句(句讀)이다.
句.

② '也'자가 있어야 한다. '蓼'자의 해설에 "薔虞이다."라고 하였다. 그러므로 여기서 "〈薔은〉 색우이니, 여뀌이다.〔薔虞 蓼也〕"라고 하였으니, 句를 끊은 것이 郭璞과 다르다.[742]

---

740) 詩經……같다 : ≪詩經≫ 〈魏風 汾沮洳〉의 "言采其藚"에 대한 毛亨 傳에 "藚은 '水舃'이다.〔藚 水舃也〕"라고 하여, 許愼이 "藚은 '水舃'이다.〔藚 水舃也〕"라고 한 해설과 같다는 뜻이다.

741) 說文을……하였는데 : ≪經典釋文≫ 〈毛詩音義〉에는 "藚은 音이 '續'이다. 일명 '牛脣'이다. ≪說文≫에는 音이 其와 彧의 반절로 되어 있다.〔藚音續 一名牛脣 說文音其彧反〕"라고 하였다.

薔을 蓼와 같은 종류로 배열하지 않은 것은, 글자가 篆文과 籒文으로 구별됨이 있기 때문이다.

當有也字. 蓼下云 "薔虞也." 故此云 "薔虞, 蓼也." 句絶, 與郭(樸)〔璞〕[743]異. 薔不與蓼類廁者, 以字有篆籒別之.

③ 所와 力의 반절이다. 제1部에 있다. 籒文은 䔦으로 되어 있다.
所力切. 一部. 籒文作䔦.

02-012-0642 (苕)〔풀이름/초〕

'풀이름'이다. 艸를 따르고 召(소)가 소리이다.

艸也.① **从艸, 召聲.**②

① ≪詩經≫ 〈小雅 苕之華〉에 "苕[744]의 꽃이여!"라고 하였다.
詩"苕之華."

② 徒와 聊의 반절이다. 제2部에 있다. 籒文은 䒒로 되어 있다.
徒聊切. 二部. 籒文作䒒.

02-012-0643 (蕪)〔풀이름/무〕

'풀이름'이다. 艸를 따르고 楙(무)가 소리이다.

艸也. 从艸, 楙聲.①

① 莫과 厚의 반절이다. 제3部에 있다. 籒文은 蘇로 되어 있다.
莫厚切. 三部. 籒文作蘇.

---

742) 句를……다르다 : ≪爾雅≫ 〈釋艸〉의 "薔虞蓼"에 대한 郭璞 注에 "虞蓼는 못에 있는 여뀌이다.〔虞蓼 澤蓼〕"라고 하여, ≪설문≫의 "薔虞 蓼"와는 다르게 "薔 虞蓼"로 구두를 끊은 것을 가리킨다.

743) (樸)〔璞〕 : 저본에는 '樸'으로 되어 있으나, 문맥을 살펴 '璞'으로 바로잡았다.

744) 苕 : ≪詩經≫ 〈小雅 苕之華〉의 "苕之華"에 대한 毛亨 傳에 "苕는 능소화이다. 떨어지려 할 때면 황색이 된다.〔苕 陵苕也 將落則黃〕"라고 하였다. ≪爾雅≫ 〈釋艸〉에서도 "苕는 능소화이다.〔苕 陵苕〕"라고 하였다.

02-012-0644 (萺)〔풀이름/모〕

'풀이름'이다. 艸를 따르고 冒(모)가 소리이다.

艸也. 从艸, 冒聲.①

① 莫과 報의 반절이다. 古音은 제3部에 있다. 籒文은 蕒로 되어 있다.
莫報切. 古音在三部. 籒文作蕒.

02-012-0645 (茆)〔순채/류〕補

'鳧葵(순채/부규)'이다. 艸를 따르고 丣(유)가 소리이다. ≪詩經≫ 〈魯頌 泮水〉에 "순채를 뜯는다."라고 하였다.

鳧葵也.① **从艸, 丣聲.**② **詩曰, "言采其茆."**③

① ≪詩經≫ 〈魯頌 泮水〉의 毛亨 傳도 같다. ≪周禮≫ 〈天官 醢人〉의 "순채 절임〔茆菹〕"에 대한 〈鄭玄 注에〉 "鄭大夫[745]는 茅(띠풀/모)로 읽었다. 혹자는 '茆는 「水草」이다.'라고 하였다. 杜子春은 茆로 읽었다. 後鄭(鄭玄)은 '茆는 「鳧葵」이다.'라고 하였다."라고 하였다.[746] 지금의 ≪주례≫는 轉寫하면서 잘못된 것이 많으니, 이와 같이 바로잡는다. 漢나라 때에는 茆·茆 두 글자가 있었는데, 經文에는 茆로 되어 있으니, 두 鄭(鄭衆·鄭玄)이 모두 글자를 바꾸어 '茆'라고 쓴 것이다. 鳧葵는 '茆'라고 부르며 또 '蘩(순채/란)'이라고도 부르는데, 지금의 '蓴菜'이다. 茆를 蘩과 함께 같은 종류로 배열하지 않은 것은 篆文과 籒文으로 구별했기 때문이다.
魯頌毛傳同. 周禮醢人"茆菹" "鄭大夫讀爲茅. 或曰 '茆, 水艸.' 杜子春讀爲茆. 後鄭曰 '茆, 鳧葵也.'" 今周禮轉寫多譌誤, 爲正之如此. 漢時有茆·茆二字, 經文作茆, 兩鄭皆易字爲茆

---

745) 鄭大夫 : 鄭興(?~?)을 가리킨다. 鄭興은 後漢 사람으로 자는 少贛이며, 鄭衆의 부친이다. 젊어서 ≪春秋公羊傳≫을 배웠고, ≪春秋左氏傳≫과 ≪周禮≫에 밝았으며 曆數에 뛰어났다. 벼슬은 太中大夫 등을 지냈다. ≪周禮注疏≫ 〈天官冢宰〉의 "辨方正位"에 대한 賈公彦 疏에 '鄭大夫는 鄭少贛이고, 鄭司農은 鄭衆이다. 二鄭(鄭興·鄭衆)은 鄭玄의 先代이기 때문에 鄭玄이 ≪주례≫에 注를 달 때 이정의 관직을 말하고 이름을 말하지 않았으며, 杜子春은 자신의 宗族이 아니기 때문에 그 이름을 지칭하였다'고 하였다.

746) 鄭大夫는……하였다 : ≪周禮注疏≫ 〈天官 醢人〉의 '茆菹'에 대한 鄭玄 注에는 "鄭大夫는 茆를 茅로 읽었다. 茅菹는 갓 자란 茅로 만든 것이다. 혹자는 '茆는 水草이다.'라고 한다. 杜子春은 茆를 卯로 읽었다. 내(鄭玄)가 생각하기에 菁은 '蔓菁'이고, 茆는 '鳧葵'이다.〔鄭大夫讀茆爲茅 茅菹 茅初生 或曰茆 水草 杜子春讀茆爲卯 玄謂菁 蔓菁也 茆 鳧葵也〕"라고 하였다.

也. 㒼葵名茆, 亦名蘻, 今之蒓菜也. 茆不與蘻類廁者, 以篆籒別之.

② 力과 久의 반절이다. 제3部에 있다. 민간에서는 茆로 쓰고 音을 卯라고 하는 것은 잘못이다. 籒文은 䒳로 되어 있다.

力久切. 三部. 俗作茆, 音卯, 非也. 籒文作䒳.

③ 지금의 ≪詩經≫ 〈魯頌 泮水〉에는 言이 薄으로 되어 있다.

今詩言作薄.

02-012-0646 荼(荼)〔씀바귀/도〕補

'苦荼(씀바귀/고도)'이다. 艸를 따르고 余(여)가 소리이다.

苦荼也.① 从艸, 余聲.②

① ≪爾雅≫ 〈釋艸〉와 ≪詩經≫ 〈邶風 谷風〉의 毛亨 傳에서 모두 "荼는 '苦菜(씀바귀)'이다." 라고 하였다. ≪시경≫ 〈唐風 采苓〉에 "苦를 캐고 苦를 캔다."라고 하였는데, 毛亨 傳에 "苦는 '苦菜'이다."라고 하였다. 그렇다면 苦와 荼는 바로 동일한 식물이다. ≪儀禮≫ 〈公食大夫禮〉에 "솥에 국을 끓일 때 들어가는 채소는 쇠고깃국에는 콩잎〔藿〕을 넣고 양고깃국에는 씀바귀〔苦〕를 넣고 돼지고깃국에는 고사리〔薇〕를 넣는다."라고 하였다. ≪禮記≫ 〈內則〉에 "돼지고기를 삶을 때는 씀바귀로 겉을 싼다."라고 하여 또한 '苦'라고 하였다. ≪예기≫ 〈月令〉과 ≪本草≫와 ≪易通卦驗≫[747]에서는 모두 '苦菜'라고 하였다.[748]

釋艸・邶毛傳皆云 "荼, 苦菜." 唐風"采苦采苦." 傳云 "苦, 苦菜." 然則苦與荼正一物也. 儀禮"鉶[749]芼, 牛藿・羊苦・豕薇." 記內則"濡豚包苦." 亦謂之苦. 月令・本艸・易通卦驗皆謂之苦菜.

② 同과 都의 반절이다. 제5部에 있다. ≪詩經≫ 〈周頌 良耜〉의 "荼蓼(씀바귀와 여뀌)"와 ≪시경≫ 〈鄭風 出其東門〉의 "여인이 荼와 같도다."와 後世의 "荼荈(荼의 늙은 잎사귀/도천)"에서 모두 이 글자를 사용하였다. 籒文은 𦽊로 되어 있다.

同都切. 五部. 詩荼蓼, 有女如荼及後世荼荈皆用此字. 籒文作𦽊.

---

747) 易通卦驗 : ≪易≫의 緯書의 하나인 ≪通卦驗≫을 가리킨다. ≪周禮注疏≫의 〈周禮正義序〉에 "이 때문에 ≪易通卦驗≫에 이르기를〔是以易通卦驗云〕"이라는 말이 보인다.

748) 禮記……하였다 : ≪禮記≫ 〈月令〉 '孟夏'에 "씀바귀의 이삭이 나온다.〔苦菜秀〕"라고 하였고, ≪大觀本草≫ 권27에 "苦菜"라고 하였으며, ≪顔氏家訓≫ 〈書證〉에 "살펴보건대 〈易統通卦驗玄圖〉에 '苦菜는 깊은 가을에 자란다.〔案易統通卦驗玄圖曰 苦菜生於寒秋〕'라고 하였다."라고 하였다.

749) 鉶 : ≪儀禮注疏≫ 〈公食大夫禮〉에는 '鉶'으로 되어 있다.

02-012-0647 𦶎(蘇)[750] 〔흰 쑥/번〕 補

'흰 쑥'이다. 艸를 따르고 緐(번)이 소리이다.

白蒿也.① **从艸, 緐聲.**②

① ≪爾雅≫ 〈釋艸〉와 ≪詩經≫ 〈豳風 七月〉의 毛亨 傳도 동일하다.[751] ≪詩經≫ 〈召南 采蘩〉의 傳[752]에 "〈蘩은〉 皤蒿(파호)이다."라고 하였는데, '皤' 또한 '희다'는 뜻이다. ≪大戴禮記≫ 〈夏小正〉 2월에 "蘩은 '由胡'이다. 由胡는 '蘩母'이다. 蘩은 旁勃(흰 쑥/방발)이니, 祭器에 담는 것이다. 그래서 이를 기록한다."라고 하였다.

釋艸·豳毛傳同. 召南傳曰, "皤蒿也." 皤亦白也. 夏小正曰, "蘩, 由胡. 由胡者, 蘩母也. 蘩, 旁勃也, 豆實也. 故記之."

② 附와 袁의 반절이다. 제14部에 있다. ≪儀禮≫ 〈鄉飮酒禮〉의 "采緐"[753]은 '緐'자를 가차하여 〈蘇의 뜻으로〉 쓴 것이다. 籒文은 蘇으로 되어 있다.

附袁切. 十四部. 儀禮采緐, 假緐字爲之. 籒文作蘇.

02-012-0648 蒿(蒿) 〔제비쑥/호〕 補

'菣(제비쑥/긴)'이다. 艸를 따르고 高(고)가 소리이다.

菣也.① **从艸, 高聲.**②

① ≪爾雅≫ 〈釋艸〉와 ≪詩經≫ 〈小雅 鹿鳴〉의 毛亨 傳도 동일하다.[754] 陸璣는 ≪毛詩草木鳥獸蟲魚疏≫에서 "青蒿(제비쑥/청호)이다."라고 하였다.

釋艸·小雅毛傳同. 陸璣曰, "青蒿也."

② 呼와 毛의 반절이다. 제2部에 있다. 籒文은 薃로 되어 있다.

呼毛切. 二部. 籒文作薃.

---

750) 蘇 : ≪集韻≫ 〈元韻〉에 "蘇은 간혹 蘩으로도 쓴다.〔蘇 或作蘩〕"라고 하였다.

751) 爾雅……동일하다 : ≪爾雅≫ 〈釋艸〉에 "蘩은 '皤蒿(흰쑥/파호)'이다.〔蘩 皤蒿〕"라고 하였는데, 郭璞 注에서는 '白蒿'라고 하였다. 그리고 ≪詩經≫ 〈豳風 七月〉의 "蘩을 많이 캐도다.〔采蘩祁祁〕"에 대한 毛亨 傳에 "蘩은 '白蒿'이다.〔蘩 白蒿也〕"라고 하였다.

752) 詩經……傳 : ≪詩經≫ 〈召南 采蘩〉의 "어디로 가서 蘩을 캐나.〔于以采蘩〕"에 대한 毛亨 傳을 가리킨다.

753) 采緐 : 文淵閣 四庫全書本 ≪儀禮注疏≫의 〈鄉飮酒禮〉와 〈鄉射禮〉와 〈燕禮〉에는 모두 '采蘩'으로 되어 있다.

754) 爾雅……동일하다 : ≪爾雅≫ 〈釋艸〉에 "蒿는 菣이다.〔蒿 菣〕"라고 하였고, ≪詩經≫ 〈小雅 鹿鳴〉의 "들에서 자란 蒿를 먹는다.〔食野之蒿〕"에 대한 毛亨 傳에 "蒿 菣也"라고 하였다.

02-012-0649 (蓬)〔쑥/봉〕補【重文 1】

‘쑥’이다. 艸를 따르고 逢(봉)이 소리이다. 莑은 蓬의 籒文이니 蓬의 생략형이다.

蒿也. 从艸, 逢聲.① **莑, 籒文蓬省.**②

① 薄과 紅의 반절이다. 제9部에 있다. 籒文은 莑으로 되어 있다.
薄紅切. 九部. 籒文作莑.

② 살펴보건대, 이 籒文은 古文이 되어야 한다. 蚰部에 蠭(벌/봉)의 古文이 [illegible]으로 되어 있으니, 따를 만한 사례이다.
按此籒文當作古文. 蚰部蠭古文作[illegible], 可比例也.

02-012-0650 (藜)〔풀이름/려〕

‘풀이름’이다. 艸를 따르고 黎(려)가 소리이다.

艸也.① **从艸, 黎聲.**②

① ≪春秋左氏傳≫ 昭公 16년에 “蓬・蒿・藜・藋(적)을 베어내다.”라고 하였다. 藜는 갓 자란 것을 먹을 수 있다. 그러므로 ≪孔子家語≫ 〈七十二弟子解〉에 “藜를 삶았는데 제대로 익히지 않았다.”라고 하였다. ≪詩經≫ 〈小雅 南山有臺〉에 “北山에 萊가 있네.”라고 하였는데, 陸璣는 “萊를 兗州 사람들이 쪄서 먹었는데, 이를 ‘萊蒸’이라고 한다.”라고 하였다.[755]
　살펴보건대, 萊蒸은 아마도 바로 ‘蒸藜’인 듯하니, ≪詩經≫ 〈鄘風 定之方中〉의 “騋牝(키 큰 암말/래빈)”을 ‘驪牝(려빈)’이라고 풀이한 경우와 같다.
左傳“斬之蓬蒿藜藋.” 藜初生可食, 故曰, “蒸藜不孰.” 小雅“北山有萊.” 陸璣云 “萊, 兗州人蒸以爲茹, 謂之萊蒸.” 按萊蒸蓋卽蒸藜, 如詩騋牝訓驪牝也.

② 郎과 奚의 반절이다. 제15部에 있다. 籒文은 蔾로 되어 있다.
郎奚切. 十五部. 籒文作蔾.

02-012-0651 (蘬)〔냉이씨/귀〕補

‘薺實(냉이씨/제실)’이다. 艸를 따르고 歸(귀)가 소리이다.

755) 陸璣는……하였다 : 이 글은 ≪詩經≫ 〈小雅 南山有臺〉의 “北山에 萊가 있도다.〔北山有萊〕”에 대한 孔穎達 疏에 보인다.

薺實也.① **从艸, 歸聲.**②

① 지금의 ≪爾雅≫ 〈釋艸〉에 "葒은 '蘢古(개여뀌/용고)'[756]이며, 큰 것이 '蘬'이다. 䓆(차)는 '薺實'이다."라고 하였으니, 許愼이 근거한 책과 전혀 같지 않다.

今釋艸"葒, 蘢古, 其大者蘬. 䓆, 薺實." 許所據絶不同.

② 驅와 歸의 반절이다. 제15部에 있다. 籒文은 蘬로 되어 있다. 歸는 籒文이 帰로 되어 있다.

驅歸切. 十五部. 籒文作蘬. 歸, 籒作帰也.

02-012-0652 葆(葆) 〔풀이 무성한 모양/보〕 補

'풀이 무성한 모양'이다. 艸를 따르고 保[757](보)가 소리이다.

艸盛皃.① **从艸, 保聲.**②

① ≪漢書≫ 〈武五子傳〉에 "이때 머리털이 무성한 쑥과 같았다."고 하였는데, 顔師古는 "풀이 무더기로 난 것을 '葆'라 한다."라고 하였다. 引伸하여 '羽葆幢'[758]의 葆로 쓴다. ≪史記≫에서는 〈'葆'자를〉 '寶'자의 의미로 썼다.[759]

漢書武五子傳曰, "當此之時, 頭如蓬葆." 師古曰, "草叢生曰葆." 引伸爲羽葆幢之葆. 史記以爲寶字.

② 博과 褒의 반절이다. 古音은 제3部에 있다. 籒文은 𦾞로 되어 있다.

博褒切. 古音在三部. 籒文作𦾞.

02-012-0653 蕃(蕃) 〔무성할/번〕 補

'풀이 무성하다'이다. 艸를 따르고 番(번)이 소리이다.

艸茂也.① **从艸, 番聲.**②

---

756) 蘢古(개여뀌/용고) : 文淵閣 四庫全書本 ≪爾雅注疏≫ 〈釋艸〉에는 "蘢古(농고)"로 되어 있다.

757) 保 : ≪玉篇≫ 〈亻部〉에 "保는 ≪說文≫의 '保'자이다.〔保 說文 保字〕"라고 하였고, ≪集韻≫ 〈晧韻〉에 "保는 隸書에는 '保'로 되어 있다.〔保 隸作保〕"라고 하였다.

758) 羽葆幢 : 장례에서 영구를 인도할 때 쓰는, 새의 깃털로 장식한 儀仗의 하나이다.

759) 史記에서는……썼다 : ≪史記≫ 〈留侯世家〉에 "〈張良이〉 과연 곡성산 밑에서 黃石을 보고, 이를 가져다 보물처럼 공경하며 제사를 지냈다.〔果見穀城山下黃石 取而葆祠之〕"라고 하였는데, 裴駰의 集解에 "서광이 '≪史記≫에는 珍와 寶에 해당하는 글자가 모두 「葆」로 되어 있다.'라고 하였다.〔徐廣曰 史記珍寶字皆作葆〕"라고 하였다.

① ≪春秋左氏傳≫ 閔公 元年에 "그 후손이 반드시 蕃昌할 것이다."라고 하였다.
左氏傳曰, "其必蕃昌."

② 甫와 煩의 반절이다. 제14部에 있다. 籒文은 蕃으로 되어 있다.
甫煩切. 十四部. 籒文作蕃.

02-012-0654  (茸) 〔풀이 무성하여 어지러운 모양/용〕 補

'풀이 무성하여 어지러운 모양'이다. 艸를 따르고 耳(이)가 소리이다.

艸茸茸皃.[①] 从**艸**, **耳聲**.[②]

① 茸이란 말은 '茙(무성할/융)'의 뜻이다. ≪詩經≫ 〈召南 何彼襛矣〉의 〈"어찌 그리도 무성한가.〔何彼穠矣〕"의 '穠'자에 대한〉 毛亨 傳에 "襛(농)은 '戎戎(무성하다/융융)'과 같은 뜻이다."라고 하였다. ≪韓詩≫에 "어찌 그리도 무성한가.〔茙〕"라고 하고 ≪春秋左氏傳≫ 僖公 5년에 "狐裘가 尨茸(방용)하다."라고 한 것은, 바로 ≪시경≫ 〈邶風 旄丘〉의 "狐裘가 난잡〔蒙戎〕하다."를 이르는 것이다.
茸之言茙也. 召南毛傳曰, "襛猶戎戎也." 韓詩"何彼茙矣." 左氏傳"狐裘尨茸." 卽詩之狐裘蒙戎.

② 〈耳聲이〉 今本에는 "聰省聲(聰의 생략형이 소리이다.)"으로 되어 있는데, 이는 식견이 얕은 사람이 억지로 고친 것이다. 이는 形聲이 雙聲을 취하고 疊韻을 취하지 않은 경우이다. 而와 容의 반절이다. 제9部에 있다. 籒文은 茸으로 되어 있다.
今本作聰省聲, 此淺人所肊改. 此形聲之取雙聲不取疊韻者. 而容切. 九部. 籒文作茸.

02-012-0655  (萑) 〔풀이 많은 모양/추〕

'풀이 많은 모양'이다. 艸를 따르고 隹(추)가 소리이다.

艸多皃.[①] 从**艸**, **隹聲**.[②]

① 이는 徐鍇本에 따라 여기에 배열한 것이다. 徐鉉本에서 萑를 蓷(익모초/퇴)의 뒤에 배열한 것은 잘못이니, 〈이에 대해서는〉 '蓷'자의 해설에 자세하다.
此從鍇本廁此. 鉉本以萑廁蓷篆後, 非也, 詳蓷下.

② 職과 追의 반절이다. 제15部에 있다. 籒文은 萑로 되어 있다.
職追切. 十五部. 籒文作萑.

02-012-0656 (葏)〔풀이 무성한 모양/**전**〕

'풀이 무성한 모양'이다. 艸를 따르고 津(진)이 소리이다.

艸皃.① 从**艸**, **津聲**.②

① ≪集韻≫ '一 先韻'에 "≪詩經≫에 '무성하고 무성한〔葏葏〕 것은 쑥〔莪〕이다.'라고 한 말은 李舟[760)]의 해설이다."라고 하였다.[761)]
集韻一先曰, "詩'葏葏者莪.' 李舟說."

② 子와 僊의 반절이다. 古音은 제12部에 있다. 籒文은 [illegible]로 되어 있다.
子僊切. 古音十二部. 籒文作[illegible].

02-012-0657 (䕺)〔풀이 무더기로 난 모양/**총**〕補

'풀이 무더기로 난 모양'이다. 艸를 따르고 叢(총)이 소리이다.

艸叢生皃.① 从**艸**, **叢聲**.②

① 叢은 '무더기'이다. 대략적으로 말한 것이다. 䕺은 오로지 풀〔艸〕만 이르는데, 지금 사람들은 '叢'자로 쓰는 것만 알뿐이다. ≪爾雅≫ 〈釋魚〉의 音義[762)]에서는 ≪說文≫을 인용하여 "䕺은 '풀이 무더기로 난 것'이다."라고 하였다.
叢, 聚也. 槩言之. 䕺則專謂艸, 今人但知用叢字而已. 爾雅釋魚音義引說文"䕺, 艸衆生也."

② 이는 形聲이면서 會意를 포함하고 있다. 徂와 紅의 반절이다. 제9部에 있다. 籒文은 [illegible]으로 되어 있다.
此形聲包會意. 徂紅切. 九部. 籒文作[illegible].

---

760) 李舟 : ?~?. 唐代의 음운학자·서법가로, 隴西 사람이고 자는 公受이다. 문학을 좋아했고, 벼슬은 虔州刺史를 지냈다. 저서로 ≪切韻≫ 10권이 있다.

761) 詩經에……하였다 : ≪詩經≫ 〈小雅 菁菁者莪〉에 "무성하고 무성한 것은 쑥이다.〔菁菁者莪〕"라고 하였는데, 여기의 '菁菁'을 李舟가 해설하면서 '葏葏'으로 썼다는 뜻이다.

762) 爾雅……音義 : ≪爾雅≫ 〈釋魚〉의 "여섯째를 서귀라 한다.〔六曰筮龜〕"에 대한 郭璞 注에 "〈筮龜는〉 항상 蓍草의 떨기 밑에 숨어 있다.〔常在蓍叢下潛伏〕"라고 하였는데, 여기의 '叢'자에 대한 ≪經典釋文≫ 〈爾雅音義〉에 "叢은 才와 空의 반절인데, ≪설문≫에 '풀이 많은 것이다.'라고 하였다.〔叢 才空反 說文云 草衆也〕"라고 하였다. 여기에는 단옥재가 인용한 글과는 다르게 '䕺'자가 '叢'으로 되어 있다.

02-012-0658 (草) 〔상수리/초〕 補

'草斗'이니, '상수리'이다. 일설에는 '象斗'라고 한다. 艸를 따르고 早(조)가 소리이다.

草斗① 櫟實也. 一曰象斗.② 从艸, 早聲.③

① 逗(句讀)이다.
逗.

② ≪說文≫ 木部에 "栩(상수리나무/허)는 '柔(상수리/서)'이다. 皁(상수리/조)를 일설에는 '樣(상수리/상)'이라고 한다."라고 하였고, 또 "柔는 栩이다."라고 하였고, 또 "樣은 '栩實(상수리)'이다."라고 하였다.
살펴보건대 여기서 말하는 櫟은 바로 '栩'이다. 陸璣는 "栩는 지금의 '柞櫟(상수리나무/작력)'이다. 徐州 사람들은 櫟을 '杼(상수리/서)'라고 이르고, 이를 '栩'라고도 한다. 그 열매를 '皁'라고 하고 '皁斗(상수리/조두)'라고도 한다. 그 껍질은 즙을 만들어 검게 염색할 수 있다. 지금 京洛과 河內에서는 대부분 '상수리 즙〔杼汁〕'이라고 말하고, '橡斗(상수리)'라고도 한다."라고 하였다.
살펴보건대, 草斗(상수리)란 글자를 민간에서는 皁로 쓰고 皀로도 쓰는데 六書 이론으로는 통하지 않는다. 象斗라는 글자는 木部의 '樣'으로 되어 있는 것을 따라야 하는데, 민간에서는 '橡'으로 쓴다.
木部"栩, 柔也. 其皁, 一曰樣." 又曰, "柔, 栩也." 又曰, "樣, 栩實也." 按此言櫟者, 卽栩也. 陸璣云 "栩, 今柞櫟也. 徐州人謂櫟爲杼, 或謂之栩. 其子爲皁, 或言皁斗. 其殼爲汁, 可以染皁. 今京洛及河內, 多言杼汁, 或云橡斗." 按草斗之字俗作皁, 作皀, 於六書不可通. 象斗字當從木部作樣, 俗作橡.

③ 自와 保의 반절이다. 古音은 제3部에 있다. ≪周禮≫ 〈地官 大司徒〉에 "그 식물은 早物(상수리나무 같은 식물)이 적합하다."라고 하였다. '早'자를 가차하여 '早晩'의 早(일찍/조)로 쓴다. 籒文은 草로 되어 있다.
自保切. 古音在三部. 周禮大司徒"其植物宜早物." 假借早晩字爲之. 籒文作草.

02-012-0659 (菆) 〔겨릅대, 깔개/추〕 補

'겨릅대'이다. 艸를 따르고 取(취)가 소리이다. 일설에는 '蓐(깔개/욕)'이라고 한다.

麻蒸也.① 从艸, 取聲.② 一曰蓐也.③

① 이 글자를 앞에 나온 '蒸'자와 같은 종류로 배열하지 않은 것은 篆文과 籒文을 구별하

였기 때문이다. 潘岳의 〈西征賦〉에 "시장 가운데 겨릅대를 파는 시장에 감탄하였다."라고 하였다. 東方朔의 〈七諫 哀命〉에 "菎蕗(향초이름/곤로)가 䕡蒸(겨릅대/추증)에 섞여 있다."라고 하였는데, 王逸의 注에 "枲翮(시핵)을 '䕡'라고 한다. 〈䕡가〉 어떤 본에는 '菆'로 되어 있다."라고 하였다. 살펴보건대 枲翮은 삼〔枲〕의 줄기이다. ≪說文≫ 㽞部에 나오는 '䕡'자에 "삼의 줄기〔䕡〕이다."라고 하였는데, 徐鍇本에는 이 글자가 없고 민간에서 더했을 뿐이다.

此不與上文蒸字類廁者, 以篆籒別之. 西征賦曰, "感市閭之菆井." 東方朔七諫曰, "菎蕗襍於䕡蒸." 王逸注"枲翮曰䕡. 一作菆." 按枲翮, 枲莖也. 㽞部出䕡字云㽞䕡也, 鍇本無之, 俗添之耳.

② 側과 鳩의 반절이다. 제3部에 있다. 籒文은 𦶜로 되어 있다.
側鳩切. 三部. 籒文作𦶜.

③ 이는 별도의 다른 뜻이다. 蓐은 아래 部에 보인다.
此別一義. 蓐見下部.

02-012-0660 (蓄)〔쌓을/축〕補

'쌓다'이다. 艸를 따르고 畜(축)이 소리이다.

積也. 从艸, 畜聲①

① 丑과 六의 반절이다. 제3部에 있다. 籒文은 𧃲으로 되어 있다.
丑六切. 三部. 籒文作𧃲.

02-012-0661 (萅)[763]〔밀어 올릴, 봄/춘〕補

'밀어 올리다'이다. 日·艸·屯을 따랐다. 屯(준)[764]은 또한 소리이기도 하다.

推也.① **从日艸屯,**② **屯亦聲.**③

① 이는 雙聲에서 뜻을 찾은 것이다. ≪禮記≫ 〈鄕飮酒義〉에 "東方은 春에 해당하니, 春이라는 말은 '꿈틀거리다'의 뜻이다."라고 하였다. ≪尙書大傳≫에 "春은 '나오다'의 뜻이니, 만물이 나오는 것이다."라고 하였다.

---

763) 萅 : ≪集韻≫ 〈諄韻〉에 "萅은 隸書에서 '春'이라고 하였다.〔萅 隸作春〕"라고 하였다.
764) 屯(준) : 屯자에 대한 단옥재 注에 "陟과 倫의 반절이다.〔陟倫切〕"라고 하였다.

此於雙聲求之. 鄕飮酒義曰, "東方者春, 春之爲言蠢也." 尙書大傳曰, "春, 出也, 萬物之出也."

② 〈萅의〉 '日과 艸와 屯'은 '때가 되어 풀의 싹이 나오는 것'이다. '屯'자는 艸木이 처음 〈땅 위로〉 나오는 모양을 본뜬 것이다.

日艸屯者, 得時艸生也. 屯字象艸木之初生.

③ 회의 겸 형성이다. 이 7자(從日艸屯 屯亦聲)는 ≪古今韻會擧要≫에 의거한 것이다. 지금 二徐(徐鉉·徐鍇)本은 모두 徐鍇의 말 때문에 난잡해졌다. 昌과 純의 반절이고, 제13部에 있다. 籒文은 蒖으로 되어 있다.

會意兼形聲. 此七字依韻會, 今二徐本, 皆亂以鍇語. 昌純切. 十三部. 籒文作蒖.

〈艸部에서 다룬〉 표제자는 모두 445자이고, 重文은 31자이다.

文四百四十五 重三十一①

① 살펴보건대, 徐鉉本은 글자가 445자이고, 徐鍇本은 莒(거)·蕦(무)·蒢(제)·蘳(공)·蓨(수)·萃(췌) 6글자가 없으니 439자가 된다. 지금 徐鉉本을 따라, 다시 살펴 蔞(무)·菰(고)·菽(치) 3자를 확실히 잘못된 글자체로 결정하였는데, 이를 산삭하니 442자가 된다.

글자를 배열하는 순서는 같은 종류끼리 모으고 속성이 다른 무리로 나누었으므로, 모두 의의가 있다. 비록 후인에 의해 조금 난잡하게 되었지만 대략적인 내용은 헤아릴 만하니, 예컨대 荃(전)이 香艸가 아니라는 것을 위아래의 글자에서 알게 될 것이다. 중복자 31자는 徐鍇本에 '蕿(원추리/훤)'자가 없어 지금 또한 徐鉉本을 따른 것이다.

按鉉本文四百四十五, 鍇本少莒·蕦·蒢·蘳·蓨·萃六字, 則爲四百三十九. 今仍鉉本, 惟復審定蔞·菰·菽三字確是誤體, 刪去, 是爲四百四十二. 其列字之次第, 類聚羣分, 皆有意義. 雖少爲後人所亂, 而大致可稽, 如荃之非香艸, 於上下文得之也. 重三十一, 鍇少蕿字, 今亦仍鉉.

【013. 蓐部】

02-013-0662 [illegible](蓐) 〔묵은 풀이 다시 자랄, 누에섶, 자리/욕〕【重文 1】

'묵은 풀이 다시 자라다'이다. 艸를 따르고 辱(욕)이 소리이다. 일설에는 '蔟(누에섶/족)'이라고 한다. 蓐의 종류는 모두 蓐을 따랐다. [illegible]은 蓐의 籒文이니, 茻(망)을 따랐다.

陳艸復生也. 从艸, **辱聲**.① 一曰**蔟也**.② **凡蓐之屬**, **皆从蓐**. [illegible], 籒**文蓐**, 从茻.③

① 而와 蜀의 반절이다. 제3部에 있다.
而蜀切. 三部.

② 이는 별도의 한 가지 뜻이다. 艸部에 "蔟은 누에를 올리는 섶이다."라고 하였다. 蓐을 '묵은 풀이 다시 자라다'의 뜻으로 풀이하였는데, 인신하여 薦席(자리/천석)의 蓐의 뜻으로 쓴다. 그러므로 蠶蔟(누에섶/잠족)을 또한 '蓐'이라고 부르는 것이다.
此別一義. 艸部曰, "蔟, 行蠶蓐也." 蓐訓陳艸復生, 引伸爲薦席之蓐, 故蠶蔟亦呼蓐.

③ 이 글자를 艸部의 53개의 글자[1]와 함께 같은 종류로 배열하지 않고 별도로 蓐部를 세운 것은, 蓐을 따르는 '薅(김맬/호)'자가 있기 때문이다.
此不與艸部五十三文爲類而別立蓐部者, 以有薅字從蓐故也.

02-013-0663 [illegible](薅) 〔김맬/호〕【重文 2】

'**農地**의 잡초를 제거하다'이다. 蓐을 따르고 好(호)의 생략형이 소리이다. [illegible]은 薅의 籒文이니 薅의 생략형이다. 茠는 薅의 **或體**이니 休를 따랐다. ≪**詩經**≫ 〈**周頌 良耜**〉에 "씀바귀와 여뀌를 뽑았다."라고 하였다.

披田艸也.① 从蓐, **好省聲**.② [illegible], 籒**文薅省**. 茠, **薅或从休**.③ **詩曰**, "**旣**[2]茠荼蓼."④

---

1) 艸部의……글자 : 02-012-0610 [illegible](芥)부터 여기의 02-013-0662 [illegible](蓐)까지의 小篆은 艸를 따르고, 大篆(籒文)은 茻을 따른 53개의 표제자를 가리킨다.

2) 旣 : 文淵閣 四庫全書本 ≪毛詩注疏≫에는 '旣'자가 '以'자로 되어 있다.

① 大徐本에는 "농지의 잡초를 뽑아 버리다.〔拔去田艸〕"로 되어 있다. 玄應의 ≪衆經音義≫에는 "농지의 잡초를 제거하다.〔除田艸〕"로 되어 있고, ≪經典釋文≫ · ≪玉篇≫ · ≪五經文字≫에는 "농지의 잡초를 뽑다.〔拔田艸〕"로 되어 있는데, 오직 ≪說文解字繫傳≫의 舊本에만 〈拔去 · 除 · 拔자가〉 '披(피)'로 되어 있는데, 잘못이 아니다. 披는 '땅을 파고 잡초를 제거하다'는 뜻이다. 木部에 "槈(호미/누)는 김을 매는 농기구이다."라고 하였다.
大徐作"拔去田艸." 衆經音義作"除田艸." 經典釋文 · 玉篇 · 五經文字作"拔田艸." 惟繫傳舊本作披, 不誤. 披者, 迫地削去之也. 木部曰 槈, 薅器也.

② 呼와 毛의 반절이다. 古音은 제3部에 있다.
呼毛切. 古音在三部.

③ 옛날에 好聲과 休聲은 함께 제3部에 있었다.
古好聲 · 休聲同在三部.

④ ≪詩經≫ 〈周頌 良耜〉의 글인데, 지금 ≪詩經≫에는 〈茠가〉 薅로 되어 있다.
周頌文, 今詩作以薅.

〈蓐部에서 다룬〉 표제자는 모두 2자이고, 중문은 3자이다.

文二 重三

【014. 茻部】

02-014-0664 (茻)〔풀덤불/망〕

'풀이 많은 것'이다. 4개의 屮을 따랐다. 茻에 속하는 글자는 모두 茻의 자형을 따랐으며, 冈(网, 망)과 같이 읽는다.

衆艸也.[①] **从四屮. 凡茻之屬, 皆从茻, 讀若與冈同.**[②]

① 살펴보건대, 經傳의 '草莽'의 '莽'자는 이 글자로 써야 한다.
按經傳艸莽字當用此.

② '讀若'은 '冈之讀若(冈과 같이 읽는다.)'과 같음을 이른다. 摸와 朗의 반절이다. 제10部에 있다.
謂其讀若與冈之讀若同也. 模朗切. 十部.

02-014-0665 (莫)〔저물/모〕

'해가 져서 장차 어두워지다'이다. 해가 많은 풀〔茻〕 속에 있는 것을 따랐다. 茻(망)은 또한 소리이기도 하다.

日且冥也.[①] **从日在茻中,**[②] **茻亦聲.**[③]

① '且冥'은 '장차 어두워지다'의 뜻이다. 木部에 "杳(묘)는 '어둡다'이다."라고 하였고, 夕部에 "夕은 '어둡다'이다."라고 하였다. 引伸하여 '有無'의 '無'자 뜻으로 쓴다.
'且冥'者, 將冥也. 木部曰 杳者, 冥也. 夕部曰 夕, 莫也. 引伸之義爲有無之無.

② 會意이다.
會意.

③ 이 뜻은 雙聲으로 구한 것이다. 莫와 故의 반절이고, 또한 慕와 各의 반절이다. 제5部에 있다.
此於雙聲求之. 莫故切, 又慕各切. 五部.

02-014-0666 (莽)〔개가 덤풀 속에서 토끼를 잘 쫓아갈/**망**〕

南昌에서는 '개가 풀이 많은 곳에서 토끼를 잘 쫓아가다'를 '莽'이라고 말한다. 犬・茻을 따랐다. 茻(망)은 또한 소리이기도 하다.

南昌謂犬善逐兎艸中爲莽. 从犬茻.① 茻亦聲.②

① 이 글자는 '개가 덤불 속에 있다'는 뜻이기 때문에, 南昌의 方言을 일컬어 會意가 되는 뜻을 설명한 것이다. 인신하여 '鹵莽(거칠다, 조잡하다/로망)'의 '莽'자로 쓴다.
此字犬在茻中, 故偁南昌方言, 說其會意之恉也. 引伸爲鹵莽.

② 謀와 朗의 반절이고, 제10部에 있다. 古音은 模와 같이 읽으며, 上平聲이고, 제5部에 있으니, 雙聲에서 취한 것이다.
謀朗切. 十部. 古音讀如模, 上聲, 在五部. 取諸雙聲也.

02-014-0667 (葬)〔장례치를/**장**〕

'장례를 치르다'이다. '죽은 사람이 많은 풀〔茻〕 속에 있음'을 따랐다. 一(횡)은 그 속에 깔아놓은 것이다. ≪周易≫〈繫辭傳 下〉에 "옛날의 葬禮는 섶〔薪〕을 두텁게 입혔다."라고 하였다. 茻(망)은 또한 소리이다.

臧也.① 从死在茻中. 一, 其中所吕荐之.② 易曰, "古者葬, 厚衣之以薪."③ 茻亦聲.④

① ≪禮記≫〈檀弓 上〉에 보인다.
見檀弓.

② 荐은 各本에 '薦'으로 되어 있어, 지금 바로잡았다. 荐은 풀로 만든 자리이다. '자리를 깐다.'라는 뜻을 가지고 있기 때문에 '밑에 자리를 깐다.'는 뜻의 글자를 쓸 때 이 글자를 쓴다.
荐各本作薦, 今正. 荐, 艸席也. 有藉義, 故凡藉於下者用此字.

③ 이 글은 ≪周易≫〈繫辭傳 下〉에서 인용하여 "'죽은 사람이 풀 속에 있음'을 따랐다."는 뜻을 설명한 것이다. 上古時代에는 薪을 두텁게 입혔기 때문에 글자의 위아래가 모두 풀〔艸〕이다.
此引易毄[1]辭, 說從死在茻中之意也. 上古厚衣以薪, 故其字上下皆艸.

④ 이는 疊韻에서 얻은 것이다. 則과 浪의 반절이며, 제10部에 있다.
此於疊韻得之. 則浪切. 十部.

---

1) 毄 : ≪集韻≫에 "繫와 같다.〔與繫同〕"라고 하였다.

〈茻部에서 다룬〉 표제자는 〈모두〉 4자이다.

文四①

① 이 部를 53개의 글자와 동일한 종류로 배열하지 않은 것은, 저기(艸部)에서는 小篆이 艸를 따랐고 여기(茻部)에서는 小篆이 茻을 따랐기 때문이다.
此部不與五十三文同類者, 彼小篆從艸, 此小篆從茻也.

지금까지 다룬 부수는 14개이며, 표제자는 672자이고 중문은 80자이며, 표제자・중복자・해설한 글자의 도합은 모두 10,639자이다.

十四部, 文六百七十二, 重八十, 凡萬六百三十九字.①

① 이(10,639자)는 제1편 各部의 표제자・중복자・해설한 글자를 모두 합한 숫자이다. 篇 말미마다 숫자를 기록하여 14편이란 숫자를 얻어서 敍目(≪說文解字≫의 敍文)의 후미에 이를 기록하였는데, "이는 14편 540부수이고, 〈표제자로 다룬 한자는〉 9,353자이며 중문은 1,163자이고, 해설한 글자는 모두 133,441자이다."라고 한 기록이 이것이다. 二徐(徐鉉・徐鍇)가 매 篇을 上・下로 나누고부터 篇 머리에 이를 옮겨 놓은 것은 옳지 않다. 小徐의 책(徐鍇의 ≪說文解字繫傳≫)이 轉寫되면서 더욱 어긋나고 잘못되었으므로, 지금 옛날대로 복구하였다.
此第一篇部文・重文・解說字之都數也. 每篇末識之, 以得十四篇數, 識於敍目之後云 "此十四篇・五百四十部・九千三百五十三文・重一千一百六十三・解說凡十三萬三千四百四十一字." 是也. 自二徐每篇分上下, 乃移之冠篇首, 非是. 小徐書轉寫尤舛誤, 今復其舊云.

出土文獻 補註

凡 例

1. 본 字源 解說은 ≪說文解字注≫의 표제자 중 출토자료에서 찾을 수 있는 字形을 제시하고 주석과 解說을 부가한 것이다. ≪설문해자주≫ 본문의 표제자 중, 자원 해설이 추가된 표제자는 별도로 '補'로 표시하여 참고하는 데 편의를 제공하였다.
2. ≪說文解字注≫ 본문 비교의 편의를 위하여 표제자 뒤에 번역본의 일련번호를 표기하였다. 단 ≪설문해자주≫에는 실려 있지 않지만 徐鉉本 ≪說文解字≫에 新附字로 수록된 한자의 경우 일련번호 대신 '徐鉉本 新附字'로 표기하였다.
3. ≪說文解字≫ 小篆이 등장하기까지의 고문자를 商代文字, 西周春秋文字, 戰國文字, 秦文字로 분류하여 각각 그 字形을 표를 통해 제시하였다. 이때 '秦文字'는 戰國時代 秦의 문자를 포함한다. 전국시대 秦文字가 小篆으로 이어지기 때문에 따로 항목을 설정하였다.
4. 출토자료의 명칭은 학계에서 일반적으로 사용하는 약칭을 사용하였으며, '참고문헌 및 약칭일람'에 정식명칭을 명시하였다. 그 예는 다음과 같다.

약칭	정 식 명 칭
合7241	≪甲骨文合集≫(中國社會科學院歷史硏究所, 1982)의 '7241'번 갑골탁본
郭店 老子甲 4	≪郭店楚墓竹簡≫(荊門市博物館 編, 文物出版社, 1998)의 ≪老子≫ 甲本 4호간

5. 기타 서술원칙 및 부호는 ≪說文解字注≫ 번역본을 따랐다.

참고문헌 및 약칭일람

분류	약칭	저록 문헌
甲骨	合(合集)	中國社會科學院歷史硏究所, ≪甲骨文合集≫, 1982
	屯	中國社會科學院考古硏究所, ≪小屯南地甲骨≫, 1980~1983
	英	李學勤/齊文心/艾蘭 編, ≪英國所藏甲骨集≫, 1985
	花東	中國社會科學院考古硏究所, ≪殷墟花園莊東地甲骨≫, 雲南人民出版社, 2003
	村中南	中國社會科學院考古硏究所, ≪殷墟小屯村中村南地甲骨≫, 雲南人民出版社, 2012
	懷	許進雄, ≪懷特氏等收藏甲骨文集≫, 加拿大安大略博物館, 1979
金文	集成	中國社會科學院考古硏究所, ≪殷周金文集成≫ 전18책, 1984~1994
	近出	劉雨/盧岩 編, ≪近出殷周金文集錄≫ 전4책, 中華書局, 2002
戰國竹簡	郭店	荊門市博物館, ≪郭店楚墓竹簡≫, 文物出版社, 1998
	上博	馬承源 主編, ≪上海博物館藏戰國楚竹書≫ 1~9권, 上海古籍出版社, 2001~2012
	淸華簡	淸華大學出土文獻硏究與保護中心, 李學勤 主編, ≪淸華大學藏戰國竹簡≫ 1~11권, 中西書局, 2010~2021
	包山	湖北省荊沙鐵路考古隊, ≪包山楚簡≫, 文物出版社, 1991
	新蔡	河南省文物考古硏究所, ≪新蔡葛陵楚墓≫, 大象出版社, 2003
	九店	湖北省文物考古硏究所 北京大學中文系 編, ≪九店楚簡≫, 中華書局, 2000
	信陽	河南省文物硏究所, ≪信陽楚墓≫, 文物出版社, 1986
	秦家嘴	滕任生, ≪楚係簡帛文字編(增訂本)≫, 湖北教育出版社, 2008
秦簡	嶽麓	朱漢民・陳松長 主編, ≪嶽麓書院藏秦簡≫ 1~6권, 上海辭書出版社, 2010~2020
	里耶	湖南省文物考古硏究所, ≪里耶秦簡≫ 1권, 文物出版社, 2012
	睡虎地	睡虎地秦墓竹簡整理小組, ≪睡虎地秦墓竹簡≫, 文物出版社, 1990
기타	貨系	汪慶正, ≪中國歷代貨幣大系≫(一), 上海人民出版社, 1988
	璽彙	故宮博物院, ≪古璽彙編≫, 文物出版社, 1981
	陶錄	王恩田, ≪陶文圖錄≫, 齊魯書社, 2006

屮(02-011-0213)

商代文字	 合18661	 合15396反		
西周春秋文字	 作父戊簋	 屮作從彝盉		
戰國文字	 貨系3964	 郭店六德12 '草'字初文	 陶錄4.210.5	
秦文字	 ≪說文≫小篆			

≪說文≫에는 ''을 초목이 처음 생겨나 가지와 줄기로 구성된 것을 본뜬 것이라고 했다. 甲骨文 ''도 이와 동일한 字形이며 西周 청동기에서도 甲骨文과 마찬가지로 가지와 줄기를 본뜬 字形이 보인다. ≪作父戊簋≫(≪集成≫ 3514) ''이 그 예이다. 전국시기 郭店楚簡 ≪六德≫ 12호간 ''은 '屮'의 戰國文字이다. 이 字形은 문맥상 '草'로 해석하는데 ≪說文≫의 풀이와 상통한다.

屯(02-011-0214)

商代文字	 合32189	 合5177臼	 合28008	
西周春秋文字	 伯姜鼎	 㾓鐘	 梁其鐘	
戰國文字	 鄂君啓舟節	 郭店 老子甲 9	 上博 天子建州甲 4	 清華簡 筮法 2
秦文字	 秦公鐘	 姚屯·秦風 47		

≪說文≫에는 ''에 대해 초목이 처음 생겨날 때 힘들고 어려운 모습을 본뜬 것이

라고 정의하고 '一'과 '屮'로 구성된 字形으로 분석했다. '屯'의 최초 字形이 정확히 무슨 의미를 표현하고 있는지 아직 밝혀진 바 없지만, 일반적으로 땅에서 싹이 나온 모양을 본뜬 것으로 본다. 甲骨文 '屯'은 ''(≪合集≫ 4143), ''(≪合集≫ 4070) 등과 같다. 西周 청동기에서는 甲骨文에서 중간의 볼록했던 부분이 ≪屯作兄辛卣≫(≪集成≫ 5337) ''처럼 굵은 원으로 변하거나 ≪伯姜鼎≫(≪集成≫ 2791) ''처럼 선의 일부가 굵어진 것처럼 보이게 쓰기도 했다.

春秋시기의 '屯'은 西周시기의 字形을 그대로 사용했으나 戰國시기의 字形은 굵은 원, 또는 선의 일부가 굵어진 것처럼 보였던 부분이 직선으로 변하기 시작한다. 秦의 璽印 '', 楚의 曾侯乙簡 26호간 '', 晉의 貨幣 '' 등이 모두 굵게 표기된 부분에서 선으로 변화된 예이다. 이 字形이 오늘날 해서체 '屯'의 직접적으로 영향을 준 것이다.

每(02-011-0215)

商代文字	 合33514	 懷1429	 合27925	 合27115
西周春秋文字	 㫚鼎	 杞伯每亡簋	 湯鼎	 晉姜鼎
戰國文字	 郭店 語叢一 34	 上博 子羔 4	 𧊒壺	
秦文字	 ≪說文≫小篆			

≪說文≫에는 ''의 字形에 대해 形符 '屮'와 聲符 '母'로 구성되었다고 분석하고, 이 字形을 '풀이 무성하게 위로 나오다'는 뜻으로 정의한다. 그러나 실제로는 비녀로 여자의 머리를 장식한 것을 본뜬 것이다. ''(≪合集≫ 33514), ''(≪合集≫ 27954) 등이 그 예인데 위쪽 '', ''이 장식에 해당하는 부분이다. 西周 청동기의 字形 역시 기본적으로 甲骨文의 형태를 계승했다. 하지만, 일부 字形은 무릎을 꿇고 앉은 여인의 모습을 본뜬 아랫부분이 ≪杞伯每亡鼎≫(≪集成≫ 2495) ''와 같이 간단한

형태로 변하기도 하면서 공간에 장식성 필획 또는 區別符號로서 점을 찍기도 했다. 春秋시기와 戰國시기 역시 공간에 점이 있는 경우와 없는 경우 모두 공존했다.

戰國시기는 머리 장식 부분이 다양하게 나타나는데 楚簡에 쓰인 '每'는 이전의 장식을 본뜬 부분이 ''처럼 '來'와 비슷한 형태로 구성되기도 했다. 小篆까지 '每'는 위, 아래가 모두 이어진 형태지만 漢 隸書 이후로 윗부분은 '人' 또는 ''로 간략화되고 아랫부분과 분리되기 시작한다. 張家山漢簡 ≪奏獻書≫ 210호간 ''가 그 예이다.

毒(02-011-0216)

秦文字	 睡虎地・秦律5	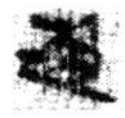 嶽麓 爲吏 4正		

≪說文≫에는 ''을 '屮'과 '毐'로 구성된 字形으로 파악한다. 현재까지 발견된 出土資料 중에서 이 字形과 완전하게 일치하는 것은 아직 없으나 戰國시기 睡虎地秦簡 ≪秦律雜抄≫ 5호간 ''은 ≪說文≫에서 제시한 ''과 비슷하며 '毒'으로 해석한다.

熏(02-011-0219)

西周春秋文字	 吳方彝蓋	 毛公鼎	 番生簋蓋	
秦文字	 ≪說文≫小篆			

''은 '屮'과 '𪐗'으로 구성된 글자이다. 이 字形은 西周 청동기 金文에 처음으로 등장한다. 두 가지 유형으로 구분하는데, 첫 번째로 ≪吳方彝蓋≫(≪集成≫ 9898A) ''와 같은 유형이 있고, 두 번째로 ≪番生簋蓋≫(≪集成≫ 4326) ''처럼 첫 번째 유형에 '火'가 추가된 字形도 있다. 이 字形은 창문으로 불이 튀어나오는 모습을 본떴을 것으로 추정하는 會意字이다. 연기의 뜻으로도 해석하는데 ≪說文≫에는 '연기가 위로 올라가다.〔火煙上出也〕'로 정의했다. 春秋戰國시기의 出土資料 중 이 字形을 사용한 사례는 없다.

艸(02-012-0220)

商代文字	 合6690	 合6	 合25370	
戰國文字	 陶錄2.249.4	 陶錄3.517.6	 齊陶0664	
秦文字	 雲夢・日甲70反	 嶽麓叄55		

許愼은 ≪說文≫에서 '艸'를 '모든 풀'로 정의했으며 두 개의 '屮'로 구성된 字形으로 분석했다. 이미 商代 甲骨文부터 '艸'는 구성 요소로 많이 등장했고, 단독으로 쓰인 용례는 甲骨文에서 (≪合≫ 6690)과 (≪合≫ 6)의 형태로 등장한다. 甲骨文에서의 용법은 '早'로 읽어 '이른 아침'의 뜻으로 사용된다. '艸'의 형태로 단독으로 사용되던 것은 戰國시기 出土資料부터 등장한다. 齊 陶文 ''(≪陶錄≫ 2.294.4)가 그 예이다. 楚簡과 楚帛書의 '艸'는 세 개의 '屮'로 구성됐다. ≪帛書≫乙의 ''이나 上博楚簡 ≪子羔≫ 5호간 ''과 같다. 秦은 '艸' 아래 '早'가 추가된 字形이 주로 사용됐다. 里耶秦簡 8-1057 '', 睡虎地秦簡 ≪日書甲≫ 70호간 ''등과 같으며 지금의 '草'와 동일하다. 許愼은 '草'를 '艸'와 구분 지어 '櫟實(굴참나무의 열매/역실)'로 정의했다. '草'는 본래 '굴참나무 열매'를 뜻하는 글자였는데, 발음이 같아서 艸의 의미로 오랫동안 사용하다 보니 지금은 草가 '풀'을 뜻하는 글자로 굳어진 것이다.

莊(02-012-0221)

西周春秋文字	 趙亥鼎				
戰國文字	 郭店語三9	 璽彙1529	 靈壽圖80.3	 集粹146	 璽彙0176
秦文字	 珍秦180	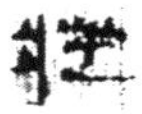 里耶8-1612	 雲夢編年5		

'莊'은 形符 '艸'와 聲符 '壯'으로 구성된 形聲字이다. 許愼은 "황제인 〈明帝의〉 이름이다.〔上諱〕"로 정의했으나 문헌 중에 쓰인 뜻은 '풀이 무성하다', '장엄하다' 등으로 쓰였다. 이와 동일한 字形은 秦 陶文 ''(≪陶錄≫ 6.116.1), 里耶秦簡 8-236 '' 등이 있다. 이와 다소 차이가 있으나 春秋시기부터 '壯'의 각종 異體字로 '莊'을 표기했던 용례도 있다. 春秋시기 ≪趞亥鼎≫(集成 2588) ''은 '爿', '𠚒', 'ㅁ'로 구성된 字形으로 '𤖼'로 隸定하며 '莊'의 뜻으로 해석한다. 戰國시기 出土資料에도 역시 관련 字形이 있다. 楚 지역은 郭店楚簡 ≪語叢三≫ 3호간 ''는 ≪說文≫에 수록된 古文 ''과 유사한 구조이다. 晉에서 다양한 이체자가 등장하는데 璽印 ''(≪璽彙≫ 1529)는 '爿', '𠚒'가 상하 구조로 구성된 '𦳾'으로 隸定한다. 또한 ''(≪集粹≫ 146)는 '壯'의 異體인 '𤖼'과 '艸'로 구성된 字形이다. 이밖에도 '爿', '箕', '廾'으로 구성된 ≪靈壽圖≫ 80.3의 ''도 있다. 齊는 春秋시기 字形이 그대로 전수된 ''(≪璽彙≫ 176)도 있다.

菰(02-012-0222)

戰國文字	 包山255	 包山258	 上博二容26	
秦文字	 ≪說文≫小篆			

'菰'는 形符 '艸'와 聲符 '瓜'로 구성된 形聲字로 許愼은 "풀에 열리는 열매"라고 풀이했다. 이와 동일한 字形은 戰國시기 上博楚簡 ≪容成氏≫ 26호간 '', 包山楚簡 255호간 ''이다. 字形은 동일하나 ≪容成氏≫ 26호간 ''는 지명을 표기하고 包山楚簡 255호간 ''는 '苽'로 해석한다.

芝(02-012-0223)

戰國文字	 璽彙3749			
秦文字	 ≪說文≫小篆			

'芝'는 形符 '艸'와 聲符 '之'로 구성된 字形이다. 許愼은 "신비로운 풀〔神艸〕"로 해석했다.[1] 이와 동일한 字形은 楚 璽印 '芝'(≪璽彙≫ 3749)이다.

莆(02-012-0225)

西周春秋文字	侯馬盟書3：14				
戰國文字	曾侯乙墓143號簡	三年莆子戈	清華簡2繫年69	先秦編233	貨系1541
秦文字	≪說文≫小篆				

'莆'는 形符 '艸'와 聲符 '甫'로 구성된 形聲字이다. 春秋시기 侯馬盟書 3：14 '莆', ≪十八年莆反令戈≫(新收 977) '莆'가 현재까지 발견된 出土資料 중에서 가장 이른시기의 '莆'이다. 清華簡 ≪繫年≫ 69호간 '莆'과 같이 戰國시기 또한 春秋시기의 字形과 큰 변화는 없다. 하지만 晉 貨幣에 남겨진 字形은 '甫'가 '柬'과 유사한 字形으로 쓰여 있다. ≪三晉貨幣≫ 112 '莆'가 그 예이다.

荅(02-012-0227)

秦文字	雲夢秦律28	里耶8-63正	嶽麓叁數101	

'荅'은 形符 '艸'와 聲符 '合'으로 구성된 形聲字이다. 이와 동일한 字形은 秦簡에서 볼 수 있다. 睡虎地秦簡 ≪秦律十八種≫의 倉律 38호간 '荅'이 그 예이다.

---

1) 자원 설명에서 許愼의 정의는 ≪說文≫ 徐鉉本을 기준으로 제시한다. ≪說文解字注≫에서 段玉裁가 수정했던 허신의 정의와 비교해보는 차원에서도 유익하다.

萁(02-012-0228)

戰國文字	左冢漆梮			
秦文字	≪說文≫小篆			

'萁'는 形符 '艸'와 聲符 '其'로 구성된 形聲字이다. 戰國시기 楚의 ≪左塚漆梮≫에 쓰인 '萁'는 '艸'와 '亓'로 구성된 字形으로 '萁'의 異體이다.

藿(02-012-0229)

戰國文字	璽彙2269	璽彙2272	三晉56	先秦編361
秦文字	≪說文≫小篆			

'藿'은 形符 '艸'와 聲符 '靃'으로 구성된 形聲字이다. 이와 동일한 字形은 현재까지 발견되지 않았으나 戰國시기 晉의 貨幣와 璽印에 '藿'의 異體가 있다. ≪三晉貨幣≫ 56의 '藿'은 '艸'와 '霍'으로 구성된 '藿'이며 ≪璽彙≫ 2266의 '[illegible]'은 '艸', '霍', '口'로 구성된 '[illegible]'이다. '藿'은 '藿'의 簡體이며 '[illegible]'은 '藿'에 區別符號 '口'가 추가된 字形이다.

莠(02-012-0232)

秦文字	雲夢日甲63反			

'莠'는 形符 '艸'와 聲符 '秀'로 구성된 形聲字이다. 이와 동일한 字形은 睡虎地 秦簡 ≪日書甲≫ 63호간 '[illegible]'이다.

萉(02-012-0233)

秦文字	 十鐘3.52上	 陝西764		

'萉'는 形符 '艸'와 聲符 '肥'로 구성된 形聲字이다. 戰國시기 秦의 璽印 중에 '萉'(≪十鐘≫ 3.52上)가 小篆과 동일하다. '萉'의 或體 '䕠'는 '麻'와 '賁'으로 구성된 字形으로 실제 出土資料에서는 발견된 사례가 없다.

[艸/異](02-012-0235)

戰國文字	 曾乙15			
秦文字	 ≪說文≫小篆			

'[艸/異]'는 形符 '艸'와 聲符 '異'로 구성된 形聲字이다. 曾侯乙簡 15호간 '[艸/異]'가 이와 동일한 字形이나 '翼'의 通假로 사용되어 의미상으로는 관련이 없다.

蘇(02-012-0236)

西周春秋文字	 晉侯穌鐘	 史頌簋	 晉侯穌鼎	 寬兒鼎
戰國文字	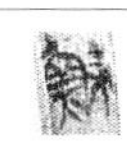 新蔡零077號簡	 新蔡甲三33號簡		
秦文字	 集粹737	 西安圖125	 里耶8-1194	

'蘇'는 形符 '艸'와 聲符 '穌'로 구성된 形聲字이다. 이와 동일한 字形은 春秋시기 청동기에서 볼 수 있다. ≪寬兒鼎≫(集成 2722)의 '蘇'가 그 예이다. 戰國시기는 秦의 出土資料에서 볼 수 있는데 里耶秦簡 8-1194 '蘇'가 있으며 璽印 중에 '蘇'(≪集粹≫

737)는 '禾'와 '魚'의 위치가 바뀌어 있기도 하다. 字形상 일치하지 않지만 '穌'를 차용하여 '蘇'를 표기한 용례는 西周시기부터 출현한다. ≪史頌鼎≫(集成 2787) ''는 '蘇'로 해석한다. '穌'와 '蘇'의 通假 관계는 春秋시기와 戰國시기에도 출현한다. 侯馬盟書 3 : 3 '', 上博楚簡 ≪王居≫ 1호간 ''가 그 예이다. 한편, 春秋시기의 ≪𨟭灰壺≫(集成 9633)에서 '木'과 '魯'로 구성된 ''로 '蘇'를 표기한 사례도 있다. 許愼은 '蘇'를 '차조기'로 해석했으나, 실제 出土資料의 '蘇'는 姓氏로 사용한 경우가 많다.

葵(02-012-0240)

秦文字	 雲夢日甲65	 里耶8-207正	 北大・祓除	

''는 形符 '艸'와 聲符 '癸'로 구성된 形聲字이다. 이와 동일한 字形은 戰國시기 秦簡에서 볼 수 있다. 睡虎地秦簡 ≪日書乙≫ 65호간 ''과 里耶秦簡 8-207 ''가 그 예이다.

薑(02-012-0241)

戰國文字	 九店A138	 包山258	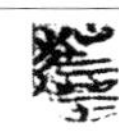 包山2 : 53-2號簽牌	
秦文字	 ≪說文≫小篆			

''은 形符 '艸'와 聲符 '彊'으로 구성된 形聲字이다. 실제 出土資料에 쓰인 '薑'은 여기에 '土'가 추가된 字形이다. 九店楚簡 138 '', 包山楚簡 258 ''이 관련 字形이다.

蓼(02-012-0242)

西周春秋文字	 翏士父鬲	 蓼伯簋		
秦文字	 秦泥考1605			

''는 形符 '艸'와 聲符 '翏'로 구성된 形聲字이다. 이와 동일한 字形은 현재까지 발견되지 않았으나, 西周시기 ≪士父鬲≫(集成 715) ''는 '蓼' 아래 '廾'을 추가했다. 또한 戰國시기 上博楚簡 ≪孔子詩論≫ 26호간 ''는 전래본 ≪詩經≫ 〈小雅 蓼莪〉의 '蓼'로 해석한다.

莧(02-012-0249)

戰國文字	 上博三周39			
秦文字	 ≪說文≫小篆			

''은 形符 '艸'와 聲符 '見'으로 구성된 形聲字이다. 이와 동일한 字形은 戰國시기 上博楚簡 ≪周易≫ 39호간 ''이 있다. 이밖의 다른 용례는 현재까지의 出土資料에서는 찾아볼 수 없다.

芋(02-012-0250)

戰國文字	 上博八李2	 淸華簡2繫年	 元年鄭令矛	
秦文字	 里耶8-1664			

''는 形符 '艸'와 聲符 '于'로 구성된 形聲字이다. 이와 동일한 字形은 戰國시기 出土資料에서 볼 수 있으나 ≪說文≫의 정의와는 거리가 있다. 上博楚簡 ≪孔子詩論≫ 9호간 ''는 ≪說文≫ 小篆과 형태가 일치하지만 '華'로 해석한다. 晉의 ≪元年鄭令矛≫(集成 11552) ''는 인명으로 사용되어 정확한 의미를 알 수 없다. 淸華簡 ≪繫年≫ 57호간 ''도 '盂'로 해석하므로 식물과는 관련이 없다.

莒(02-012-0251)

西周春秋文字	 能原鎛	 庚壺	 中子化盤	
戰國文字	 上博容成氏25號簡			
秦文字	 ≪說文≫小篆			

‘’는 形符 ‘艸’와 聲符 ‘呂’로 구성된 形聲字이다. 현재까지 발견된 出土資料에서 이와 동일한 字形은 없으나, 다른 字形을 차용한 사례는 있다. 春秋시기 ≪能原鎛≫(集成 156) ‘’는 ‘膚’로 隷定하며 ‘莒’로 해석한다. ≪庚壺≫(集成 9733) ‘’는 ‘膚’에 ‘竹’과 ‘邑’이 추가된 ‘’로 隷定하며 마찬가지로 ‘莒’로 해석한다. 戰國시기 上博楚簡 ≪容成氏≫ 25호간 ‘’도 ‘膚’과 ‘竹’으로 구성된 ‘’로 隷定하며 ‘莒’로 해석한다. ‘膚’ 외에도 ‘莒’의 聲符인 ‘呂’로 구성된 字形을 通假字로 차용한 용례도 있다. 春秋시기 ≪中子化盤≫(集成 10137) ‘’는 ‘木’과 ‘呂’로 구성된 ‘梠’이며 ‘莒’로 해석한다. 이상의 용례는 모두 인명이나 지명으로 사용되었기 때문에 許愼의 정의대로 ‘莒’가 齊나라 漢字인지, ‘토란’의 뜻인지는 명확하지 않다.

蘧(02-012-0252)

‘’는 形符 ‘艸’와 聲符 ‘遽’로 구성된 形聲字이다. 현재까지 발견된 出土資料 중에서 이와 동일한 字形은 없다. 戰國시기 上博楚簡 ≪弟子問≫ 19호간 ‘’는 ‘巨’의 戰國文字 字形이다. 맥락상 이 字形은 春秋시기 衛나라 대부 ‘蘧伯玉’의 ‘蘧’의 通假字이다. ‘莒’와 마찬가지로 인명으로 사용했다.

蘘(02-012-0255)

戰國文字	 包山楚簡140號簡			
秦文字	 珍秦195			

'蘘'은 形符 '艸'와 聲符 '襄'으로 구성된 形聲字이다. 이와 동일한 字形은 戰國시기 包山楚簡 140호간 '蘘'과 秦 璽印 ''(≪珍秦≫ 195)이 있다.

菁(02-012-0256)

戰國文字	 上博孔子詩論9號簡			
秦文字	 ≪說文≫小篆			

'菁'은 形符 '艸'와 聲符 '靑'으로 구성된 形聲字이다. 현재까지 발견된 出土資料 중 이와 동일한 字形은 찾아볼 수 없다. 대신 戰國시기 上博楚簡 ≪孔子詩論≫ 9호간 '䒔'는 '缶'와 '靑'으로 구성된 字形으로 전래본 ≪詩經≫ 〈小雅 菁菁者莪〉에 수록된 '菁'과 대응하는 字形이다.

苹(02-012-0259)

戰國文字	 山璽			
秦文字	 ≪說文≫小篆			

'苹'은 形符 '艸'와 聲符 '平'으로 구성된 形聲字이다. 이와 동일한 字形이 先秦시기 出土資料에 쓰인 용례는 齊 璽印 ''(≪山東新出土古璽印≫ 6)이 유일하다.

藍(02-012-0262)

戰國文字	 包山92	 清華簡1祭公		
秦文字	 陶錄6.302.1	 里耶8-1557		

'藍'은 形符 '艸'와 聲符 '監'으로 구성된 形聲字이다. 이와 동일한 字形은 戰國시기 出土資料에 적지 않게 출현한다. 秦 陶文 ''(≪陶錄≫ 6.320.1)과 里耶秦簡 8-1557 '', 包山楚簡 92호간 ''은 ≪說文≫ 字形과 일치한다. ≪說文≫은 "청색으로 물들이다.〔染靑艸〕"로 정의했으나, 실제 出土資料는 '감독하다'의 '監'을 표기하는 通假字 용법으로 사용하기도 했다.

蘭(02-012-0266)

戰國文字	 信陽1.24	 包山86	 璽彙2255	 上博8蘭3
秦文字	 ≪說文≫小篆			

'蘭'은 形符 '艸'와 聲符 '闌'으로 구성된 形聲字이다. 이와 동일한 字形은 현재까지 발견되지 않았으나 戰國시기 자료에 '艸'와 '柬'으로 구성된 字形이 楚와 晉 지역에서 사용되었다. 信陽楚簡 1.24호간 '', 包山楚簡 86호간 '', 晉 璽印 ''(≪璽彙≫ 2255)이 그 예이다. 上博楚簡 ≪蘭賦≫에서 5차례 출현했는데, 으로 書寫하여 意符 偏旁인 '艸'를 '茻'로 교체한 字形이 보인다. 마찬가지로 '蘭'으로 해석하며 의미도 ≪說文≫의 정의와 일치한다.

茝(02-012-0272)

秦文字	 官印0004	 陶錄6.308.4	 里耶8-2101	

'茝'는 形符 '艸'와 聲符 '臣'로 구성된 形聲字이다. 이와 동일한 字形은 戰國시기 秦 지역 出土資料에서 확인할 수 있다. 秦 璽印 ''(≪官印≫ 0004), 陶文 ''(≪陶錄≫ 6.308.4), 里耶秦簡 8-2101 '' 등이 그 예이다.

莓(02-012-0280)

西周春秋文字	 莓伯簋			
秦文字	 ≪說文≫小篆			

'莓'는 形符 '艸'와 '母'로 구성된 形聲字이다. 이와 완전히 동일하지 않지만, 西周 청동기에 '茻'과 '毌'로 구성된 ≪莓伯簋≫(集成 3722) '莓'가 '莓'의 古文字 字形이다. 이 字形 역시 인명이므로 ≪說文≫의 정의와 일치하는지 확인할 수 없다.

茖(02-012-0281)

戰國文字	 十一年咎茖戈	 郭店窮達13	 信陽2.28	 璽彙0045
秦文字	 十鐘3.59下			

'茖'은 形符 '艸'와 聲符 '各'으로 구성된 形聲字이다. 이와 동일한 字形은 戰國시기의 秦, 楚, 晉 지역의 다양한 자료에서 출현한다. 信陽楚簡 2.28호간 '茖', 晉 청동기 ≪十一年咎茖戈≫(考古 1991年 5期) '茖', 秦 璽印 '茖'(≪十鐘≫ 3.59)이 그 예이다. 戰國시기의 '茖'은 ≪說文≫에서 정의한 풀이름으로 지칭하지 않고 通假字로 많이 활용됐다. 예를 들어, 上博楚簡 ≪容成氏≫ 1호간 "茖疋是"는 "赫胥氏"로 해석한다. 또한 郭店楚簡 ≪窮達以時≫ 13호간의 "無茖堇愈"는 "璑璐瑾瑜"로 해석한다. 가장 많이 보이는 通假 용례는 '落'으로 해석하는 경우이다. 清華簡 ≪越公其事≫ 46호간 '茖', 上博楚簡 ≪李頌≫ 1호간 '茖'은 모두 '落'으로 해석했다.

苧(02-012-0283)

戰國文字	 清華簡2繫年			
秦文字	 ≪說文≫小篆			

'芧'는 形符 '艸'와 聲符 '予'로 구성된 形聲字이다. 현재까지 淸華簡 ≪繫年≫ 95호간 '芧'이 이와 유일하게 동일한 字形이나 문맥상 齊나라의 실권자였던 崔杼의 이름으로 쓰인 字形이다.

藎(02-012-0284)

戰國文字	 淸華簡≪皇門≫12號簡			
秦文字	 ≪說文≫小篆			

'藎'은 形符 '艸'와 聲符 '盡'으로 구성된 形聲字이다. 현재까지 이와 동일한 字形은 발견되지 않았다. 淸華簡 ≪皇門≫ 12호간 '律'는 '律'으로 隸定하며, 그 다음 字形인 '臣'과 2음절 어휘를 구성하여 '藎臣'으로 해석한다.

蒁(02-012-0285)

秦文字	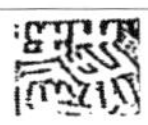 秦印			

'蒁'은 形符 '艸'와 聲符 '述'으로 구성된 形聲字이다. 戰國시기 秦 璽印 '蒁'이 현재까지 발견된 字形 중에서 유일하게 이와 동일하다.

萇(02-012-0287)

戰國文字	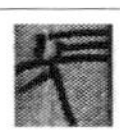 上博簡孔子詩論26號簡			
秦文字	 ≪說文≫小篆			

'萇'은 形符 '艸'와 聲符 '長'으로 구성된 形聲字이다. 이 字形 역시 실제 出土資料에서는 찾아볼 수 없으나, 上博楚簡 ≪孔子詩論≫ 26호간의 '隰又長楚'는 전래본 ≪詩經≫ 〈檜風 隰有萇楚〉로 해석한다.

藋(02-012-0290)

戰國文字	上博 容成氏 6			
秦文字	≪說文≫小篆			

'藋'는 形符 '艸'와 聲符 '翟'으로 구성된 字形이다. 이와 동일한 字形은 戰國시기 上博楚簡 ≪容成氏≫ 6호간 '[illegible]'이 유일하며 '풀이름'이 아닌 지명으로 사용되었다.

萬(02-012-0299)

戰國文字	上博簡1孔子詩論16號簡	上博簡1孔子詩論16號簡	上博簡1孔子詩論17號簡	
秦文字	≪說文≫小篆			

'萬'는 形符 '艸'와 聲符 '禹'로 구성된 字形이다. 이 字形과 동일한 字形은 戰國시기 上博楚簡 ≪孔子詩論≫ 16, 17호간의 '[illegible]', '[illegible]'이다. 하지만 이 字形들은 '萬'과 형태만 같을 뿐 실제로는 ≪孔子詩論≫ 16호간 '[illegible]'의 생략형이다. 이 字形은 '䕢'로 隸定하는데 '禹'위의 '[illegible]'를 생략한 것이다. 따라서 ≪說文≫의 정의대로 풀이할 수 없으며, 문맥상 전래본 ≪詩經≫ 〈王風 茱葛〉의 '葛'로 해석한다.

苐(02-012-0300)

戰國文字	包山 109			
秦文字	嶽麓 叁 52			

'苐'는 形符 '艸'와 聲符 '弟'로 구성된 形聲字이다. 하지만 徐鉉本과 徐鍇本에 수록된 小篆은 '荑'이며 '艸'와 '夷'로 구성되었다. 이 두 字形 중 出土文獻에서 더 많이 볼 수 있는 字形은 '荑'이다. 戰國시대 '荑'는 지역별로 字形이 조금씩 다르다. 秦 지역은 '[illegible]'

(岳麓秦簡參 52호간)와 같이 小篆과 동일하다. 楚 지역은 '黃'와 '土'로 구성된 '𡏳'(包山楚簡 109호간)로 '黃'를 표기했다. 또한 上博楚簡 ≪蘭賦≫ 1호간 '[glyph]'는 '艸'와 '𠩺'로 구성된 字形으로 '黃'의 通假字이다. ≪說文解字注≫에 수록된 '[glyph]'와 동일한 字形은 馬王堆帛書 ≪春秋事語≫ 72 〈長萬章〉의 '[glyph]'에서 볼 수 있다. '[glyph]'가 포함된 용례에도 "長萬은 宋나라의 弟士이다.〔長萬宋之弟士〕"가 있다. ≪春秋事語≫ 整理者는 이 字形을 '第'의 俗體로 해석하고 '弟士'의 구체적 의미는 심도 있는 분석이 필요하다고 하였다.[2)]

薛(02-012-0301)

西周春秋文字	薛侯盤	薛子仲安𠥍	薛侯匜	薛戈
戰國文字	上博 凡物流形 乙 7	上博 吳命 4	淸華簡 殷高宗問於三壽 23	
秦文字	先秦璽印 1036	秦風 171	睡虎地 爲吏知道 34	

'[glyph]'은 形符 '艸'와 聲符 '辥'로 구성된 形聲字이다. '薛'과 관련된 古文字 중 가장 오래된 字形은 춘추시대 청동기에서 볼 수 있다. ≪薛戈≫(集成 10817)의 '[glyph]'는 '辥'로 隸定하며 '薛'로 읽는다. 한편, '艸'와 '辥'로 구성된 字形은 아니지만 ≪薛侯壺≫(新收 1131)의 '[glyph]'는 '𡲬'로 隸定하며 '薛'로 읽는다. 戰國시대 이후로 두 가지 字形 계통이 존재한다. 첫 번째로 '辥'이 포함된 字形이다. 주로 秦 지역 출토문헌에서 쓰였으며 ≪秦風≫ 171의 '[glyph]', 睡虎地秦簡 ≪爲吏之道≫ 34호간 '[glyph]' 등이 그 예이다. 두 번째로 '𡲬'이 포함되거나 변형된 '𡲬'이 반영된 이체자가 '辥'을 표기하는 경우이다. 이 계통은 주로 楚 지역에서 쓰였다.

上博楚簡 ≪凡物流形≫ 乙 7호간 '[glyph]'는 '[glyph]'로 隸定하며 上博楚簡 ≪吳命≫ 4호간 '[glyph]'는 '[glyph]'로 隸定하고, 淸華簡 ≪殷高宗問於三壽≫ 23호간의 [glyph]은 '肖'로 隸定한다. 璽印文字 중에도 '[glyph]'(≪璽彙≫ 2282), '[glyph]'(≪先秦璽印≫ 1036) 등을 볼 수 있다. 각각 '[glyph]', '[glyph]'으로 隸定하며 모두 '薛'의 通假字이다.

2) 裘錫圭 主編, 湖南省博物館/復旦大學出土文獻與古文字硏究中心 編纂, ≪長沙馬王堆漢墓簡帛集成≫, 中華書局, 2014년 6월, 196쪽.

苦(02-012-0302)

秦文字	 珍秦 127	 里耶 8-1796		

'苦'는 形符 '艸'와 聲符 '古'로 구성된 形聲字이다. 戰國 시대 秦 지역의 출토문헌에서도 관련 字形을 확인할 수 있다. 里耶秦簡 8-1796 '', ≪珍秦≫ 127 '' 등은 小篆과 字形이 일치한다.

茅(02-012-0305)

戰國文字	 好蚉壺	 上博簡 用曰 16	 清華簡 保訓 4	
秦文字	 睡虎地 日書 甲 57	 故宮 458		

'茅'는 形符 '艸'와 聲符 '矛'로 구성된 形聲字이다. 춘추시기까지는 '艸'와 '矛'로 구성된 字形을 찾아볼 수 없다. 전국시대 출토문헌은 여러 지역에서 다양한 이체자로 사용되었다. 秦 지역의 字形은 ≪故宮≫ 458의 '', 睡虎地秦簡 ≪日書≫ 甲 57호간 뒷면에 쓰인 ''과 같은 구조이다. 楚 지역의 字形은 清華簡 ≪保訓≫ 4호간 '', 上博楚簡 ≪用曰≫ 16호간 ''와 같이 세로선 좌우의 곡선 안에 점을 찍은 구조이다. 이 특징은 晉 지역에서도 나타나는데, ≪好蚉壺≫ ''가 그 예이다.

菅(02-012-0306)

秦文字	 官印 0086	 里耶 8-2148	 北大 泰原	

'菅'은 形符 '艸'와 聲符인 '官'으로 구성된 形聲字이다. 許愼은 '菅'을 '茅'로 풀이하였다. 새끼줄로 가공해서 신발 등 각종 물품을 만들 수 있는 풀의 일종이다. 출토문헌에서 '艸'와 '官'으로 구성된 字形은 里耶秦簡 8-2148 '', 秦의 璽印 ''(菅里)과 같다. 그 이전에 제작된 출토문헌에서는 아직 볼 수 없다.

蘄(02-012-0307)

秦文字	 陶新 3151			

'蘄'는 形符 '艸'와 聲符 '斳'으로 구성된 形聲字이다. 許愼은 泛稱으로 해석하여 '풀'이라고 하였으나, 이후 문헌은 구체적인 식물과 연계하고자 했다. ≪廣雅≫ 〈釋艸〉는 蘄이 '芹'과 같은 범주에 속한다고 한 것이 그 예이다. 출토문헌은 秦 陶文 ''(陶新3151)이 지금의 '蘄'와 일치한다. '斳'는 甲骨文에서 '', '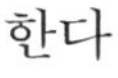' 등의 字形으로 나타나는데, 形符인 '單'과 聲符인 '斤'으로 구성된 글자이다. 이 글자의 本義는 아직 불분명한데, '祈' 또는 '旂'로 假借되어 사용되었다.

莞(02-012-0308)

戰國文字	 包山 263	 信陽 2.23	 望山 2.48	
秦文字	 里耶 8-1686			

'莞'은 形符 '艸'와 聲符 '完'으로 구성된 形聲字이다. 현재까지 확인된 출토문헌상의 字形 중 가장 이른 시기의 字形은 里耶秦簡 8-1686의 ''이다. 구조가 동일하지 않지만 包山楚簡 263호간 '', 信陽楚簡 23호간 ''는 '艸'와 ''으로 구성된 字形으로 '菤'의 이체자이다. '完'은 見紐元部, '卷'은 溪紐元部로, 韻部가 일치하며 聲母는 見紐와 溪紐로 매우 유사한 音이기 때문에 聲符가 될 수 있었다. 聲符 ''이 후대로 가면서 聲符 '完'으로 교체된 것이다.

藺(02-012-0309)

秦文字	 睡虎地 日乙 177			

'藺'은 形符 '艸'와 聲符 '閵'으로 구성된 形聲字이다. 許愼은 '莞'에 속한다고 풀이했다.

小篆의 字形 구조와 ≪說文≫에서 제시한 의미가 모두 일치하는 출토문헌 용례는 睡虎地秦簡 ≪秦律十八種≫ 131호간 "芥가 없는 사람은 부들이나 골풀, 모시로 묶는다.〔無芥者以蒲藺以枲䌴之〕"의 '藺', ''이다. 小篆과 字形상으로 일치하지만 다른 의미로 쓰인 용례도 있다. 睡虎地秦簡 ≪日書≫ 177호간 ''는 문맥상 '吝'으로 해석해야 한다. 한편, 戰國시대 청동기 金文에 '門'과 '火'로 구성된 '閃'(≪新收≫1416)은 '藺'으로 읽으며 주로 姓氏로 쓰였다.

蒲(02-012-0311)

秦文字	 塔圖 138	 秦律 131	 里耶 8-1134	

''는 形符 '艸'와 聲符 '浦'으로 구성된 形聲字이다. 小篆의 字形 구조와 동일한 字形은 주로 秦의 출토문헌에서 볼 수 있다. ≪說文≫에서 제시한 의미가 모두 일치하는 용례는 睡虎地秦簡 ≪秦律十八種≫ 131호간 ''이다. 식물 명칭 뿐만 아니라 지명으로도 사용하였다. 睡虎地秦簡 ≪編年紀≫ 5호간 '歸蒲反'의 '蒲'는 ''로 쓰여 있다. 이 용례는 秦이 魏의 '蒲反'을 돌려준 사실을 기록한 내용이다. 한편, 戰國시대 竹簡에서 '甫'로 '蒲'를 표기한 용례도 있다. 清華簡 ≪繫年≫ 105호간 "진 이공이 자포와 자호에게 군대를 이끌고 초를 구원하게 하도록 명했다.〔秦異公 命子甫子虎 率師救楚〕"의 '甫'는 ''로 쓰여 있으며 '蒲'로 읽는다. ≪春秋左氏傳≫ 定公 5년 "진 자포와 자호가 수레 오백승을 이끌고 초를 구원했다.〔秦子蒲子虎 帥車五百乘以救楚〕"의 '子蒲'와 일치하는 인명이다.

蕁(02-012-0320)

戰國文字	 上博 孔子詩論 2	 包山 120	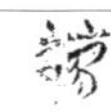 新蔡 甲三 30	
秦文字	 ≪說文≫小篆			

''은 形符 '艸'와 聲符 '尋'으로 구성된 形聲字이다. 許愼은 이 字形을 '芜藩'으로 해석하였는데, 현재는 '知母'라는 명칭으로 더 잘 알려진 '백합과 식물'이다. 段玉裁는

''이 '彡'이 빠진 잘못된 字形으로 여겨 이것을 추가하여 ''으로 수정한 바 있다. 出土文獻에서는 아직 小篆과 字形 구조와 의미가 동일한 용례는 아직 발견되지 않았다. 하지만 이 구조가 일부 반영된 字形을 戰國시대 楚簡에서 찾아볼 수 있다. 包山楚簡 120호간 ''는 '艸'와 '尋', '攴'으로 구성된 '蘛'이며 정리자는 '尋'으로 해석했다. 또한 新蔡葛陵楚簡 甲三30호간 ''은 '蕁'과 '邑'으로 구성된 字形으로 지명을 표기한다.

芇(02-012-0330)

西周春秋文字	 士山盤			
秦文字	 ≪說文≫小篆			

''은 形符 '艸'와 聲符 '中'으로 구성된 形聲字이다. 이 字形이 뜻하는 식물은 정확히 어떤 품종인지는 알 수 없다. 출토문헌에서도 이와 동일한 字形은 찾아볼 수 없으며, 西周 청동기 ≪茻侯簋≫의 ''(集成 3589)은 '中'과 '茻'으로 구성된 字形이 있으나, 小篆 ''는 甲骨文과 서주 청동기 金文 字形들의 생략형인지는 단정할 수 없다. 甲骨文에 이 글자와 유사하게 보이는 ''(合29805)자가 출현하는데, 문맥으로 볼 때 莫(暮)로 해석되고, 莫자의 변형으로 이해할 수 있는 글자이다. 따라서 여기서는 비록 金文 ''과 유사해 보이지만 ''를 표에 넣지 않았다.

萯(02-012-0331)

戰國文字	 負陽令戈			
秦文字	 萯陽苑印	 萯陽宮印		

''는 形符 '艸'와 聲符 '負'로 구성된 형성자이다. 許愼은 이 字形을 식물의 일종인 '王萯'로 해석하였다. 식물의 명칭으로 이 字形이 쓰인 용례는 출토문헌에서 찾아볼 수 없으나 동일한 字形이 사용된 용례는 戰國시대 청동기에서 확인할 수 있다. ≪萯

陽鼎≫(新收1918) ''은 小篆과 字形 구조가 일치하나 용례는 ≪漢書≫, ≪說苑≫ '萯陽宮'의 '萯陽'과 일치한다. 이 지명이 새겨진 秦 官印도 있다. ≪萯陽苑印≫의 ''는 위의 청동기 字形과 일치한다. 한편, 戰國시대 兵器 ≪負陽令戈≫(新收1977)의 ''는 '負'의 戰國文字 字形이다. 이 병기의 銘文에 '負陽'은 '萯陽'으로 해석할 수 있으므로 ''는 '萯'로 읽는다.

芺(02-012-0332)

戰國文字	 上博 子羔 12			
秦文字	 ≪說文≫小篆			

''는 形符 '艸'와 聲符 '夭'로 구성된 形聲字이다. 이 字形이 식물의 명칭으로 사용된 출토문헌 용례는 上博楚簡 ≪子羔≫ 12호간 ''이다. 이 字形의 전후 맥락은 고대 신화를 소개하는 내용이다. 后稷의 어머니가 有邰氏(유태씨)의 딸인데 玄丘에서 놀다가 겨울임에도 불구하고 芺가 자라난 것을 보고 그것을 따서 깔고 앉았다고 한다. 李旭昇은 ≪爾雅≫〈釋草〉'鉤芺'에 대한 郭璞 注를 토대로 마늘과 비슷한 식물이라고 했다. 또한 夏曆 4월 중에 성장하기 때문에 겨울에 芺를 본 것은 기이한 현상이라고 덧붙였다.[3)]

荓(02-012-0337)

戰國文字	 清華簡 祭公 14			
秦文字	 ≪說文≫小篆			

''은 形符 '艸'와 聲符 '幷'으로 구성된 形聲字이다. 許愼은 이 字形을 "말먹이 풀〔馬帚〕"로 해석하였다. 같은 의미로 出土文獻에 사용된 용례는 현재까지 찾아볼 수 없

3) 李旭昇 主編, ≪上海博物館藏戰國楚竹書(二)讀本≫, 萬卷樓, 2003년 7월, 39쪽.

지만, 이와 동일한 字形은 戰國시대 竹簡에서 확인할 수 있다. 清華簡 ≪祭公≫ 14호간 '𦶜'은 小篆과 동일한 字形이나 의미상 '屛'의 通假字이며 '울타리'로 해석한다.

蓨(02-012-0349)

戰國文字	璽彙 2641	港印 87	璽考 312	靈壽圖 75.5
秦文字	≪說文≫小篆			

'蓨'는 形符 '艸'와 聲符 '攸'로 구성된 形聲字이다. 출토문헌에서 '艸'와 '攸'로 구성된 字形은 戰國시대 晉나라 璽印과 中山國 유물 ≪靈壽圖≫에서 확인할 수 있다. ≪古璽彙編≫에 수록된 '蓨'(2641)이나 ≪靈壽圖≫ '蓨'는 小篆과 字形 구조가 동일하다.

蕩(02-012-0351)

戰國文字	上博 采風曲目 3			
秦文字	≪說文≫小篆			

'蕩'은 形符 '艸'와 聲符 '昜'으로 구성된 形聲字이다. 許愼은 "풀이름〔艸〕"으로 해석하였는데, 구체적인 품종은 알 수 없다. 이와 동일한 字形은 戰國시대 上博楚簡 ≪采風曲目≫ 3호간 '蕩'이다. ≪采風曲目≫은 시가의 제목만 수집하여 기록한 문헌으로 문장은 실려 있지 않다. 따라서 '蕩'의 구체적 의미는 파악할 수 없다.

蔞(02-012-0356)

戰國文字	上博 容成氏 25	新蔡 甲三 42	新蔡 零 317	
秦文字	≪說文≫小篆			

'蔞'는 形符 '艸'와 聲符 '婁'로 구성된 形聲字이다. 戰國시대 新蔡葛陵楚簡 甲三 42호간 '蔞', 上博楚簡 ≪容成氏≫ 25호간 '蔞'이 小篆과 동일한 字形이다. 新蔡葛陵楚簡은 앞 부분이 파손되어 정확한 문맥을 파악할 수 없다. 上博楚簡 ≪容成氏≫ 25호간의 "禹는 蔞水와 易水를 통하게 하여〔禹乃通蔞與易〕" 중에서 '蔞'와 '易'은 각각 지명을 나타낸다. ≪說文≫에서 해석한 '艸也'를 적용할 수 있을 용례는 아직 발견하지 못했다.

藟(02-012-0357)

戰國文字	 上博 周易 43			
秦文字	 ≪說文≫小篆			

'藟'는 形符 '艸'와 聲符 '畾'로 구성된 形聲字이다. 出土文獻 중에서 小篆體와 동일한 구조를 갖춘 字形은 현재까지 찾아볼 수 없다. 대신, 上博楚簡 ≪周易≫ 43호간 '藟'는 '田' 4개와 '土'가 추가된 '蘲'로 隷定한다. 43호간에 수록된 爻辭의 "困于萃蘲"는 전래본 "困于葛藟"과 대응하므로 '藟'의 이체자로 볼 수 있으며, 許愼이 '藟'자의 해석에서 제시했던 ≪詩經≫ 〈大雅 旱麓〉에 수록된 "무성한 덩굴〔莫莫葛藟〕"의 '葛藟'와도 일치한다.

茈(02-012-0359)

戰國文字	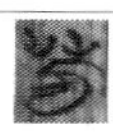 包山 喪葬 258	 包山 喪葬 6	 璽彙 3142	
秦文字	 ≪說文≫小篆			

'茈'는 形符 '艸'와 聲符 '此'로 구성된 形聲字이다. 戰國시대 楚簡에 쓰인 字形이 현재까지 확인할 수 있는 字形 중 가장 오래된 字形이다. 包山楚簡 258호간 '茈'은 小篆과 동일하다. 또한 齊 璽印 '茈'(璽彙 3142)도 '茈'과 동일하다. 包山楚簡 258호간은 각종 식물이 나열되어 있다. 따라서 ≪說文≫의 해석과 유사한 용례로 볼 수 있다.

萴(02-012-0361)

戰國文字	 包山 216			
秦文字	 ≪說文≫小篆			

‘’은 形符 ‘艸’와 聲符 ‘則’으로 구성된 形聲字이다. 이 字形은 현재까지 발견된 出土文獻에서 완전하게 일치하는 字形은 없으나, 包山楚簡에 이와 밀접한 관련 있는 이체자를 확인할 수 있다. 包山楚簡 47호간 ‘’과 216호간 ‘’는 ‘艸’의 생략형 ‘屮’로 구성된 字形이다. 두 字形 모두 인명 또는 호칭으로 사용되었다. 47호간 ‘萴昜公’과 216호간 “長萴”은 각각 존칭과 인명이다.

蒐(02-012-0362)

西周春秋文字	 侯馬盟書 67 : 28	 侯馬盟書 85 : 10		
戰國文字	 好蚉壺			
秦文字	 睡虎地 雜抄 7			

‘蒐’는 形符 ‘艸’와 ‘鬼’로 구성된 會意字이다. 이 字形은 侯馬盟書의 小篆과 동일한 ‘’(67 : 28)이 가장 오래된 字形이며 ‘艸’ 대신 ‘茻’으로 구성된 ‘’(85 : 10)도 확인할 수 있다. 戰國시대 청동기 ≪好蚉壺≫ ‘’(集成 9734)도 ‘茻’으로 구성되었으며 睡虎地秦簡 ≪秦律雜抄≫ 7호간 ‘’은 小篆과 동일한 字形이다. 하지만 의미상으로는 ≪說文≫과 다르다. 侯馬盟書의 蒐는 인명으로 쓰였으며 ≪好蚉壺≫는 사냥 관련 용어로 쓰였다. 銘文 중의 “苗蒐田獵”는 사냥 관련 용어이며 이 중 ‘蒐’는 봄 또는 가을에 거행된 사냥 활동을 말한다. 전래 문헌에도 ≪爾雅≫ 〈釋天〉 “봄 사냥을 ‘蒐’라고 한다.〔春獵曰蒐〕”, ≪春秋公羊傳≫ 桓公 4년에 “가을 사냥을 ‘蒐’라고 한다.〔秋曰蒐〕”라

는 용례가 있다. 睡虎地秦簡 ≪秦律雜抄≫의 '蒐'는 ≪好盗壺≫와 마찬가지로 사냥 관련 용어이다. 다만 ≪好盗壺≫와 다른 점은 ≪秦律雜抄≫의 '蒐'는 군대의 역량을 점검할 목적으로 실시하는 사냥이다.[4)]

茈(02-012-0365)

戰國文字	 上博 蘭賦 1	 上博 蘭賦 5		
秦文字	 ≪說文≫小篆			

'□'은 形符 '艸'와 聲符 '此'로 구성된 形聲字이다. 小篆과 동일한 字形은 현재까지 발견된 출토문헌으로는 戰國시대 楚簡이 가장 이르다. 上博楚簡 ≪蘭賦≫ 1호간 '□'과 5호간 '□'는 모두 '茈'로 隸定하며 해당 용례는 각각 "⿱艹黃와 茈이 무성하여〔⿱艹黃茈茂豐〕", "⿱艹黃와 茈이 모두 폈다〔⿱艹黃茈之方起〕"이다. '⿱艹黃'와 '茈'은 모두 식물을 표기하는 한자로 사용되었다.

苞(02-012-0367)

秦文字	 睡虎地 日甲 56背	 璽彙 5493		

'□'은 形符 '艸'와 聲符 '包'로 구성된 形聲字이다. 商代 甲骨文에 이 글자와 구성이 같은 □(合20624), □(合20625), □(合)8638, □(合8640) 등의 글자가 보이는데, 甲骨文의 이 글자들은 모두 鬱鬯酒의 鬱자인 □(合5426)의 생략형으로 보는 것이 현재 학계의 일반적인 견해이다. '□'에서 大를 생략하면 '□'이 되고, 艸와 林은 의미적으로 통용될 수 있는 偏旁이기 때문에 위와 같은 □의 생략형이 있을 수 있는 것이다. 따라서 위 字形表에는 商代文字로 수록하지 않았다. 商代 이후 小篆과 동일한 字形은 발견된 사례가 없었다.

---

4) 睡虎地秦墓竹簡整理小組 엮음, 윤재석 옮김, ≪수호지진묘죽간 역주≫, 소명출판, 2010년 12월, 254쪽.

戰國시대 이후로 小篆과 동일한 字形이 출현하는데 秦의 出土文獻에서만 확인이 가능하다. 秦 璽印 ''(璽彙 5493), 睡虎地秦簡 ≪日書≫ 甲 56호간 뒷면 ''가 그 예이다. 56호간 뒷면의 ''가 포함된 용례는 "흰 띠풀로 싸고 삼으로 묶는다.〔苞以白茅裹以蕡〕"이다. '苞'와 '裹'는 모두 '포장하다'의 뜻이다. 즉, '白茅로 바깥쪽을 포장하고 蕡으로 안쪽을 포장하다'로 해석한다. ≪說文≫의 해석처럼 "풀 이름〔艸〕"으로 해석하지는 않지만 段玉裁가 언급한대로 假借하여 '苞裹'의 의미로 사용된 실제 용례이다.

艾(02-012-0368)

秦文字	 里耶 8-1620	 秦印		

''는 形符 '艸'와 聲符 '乂'로 구성된 形聲字이다. 商代文字인 甲骨文에 이 글자와 구성이 거의 유사한 ''(合8015)자가 있으나, ''는 풀을 낫으로 베는 것을 본뜬 글자로, 乂(벨/예)의 初文이다. 字形은 같지만, 실제로는 다른 글자인 同形字에 해당한다. 따라서 위 표에는 商代文字로서 수록하지 않았다. 戰國시대 出土文獻 중 小篆과 동일한 字形은 주로 秦 지역에서 제작된 경우가 많다. ''(≪秦印≫), ''(里耶秦簡 8-1620호간)가 그 예이다. 다른 지역은 小篆과 형태는 다르지만 '艾'로 해석하는 용례도 있다. 晉 貨幣에 '艸'와 '外'로 구성된 ''는 '艾'의 通假字이다. 이 字形은 지명을 표기했을 것으로 추정하며 ≪說文≫의 해석과는 차이가 있다.

蔁(02-012-0369)

戰國文字	 包山 文書 125			
秦文字	 ≪說文≫小篆			

'蔁'은 '艸'와 聲符 '章'으로 구성된 形聲字이다. 현재까지 包山楚簡 125호간 ''이 小篆과 일치하는 유일한 字形이다. 자형은 동일하지만 包山楚簡은 人名으로 사용되어 ≪說文≫의 해석과 다른 의미로 사용되었다.

芹(02-012-0370)

戰國文字	曾侯乙墓 212	里耶 8-1664		
秦文字	≪說文≫小篆			

‘ ’은 形符 ‘艸’와 聲符 ‘斤’으로 구성된 形聲字이다. 戰國시대 楚簡과 秦簡에서 이와 동일한 字形을 볼 수 있다. 曾侯乙簡 212호간 ‘ ’, 里耶秦簡 8-1664호간 ‘ ’이 그 예이다. 許愼은 이 字形을 식물의 일종인 ‘楚葵(미나리/초규)’로 해석하였다. 里耶秦簡의 ‘ ’는 여러 가지 식물의 명칭과 함께 쓰였으므로 許愼의 해석처럼 식물의 명칭으로 사용되었을 가능성이 높지만 曾侯乙簡의 ‘ ’는 姓氏로 쓰인 예이다.

芸(02-012-0373)

戰國文字	鄂君啓舟節	清華簡 繫年 85	鄖子員臺鼎	
秦文字	≪說文≫小篆			

‘ ’은 形符 ‘艸’와 聲符 ‘云’으로 구성된 形聲字이다. 현재까지는 戰國시대 楚簡에서 類似 字形을 볼 수 있다. ‘類似字形’이라고 한 이유는 戰國시대 楚簡 字形 중 ‘云’과 ‘巳’의 형태가 유사하기 때문이다. 예를 들어, 上博楚簡 ≪亘先≫ 4호간 ‘ ’은 ‘云’의 戰國시대 字形이며, 上博楚簡 ≪競公瘧≫ 1호간 ‘ ’는 ‘巳’의 戰國시대 字形이다. 두 字形은 외형상 유사하기 때문에 혼용되는 사례가 종종 나타난다. ≪鄂君啓舟節≫ ‘ ’, 清華簡 ≪繫年≫ 85호간 ‘ ’ 모두 ‘艸’와 ‘巳’로 구성된 ‘芑’이지만 문맥상 ‘鄖’으로 해석하며 각각 지명과 姓氏로 쓰인 예이다. 上博楚簡 ≪容成氏≫ 42호간 ‘ ’도 같은 구조이다. 하지만 42호간 용례 “紂는 선왕의 도를 계승하지 않고 스스로 바꾸어 이에 九城의 臺를 만들었다.〔紂不述其先王之道 自爲 爲 於是乎作爲九城之臺〕”를 살펴보면 ‘ ’는 ‘改’로 해석하는 것이 타당하다.

다시 말해서, 앞의 두 용례는 ‘艸’와 ‘云’으로 구성된 字形이며 ‘云’과 ‘員’이 발음이 유사하므로 ‘鄖’으로 해석한 것이다. 戰國時代 金文에서 (≪鄖子員臺鼎≫)를 볼 수 있다. 이는 聲符 '云'을 발음이 유사한 聲符 '員'으로 교체한 글자이다. '艸'는 의미상 '茻' 偏旁과 교체할 수 있으므로 은 '茻'이 形符로 들어가 있다.

薺(02-012-0379)

戰國文字	 上博 孔子詩論 28			
秦文字	 陶錄 6.445.4	 汪薺		

'薺'는 形符 '艸'와 聲符 '齊'로 구성된 形聲字이다. 戰國 시대 楚簡, 秦 陶文과 璽印에 小篆과 동일한 字形이 있다. 上博楚簡 ≪孔子詩論≫ 28호간 '', 秦 陶文 ''(≪陶錄≫ 6.445.4), 璽印 ''(≪秦風≫ 87) 등이 그 예이다. ≪孔子詩論≫의 ''는 ≪詩經≫ 〈鄘風 牆有茨〉에 실린 '茨'를 표기하는 字形이다. 다시 말해서, ≪孔子詩論≫에도 許愼이 ≪說文≫에 인용한 것처럼 '牆有茨'를 '牆有薺'로 표기하였다. 秦 璽印은 인명으로 쓴 예이며 陶文은 지명일 가능성이 높다.

董(02-012-0381)

秦文字	 董畜	 董同		

''은 形符 '艸'와 聲符 '童'로 구성된 形聲字이다. 小篆과 字形 구조가 동일한 용례는 현재까지 秦의 璽印 陶文에서 확인할 수 있다. ≪秦印編≫에 수록된 '', ''은 모두 姓氏로 쓴 예이다. 陶文 ''(≪陶錄≫ 5.79.1)은 정확한 용례를 파악할 수 없으나, 인명이나 지명으로 쓰였을 가능성이 높다.

蔆(02-012-0390)

戰國文字	 包山 153	 包山 154	 清華簡 赤鵠之集湯之屋 8	 湖南 1
秦文字	 ≪說文≫小篆			

''은 形符 '艸'와 聲符 '淩'으로 구성된 形聲字이다. 小篆과 동일한 字形은 出土文獻에서 찾아볼 수 없으나, 戰國시대 楚簡에 이와 관련된 字形이 있다. 첫 번째로 包山楚簡 153호간 ''과 같이 '艸'와 '阝', '坴'로 구성된 字形이다. 두 번째로 包山楚簡 154호간 '', 淸華簡 ≪赤鵠之集湯之屋≫ 8호간 '', 13호간 '' 등과 같이 '艸'와 '阝', '夊'으로 구성된 '⿱艹⿰阝夊'도 '淩'으로 해석한다. 마지막으로 '艸'와 '坴'로 구성된 ''(≪湖南≫ 1)는 '⿱艹坴'로 隷定하며 '淩'으로 해석한다. 이 세 가지 字形은 戰國시대에 '淩'의 通假字로 쓰였다.

芰(02-012-0391)

戰國文字	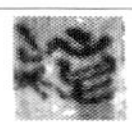 包山 喪葬 258	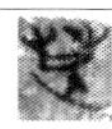 包山 喪葬 19	 包山 喪葬 22	
秦文字	 ≪說文≫小篆			

''는 形符 '艸'와 聲符 '支'으로 구성된 形聲字이다. 이 구성 방식과 동일한 古文字는 현재까지 찾아볼 수 없다. 하지만 聲符 '支'와 발음이 유사한 '只'로 구성된 字形이 戰國시대 楚簡에 쓰였다. 包山楚簡 簽A-19호간 '', 簽B-2호간 ''는 形符 '艸'와 聲符 '只'로 구성된 字形이며 '芰'로 해석한다. 한편 形符 '艸'와 聲符 '枳'로 구성된 包山楚簡 258호간 ''는 위 두 字形에 '木'이 추가된 字形이며 '⿱艹枳'로 隷定한다. 마찬가지로 '芰'로 해석한다.

⿱艹剡(02-012-0401)

戰國文字	 陶錄 2.291.4	 陶錄 2.291.3	 後李 圖四 1	
秦文字	 ≪說文≫小篆			

''은 形符 '艸'와 聲符 '剡'으로 구성된 形聲字이다. 이와 동일한 古文字는 없으나 ≪說文≫에 수록된 ''의 重文 ''과 동일한 古文字가 있다. 戰國시대 齊 陶文 ''(陶錄 2.291.4), ''(陶錄 2.291.3)이 그 예이다.

蓍(02-012-0416)

戰國文字	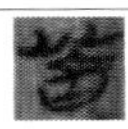 包山 文書 40	 包山 卜筮祭禱 201		
秦文字	 蓍丞之印	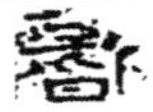 秦泥考 1613		

'蓍'는 形符 '艸'와 聲符 '耆'로 구성된 形聲字이다. 이와 동일한 古文字 字形은 秦封泥 '蓍'가 가장 이르다. 이 용례는 秦의 관직 '蓍丞'을 표기한다. 小篆 字形과 다소 차이는 있으나 包山楚簡 40호간 '䒶'는 形符 '艸'와 聲符 '旨'로 구성된 字形이며, 201호간 '笤'는 形符 '竹'과 聲符 '旨'로 구성된 字形이다. 聲符 모두 '旨'로 구성되어 '蓍'와 通假될 수 있다. 40호간은 관직명 '蓍陵司'이며 201호간은 점치는 도구인 '央蓍'로 풀이하는데, ≪說文≫의 의미와 관련되었을 가능성이 있다.

莪(02-012-0418)

戰國文字	 上博 孔子詩論 9	 上博 孔子詩論 26		
秦文字	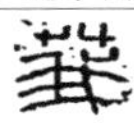 在京圖三 14			

'莪'는 形符 '艸'와 聲符 '我'로 구성된 形聲字이다. ≪說文≫에 수록된 '莪'와 동일한 구조와 용례는 上博楚簡 ≪孔子詩論≫ 9호간 '莪', 26호간 '莪'이다. 두 字形 모두 ≪詩經≫에 수록된 〈小雅 菁菁者莪〉와 〈小雅 蓼莪〉의 용례 중에 포함되었으며, 字形 구조와 의미가 ≪說文≫과 동일하다. 한편, 秦의 封泥에 남겨진 '莪'도 字形상으로는 小篆과 일치하지만, 지명인 '青莪'로 쓰였기 때문에 ≪說文≫과 용법상 차이가 있다.

蕭(02-012-0422)

秦文字	 十鐘 3.39 下			

'蕭'는 形符 '艸'와 聲符 '肅'으로 구성된 形聲字이다. 이와 동일한 古文字는 秦 璽印 '蕭'(十鐘 3.39下) 이다. 이외의 다른 용례는 현재까지 찾아볼 수 없다.

萩(02-012-0423)

戰國文字	天策	九店 56號墓 54號	清華簡 金縢 13	港續 145
秦文字	≪說文≫小篆			

‘萩’는 形符 ‘艸’와 聲符 ‘秋’로 구성된 形聲字이다. 이 字形과 완전하게 일치하는 古文字는 현재까지 없다. 이는 聲符 ‘秋’가 字形 변천 과정 중에 여러 가지 異體字가 발생했기 때문이다. 그 중에서 ‘禾’와 ‘日’로 구성된 이체자가 聲符인 ‘□’(天策)가 있으며 여기에 ‘火’가 추가된 이체자가 聲符인 ‘□’(淸華簡 ≪金縢≫ 13호간)가 있다. 晉巫印에도 ‘火’가 추가된 ‘□’가 있다. 이 용례들 중 ≪說文≫과 같이 ‘쑥’을 뜻하는 경우는 없다. ‘□’(天策)는 竹簡이 많이 파손되어 전후 맥락을 알 수 없으며 ‘□’는 계절의 명칭인 ‘秋’로 해석한다.

蔿(02-012-0426)

戰國文字	䔰子㠱鼎	曾仲蔿鎮	包山 98	新蔡 甲三 343-1
秦文字	≪說文≫小篆			

‘蔿’는 形符 ‘艸’와 聲符 ‘爲’로 구성된 形聲字이다. 小篆과 동일한 古文字는 현재까지 발견되지 않았으나 戰國시대 楚 지역 出土文獻에서 ‘蔿’의 通假字로 쓰인 字形은 확인할 수 있다. ‘化’와 ‘邑’으로 구성된 ≪䔰子㠱鼎≫(新收 533) ‘□’, 包山楚簡 98호간 ‘□’ 등이 그 예이다. 이 용례들은 모두 인명으로 쓰여 ≪說文≫과 차이가 있다.

芺(02-012-0427)

西周春秋文字	番生簋蓋			
秦文字	≪說文≫小篆			

'芒'은 形符 '艸'와 聲符 '亾'으로 구성된 形聲字이다. 小篆과 구조가 같은 古文字는 현재까지는 발견되지 않았으나, 西周 청동기 ≪番生簋≫(集成 4326) 덮개의 '𦭀'은 形符 '茻'과 聲符 '亾'으로 구성된 字形이다. '茻'과 '艸'는 의미상 통용되는 形符이므로 '芒'으로 충분히 해석이 가능하다.

蘠(02-012-0429)

秦文字	 睡虎地 爲吏之道 15	 睡虎地 日甲 30背		

'蘠'은 形符 '艸'와 聲符 '牆'으로 구성된 形聲字이다. 睡虎地秦簡 ≪爲吏之道≫ 15호간 '蘠'과 같이 小篆과 동일한 구조의 古文字가 戰國시대 秦 지역에서 쓰였으나, '담장'을 뜻하는 '墻'의 通假字로 쓰였다.

蓂(02-012-0434)

秦文字	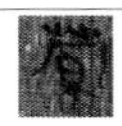 里耶 8-1221			

'蓂'은 形符 '艸'와 聲符 '冥'으로 구성된 形聲字이다. 이와 동일한 古文字는 里耶秦簡 8-1221호간 '蓂'이다. 里耶秦簡 8-1221호간의 내용은 病의 증상과 그에 대한 치료 방법을 제시하는 내용으로 蓂은 '약용식물'로 풀이한다. ≪說文≫의 풀이와 관련이 있다.

葛(02-012-0437)

戰國文字	 上博 孔子詩論 16	 上博 孔子詩論 16	 上博 周易 43	 上博 季康子 8
	 璽彙 2263	 璽彙 2264	 盛世 135	
秦文字	 陶錄 6.82.4			

''은 形符 '艸'와 聲符 '曷'로 구성된 形聲字이다. 이와 동일한 古文字는 戰國시대 秦 陶文 ''(陶錄6.82.4)이다. 晉 璽印 ''(盛世 135)도 秦 陶文과 유사하다. 한편, 楚簡에 '葛'의 小篆 字形과 일치하지 않지만 다양한 이체자가 존재한다. 上博楚簡 ≪孔子詩論≫ 16호간 ''는 '蘮'로 隸定하며 같은 16호간 ''는 '萬'로 隸定한다. 두 번째 字形은 첫 번째 字形의 윗부분을 생략한 것이다. 이 이체자는 聲符를 교체한 것이다. '蘮'의 聲符인 '禼'는 '害'와 발음이 같은데, '害'는 祭部에 속하고 '曷'은 月部에 속하여 對轉[5] 관계에 있다.

聲母 또한 調音 위치가 같아서 聲符로 교체될 수 있는 글자들이다. 첫 번째 字形은 ≪詩經≫ 〈周南 葛覃〉에 수록된 '葛'을 표기한 字形이며, 두 번째 字形은 〈葛覃〉에 대한 孔子의 評論에 쓰였다. 두 字形 모두 '칡'을 뜻한다. 上博楚簡 ≪周易≫ 43호간 ''는 '萦'로 隸定하며 아래 偏旁은 '索'자의 변형이다. 이 글자 역시 聲符를 교체한 이체자인데, '索'은 鐸部에 속하는 글자로 '曷'과 旁轉[6] 관계에 있다. 전래본 ≪周易≫의 困卦 중 '困于葛藟'의 '葛'과 대응한다. 晉 璽印의 ''(璽彙 2263), ''(璽彙 2264)도 구조상 같은 것으로, 形符 '艸'와 聲符 '索'으로 구성된 '葛'의 이체자이다.

蔓(02-012-0438)

秦文字	 里耶 第八層 765號			

''은 形符 '艸'와 聲符 '曼'으로 구성된 形聲字이다. 이와 동일한 古文字는 戰國시대 里耶秦簡 8-765호간 ''이다. 里耶秦簡의 용례는 관직명 '蔓柏丞'으로, ≪說文≫의 풀이와는 차이가 있다.

---

5) 對轉 : 음운학 용어로, 주요 元音이 서로 같은 陰聲·陽聲·入聲 간에 서로 轉變하는 것을 말한다.

6) 旁轉 : 음운학 용어로, 陰·陽·入聲 세 韻部에 속하는 글자가 같은 韻部 내에서 가까운 운부의 글들과 상호 전환하는 것을 이른다.

莕(02-012-0440)

戰國文字	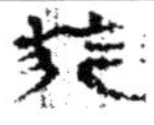 包山 164			
秦文字	 ≪說文≫小篆			

'莕'은 形符 '艸'와 聲符 '杏'으로 구성된 形聲字이다. 小篆과 동일한 古文字는 현재까지 발견되지 않았다. 그 대신 ≪說文≫의 或體로 수록된 '荇'와 동일한 古文字를 확인할 수 있다. 바로 戰國시대 包山楚簡 164호간 '荇'이며 或體 '荇'과 마찬가지로 形符 '艸'와 聲符 '行'으로 구성되었다. 包山楚簡의 '荇'은 姓氏로 쓰여 ≪說文≫의 풀이와는 차이가 있다.

萎(02-012-0441)

戰國文字	 上博 容成氏 14			
秦文字	 ≪說文≫小篆			

'萎'은 形符 '艸'와 聲符 '委'으로 구성된 形聲字이다. 小篆과 일치하는 古文字는 戰國시대 上博楚簡에서 확인할 수 있다. 上博楚簡 ≪容成氏≫ 14호간 '萎'도 形符 '艸'와 聲符 '委'으로 구성되었다. ≪容成氏≫에 이 字形의 전후 맥락은 농사와 관계된 용어가 나열되어 있다. 整理者는 ≪容成氏≫ '萎'를 '銛'의 通假字로 해석하였다. '銛'은 '땅을 파내는 도구'를 뜻하며 '파다', '삽질하다' 등으로 해석할 수 있다. 식물의 종류로 풀이한 ≪說文≫과 다른 의미로 쓰였다.

芫(02-012-0443)

戰國文字	 上博 君子爲禮 10	 曾侯乙墓 161		
秦文字	 ≪說文≫小篆			

'蒝'은 形符 '艸'와 聲符 '元'으로 구성된 形聲字이다. 이와 동일한 古文字는 戰國시대 上博楚簡 ≪君子爲禮≫ 10호간 '芫'이다. 形符 '艸'와 聲符 '元'으로 구성된 것은 동일하지만, 의미는 ≪說文≫ 풀이와 다르게 인명을 표기하였다.

蘦(02-012-0444)

戰國文字	 新蔡 甲三 215			
秦文字	 ≪說文≫小篆			

'蘦'은 形符 '艸'와 聲符 '霝'으로 구성된 形聲字이다. 이와 동일한 古文字는 戰國시대 新蔡葛陵楚簡 甲三 215호간 '蘦'이다. 新蔡葛陵楚簡 '蘦'은 점치는 도구 '黠靈'의 '靈'을 표기하며 ≪說文≫ 풀이와 다르다.

苽(02-012-0449)

戰國文字	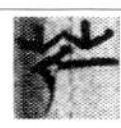 上博 孔子詩論 18	 上博 孔子詩論 19	 上博 周易 41	
秦文字	 ≪說文≫小篆			

'苽'는 形符 '艸'와 聲符 '瓜'로 구성된 形聲字이다. 戰國시대 上博楚簡 ≪孔子詩論≫ 18호간 '苽', 19호간 '苽' 모두 ≪詩經≫ 〈衛風 木瓜〉에 수록된 '瓜'를 표기한다. 이 두 용례도 식물의 범주에 속하기는 하지만 '瓜'의 通假 용례라는 점에서 다소 차이가 있다.

苴(02-012-0453)

戰國文字	 璽彙 2293			
秦文字	 ≪說文≫小篆			

'蓈'는 形符 '艸'와 聲符 '良'으로 구성된 形聲字이다. 이와 동일한 古文字는 戰國시대 三晉 璽印 '蓈'(《璽彙》2293)이다. 이 字形은 《璽彙》에 출현하는 '良'자의 변형인 [illegible]・[illegible]・[illegible]・[illegible]등으로 볼 때, '茛'자로 考釋하는 것이 정확하다.[7] 이 용례는 姓氏를 표기하며 '稂(성씨/랑)'으로 해석한다.[8] 《說文》의 풀이와 다소 차이가 있다.

菌(02-012-0456)

秦文字	里耶 第八層 459	里耶 第八層 459	里耶 第八層 2371	里耶 第八層 1689

'菌'은 形符 '艸'와 聲符 '囷'으로 구성된 形聲字이다. 里耶秦簡 8-459 '菌', 8-2371 '菌' 모두 小篆과 字形 구조가 일치한다. 里耶秦簡의 두 字形은 모두 '囷'으로 읽으며 곡식 창고로 해석한다. 식물의 일종으로 해석한 《說文》과 차이가 있다.

荊(02-012-0467)

西周春秋文字	𤔲簋	唯弔簋	過伯簋	子犯鐘
戰國文字	九店 56號墓 87	九店 56號墓 88	陶錄 3.603.3	
秦文字	里耶 第八層 135	嶽麓叁 33	秦風 203	里耶 第八層 1516

'荊'은 形符 '艸'와 聲符 '刑'으로 구성된 形聲字이다. 小篆과 구조가 동일한 古文字는 秦 璽印 '荊'(《陝西新出土古代璽印》 721), 齊 陶文 '荊'(《陶錄》 3.603.3)에서 확인할 수 있다. '荊'의 古文字는 西周시기부터 출현하였으며 두 가지 구조로 쓰였다. 첫 번째로 《[illegible]簋》(集成 3732)'[illegible]'과 같이 '荊'의 初文만으로 구성된 경우이다. 西周金文에 보이는 것처럼 '[illegible]'이 荊의 初文임을 알 수 있다. 후에 '井'이 聲符로 들어가 '[illegible]'이 되고, 形符 '艸'가 추가되어 '荊'이 된 것이다. '井'과 '荊'은 上古音에서 韻部가 耕部로

7) 闞曉瑩, 《《古璽彙編》考釋》, 臺灣師範大學碩士學位論文, 2000년, 220쪽.
8) 湯志彪, 《三晉文字編》, 作家出版社, 2013年 10月, 28쪽.

동일하고, 聲母 또한 매우 가까웠다. 본래 聲符가 '井'의 모양을 하고 있었는데, '井'이 '开'의 형태로 잘못 변형되어 '荊'으로 된 것이다. ''에 대하여는 두 가지 학설이 있는데, 하나는 唐蘭의 주장으로, 사람의 손과 발이 가시에 찔려 상처를 입은 모양을 본뜬 글자라는 것이다. 다른 하나는 劉釗의 주장으로 刀로 가시를 패는 것을 본뜬 것이라는 주장이다. 두 주장 모두 일리가 있는데, 의 기본형이 刀자에 가까워 劉釗의 견해가 더 설득력이 있어 보인다.

이 字形은 ≪說文≫에 수록된 '荊'의 重文 '' 중에서 ''과 관련이 깊다. ''에서 'X' 형태 구성 요소 2개가 분리된 것이기 때문이다. 두 번째로 발음을 표기하기 위해서 '井'을 추가한 ≪過伯簋≫(集成 3907) ''이다. 春秋시대 이후로 '井'을 추가한 字形이 주로 사용되기 시작했으며, 戰國시대는 '艸'를 形符로 추가하고 '荊'의 初文이 '刀'와 비슷한 字形으로 생략되기도 하였다. 里耶秦簡 8-135호간 ''이 그 예이다. 출토문헌의 '荊'은 지명이나 인명을 주로 표기하였으며, "가시나무〔楚木〕"로 풀이한 ≪說文≫과 차이가 있다.

萌(02-012-0470)

秦文字	 秦風 56	 睡虎地 日甲 159背		

''은 形符 '艸'와 聲符 '朙'으로 구성된 形聲字이다. 이와 달리 秦 璽印 ''(≪秦印編≫ 12)는 두 개의 '目'으로 구성된 '眀'이 聲符로 추가되었다. 후대의 楷書體 異體字 가운데 明자를 '眀' 또는 '明'으로 쓰는 경우가 있는데, 모두 日과 月을 目으로 교체한 異體字들이다. 아마도 모양이 유사한 偏旁으로 교체하여 만들어진 異體字일 텐데, 이러한 字形은 秦文字에서부터 시작되었다는 것을 알 수 있는 사례로 생각해볼 수 있다. 은 姓氏를 표기한 한자이므로 ≪說文≫ 풀이와는 차이가 있다.

莖(02-012-0472)

秦文字	 集粹 468			

''은 形符 '艸'와 聲符 '巠'으로 구성된 形聲字이다. '莖'의 初文으로 추정되는 ≪作父丁鼎≫(集成 2319) ''는 西周 청동기에서 확인할 수 있으며 小篆과 동일한 古文字는 戰國시대 秦 璽印 ''(≪集粹≫468)이 있다.

葉(02-012-0474)

戰國文字	 上博 六用曰 15	 丞相觸戈		
秦文字	 廿一年相邦冉戈	 睡虎地 日乙 158	 里耶 5-19	

''은 形符 '艸'와 聲符 '枼'으로 구성된 形聲字이다. 葉의 初文은 枼이다. 枼은 商代 文字인 甲骨文에서부터 ·· 등으로 출현하는데, 나무에 달린 나뭇잎을 그대로 본뜬 象形字이다. 나중에 잎이 달린 부분이 世의 형태로 변형된 것이다. 그리고 후에 艸를 形符로 추가하여 葉자가 만들어졌다. 葉(나뭇잎)은 1년에 한 번 나기 때문에 引伸되어 世代의 의미가 파생될 수 있었다. 실제 世라는 글자도 枼에서 分化되어 나온 글자이며, 上古音도 枼과 世는 매우 가까웠다.[9)]

戰國시대 出土文獻이 이와 관련된 古文字가 적지 않게 출현한다. ≪廿一年相邦冉戈≫(集成 11342)'', 睡虎地秦簡 ≪日書乙≫ 172호간 '', 上博楚簡 ≪用曰≫ 15호간 '' 등은 小篆과 字形 구조가 동일한 古文字이다. 上博楚簡 ≪命≫ 1호간 '', 包山楚簡 170호간 ''는 形符 '邑'과 聲符 '枼'으로 구성되었으며 '鄴'으로 隸定한다. 上博楚簡 ≪子羔≫ 1호간 ''는 形符가 '歺'인 '殜'로 隸定한다. 이 字形들은 小篆과 形符가 다르다. 清華簡 ≪良臣≫ 6호간 ''는 '世'와 '邑'으로 구성된 字形으로 '邯'으로 隸定한다. '枼'의 생략형과 形符 '邑'으로 구성된 字形이다. 이 字形들은 ≪說文≫과 같이 '잎'으로 풀이하기도 하며 지명이나 인명으로 풀이하기도 한다. 上博楚簡 ≪用曰≫의 ''은 ≪說文≫의 풀이와 동일하게 '잎'으로 해석한다. 包山楚簡 170호간 ''은 지명으로 쓰였으며 上博楚簡 ≪命≫의 ''은 姓氏로 쓰였다. 한편, 睡虎地秦簡 ≪日書乙≫의 ''이나 上博楚簡 ≪子羔≫의 ''는 '世'의 通假字로 쓰여 '世代'로 해석한다.

---

9) 裘錫圭, ≪文字學概要≫, 北京, 商務印書館, 2013년, 121쪽.

蔈(02-012-0480)

戰國文字	 上博 緇衣 9	 郭店 緇衣 15		
秦文字	 秦印			

'蔈'는 形符 '艸'와 聲符 '票'로 구성된 形聲字이다. '票'의 小篆體는 본래 '㶾'로 隷定한다. 隷書로 변화하는 과정에서 윗부분은 '覀'로 생략되고 아래 '火'는 '示'로 訛變되었다. 현재까지 발견된 '蔈'의 古文字는 小篆과 완전히 일치하는 字形은 없다. 秦 璽印 '蔈'(≪秦印≫)는 '票'의 윗부분은 小篆과 동일하지만 아랫부분은 '示'로 이미 와변되었다. 票의 小篆과 예서의 과도기적 양상이 나타난다. 戰國시대 楚簡에도 이와 관련된 字形을 확인할 수 있다. 上博楚簡 ≪緇衣≫ 9호간 '蔈'는 '艸'와 '木', '㶾'의 생략형으로 구성된 字形이다. 郭店楚簡 ≪緇衣≫ 15호간 '蔈'는 上博楚簡 ≪緇衣≫와 대응하는 字形으로 '火'가 생략되었다. 李零은 郭店楚簡 ≪緇衣≫ 字形이 先秦 문헌의 '蔈'나 '標'에 해당하는 字形이라고 했으나, 이후 上博楚簡 ≪緇衣≫이 발견된 후 '標'로 隷定한다고 하였다. 그리고 이 두 字形은 '表'자를 표기하는 通假字이다.

英(02-012-0481)

西周春秋文字	 曾侯與鐘	 曾侯與鐘	 吳王光殘鐘	 吳王光殘鐘
戰國文字	 上博 逸詩交交鳴烏 1	 上博 逸詩交交鳴烏 2	 璽彙 2296	 新鄭圖 403
秦文字	 睡虎地 日甲 107			

'英'은 形符 '艸'와 聲符 '央'으로 구성된 形聲字이다. 이와 동일한 구조의 古文字 중 춘추시기 ≪吳王光鐘≫(集成 224) '英'이 가장 이른 시기의 字形이다. 전국시기는 지역별로 차이가 발생한다. 睡虎地秦簡 ≪日書甲≫ 107호간 '英'는 ≪吳王光鐘≫ '英'과 비교하면 '央'의 윗부분이 생략되어 '冖'과 같은 형태를 보여준다. 반면에 上博楚簡

≪逸詩≫ 1호간 '', 晉 璽印 ''(≪璽彙≫ 2296)는 '央'의 윗부분이 繁化되어 戰國文字 '用'과 유사해지기도 한다. 用의 형태로 변형된 것은 央과 用의 발음이 매우 유사하기 때문에 聲符로서의 작용을 위하여 그렇게 된 것으로 보인다. 許愼은 '英'을 '꽃은 피지만 열매를 맺지 못하는 것'으로 해석하였다. 出土文獻 용례 중에서 許愼의 해석과 가장 가까운 용례는 上博楚簡 ≪逸詩≫ 1호간의 "若玉若英", 2호간의 "皆芋皆英"이다. 한편, 睡虎地秦簡 ≪日書甲≫의 '英'은 '殃'의 通假字로 쓰였다.

薾(02-012-0482)

戰國文字	 上博 君人者何必安哉 9	 包山 150		
秦文字	 ≪說文≫ 小篆			

''는 形符 '艸'와 聲符 '爾'로 구성된 形聲字이다. 가장 이른 시기의 古文字는 戰國시대 上博楚簡 ≪君人者何必安哉≫ 甲 9호간 '', 包山楚簡 150호간 ''이다. 上博楚簡 ≪君人者何必安哉≫ 甲의 '薾'는 2인칭 대명사 '爾'의 通假字로 해석하며 包山楚簡 150호간의 '薾'는 현재까지 정확한 의미를 확정 짓지 못하고 있다. 결과적으로 두 용례 모두 ≪說文≫의 풀이와 다르다.

萋(02-012-0483)

西周春秋文字	 石鼓·霝雨			
戰國文字	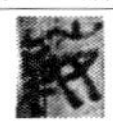 上博 孔子詩論 24			
秦文字	 ≪說文≫ 小篆			

''는 形符 '艸'와 聲符 '妻'로 구성된 形聲字이다. 小篆과 동일한 古文字는 아직 발견되지 않았다. 대신 춘추시대 石鼓文 〈霝雨〉 ''는 '茻', '水', '妻'로 구성된 '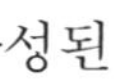'로 隸定하며 '萋'로 해석한다.

葼(02-012-0487)

戰國文字	 璽彙 3995	 包山 255	 清華簡 程寤 2	 璽彙 2126
秦文字	 ≪說文≫ 小篆			

'葼'은 形符 '艸'와 聲符 '㚇'으로 구성된 形聲字이다. 出土文獻에서 小篆과 완전하게 동일한 古文字 字形은 찾아볼 수 없으나, '㚇'의 일부가 생략된 字形은 확인할 수 있다. 包山楚簡 255호간 '葼'는 形符 '艸'와 聲符 '兇'으로 구성된 字形이다. 255호간의 용례 "葼절임 두 그릇〔葼菹二缶〕"에 의거하였을 때 '葼'는 음식의 명칭일 가능성이 높다. 清華簡 ≪程寤≫ 2호간 '葼'도 包山楚簡과 동일한 字形이다. 이 字形은 '凶'의 通假字이다. 한편 晉 璽印 '葼'(≪璽彙≫ 2126)는 形符 '艸'와 聲符 '凶'으로 구성된 字形이다. 이 字形은 인명을 표기하는 한자이다.

芒(02-012-0491)

戰國文字	 璽彙 2304	 曾侯乙 71	 信陽 2.23	 清華簡 祭公 16
	 璽彙 0089	 璽彙 2248	 □年芒碭守令虔戈	 郭店 語四 6
秦文字	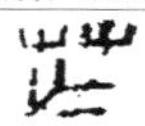 傅 1392	 北郊秦陶	 里耶 8-659正	

'芒'은 形符 '艸'와 聲符 '亾'으로 구성된 形聲字이다. 芒자의 初文은 亡이다. 亡의 본래 의미가 뾰족한 칼날로서, 商代文字인 甲骨文에 보면 '亡'·'亡' 등의 형태로 刀(칼)에 '뾰족하고 날카롭다'는 의미를 강조하는 指事符號를 더하여 만든 글자인 것이다. 否定副詞인 無, 또는 '망하다'는 의미로 假借되어 전혀 다른 뜻으로 사용되자, 芒자로 亡의 본래 의미를 표기하였다.

가장 이른 '芒'의 古文字는 戰國시대 出土文獻에서 볼 수 있다. 두 가지로 구분하는데 첫 번째로 里耶秦簡 8-659호간 '芒', 清華簡 ≪祭公之顧命≫ 16호간 '芒' 등과 같이

'艸'로 구성된 字形이다. 두 번째로 郭店楚簡 ≪語叢四≫ 6호간 ''과 같이 '屮'로만 구성된 字形이다. 戰國文字 단계에서 '屮', '艸', '茻'은 풀, 식물 등을 뜻하는 한자의 形符로 추가되면 의미상 통할 수 있다. 세 번째로 '桑'의 생략형과 '亡'으로 구성된 字形이다. 上博楚簡 ≪周易≫ 44호간 ''이 그 예이다. 戰國文字 '芒'은 주로 '亡'으로 해석한다. 郭店楚簡 ≪語叢四≫ 6호간의 "나라를 부수어 망하게 하다〔破邦芒〕"의 '芒'은 '亡'으로 해석한다. 그밖에도 淸華簡 ≪越公其事≫ 17호간의 "산림의 풀더미〔山林草芒〕"의 '芒'은 '莽'으로 해석하며, 上博楚簡 ≪周易≫의 ''는 '喪'으로 해석한다.

茇(02-012-0496)

戰國文字	 上博 周易 51			
秦文字	 ≪說文≫ 小篆			

'茇'은 形符 '艸'와 聲符 '犮'로 구성된 形聲字이다. 上博楚簡 ≪周易≫ 51호간 ''는 小篆과 동일한 구조이지만 전래본 ≪周易≫ 豐卦 "한낮에도 작은 별을 보다.〔日中見沬〕"의 '沬'와 대응하며 '작은 별'로 해석한다.

蓻(02-012-0499)

戰國文字	 上博 容成氏 14	 上博 容成氏 15		
秦文字	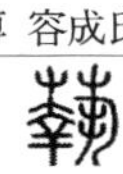 ≪說文≫ 小篆			

'蓻'은 形符 '艸'와 聲符 '執'으로 구성된 形聲字이다. 上博楚簡 ≪容成氏≫ 14호간 '', 15호간 ''이 小篆과 동일한 古文字이다. 15호간은 竹簡 상태가 많이 파손되어 정확한 의미를 파악하기 어렵다. 14호간은 '물건을 손으로 잡다'는 뜻의 '執'으로 해석하므로 ≪說文≫의 풀이와 다르다.

玆(02-012-0505)

戰國文字	 郭店 成之聞之 39	 郭店 緇衣 1	 上博 亘先 2	
秦文字	 里耶 第八層 29	 里耶 第八層 145	 里耶 第八層 1456	

許愼은 ''를 形符 '艸'와 '茲'가 생략된 '丝'로 구성된 形聲字로 파악하였다. 許愼은 이 字形을 '초목이 많이 늘어나다'로 해석하였다. 이에 반해 出土文獻은 '玆'의 本義보다는 假借 혹은 通假 용법으로 많이 쓰였다. 小篆과 동일한 古文字는 秦 石鼓文 ≪吾車≫의 '', 睡虎地秦簡 ≪爲吏之道≫ 15호간 '', 郭店楚簡 ≪緇衣≫ 1호간 '' 등이 있다. 이 字形들 역시 각각 대명사 '此(이것)', '慈(자애)', '緇(검은 비단옷)'로 해석한다. 이 중에서 '玆'가 대명사 용법으로 쓰인 용례는 甲骨文에도 출현하지만 '玆'를 표기하는 字形은 '丝'였다. 西周 청동기 ≪沈子它簋≫(集成 4330) 덮개의 '', 춘추 청동기 ≪𥃝甫人匜≫(集成 10261) '' 모두 '이것'으로 해석한다.

薋(02-012-0509)

秦文字	 薋丞之印			

''는 形符 '艸'와 聲符 '資'로 구성된 形聲字이다. 秦 封泥 ''(≪秦封泥集≫ 二)은 秦 관직명 '薋丞'의 '薋'이며, 小篆과 字形 구조가 동일하다.

蓁(02-012-0510)

戰國文字	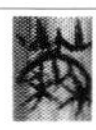 上博 容成氏 31			
秦文字	 ≪說文≫小篆			

''은 形符 '艸'와 聲符 '秦'으로 구성된 形聲字이다. 전국문자 上博楚簡 ≪容成氏≫ 31호간 ''이 小篆과 동일하다. 이 字形 전후의 맥락은 禹의 행적 중에서 "높은 산에

올라 우거진 숲 안으로 들어가 이에 정치를 행하기 시작했다〔高山登 蓁林內 焉以行政〕"라고 하여 31호간의 용례와 ≪說文≫ 해석이 동일하다.

芮(02-012-0512)

秦文字	 嶽麓1 占 19正	 嶽麓3 63	 陶錄 6.41.1	 秦風 56

''는 形符 '艸'와 聲符 '內'로 구성된 形聲字이다. 小篆과 구성 요소가 동일한 古文字는 주로 戰國시대 秦의 出土文獻에서 확인할 수 있다. 秦 璽印 ''(≪秦風≫ 56)는 인명 '王芮'의 '芮'이며 嶽麓秦簡 ≪占夢書≫ 19호간 앞면 ''는 '退'의 通假字로 쓰였다. 한편, 楚의 出土文獻 包山楚簡 127호간에도 이와 동일한 ''이 있으며 '入'의 通假字로 해석한다. ≪說文≫은 '芮'를 "풀이 부드럽고 가느다란 모양〔柔細之狀〕"으로 해석하였으나, 전래문헌과 出土文獻에서는 대다수 국명이나 지명, 姓氏를 표기하였다.

이 용례는 이미 서주시기부터 출현하는데 形符 '艸'와 聲符 '內'로 구성된 字形이 아니라 '內'로 표기하였다. 서주 청동기 ≪內公鬲≫(集成 711)의 '內公'은 '芮公'으로 읽으며 ≪內伯多父簋≫(集成 4109)의 "內伯多父"는 "芮伯多父"로 읽는다. 이와 같은 표기 방식은 戰國시대 出土文獻에도 나타난다. 清華簡 ≪芮良夫毖≫의 '芮良夫'도 실제 竹簡에도 '內良夫'로 표기되어 있다.

茬(02-012-0513)

秦文字	 陶錄 6.414.3			

''는 形符 '艸'와 聲符 '在'인 形聲字이다. 戰國시대 秦 陶文 ''(≪陶錄≫ 6.414.3)은 小篆과 字形 구조가 동일하다.

薈(02-012-0514)

秦文字	 陶錄 6·14·3	 陶錄 6·14·4		

'薈'는 形符 '艸'와 聲符 '會'로 구성된 形聲字이다. 戰國시대 秦 璽印 '薈'(≪秦印編≫ 13), 陶文 '薈'(≪陶錄≫ 6.14.4) 모두 小篆과 字形 구조가 동일하다. 璽印 '薈'는 姓氏를 표기하며 陶文 字形은 정확한 의미를 알 수 없다. ≪說文≫ 해석과 차이가 있다.

蒼(02-012-0517)

戰國文字	包山 176	郭店 老子乙 15	上博 容成氏 22	鄭東倉鼎
	璽彙 3996	璽彙 0967		
秦文字	里耶 第八層 758	放馬灘 乙230	北郊秦印	

'蒼'은 形符 '艸'와 聲符 '倉'으로 구성된 形聲字이다. 小篆과 동일한 古文字는 戰國시대 出土文獻에서 볼 수 있다. 里耶秦簡 J1B166 '蒼', 璽印 '蒼'(≪秦印編≫ 13)은 각각 지명과 姓氏를 표기한다. 郭店楚簡 ≪老子≫ 乙 15호간 '蒼'은 '滄', 上博楚簡 ≪容成氏≫ 22호간 '蒼'는 '寒'으로 해석한다. 이 字形은 倉의 아래 부분이 좌우 구조로 바뀐 형태에 장식성 필획이 추가된 것이다. 이밖에도 晉 청동기 ≪鄭東倉鼎≫ '蒼', 璽印 '蒼'(≪璽彙≫ 967), '蒼'(≪璽彙≫ 3996) 등도 보이는데, 모두 姓氏를 표기한다.

萃(02-012-0519)

戰國文字	上博 周易 42	上博 周易 42	鄂州戈	盛世 17
	璽彙 0293	燕王職戈		
秦文字	里耶 第八層 668	秦風 46	萃	

'萃'는 形符 '艸'와 聲符 '卒'로 구성된 形聲字이다. 戰國시대 出土文獻에서 이와 동일한 古文字를 볼 수 있다. 燕 청동기 ≪燕王職戈≫(集成 11190)의 '萃'는 '戈'와 유사한 무기의 명칭이다. 秦 璽印 '萃'(≪集證≫ 169), 里耶秦簡 8-668 뒷면 '萃'는 인명을 표기한다.

한편, 楚 청동기 ≪鄂州戈≫ '와 같이 形符 '艸' 대신 '林'으로 구성된 字形도 있다.

蒔(02-012-0520)

秦文字	 嶽麓叁 54	 嶽麓叁 54		

''는 形符 '艸'와 聲符 '時'로 구성된 形聲字이다. 이와 字形 구조가 동일한 古文字는 嶽麓秦簡(參) 54호간 ''이 있다.

苗(02-012-0521)

西周春秋文字	 苗𡨄盨			
秦文字	 睡虎地 秦律 144	 里耶 8-1546	 秦風 86	

''는 '艸'와 '田'으로 구성된 會意字이다. 小篆과 字形 구조가 동일한 古文字는 서주시기 청동기에서 볼 수 있다. ≪苗𡨄盨≫(集成 4374)''가 그 예인데 姓氏를 표기한다. 戰國 시대는 秦의 璽印, 竹簡에서만 볼 수 있다. 睡虎地秦簡 ≪秦律≫ 144호간 '', 璽印 ''(≪秦印編≫ 13)도 小篆과 동일한 字形이다. 睡虎地秦簡 ≪秦律≫ 144호간은 "治苗時各二旬"으로 苗를 심는 시기를 규정한 내용이므로 ≪說文≫ 풀이와 동일하다. 璽印은 '苗妾'의 '苗'를 표기한 용례이며 신분을 표기하므로 ≪說文≫ 풀이와 차이가 있다.

苛(02-012-0522)

戰國文字	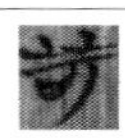 包山 文書 58	 㝬忑鼎	 璽彙 3230	 上博 容成氏 19
秦文字	 睡虎地 爲吏之道 39	 里耶 8-310	 幕苛	

'𦬸'는 形符 '艸'와 聲符 '可'로 구성된 形聲字이다. 戰國시대 楚와 秦의 出土文獻에서 이와 동일한 古文字를 볼 수 있다. 睡虎地秦簡 ≪爲吏之道≫ 6호간 ''는 '번거롭고 까다롭다'로 해석한다. 包山楚簡은 37호간 '' 외에도 34개의 용례를 볼 수 있는데, 모두 姓氏를 표기한다. 한편, 上博楚簡 ≪容成氏≫ 33호간 ''는 形符 '䖵(곤)'과 聲符 '可'로 구성된 字形으로 '번거롭고 까다롭다'로 해석하며 '苛'의 이체자이다. 이 古文字 모두 ≪說文≫의 해석과 차이가 있다.

蕪(02-012-0523)

戰國文字	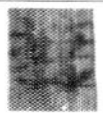 包山 喪葬 263			
秦文字	 ≪說文≫小篆			

'蕪'는 形符 '艸'와 聲符 '無'로 구성된 形聲字이다. 현재까지 발견된 古文字 중에서 小篆과 동일한 字形은 戰國시대 包山楚簡 263호간 '' 뿐이다. 形符 '艸'와 聲符 '無'로 구성되었다. 이 字形은 해당 용례에서 '芒'의 通假字로 사용되었다.

荒(02-012-0525)

戰國文字	 中山王方壺	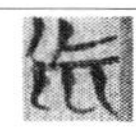 上博 三德 7	 上博 三德 22	
秦文字	 ≪說文≫小篆			

'荒'은 形符 '艸'와 聲符 '巟'으로 구성된 形聲字이다. 戰國시대 中山國 청동기 ≪中山王方壺≫ ''이 현재까지 발견된 '荒'의 유일한 古文字이다. 銘文의 "不敢怠荒"은 '감히 태만해지고 주색에 빠질 수 없으니'로 해석하며 ≪說文≫에서 풀이한 '거칠다'로부터 파생된 '흉년', '버리다', '멸망시키다', '허황되다' 등의 2차 의미 중 하나이다. 이와 같은 의미를 표기하였던 한자 구조는 시기별로 차이가 있다. 西周시기는 '妄'으로 '荒'을 표기하였으며 춘추시기는 '忘'으로 '荒'을 표기하였다. 이에 대해 각각 예시를 들면

≪毛公鼎≫(集成 2841) ''은 '亡'과 '女'로 구성된 '妄'이며 ≪蔡侯紐鐘≫(集成 210) ''은 '亡'과 '心'로 구성된 '忘'이다. 戰國시대는 지역이나 書寫하는 재료별로 字形이 조금씩 달랐다. 上博楚簡 ≪三德≫ 7호간 ''는 '㠩'으로 隸定하며 '荒'으로 해석한다. 清華簡 ≪耆夜≫ 11호간 ''는 춘추시기와 같이 '忘'으로 隸定하며 '荒'으로 해석한다.

落(02-012-0528)

戰國文字	 上博 李頌 1			
秦文字	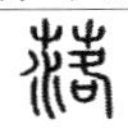 ≪說文≫小篆			

''은 形符 '艸'와 聲符 '洛'으로 구성된 形聲字이다. 小篆과 동일한 古文字는 현재까지 발견되지 않았으나 戰國시대 楚나라 出土文獻에 '落'을 표기하는 古文字를 볼 수 있다. 上博楚簡 ≪李頌≫ 1호간 ''은 '艸'와 聲符 '各'으로 구성된 '茖'이며 '落'으로 해석한다. 한편, 清華簡 ≪皇門≫ 10호간 ''은 '雨'와 聲符 '各'으로 구성된 '零'이며, 이 字形 역시 '落'으로 해석한다.

蔽(02-012-0529)

戰國文字	 上博 緇衣 17			
秦文字	 ≪說文≫小篆			

''는 形符 '艸'와 聲符 '敝'으로 구성된 形聲字이다. 小篆과 구성 요소가 동일한 古文字는 上博楚簡 ≪緇衣≫ 17호간 ''이다. 이 字形은 전래본 ≪禮記≫ 〈緇衣〉 "행실은 반드시 그 가려진 바를 헤아려야 하니〔而行必稽其所敝〕"의 '敝'와 대응한다. 또한 包山楚簡 204호간 ''는 形符 '竹'와 聲符 '㡀'로 구성된 形聲字이다. '竹'과 '艸'는 모두 식물과 관련되므로 이 字形 또한 '蔽'로 해석할 수 있다. 이 두 字形은 모두 '가리다'로 해석하며 ≪說文≫의 풀이와는 차이가 있다.

蔡(02-012-0535)

西周春秋文字	 伯蔡父簋	 九年衛鼎	 蔡侯簋	 蔡侯果戈
戰國文字	 左使車銅形器	 包山 206	 璽彙 0097	 清華簡 繫年 70
秦文字	 秦風 91	 睡虎地 日書 甲75		

''는 形符 '艸'와 聲符 '祭'로 구성된 形聲字이다. 小篆과 구조가 동일한 古文字는 戰國시대 秦 지역에서 발견된 出土文獻에서 볼 수 있다. 璽印 ''(≪秦風≫ 91), 睡虎地秦簡 ≪日書≫ 甲 75호간 뒷면 '' 등도 '艸'와 '祭'로 구성된 字形이다. '蔡'는 ≪說文≫에서 "풀이다〔艸也〕"로 해석하였으나 전래문헌이나 出土文獻은 國名, 部族名, 姓氏, 地名 등으로 많이 쓰였다. 이 용례에 쓰인 字形은 小篆과 전혀 다른 字形이다. 甲骨文에 (合補 6209)자가 출현하는데, 서주시기 '蔡'를 표기하는 ≪伯蔡父簋≫(集成 3678) '', ≪九年衛鼎≫(集成 2831) '' 등과 같은 字形과 연결된다. 이 글자는 '太'로 隷定하는데, 현재까지 어떤 글자인지 모르며, 후대에 '蔡'를 표기한 것으로 볼 때, 字音은 '蔡'와 같거나 매우 유사했을 것으로 추정된다. 춘추시기는 기본적으로 서주시기 古文字를 계승하였다. ≪蔡侯鼎≫(新收 1905) '', ≪蔡侯產劍≫(集成 11602) '' 등이 춘추시기 蔡나라에서 사용하던 字形이다. 서주시기 字形보다 '∧'가 추가된 부분이 한층 더 길어졌다.

戰國시대는 '蔡'를 표기하던 字形이 다양하게 訛變되며 秦을 제외한 楚, 齊의 出土文獻에 '邑'이 추가되었다. 그 이유는 國名을 표기하기 때문에 形符로 추가된 것이다. 먼저 楚의 出土文獻을 살펴보면 清華簡 ≪繫年≫ 25호간 '', 包山楚簡 240호간 '', 璽印 ''(≪璽彙≫ 97), ≪鄂君啓車節≫(集成 12112) '' 등의 字形들을 볼 수 있다. 이들 모두 '邑'이 추가되고 '蔡'의 初文도 다양하게 변하는 동시에 두 부분으로 분리되었다. 齊의 出土文獻 역시 楚와 동일하다. 晉은 두 가지 유형으로 나타난다. 첫 번째로 璽印 ''(≪璽彙≫ 2869), ≪左使車銅形器≫(集成 10349) ''는 춘추시기 이전의 字形을 그대로 계승한 경우이며, 두 번째로 다른 지역과 마찬가지로 璽印 ''(≪璽彙≫ 2869)처럼 '邑'이 추가된 경우이다. 한편, 聲符 '戔'과 形符 '邑'으로 구성된 ''로 '蔡'를 표기하기도 하였다. 清華簡 ≪繫年≫ 69호간 '', 70호간 ''이 그 예이다.

茷(02-012-0536)

戰國文字	清華簡 繫年 87			
秦文字	≪說文≫小篆			

'茷'은 形符 '艸'와 聲符 '伐'로 구성된 形聲字이다. 현재까지 발견된 出土文獻에서 이와 동일한 字形은 없으나, 이 字形의 聲符 '伐'로 '茷'을 표기한 용례는 있다. 清華簡 ≪繫年≫ 87호간 '伐'는 '伐'로 隸定하며 '茷'로 해석한다. 87호간 "糴之茷"는 ≪春秋左氏傳≫ 成公 10년의 "糴茷(사람 이름)"과 일치한다. 清華簡 ≪繫年≫의 '茷'는 姓氏를 표기한 용례이므로 ≪說文≫ 해석과 차이가 있다.

菜(02-012-0537)

戰國文字	上博 孔子詩論 17	上博 周易 21	上博 三德 13	
秦文字	≪說文≫小篆			

'菜'는 形符 '艸'와 聲符 '采'로 구성된 形聲字이다. 西周 청동기 ≪格伯簋≫(集成 4264) ''가 현재까지 가장 이른 시기의 '菜'의 古文字이다. 戰國시대 上博楚簡 ≪周易≫ 21호간 '菜', ≪孔子詩論≫ 17호간 '菜'도 小篆과 동일한 古文字이다. ≪格伯簋≫의 '菜'는 '토지 경계를 표기하기 위해 심는 풀'을 뜻하며 上博楚簡 ≪周易≫의 '菜'는 전래본 ≪周易≫ '喜'의 通假字이다. 上博楚簡 ≪孔子詩論≫의 '菜'는 ≪詩經≫ 〈王風 采葛〉에 수록된 '采'를 표기한다. ≪說文≫의 "풀 중에 먹을 수 있는 것〔艸之可食者〕"과 직접적인 관련은 없다. 小篆과 구조상으로 차이는 있지만 '먹을 수 있는 풀'과 관련된 용례는 睡虎地秦簡 ≪秦律十八種≫ 179호간 ''이다. 이 字形은 '采'로 隸定하며 채소와 소금으로 끓인 고깃국 '菜羹'의 '菜'를 표기한다. 上博楚簡 ≪三德≫ 13호간 '盉'는 '采'와 '皿'으로 구성된 字形으로 '盉'로 隸定하며 '菜'로 해석한다. ≪三德≫ 13호간 "몸에 병이 있으면 채소와 음식을 싫어한다〔身且有病 惡菜與食〕"의 '菜'는 '食'과 같은 層差의 의미를 표기하며 '요리', 또는 '먹을 것'으로 해석할 수 있다.

荋(02-012-0538)

戰國文字	 新蔡 甲三 418			
秦文字	 ≪說文≫小篆			

'荋'는 形符 '艸'와 聲符 '而'로 구성된 形聲字이다. 小篆과 동일한 字形은 戰國시대 新蔡葛陵楚簡 甲三 418호간 '荋'이다. 甲三 418호간의 보존 상태가 좋지 않아서 앞뒤 문맥을 정확히 알 수 없으나, 확인 가능한 문자를 통해 살펴보면 "……於荋丘一貓禱……"이다. '荋丘'의 '荋'는 지명일 가능성이 높다.

芝(02-012-0539)

秦文字	 嶽麓 爲 76正			

'芝'은 形符 '艸'와 聲符 '乏'으로 구성된 形聲字이다. 이 字形은 嶽麓秦簡 ≪爲吏治官及黔首≫ 76호간 앞면 '芝'과 동일하다. 嶽麓秦簡 ≪爲吏治官及黔首≫ 76호간 '芝'은 '乏'으로 해석하며 ≪說文≫의 해석과 차이가 있다.

薄(02-012-0540)

秦文字	 里耶 8-434	 里耶 8-199	 里耶 8-815	 秦風 75

'薄'은 形符 '艸'와 聲符 '溥'로 구성된 形聲字이다. 小篆과 동일한 구조의 古文字는 秦의 出土文獻에서 확인할 수 있다. 璽印 '薄'(≪秦風≫ 75), 里耶秦簡 8-434호간 '薄' 등이 그 예이다. 璽印은 인명을 표기하며 里耶秦簡의 '薄'는 '簿(장부)'로 해석한다. 비록 小篆과 字形 구조는 차이가 있으나, '薄'으로 해석하는 용례가 있다. 西周 청동기 ≪䵼方鼎≫(集成 2739) '䵼'는 '尃'로 隸定하며 국명인 '薄姑'의 '薄'으로 해석한다. 春秋 청동기 ≪鄧公簋≫(集成 4055) 덮개의 '不故' 역시 '薄姑'로 해석한다. 戰國시대 楚簡은 '厚'의 반대어로 쓰여 '얇다', '적다'로 해석하는 용례가 출현한다. 郭

店楚簡 ≪語叢一≫ 82호간 ‘’는 ‘尃’로 隸定한다. 82호간의 “의에는 두텁고 인에는 얇다〔厚於義 尃於仁〕”에서 ‘厚’와 대구를 이루며 반대 의미를 표기하였다. 上博楚簡 ≪容成氏≫ 35호간 ‘’도 郭店楚簡 ≪語叢一≫의 용례와 같이 “두터이 사랑하여 거두는 것을 적게 하다.〔厚愛而泊斂焉〕”로 쓰여 ‘厚’의 반대 의미를 표기하였다. 이 용례의 ‘泊’도 ‘薄’으로 해석한다. ‘얇다’ 혹은 ‘적다’의 뜻은 ≪說文≫에서 풀이한 “숲이 빽빽하다〔林薄也〕”에서 비롯된 派生義이다.

苑(02-012-0541)

商代文字	 合9506			
秦文字	 睡虎地 效律 55	 龍崗 27	 故宮 429	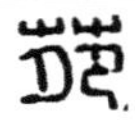 秦泥考 872

‘’은 形符 ‘艸’와 聲符 ‘夗’으로 구성된 形聲字이다. 商代文字인 甲骨文에 ‘’이 출현하는데, 이는 夗의 원형인 과 艸의 생략형인 로 이루어져 形聲字의 구조를 취하고 있다. 甲骨文에서는 苑의 용법으로 사용되었다고 보는 학설이 현재는 가장 지배적이다.[10] 이 字形은 秦簡에서 다수 출현한다. 睡虎地秦簡 ≪秦律十八種≫ 15호간 ‘’은 ‘廐苑’의 ‘苑’이다. 가축을 사육하는 우리와 동산〔苑囿〕을 관리하는데 적용된 법률이다.

또한 농업, 사냥, 부역 관련 법률에 ‘禁苑’을 쉽게 찾아볼 수 있다. ≪秦律十八種≫ 117호간 ‘’도 ‘禁苑’의 ‘苑’을 표기한다. ‘禁苑’은 왕실에서 짐승을 기르는 동산을 말하며 일반 백성은 출입할 수 없다. 睡虎地秦簡 외에도 龍岡秦簡에 동일한 용례를 찾아볼 수 있다. 龍岡秦簡 6호간 ‘’, 39호간 ‘’도 睡虎地秦簡과 마찬가지로 ‘禁苑’의 ‘苑’을 표기하였다. 이 용례들은 ≪說文≫의 풀이를 그대로 적용할 수 있다.

菑(02-012-0543)

秦文字	 陶錄 6.411.2	 秦泥考 1581		

10) 劉釗, 〈釋甲骨文中從夗的幾個字〉, ≪古文字考釋叢稿≫, 長沙 : 嶽麓書社, 2004년, 44쪽.

'菑'는 '艸'와 '甾'로 구성된 會意字이다. 이 字形은 현재까지 秦의 出土文獻에서만 볼 수 있다. 璽印 ''(≪秦印編≫ 14), ''(≪集證≫ 155), 封泥 ''(≪封泥印≫ 附二 192) 등은 지명인 '臨菑'를 표기한다. 璽印 ''(≪秦印編≫ 14)는 지명 '菑川'을 표기한다. ≪說文≫의 풀이와 차이가 있다.

茀(02-012-0549)

西周春秋文字	 弗父丁爵	 弔皮父簋	 侯馬盟書 1.91	
戰國文字	 十二年邦司寇矛			
秦文字	 秦風 97	 珍秦 181	 考文 2000.1	

'茀'은 形符 '艸'와 聲符 '弗'로 구성된 形聲字이다. 小篆과 동일한 古文字는 서주 청동기부터 출현한다. ≪弗父鼎爵≫(集成 8478) ''이 그 예이다. 춘추시기 侯馬盟書 1 : 91 ''는 '屮'과 '弗'로 구성된 字形으로 '茀'로 隸定한다. '屮'과 '艸' 모두 풀에서 비롯된 字形이므로 '茀'로 해석해도 무방하다. 戰國시대 出土文獻은 현재까지 발견된 字形은 지역과 재료의 형태와는 무관하게 모두 '茀'로 隸定한다. 秦 璽印 ''(≪秦印編≫ 14), 晉 청동기 ≪十二年邦司寇茅≫(集成 11549) '' 등이 그 예이다. 현재까지 발견된 '茀'의 古文字 용례는 姓氏를 표기하는 용례로 많이 쓰였다.

苾(02-012-0550)

戰國文字	 包山 2 : 194-1 簽牌			
秦文字	 ≪說文≫小篆			

'苾'은 形符 '艸'와 聲符 '必'로 구성된 形聲字이다. 현재까지 발견된 出土文獻에 小篆과 동일한 古文字는 쓰인 적이 없다. 하지만 戰國시대 楚簡에 이와 관련된 字形이 있다. 包山楚簡과 함께 발견된 대나무 조각에 ''는 '艸'와 '柲'로 구성된 형성자이다.

'必'과 '柲'은 本字와 分化字 관계이다. 郭店楚簡 ≪語叢四≫ 10호간 '[illegible]'는 '苾'과 '土'로 구성된 形聲字이다. 이 字形은 '蔽'의 通假字이다. 古文字 용례 모두 ≪說文≫의 풀이와 차이가 있다.

芳(02-012-0552)

戰國文字	郭店 窮達以時 13	上博 蘭賦 2	上博 蘭賦 4	
秦文字	≪說文≫小篆			

'芳'은 形符 '艸'와 聲符 '方'으로 구성된 形聲字이다. 小篆과 동일한 古文字는 戰國시대 楚簡에서 볼 수 있다. 郭店楚簡 ≪窮達以時≫ 13호간 '芳', 上博楚簡 ≪蘭賦≫ 2호간 '芳', 九店楚簡56의 44호간 '芳'는 모두 小篆과 동일하며 의미 또한 '향기롭다', '냄새가 좋다'로 해석한다. 新菜葛陵楚簡 甲三 35호간 '芳'도 小篆과 동일한 字形이나 竹簡이 많이 파손되어 정확한 의미를 확정지을 수 없다. 李家浩는 '芳'과 '享'의 上古音이 유사한 점을 근거로 '享'의 通假字로 해석하였다.[11] 宋華强은 이 字形을 '並'의 通假字로 해석하였다.[12]

藥(02-012-0554)

戰國文字	郭店 五行 6	上博 從政乙 3	上博 性情論 8	上博 周易 21
	清華簡 程寤 5	璽彙 1384		
秦文字	藥丹	里耶 8-1440正		

'藥'은 形符 '艸'와 聲符 '樂'으로 구성된 形聲字이다. 이와 동일한 古文字는 주로 戰國시대 出土文獻에서 볼 수 있으며 두 가지 유형으로 구분한다. 첫 번째로 形符 '艸'

11) 黃德寬主編, ≪安徽大學漢語言文字研究叢書-李家浩卷≫, 安徽大學出版社, 2013년 05월, 189쪽.
12) 宋華强著, ≪新蔡葛陵楚簡初探≫, 武漢大學出版社, 2010년 03월, 425쪽.

와 聲符 '樂'으로 구성된 '藥'이다. 里耶秦簡 8-1440호간 '[illegible]', 上博楚簡 《周易》 21호간 '[illegible]'이 이에 속한다. 두 번째로 形符 '屮'과 聲符 '樂'으로 구성된 '[illegible]'이다. 郭店楚簡 《五行》 8호간 '[illegible]', 晉 璽印 '[illegible]'(《璽彙》 1384) 등이 그 예이다. 이 중에서 《說文》과 같이 "병을 치료하는 풀〔治病艸〕"로 해석하기도 하지만 대다수가 '樂'의 假借字로 쓰였으며 '즐겁다', 혹은 '음악'으로 해석한다. 上博楚簡 《周易》 21호간의 '藥'은 "음식이 있음을 즐거워하지 말라〔勿藥有菜〕"의 '藥'이다. 郭店楚簡 《五行》 8호간 '[illegible]'이 포함된 용례는 "편안하지도 않고 즐겁지도 않다〔不安不[illegible]〕"이며 '樂'으로 해석한다.

芟(02-012-0557)

商代文字	 合10571			
秦文字	 《說文》小篆			

'[illegible]'은 形符 '艸'와 聲符 '殳'으로 구성된 形聲字이다. 商代文字인 甲骨文에 '[illegible]'자가 출현하는데, 이는 [illegible]와 殳로 이루어진 會意兼形聲字이다. 손에 몽둥이를 들고 풀을 제거하는 모습이며, 동시에 殳(손에 몽둥이를 든 字形)가 聲符 역할을 하고 있기 때문이다. 실제 甲骨文에서도 '풀을 베다'는 용법으로 사용되었다.[13] 이후 청동기나 竹簡 등에서는 이와 동일한 字形은 찾아볼 수 없다.

藉(02-012-0559)

'[illegible]'은 形符 '艸'와 聲符 '耤'으로 구성된 形聲字이다. 이 字形과 동일한 古文字는 현재까지 발견되지 않았다. 그러나 '藉'으로 해석하는 용례는 西周 청동기로부터 확인할 수 있다. 《㦰簋》(集成4255)의 '[illegible]'는 '耤'으로 隸定하며 '藉田'의 '藉'으로 해석한다. '藉田'은 서주시기 천자의 명령을 받아 司徒가 관리하는 농경지로 일반 백성을 동원해서 경작하는 곳을 말한다. 戰國시대 이후로는 '籍'으로 '藉'을 표기하였던 용례가 있다. 睡虎地秦簡 《秦律十八種》 137호간 '[illegible]'는 形符 '竹'과 聲符 '耤'으로 구성된

13) 裘錫圭, 〈甲骨文字考釋(八篇)〉, 《裘錫圭學術文集(甲骨文卷)》, 上海 : 復旦大學出版社, 2012년, 77~78쪽.

'籍'으로 隷定한다. 해당 용례를 살펴보면 '或欲籍人與幷居之 許之'이며 '간혹 타인의 도움을 빌어 그와 함께 복역하는 경우 허락한다.'로 해석한다. 이 용례의 '籍'은 '빌리다'의 '耤'으로 해석해야 한다. 서주시기 용례 '耤田'도 백성의 힘을 빌어 경작하는 곳이므로 出土文獻의 '耤' 용례는 주로 '빌리다'의 의미를 표기하였다. ≪說文≫에서 제시한 두 가지 해석과는 차이가 있으나, 段玉裁가 "인신하여 '承藉', '薀藉'의 뜻이 되고 '빌리다'의 뜻이 되었다."라고 설명한 부분과 일치한다.

蕝(02-012-0561)

戰國文字	 郭店 性自命出 13	 郭店 緇衣 21	 上博 緇衣 12	
秦文字	 ≪說文≫小篆			

'蕝'은 形符 '艸'와 聲符 '絕'로 구성된 形聲字이다. 小篆과 동일한 古文字는 현재까지 발견되지 않았으나, 形符 '艸'와 聲符 '絕'의 初文 '㡭'으로 구성된 '蘮'은 戰國시대 楚簡에서 확인할 수 있다. 上博楚簡 ≪緇衣≫ 12호간 '蕝', ≪性情論≫ 7호간 '蕝' 모두 이에 해당한다. 두 용례 모두 '蕝'로 해석하며, 모두 ≪說文≫의 "조회할 때 띠풀을 묶어 자리를 표시하는 것〔朝會束茅表位〕"과 관련이 깊다. ≪緇衣≫의 '蕝' 앞뒤 문맥은 "삼가하지 않을 수 없으니 백성 중에서도 가장 존귀한 사람이기 때문이다〔……不可不敬也 民之蕝也〕"로 해석한다. 즉 조회 중 자리를 표기한 곳에 설 수 있는 사람이기 때문에 존귀한 사람〔蕝〕으로 해석한다. ≪性情論≫의 '蕝' 앞뒤 문맥은 "義라는 것은 모든 善의 표지이다〔義也者 群善之蕝〕"로 해석한다. '蕝'이 지닌 '표기하다'의 뜻과 상통한다.

茨(02-012-0562)

商代文字	 合14218	 合14250	 合34689	 合34688
秦文字	 ≪說文≫小篆			

'茨'는 形符 '艸'와 聲符 '次'로 구성된 形聲字이다. '艸'와 '次'로 구성된 古文字는 현재까지 발견된 出土文獻에서는 확인할 수 없다. 하지만 甲骨文 字形 중 '茨'의 初文을 확인할 수 있다. 商代文字인 甲骨文에 [illegible], [illegible] 등의 글자가 출현하는데, 손으로 지붕을 이는 모습을 본뜬 글자이다. 甲骨文에서의 용법은 아직 확정하기는 어렵지만, "己亥日에 〈貞人이〉 점을 치니 지붕을 지으면 순조로울 것이다.〔己亥卜 其[illegible] 若〕"는 文例가 있어서 '집을 짓거나, 지붕을 이는 의미로 사용되었을 가능성이 있다. 후대로 가면서 字形이 도태되고, 形聲字인 '茨'로 대체되었다. 한편, 戰國시대 上博楚簡 ≪孔子詩論≫ 28호간 '薺'는 전래본 ≪詩經≫ 〈鄘風 牆有茨〉에 수록된 '茨'를 표기한다.[14] '薺'와 '茨'는 通假관계이다.

葺(02-012-0563)

戰國文字	 上博 曹沫之陳 48			
秦文字	 ≪說文≫小篆			

'葺'은 形符 '艸'와 聲符 '咠'으로 구성된 形聲字이다. 戰國시대 上博楚簡 ≪曹沫之陳≫ 48호간 '葺'도 形符 '艸'와 聲符 '咠'으로 구성되었으며, '和輯'의 '輯'을 표기한다. ≪說文≫의 풀이와 차이가 있다.

蓋(02-012-0564)

戰國文字	 郭店 窮達以時 3	 包山 文書 152	 望山 2號墓 12	 上博 柬大王泊旱 15
秦文字	 秦公簋	 睡虎地 日乙 23	 秦風 128	

'蓋'는 形符 '艸'와 聲符 '盇'으로 구성된 形聲字이다. 이와 동일한 古文字는 戰國

14) 앞의 '薺(02-012-0379)' 자원 설명 참고.

시대 郭店楚簡 ≪窮達以時≫ 3호간 ‘’, 秦 청동기 ≪秦公簋≫(集成 4315)의 덮개에 새겨진 ‘’, 睡虎地秦簡 ≪秦律十八種≫ 195호간 ‘’, 璽印 ‘’(≪秦風≫ 129) 등이 있다. 이 중에서 ≪說文≫의 풀이와 관련 있는 용례는 ≪秦律十八種≫ 195호간 ‘’과 ≪秦公簋≫ 덮개의 ‘’이다. ≪秦律十八種≫ 195호간의 ‘茅蓋’는 ‘띠로 이은 지붕’으로 해석한다. ≪秦公簋≫의 ‘蓋’는 銘文 마지막에 쓰여 ‘뚜껑’을 표기하였다. 한편, ≪窮達以時≫ 3호간은 ‘褐’의 通假字로 쓰였으며 秦 璽印은 姓氏로 쓰였다.

蓲(02-012-0567)

秦文字	 睡虎地 日甲 66反			

‘’은 形符 ‘艸’와 聲符 ‘屈’로 구성된 形聲字이다. 睡虎地秦簡 ≪日書甲≫ 66호간 뒷면 ‘’도 小篆과 동일한 구조이다. 睡虎地秦簡의 整理者는 ‘蓲’을 ‘茜草(꼭두서니)’로 해석하였다.

菹(02-012-0569)

戰國文字	 包山 255			
秦文字	 ≪說文≫小篆			

‘’는 形符 ‘艸’와 聲符 ‘沮’로 구성된 形聲字이다. 이 字形과 동일한 古文字는 현재까지 발견된 적은 없다. 하지만 ‘菹’를 표기하는 通假字 용례는 확인할 수 있다. 包山楚簡 255호간 ‘’는 ‘艸’와 ‘虘’, ‘又’로 구성된 ‘蔖’로 隷定한다. 255호간에 “蒠蔖”, “粗瓜之蔖”와 같이 각종 음식의 명칭이 제시되었다. 이 명칭은 초절임 종류의 음식으로 해석하여 ‘菹’로 풀이한다.

若(02-012-0577)

商代文字	合27987	合891正	合25628	亞若癸簋
西周春秋文字	大盂鼎	亞若父己觶	麥方尊	復公仲簋蓋
戰國文字	郭店 老子乙 5	郭店 老子甲 38	淸華簡 帝門 13	淸華簡 楚居 6
	璽彙 1294	中山王鼎	淸華簡 琴舞 9	淸華簡 楚居 4
秦文字	詛楚文 秋淵	陶錄 6.51.1	睡虎地 日乙 113	

'若'은 形符 '艸'와 聲符 '沮'로 구성된 形聲字이다. 이 字形은 甲骨文부터 출현하였다. 商代文字인 甲骨文에서 드러나듯, 본래 머리카락을 흐트린 채 무릎을 꿇고 있는 사람이 두 손을 머리카락 양쪽에 가져다 놓은 모습을 본뜬 글자이다. 이 글자에 대한 造字意圖에 관하여 크게 세 가지 학설이 있다. 若의 의미가 '順(순조롭다)'이기 때문에 이와 연결되는 글자 모양의 정황이 있는 것이다.

첫 번째는 '포로설'로, 郭沫若의 주장이다. 전쟁에서 붙잡혀온 포로가 두 손을 하늘로 들고 항복을 하는 모습이라는 것이다. 머리가 헝클어진 것도 전쟁 포로의 상황을 반영하고 있다. 두 번째는 '기도설'로, 시라카와 시즈카(白川靜)의 주장이다. 순조롭게 될 수 있도록 기도를 통하여 구하는 곳인데, 열성적으로 간절히 기도하기 때문에 머리가 흐트러지고 두 손을 들고 있다는 것이다. 세 번째는 '머리카락 정리설'로, 于省吾의 주장이다. 두 손으로 헝클어진 머리카락을 정리하여 가지런히 하는 모양이라는 것이다. 이 역시 順의 의미와 잘 연결된다. 이상 세 가지 학설 모두 字形과 字義 두 가지 측면에 있어서 크게 어긋나지 않는다. 비교적 자연스러운 발상에서 글자가 만들어졌을 것으로 생각할 때, 세 번째 두발을 정리하는 모습을 본뜬 것으로 추정된다. 西周 중기부터 區別符號인 '口'자가 추가되었고, 후대로 가면서 머리카락이 屮로 訛變되고, 두 손이 艸로 訛變되었다.

西周 청동기 '若'은 甲骨文과 달리 꿇어앉아 있는 모습이 명확하게 드러나지 않고 두 손 아랫부분의 공간을 채우기 위한 飾筆 '口'가 추가되기 시작한다. ≪師虎簋≫

(集成 4316) ''과 같이 왼쪽 하단부에 '口'가 추가된 것을 볼 수 있다. 춘추시기는 서주시기와 큰 차이 없이 그대로 전승되었으나, 戰國시기부터 더 복잡하게 변화한다. 본래 사람의 형태로부터 비롯된 字形이었지만 전국시기 이후로는 사람의 형태로부터 완전히 변형된다. 지역과 관련 없이 머리 부분은 '屮'로 변화하고 두 팔은 '' 로 변화한다. 지역별로 나타나는 차이점은 다음과 같다. 淸華簡 ≪尹至≫ 4호간 '', 郭店楚簡 ≪老子乙≫ 5호간 ''과 같이 '口'의 반대편에 '', 혹은 ''과 같은 飾筆이 추가되었다. 또한 淸華簡 ≪周公之琴舞≫ 9호간 ''과 같이 '若'에 다시 '艸'가 더해진 '萶'도 있다. 晉 청동기 ≪中山王鼎≫(集成 2840) '', 璽印 ''(≪璽彙≫ 1294)처럼 晉의 出土文獻에 쓰인 '若'은 본래 머리와 두 팔 부분이었던 '屮'과 ''가 분리되기 시작한다. 秦은 睡虎地秦簡 ≪日書乙≫ 113호간 '', 陶文 ''(≪陶錄≫ 6.51.1)과 같이 윗부분은 '艸'로 변하고 두 팔이 변형되었던 중간 부분은 '又'와 비슷하게 변형되었다. '又'와 '口'가 결합되어 지금의 '右'가 되었으며 小篆을 거쳐 隸書 이후로 '若'으로 고정되기 시작하였다.

莜(02-012-0581)

戰國文字	 璽彙 2289			
秦文字	 ≪說文≫小篆			

'莜'는 形符 '艸'와 聲符 '攸'로 구성된 形聲字이다. 戰國시대 晉 璽印 ''(≪璽彙≫ 2289)이 小篆과 동일한 구조이다. 이 璽印의 '莜'는 姓氏로 쓰인 예이다.

萆(02-012-0582)

戰國文字	 兆域圖			
秦文字	 ≪說文≫小篆			

‘萆’는 形符 ‘艸’와 聲符 ‘卑’로 구성된 形聲字이다. 晉 ≪兆域圖≫(集成 10478) ‘’가 小篆과 동일한 戰國文字이다. ≪兆域圖≫의 ‘萆’는 그 다음 한자 ‘棺’과 2음절 단어를 구성하여 ‘椑棺’으로 해석한다. ‘椑棺’은 內棺의 일종으로 ‘시신을 안치하는 관’이다.

䓩(02-012-0583)

戰國文字	 郭店 語叢四 26			
秦文字	 ≪說文≫小篆			

‘’는 形符 ‘艸’와 聲符 ‘是’로 구성된 形聲字이다. 戰國시대 郭店楚簡 ≪語叢四≫ 26호간 ‘’ 역시 小篆과 字形 구조가 같다. 郭店楚簡 ≪語叢四≫의 ‘䓩’는 ‘媞’로 해석한다. 許愼은 ‘媞’를 “살피다”, “아름답고 총명하다”, “長江과 淮河 사이의 지역에서 어머니를 지칭하는 한자이다〔江淮之間謂母〕”라고 설명했다. 문맥상 ‘媞’는 ‘어머니’로 해석한다. 따라서 郭店楚簡 ≪語叢四≫의 ‘䓩’는 ≪說文≫의 풀이와 차이가 있다.

苴(02-012-0584)

商代文字	 合36965	 合36966	 英2523	
戰國文字	 包山 154	 上博 曹沫之陣 56	 陶錄 2・376・2	 璽彙 3755
秦文字	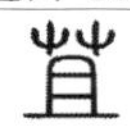 ≪說文≫小篆			

‘’는 形符 ‘艸’와 聲符 ‘且’로 구성된 形聲字이다. 현재까지 발견된 出土文獻 중에서 小篆과 동일한 古文字가 출현한 경우는 없다. 하지만 甲骨文과 戰國시대 出土文獻에 쓰인 ‘[illegible]’와 ‘蔖’ 두 가지 字形이 ‘苴’와 관련 있다. 包山楚簡 154호간 ‘’는 ‘[illegible]’로 隷定하고 ‘苴’로 해석한다. 이밖에도 上博楚簡 ≪曹沫之陣≫ 56호간 ‘’는 ‘[illegible]’로 隷定하며 淸華簡 ≪繫年≫ 119호간 ‘’는 ‘蔖’로 隷定하나 의미는 각각 ‘阻’, ‘籍’로 해석한다. 또한 齊 陶文, 璽印에도 ‘’(≪陶錄≫ 2.376.2), ‘’(≪璽彙≫ 3755) 등과 같이

‘’로 隸定하는 字形을 볼 수 있다. 陶文 용례는 지명을 표기하며 璽印 용례는 인명을 표기한다.

茵(02-012-0588)

戰國文字	 望山 2-47			
秦文字	 ≪說文≫小篆			

‘’은 形符 ‘艸’와 聲符 ‘因’으로 구성된 形聲字이다. 이 字形은 아직 出土文獻에서 발견된 경우는 없으나 望山楚簡 2호묘 47호간 ‘’은 ‘因’으로 隸定하며 ‘茵’으로 해석한다. 47호간의 앞뒤 문맥으로 봤을 때 여러 가지 물품이 기재된 것으로 보아 이 용례는 ≪說文≫의 풀이대로 “수레 안에 까는 겹자리〔車重席〕”이다.

芻(02-012-0589)

商代文字	 合137正	 合108		
西周春秋文字	 散氏盤	 散氏盤		
戰國文字	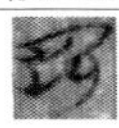 包山 文書 95	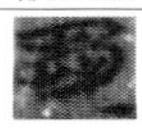 包山 文書 183		
秦文字	 里耶 第八層 1483	 嶽麓叄 243	 秦風 156	

‘’는 풀〔艸〕과 두 ‘勹’로 구성된 字形으로 許愼은 “풀단을 안고 있는 모양을 본뜬 것〔象包束艸之形〕”이라고 설명하였다. 실제로 甲骨文 字形은 이 설명과 다르다. 商代文字인 甲骨文으로 보면 ‘손으로 풀을 잡아 뜯는 모양’을 본뜬 글자로, 실제 甲骨卜辭에서 풀을 뜯는 일을 하는 노예들을 뜻한다. 서주 청동기도 甲骨文 字形과 크게 다르지 않다. ≪散氏盤≫(集成 10176) ‘’도 손으로 풀을 잡고 뽑는 상황을 묘사하였다. 戰國시대 이후로 이 字形은 지역별로 다양하게 訛變된다. 秦은 璽印 ‘’(≪秦

風≫ 156), 里耶秦簡 8-1743 뒷면 '' 등과 같이 손 모양인 '㇆'를 두 개 겹친 듯한 구조로 바뀌었다. 楚는 望山楚簡 1호묘 7호간 '', 包山楚簡 95호간 ''는 손이 '乃'와 비슷하게 변형되었다. 晉은 ≪公芻權≫(集成 10380) ''처럼 손이 'ㅌ'모양으로 변형되었다. 齊는 ''(≪璽彙≫ 570), ''(≪彙考≫ 312)처럼 특정한 패턴이 없이 書寫者에 따라 다르게 쓰였다.

茹(02-012-0592)

秦文字	秦印編 15			

''는 形符 '艸'와 聲符 '如'로 구성된 形聲字이다. 이와 동일한 古文字는 秦 璽印 ''(≪秦印編≫15)이다. 이 字形은 姓氏를 표기한 용례이다. 小篆과 구조상 차이는 있으나 '茹'와 관련된 이체자를 볼 수 있다. 戰國시대 上博楚簡 ≪從政乙≫ 3호간 '', 燕 ≪疋番戈≫(集成 10899) '', 齊 陶文 ''(≪陶錄≫ 3.351.3) 등은 '芠'로 隸定한다. 또한 睡虎地秦簡 ≪日書≫ 甲 64호간 뒷면의 ''는 '如'로 隸定하며 '茹'로 해석한다.

苣(02-012-0598)

商代文字	合1866	合10566	合32550	
戰國文字	璽彙 2280			
秦文字	≪說文≫小篆			

''는 形符 '艸'와 聲符 '巨'로 구성된 形聲字이다. 商代文字인 甲骨文에, 나무에 줄을 묶어 불을 붙인 횃불을 본뜬 字形으로 苣의 初文이 출현한다. 아마도 후대로 가면서 도태되어 사라지고, 形聲字인 苣로 대체되어 갔을 것이다. 戰國 시대 晉 璽印 ''(≪璽彙≫ 2280)이 小篆과 동일하다. 이 용례는 인명이며 ≪說文≫의 풀이와 차이가 있다.

蕘(02-012-0599)

戰國文字	 清華簡 晉文公入於晉 6			
秦文字	 ≪說文≫小篆			

'蕘'는 形符 '艸'와 聲符 '堯'로 구성된 形聲字이다. 戰國시대 清華簡 ≪晉文公入於晉≫ 6호간 '𦬒'는 形符 '艸'와 聲符 '尢'로 구성된 古文字로 小篆과 동일하다. 許愼은 ≪說文≫에 '堯'의 古文으로 '兟'을 수록하였다. 이 字形은 '兟'으로 隸定한다. 清華簡 ≪晉文公入於晉≫의 '𦬒'는 '兟'의 생략형이 聲符로 추가된 字形이며, 다음 한자와 함께 "풀을 베고 땔감을 구하다.〔蕘採〕"는 뜻으로 ≪說文≫의 풀이와 동일하다.

薪(02-012-0600)

秦文字	 七年上郡守戈	 睡虎地 答問 113		

'薪'은 形符 '艸'와 聲符 '新'으로 구성된 形聲字이다. 戰國시대 秦 出土文獻에서 동일한 字形을 찾아볼 수 있다. 秦 청동기 ≪七年上郡守戈≫(新收 974) '薪', 睡虎地秦簡 ≪法律答問≫ 113호간 '薪' 등이 小篆과 동일한 古文字이다. 두 용례 모두 秦의 노역인 '鬼薪'의 '薪'을 표기한다. '鬼薪'은 본래 종묘에서 땔감을 채집하는 일로부터 비롯된 명칭이므로 ≪說文≫ 풀이가 반영된 용례로 볼 수 있다.

蒸(02-012-0601)

秦文字	 龍崗秦簡 153			

'蒸'는 形符 '艸'와 聲符 '烝'으로 구성된 形聲字이다. 小篆과 동일한 字形은 현재까지 발견되지 않았으나 ≪說文≫에서 或體로 수록된 '𦳝'과 동일한 용례가 있다. 龍崗秦簡 153호간 '𦮐'는 形符 '艸'와 聲符 '丞'으로 구성된 '𦮐'이다. 153호간 "남의 풀□과

茱茅와 芻槀를 취하다.〔取人草□茱茅芻槀〕"는 구절의 맥락으로 볼 때 '茱'은 사람들이 채집한 풀의 종류이므로 ≪說文≫의 풀이대로 해석할 수 있다.

䓘(02-012-0603)

戰國文字	程訓義 1023			
秦文字	睡虎地 封診式 36	里耶 8-1531正		

'䓘'는 形符 '艸'와 '胃'의 생략형이 聲符인 形聲字이다. 이와 가장 유사한 古文字는 睡虎地秦簡 ≪封診式≫ 36호간 '䓘'이다. 이 字形은 '遲'의 通假字로 쓰였다.

薶(02-012-0604)

秦文字	嶽麓 數 213			

'薶'는 形符 '艸'와 聲符 '貍'로 구성된 形聲字이다. 岳麓秦簡 ≪數≫ 213호간 '薶'가 小篆과 동일하다. 岳麓秦簡 ≪數≫에서도 이 字形은 '묻다'로 해석하므로 ≪說文≫의 풀이와 동일하다.

𣂚(02-012-0606)

商代文字	合21002	合7923	合18459	
西周春秋文字	多友鼎	兮甲盤	洹子孟姜壺	王孫誥鐘
戰國文字	郭店 成之聞之 31	郭店 緇衣 26	郭店 性自命出 59	清華簡 厚父 3
秦文字	不其簋	睡虎地 答問 75	里耶 8-1028	

''은 形符 '艸'와 '斤'으로 구성된 會意字이다. 商代文字인 甲骨文부터 折자가 출현한다. 字形을 보면 손〔又〕으로 손도끼〔斤〕를 들고 나무〔木〕를 쪼개는 형상을 취하고 있다. 쪼개진 나무 형상인 의 아래 부분이 訛變되어 屮로 변형되면서 의 형태로 바뀌었고, 손을 뜻하는 手(扌)와 혼동되어 折의 형태로 변형되어 갔다. 서주시기 金文은 '木'의 끊어진 부분이 '屮'로 변형되어 절단된 나무의 형상이 잘 드러나지 않게 되었다. 또한 도끼의 형상도 지금의 '斤'과 비슷하게 변화한다. ≪兮甲盤≫(集成 10174) ''이 그 예이다. 春秋戰國시대 이후로는 '屮' 사이에 '-' 혹은 '='가 더해지기 시작한다. ≪洹子孟姜壺≫(集成 10174) ''에서 왼쪽 중간에 '-'가 추가된 것을 볼 수 있다. 戰國시대 '折'은 더 다양한 형태로 訛變된다. 楚의 出土文獻은 春秋戰國시대의 형태를 유지하는 동시에 '-' 혹은 '=' 대신 '日'이 추가되기도 한다. 上博楚簡 ≪武王踐阼≫ 3호간 ''의 왼쪽 중간 부분에 '日'이 추가된 것이 그 예이다.

한편, '斤'대신 '木'이나 '刀'으로 구성된 字形도 있다. 郭店楚簡 ≪性自命出≫ 59호간 ''은 '木'으로 구성되었으며, 清華簡 ≪厚父≫ 3호간 ''는 '刀'로 구성되었다. 秦은 西周 청동기 字形을 그대로 전수하여 사용하였으나, 일부 字形은 두 개의 '屮'을 연결하여 '扌'처럼 쓰기도 하였다. 睡虎地秦簡 ≪法律答問≫ 75호간 ''은 지금의 '折'과 흡사하다. 晉 ≪中山王鼎≫(集成 2840)의 ''는 '木'과 '='로 訛變되기도 했으나 기본적으로 춘추시기의 字形을 계승하여 ''(≪璽彙≫ 4299)과 같은 형태로 쓰였다.

卉(02-012-0607)

戰國文字	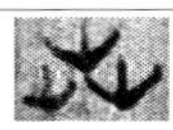 上博 子羔 5	 上博 三德 1	 上博 凡物流形 13	
秦文字	 ≪說文≫小篆			

''는 '艸'와 '屮'로 구성된 會意字로 '풀의 總稱'이다. 이와 동일한 古文字는 楚帛書 乙本 1行의 '', 上博楚簡 ≪子羔≫ 5호간 ''이다. 許愼의 풀이대로 두 字形 모두 '풀의 총칭'으로 사용하였다.

艽(02-012-0608)

戰國文字	璽彙 2294			
秦文字	≪說文≫小篆			

‘ ’는 形符 ‘艸’와 聲符 ‘九’로 구성된 形聲字이다. 戰國시대 晉 璽印 ‘ ’(≪璽彙≫ 0677), ‘ ’(≪璽彙≫ 2294)은 小篆과 字形 구조가 동일하다. 두 용례 모두 姓氏를 표기하였다.

芥(02-012-0610)

戰國文字	璽彙 5448			
秦文字	珍展 89	睡虎地 秦律 126	秦駰玉牘	芥歐

‘ ’는 形符 ‘艸’와 聲符 ‘介’로 구성된 形聲字이다. 戰國시대 秦 出土文獻에 이와 동일한 字形을 볼 수 있다. 璽印 ‘ ’(≪珍展≫ 89), 玉器 ‘ ’(≪秦駰玉版≫), 睡虎地秦簡 ≪秦律十八種≫ 126호간 ‘ ’ 모두 小篆과 동일하다. 晉 璽印 ‘ ’(≪璽彙≫ 5448)은 形符 ‘艸’와 聲符 ‘丯(지푸라기/개)’로 구성된 字形이다. 이 字形은 ‘芊’으로 隷定하며 ‘芥’로 읽는다.

蔥(02-012-0611)

戰國文字	包山 喪葬 255			
秦文字	睡虎地 秦律 179	關沮 316		

‘ ’은 形符 ‘艸’와 聲符 ‘悤’로 구성된 形聲字이다. 睡虎地秦簡 ≪秦律十八種≫ 179

호간 ''는 小篆과 동일한 字形이다. 이 字形은 관리가 출장할 때 제공하는 음식 중 '파'를 표기한 字形으로 ≪說文≫의 풀이와 관련이 깊다.

苟(02-012-0614)

''는 形符 '艸'와 聲符 '句'로 구성된 形聲字이다. 小篆과 동일한 字形은 出土文獻에서 발견된 사례는 아직 없다. 하지만 戰國시대 이후로 '苟' 대신 '句'로 표기한 용례는 적지 않다. 郭店楚簡 ≪緇衣≫ 40호간 "진실로 수레가 있으면 반드시 그 바퀴를 본다〔句有車 必見其轍〕"의 '句'는 '苟'로 읽으며 '가령', '진실로'로 해석한다. 睡虎地秦簡 ≪爲吏之道≫ 50호간 "재물에 임하거나 이익을 볼 때는 구차한 부를 취하지 말라〔臨財見利 不取句富〕"의 '句'도 '苟'로 읽으며 '구차하다'로 해석한다. ≪說文≫에서 해설한 '풀 이름'은 出土文獻에서는 찾아볼 수 없다.

莎(02-012-0616)

秦文字	 睡虎地 日甲 65反			

''는 形符 '艸'와 聲符 '沙'로 구성된 形聲字이다. 睡虎地秦簡 ≪日書甲≫ 65호간 ''가 小篆과 동일한 古文字이다. 이 字形을 포함한 용례는 "사람의 처첩과 벗이 죽어서 귀신이 된 자에게 莎芾와 牡棘柄을 데워서 대하면 오지 않는다〔人妻妾若朋友死其鬼歸之者 以莎芾牡棘柄 爇以待之 則不來矣〕"이다. '莎芾', '牡棘柄'를 불살라 귀신을 쫓는데 사용하였다. ≪說文≫에서 풀이한 '鎬侯'와 같이 구체적인 명칭은 아니지만 식물을 뜻한다는 점에서는 상통한다.

堇(02-012-0618)

戰國文字	 郭店 老子甲 33	 郭店 窮達以時 13		
秦文字	 里耶 8-837			

''은 形符 '艸'와 聲符 '堇'으로 구성된 形聲字이다. 里耶秦簡 8-837호간 ''는 小篆과 동일하며 약재로 사용하는 '烏頭'로 해석한다. 한편, 郭店楚簡 ≪老子甲≫ 33호간 ''과 ≪窮達以時≫ 13호간 ''도 小篆과 동일하다. 하지만 楚簡의 두 字形은 각각 '筋'과 '瑾'의 通假字이므로 ≪說文≫의 풀이와 차이가 있다.

葦(02-012-0623)

戰國文字	上博 采風曲目 3	上博 逸詩多薪 1	望山 2號墓 48	
秦文字	里耶 第六層 6	睡虎地 日甲 38反		

''는 形符 '艸'와 聲符 '韋'로 구성된 形聲字이다. 小篆과 동일한 字形은 戰國시대 秦, 楚의 出土文獻에서 확인할 수 있다. 里耶秦簡 6-6호간 '', 睡虎地秦簡 ≪日書甲≫ 38호간 ''는 '艸'와 '韋'로 구성된 字形이다. 里耶秦簡의 '葦'는 인명을 표기하며 睡虎地秦簡 ≪日書甲≫의 '葦'는 ≪說文≫과 같이 식물을 표기한다. 한편, 上博楚簡 ≪采風曲目≫ 3호간 ''는 詩 제목 〈城上生之葦〉에 포함된 字形으로 식물을 표기한다. 上博楚簡 ≪逸詩≫ 〈多薪〉 1호간 '' 역시 이와 동일한 字形이다. 整理者는 1호간의 '萑葦'가 ≪子夏易傳≫ "葽가 변하여 萑葦 따위가 된다.〔則變葽爲萑葦之屬〕"와 동일하다고 하였다. 몇 가지 용례를 통해서 알 수 있듯이, 이미 戰國시대부터 ≪說文≫의 해석과 같이 식물의 명칭을 표기하였다.

葭(02-012-0624)

秦文字	廿四年戈	陝西 852		

''는 形符 '艸'와 聲符 '叚'로 구성된 形聲字이다. 이와 동일한 古文字는 秦 청동기 ≪廿四年戈≫(新收 2005) '', 晉 璽印 ''(≪彙考≫ 103) 등이 있다. 이 字形들은 지명을 표기하므로 ≪說文≫의 해석과 차이가 있다.

萊(02-012-0625)

戰國文字	 上博 周 51	 陶錄 2.49.4		
秦文字	 ≪說文≫小篆			

‘萊’는 形符 ‘艸’와 聲符 ‘來’로 구성된 形聲字이다. 이와 동일한 古文字는 戰國시대 齊 陶文 ‘’ (≪陶錄≫ 2.49.4)이다. 이 字形은 지명을 표기하였다. 戰國시대 楚 出土文獻에 쓰인 ‘萊’는 ‘土’가 추가되어 있다. 上博楚簡 ≪周易≫ 51호간 ‘’는 ‘止’가 더해진 ‘’로 隸定한다. 전래본 ≪周易≫ 豐卦와 비교하였을 때, 이 字形은 ‘來’로 해석할 수 있다.

荔(02-012-0626)

戰國文字	 璽考 187			
秦文字	 睡虎地 秦律 4			

‘荔’는 形符 ‘艸’와 聲符 ‘劦’으로 구성된 形聲字이다. 戰國시대 睡虎地秦簡 ≪秦律十八種≫ 4호간 ‘’이 小篆과 동일한 古文字이다. 이 字形은 ‘甲’의 通假字로 추정하며 ‘씨앗을 감싼 껍질’로 해석한다. 또한 楚 璽印 ‘艻’(≪彙考≫ 187)는 形符 ‘艸’와 聲符 ‘力’으로 구성된 ‘艻(향초 이름/륵)’이다. 이 字形은 ‘劦’의 생략형 ‘力’으로 구성된 字形이다. 姓氏를 표기한다.

蒙(02-012-0627)

戰國文字	 中山王方壺	 璽考 111	 蒙戈	
秦文字	 侯蒙	 武蒙	 里耶 8-126	

''은 形符 '艸'와 聲符 '冢'으로 구성된 形聲字이다. 이와 동일한 古文字는 戰國시대 秦 璽印 ''(≪珍秦≫ 238), 里耶秦簡 8-126호간 '', 晉 ≪中山王方壺≫(集成 9735)의 '' 등이 있다. 秦 出土文獻은 姓氏를 표기하였으며 ≪中山王方壺≫의 '蒙'은 '입다', '덮다'로 해석한다. 戰國시대 楚簡은 上博楚簡 ≪周易≫ 1호간 ''과 같이 ''으로 '蒙'을 표기하는 용례가 있다. 이 용례의 뜻 또한 '어리다', '어리석다'로 해석한다.

曹(02-012-0630)

戰國文字	四年咎奴令戈			
秦文字	≪說文≫小篆			

''는 形符 '艸'와 聲符 '曹'로 구성된 形聲字이다. ≪四年咎奴令戈≫(集成 11341) ''도 小篆과 동일한 古文字이다. 이 字形은 姓氏를 표기하였으므로 ≪說文≫의 해석과 차이가 있다.

范(02-012-0634)

戰國文字	璽彙 3417	二年平陶令戈	璽彙 2166	陶錄 3.103.1
秦文字	秦風 60	珍秦齋印 249		

''은 形符 '艸'와 聲符 '氾'으로 구성된 形聲字이다. 小篆과 동일한 古文字는 秦 璽印 ''(≪秦印編≫ 17)이다. 이밖에도 戰國시대 出土文獻 중 '范'으로 해석하는 다양한 이체자를 확인할 수 있다. 晉 청동기 ≪上范廚鼎≫(集成 2104) ''는 '笆'으로 隸定하며, 璽印 ''(≪璽彙≫ 2169)는 '笆'과 '邑'으로 구성된 '郶'으로 隸定한다. 璽印 ''(≪璽彙≫ 2167)는 '郶'에 '力'이 더해진 '' 으로 隸定한다. 齊와 燕은 '艸'와 '軋'으로 구성된 '範'으로 隸定한다. 齊 陶文 ''(≪陶錄≫ 3.103.1), 燕 璽印 ''(≪璽彙≫ 2285)가 그 예이다. 秦 出土文獻은 形符 '竹'으로 구성된 이체자로 '范'을 표기하였다. 陶文 ''(≪陶錄≫ 6.442.2)는 '笵'으로 隸定하며 璽印 ''(≪秦代印風≫ 158)는 '笆'으로 隸定

한다. 이 용례들은 姓氏나 지명을 표기한다. 楚簡의 范은 '車'와 '㔾(성씨/섬)'으로 구성된 '軛'으로 '范'을 표기하였다. 上博楚簡 ≪競公瘧≫ 4호간 ''이 그 예이다. 楚簡에 쓰인 '范'은 모두 姓氏를 표기하였다.

艿(02-012-0635)

商代文字	 合33225	 合37517	 合32963	 屯936
西周春秋文字	 姬艿母鬲	 散氏盤		
秦文字	 ≪說文≫小篆			

'艿'은 形符 '艸'와 聲符 '乃'로 구성된 形聲字이다. 小篆과 동일한 字形은 현재까지 발견되지 않았으나, 甲骨文과 西周 金文에서 形符 '艸' 대신 '茻'으로 구성된 字形을 볼 수 있다. 商代文字인 甲骨文에 '茻'과 '乃'로 구성되거나 네 개의 生(茻의 異體)과 乃로 구성된 形聲字'', ''가 있다. 甲骨卜辭에는 '告艿'의 형식으로 출현하는데, 왕이 기장을 심을 것인지 말 것인지에 대해 점을 치는 내용에서 '告艿'의 의미는 특정 지역에 艿의 상황을 보고하는 것이다. 따라서 현재는 이 글자를 艿로 보고, 풀을 제거하지 않은 묵은 땅에 풀이 다시 많이 자란 것을 뜻하는 것으로 본다.[15] 西周 청동기 ≪姬艿母鬲≫(集成 546) '', ≪散氏盤≫(集成 10176) '' 역시 甲骨文의 字形 구조를 그대로 계승하였다. 이 字形 모두 姓氏를 표기한다.

蔔(02-012-0637)

戰國文字	 蔔陰睘小器			
秦文字	 ≪說文≫小篆			

15) 裘錫圭, 〈甲骨文中所見的商代農業〉, ≪裘錫圭學術文集・甲骨文卷≫, 上海, 復旦大學出版社, 2012년, 254쪽.

'萄'는 形符 '艸'와 聲符 '匋'로 구성된 形聲字이다. 이와 동일한 古文字는 현재까지 발견된 적은 없으나 燕의 청동기 ≪萄陰睘小器≫(集成 10428) '萄'는 '艸'와 '缶'로 구성된 字形으로 '萄'로 해석한다. 이 용례는 姓氏를 표기한다.

芑(02-012-0638)

戰國文字	 上博 周易 41	 信陽 1.24		
秦文字	 芑眯			

'芑'는 形符 '艸'와 聲符 '己'로 구성된 形聲字이다. 이와 동일한 古文字는 戰國시대 이후부터 출현한다. 上博楚簡 ≪周易≫ 41호간 '芑', 信陽楚簡 1-24호간 '芑'이 小篆과 동일하다. 上博楚簡 ≪周易≫의 '芑'는 전래본과 비교하였을 때 '杞'의 이체자로 해석할 수 있다. 信陽楚簡 1-24호간 '芑'의 앞뒤 문맥을 살펴보면 '猶芑蘭歟'이다. '芑'와 '蘭'이 모두 식물의 명칭으로 사용되었으므로 ≪說文≫의 풀이와 관련이 깊다. 秦 璽印 '芑'(≪秦印編≫ 16)도 小篆과 동일한 古文字이다. 이 용례는 姓氏를 표기한다.

茆(02-012-0645)

戰國文字	 宋公差戈	 清華簡 繫年 19	 郭店 六德 12	
秦文字	 里耶 第八層 1623			

'茆'는 形符 '艸'와 聲符 '卯'로 구성된 形聲字이다. 춘추시대 이후로 '卯'와 '屮'로 구성된 字形이 출현하여 '茆'를 표기하였다. 춘추시대 청동기 ≪宋公差戈≫(集成 11281) '茆'는 '卯'와 '屮'로 구성된 字形으로 부족의 명칭을 표기하였다. 戰國시대 이후로 두 가지 유형의 字形 구조가 출현한다. 첫 번째로 윗쪽이 '屮', 아랫쪽이 '卯'로 구성된 '茆'이다. 清華簡 ≪繫年≫ 19호간 '茆'가 그 예이다. ≪繫年≫의 '茆'는 姓氏를

표기하였다. 두 번째는 첫 번째와 반대인 字形 구조로 '茆'로 隷定한다. 郭店楚簡 ≪六德≫ 12호간 ''가 이와 같은 구조이다. ≪六德≫의 '茆'는 '草茅'의 '茅'로 해석한다.

荼(02-012-0646)

戰國文字	 上博 八子道餓 5	 上博 八子道餓 4	 帛書丙	
秦文字	 秦印	 茶冢	 里耶 第八層 1533	 龍崗 35

'荼'는 形符 '艸'와 聲符 '余'로 구성된 形聲字이다. 이와 동일한 古文字는 秦 璽印 ''(≪秦風≫142), 龍岡秦簡 35호간 ''이 있다. 璽印은 姓氏를 표기한다. 楚 出土文獻의 '荼'는 小篆과 구조상 차이가 있다. 上博楚簡 ≪子道餓≫ 4호간 ''와 같이 '余' 아래 '丿'이 더해져 있다. 이 字形은 ≪子道餓≫에서 '고생', '괴로움'으로 해석한다. ≪說文≫에서 "씀바귀〔苦荼〕"라고 해석한 것과 관련이 깊다.

蘇(02-012-0647)

西周春秋文字	 蘇罍			
秦文字	 里耶 第八層 307	 里耶 第八層 466		

'蘇'은 形符 '艸'와 聲符 '穌'으로 구성된 形聲字이다. 小篆과 동일한 古文字는 현재까지 발견되지 않았다. 이와 관련 있는 古文字는 西周시기에 출현하였다. ≪蘇罍≫(集成 9822) ''는 形符 '艸' 대신 '茻'으로 구성되었다. 戰國시대 里耶秦簡 8-307호간 ''는 形符 '艸'와 聲符 '蘩'으로 구성된 字形이다. '蘩'과 '蘇'은 이체자 관계이다. 里耶秦簡 '蘩'은 지명을 표기한다.

蒿(02-012-0648)

商代文字	 合28132	 合29375	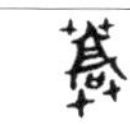 合36534	
西周春秋文字	 德方鼎			
戰國文字	 上博 容成氏 53	 包山 卜筮祭禱 243	 曾姬無卹壺	 好蚉壺
秦文字	 天水 乙 133			

'蒿'는 形符 '艸'와 聲符 '高'로 구성된 形聲字이다. 商代文字인 甲骨文에 '高'와 '林' 또는 '高'와 '茻'으로 구성된 글자가 보인다. 이들은 모두 동일한 글자의 異體로 形符를 교체한 것이다. 甲骨文에서는 구체적으로는 알 수 없지만 농사와 관련된 일을 행하는 動詞로 쓰이거나 地名으로 쓰였다. ≪周原甲骨文≫ H11 : 117 '蒿'은 小篆과 일치하며 ≪德方鼎≫(集成 2661) '蒿'는 形符 '艸' 대신 '茻'으로 구성되어 있다. 이 字形은 모두 지명을 표기한다. 戰國시대 이후에 이 字形은 다양한 한자로 해석한다. 楚系 청동기 ≪曾嬉無卹壺≫(集成 9711) '蒿'는 '告'로 읽으며 지명으로 해석한다. 上博楚簡 ≪周易≫ 2호간 '蒿'는 '郊'로 읽으며 '교외'로 해석한다. 包山楚簡 227 '蒿'는 字形 그대로 읽으며 제사의 명칭으로 쓰였다. 한편, '土'가 추가된 字形도 있다. 楚 璽印 '蒿' (≪璽彙≫ 0283)은 '蒿' 아래 '土'가 추가된 '薹'이다. 이 字形은 관직명으로 쓰였다.

蓬(02-012-0649)

秦文字	 里耶 第八層 109	 里耶 第八層 1558	 里耶 第八層 386	 尊古 316

'蓬'은 形符 '艸'와 聲符 '逢'으로 구성된 形聲字이다. 秦 璽印과 秦簡에서 小篆과 동일한 古文字를 볼 수 있다. ≪秦印編≫ 16에 수록한 '蓬', '蓬'은 모두 지명을 표기한다. 里耶秦簡 8-109호간 '蓬' 역시 '蓬'이며 지명으로 추정한다.

蘬(02-012-0651)

秦文字	秦風 213	陝西 890		

'蘬'는 形符 '艸'와 聲符 '歸'로 구성된 形聲字이다. 秦 璽印에 小篆과 동일한 字形을 볼 수 있다. ≪秦印編≫ 16에 수록한 '蘬', '蘬'가 그 예이다. 이 두 가지 용례 모두 지명으로 추정한다.

葆(02-012-0652)

秦文字	睡虎地 秦律 89	里耶 8-657背	珍秦 223	

'葆'는 形符 '艸'와 聲符 '保'로 구성된 形聲字이다. 小篆과 동일한 古文字는 戰國시대 秦의 璽印이나 陶文, 秦簡에서 볼 수 있다. ≪珍秦≫ 223의 '葆', ≪陶錄≫ 6.288.5의 '葆', 睡虎地秦簡 ≪秦律十八種≫ 89호간 '葆', 里耶秦簡 8-657호간 뒷면 '葆'가 모두 그 예이다. 璽印과 陶文, 里耶秦簡의 '葆'는 姓氏를 표기하였을 것으로 추정하며 ≪秦律十八種≫의 '葆'는 '보수하다'로 해석한다.

蕃(02-012-0653)

西周春秋文字	蔡侯尊			
秦文字	六年上郡守閒戈	睡虎地 秦律 127	秦泥考 1455	

'蕃'은 形符 '艸'와 聲符 '番'으로 구성된 形聲字이다. 春秋시기 청동기 ≪蔡侯尊≫(集成 6010) '蕃'는 小篆과 동일한 古文字이다. 이 字形이 포함된 구절은 '子孫蕃昌'으로 ≪說文≫에서 풀이한 '풀이 무성하다.〔艸茂也〕'와 관련이 있다. 戰國시대 이후로는 秦簡이나 秦 封泥에서 동일한 字形을 볼 수 있다. 睡虎地秦簡 ≪秦律十八種≫ 127호간 '蕃'는 '수레 양쪽에 장착하는 가리개'를 말한다. ≪封泥印≫ 141 '蕃'는 지명으로 쓰였다.

茸(02-012-0654)

秦文字	 秦風 224			

'茸'은 形符 '艸'와 '聽'의 생략형이 聲符인 形聲字이다. 秦 璽印 '茸'(≪秦風≫224)이 현재까지 발견된 '茸'의 古文字이다. 이 字形은 姓氏를 표기한다.

叢(02-012-0657)

秦文字	 秦都圖 293	 珍秦 187	 尊古 317	

'叢'은 形符 '艸'와 聲符 '叢'으로 구성된 形聲字이다. 小篆과 동일한 古文字는 秦 璽印 '叢'(≪秦印編≫ 17), '叢'(≪秦印編≫ 17) 두 용례가 있다. 이 용례들은 모두 姓氏를 표기한다.

草(02-012-0658)

西周春秋文字	 石鼓・作原			
戰國文字	 郭店 唐虞之道 16	 郭店 唐虞之道 16		
秦文字	 里耶 第八層 1844	 青川木牘	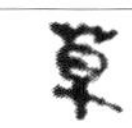 睡虎地 日甲 159背	 嶽麓 爲74正

'草'는 形符 '艸'와 聲符 '早'로 구성된 形聲字이다. 이와 동일한 古文字는 秦 出土文獻에서 확인할 수 있다. 춘추시기 石鼓文 ≪作原≫의 '草'는 形符 '艸' 대신 '茻'으로 구성된 字形이다. 戰國시대 이후로 青川木牘 '草', 睡虎地秦簡 ≪日書≫ 甲 159호간 뒷면 '草', 岳麓秦簡 ≪爲吏治官及黔首≫ 74호간 '草'이 그 예이다. 이 용례 모두 ≪說文≫의 해석과 다르게 식물의 총칭을 표기하는 '풀'로 해석한다.

菆(02-012-0659)

戰國文字	 璽彙 0549			
秦文字	 ≪說文≫小篆			

''는 形符 '艸'와 聲符 '取'로 구성된 形聲字이다. 현재까지는 戰國시대 晉 璽印 ''(≪璽彙≫ 0549)만이 小篆과 동일한 용례이며 姓氏를 표기한다.

蓄(02-012-0660)

戰國文字	 上博 六用曰 8			
秦文字	 嶽麓 爲吏 20			

''는 形符 '艸'와 聲符 '畜'으로 구성된 形聲字이다. 戰國시대 楚簡과 秦簡에서 小篆과 동일한 古文字를 볼 수 있다. 上博楚簡 ≪用曰≫ 8호간 '', 岳麓秦簡 ≪爲吏治官及黔首≫ 20호간 '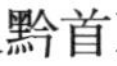'이 그 예이다. ≪用曰≫의 '蓄'은 ≪說文≫의 풀이와 동일하다. ≪爲吏治官及黔首≫의 '蓄'에 대해 整理者는 ≪呂氏春秋≫ 〈仲秋〉의 "힘써 채소를 갈무리하다[務蓄菜]"의 '蓄'과 같은 의미라고 하였다. '蓄菜'는 '마른 나물을 갈무리하다'로 해석한다.

春(02-012-0661)

商代文字	 合20074	 乙8818	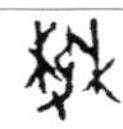 合9518	 合8627
	 合37852	 合11533	 合29715	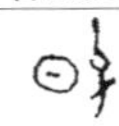 合30851
西周春秋文字	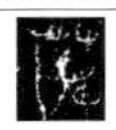 吳王光殘鐘	 欒書缶	 越王者旨於賜鐘	

戰國文字	上博 六用曰 10	清華簡 帝門 20	郭店 六德 25	郭店 語叢1 40
	璽彙 0005	四年春成左庫戈	璽彙 241	
秦文字	秦泥考 1010	睡虎地 日乙 202	集粹 508	
	睡虎地 日乙 252	里耶 8-1150	尤家莊秦陶	

''은 形符 '艸', '日'과 聲符 '屯'으로 구성된 形聲字이다. 甲骨文 단계부터 '春'이 출현하기는 했으나 字形 구조가 다양하게 나타났다. 商代文字인 甲骨文을 보면 기본적으로는 초목과 싹이 땅에서 솟아나는 것을 형상화한 것을 볼 수 있는데, 싹이 땅에서 솟아나는 것을 본뜬 屯(둔)자가 春(춘)과 발음이 上古시기에 동일하였기 때문에 근원적으로 會意兼形聲字라고 할 수 있다. ''과 ''은 땅에서 초목과 싹이 올라오는 것인데, 초목이 올라오는 것이 '林', '' 등 의미적으로 관련 있는 偏旁과 교체되어 '' 또는 ''으로 쓰기도 하다가, 봄과 관련이 있는 태양을 본뜬 '日'이 추가 되어 '' 으로 쓰며 후대로 이어졌다.

이 중에서 '艸'와 '屯', '日'로 구성된 字形이 이후에 지속적으로 쓰였다. 春秋시기는 ≪吳王光鐘≫(集成 224) '', ≪越王者旨於賜鐘≫(集成 144) '' 등이 있다. 戰國시기는 지역별로 다양한 異體字가 출현하였다. 楚는 小篆과 동일한 구조를 지닌 上博楚簡 ≪王居≫ 5호간 '', 包山楚簡 240호간 '' 등이 있다. 또한 '艸'와 '屯'으로 구성된 包山楚簡 203호간 ''도 있으며 '屯'과 '日'로 구성된 郭店楚簡 ≪六德≫ 25호간 ''등이 있다. 晉 청동기에 '屯'과 '日'로 구성된 ≪春成候鐘≫(集成 9616) ''과 '屯'과 '旦'으로 구성된 ≪四年春成左庫戈≫(珍吳 260) ''가 있다. 齊 璽印에도 '屯'과 '日'로 구성된 ≪璽彙≫ 2415의 ''이 있다.

秦 出土文獻에도 '艸'와 '屯', '日'로 구성된 용례와 '屯', '日'로 구성된 용례를 볼 수 있는 동시에 다른 지역과 차이가 나는 古文字도 볼 수 있다. 睡虎地秦簡 ≪日書≫ 乙 252호간 '', 里耶秦簡 8-661 뒷면 '', 璽印 ''(≪集粹≫ 508), 陶文 ''(龍家莊) 등은 '艸'와 '屯'의 형태가 변화된 구조이다. '艸'의 위치가 아랫부분으로 이동하고 '屯'이

윗부분으로 이동하면서 '出'과 비슷한 字形으로 변화되었다. 睡虎地秦簡, 里耶秦簡, 璽印은 이 두 부분이 명확히 분리되어 있지만 陶文처럼 두 부분의 경계가 모호한 字形도 출현하는데, 이 字形은 '春'의 해서체로 전환되는 과도기적 字形 구조이다. 이 용례들 모두 계절의 명칭이나 姓氏를 표기한다.

附錄

〔附錄 1〕 – 索引

〔附錄 2〕 – 參考資料

索 引

1. 索引凡例

1. 색인의 대상

본 색인은 ≪譯註 說文解字注≫ 제2책(屮部~茻部, 455字)에 해당하는 許愼(後漢)의 본문과 段玉裁(淸)의 注 및 出土文獻 補註와 譯者注를 대상으로 하였다.

2. 색인의 종류

1) 색인은 〈目次 標題字 音順索引〉과 〈綜合索引〉을 작성하였다.
   (1) 〈目次 標題字 音順索引〉은 目次에 있는 표제자의 讀音을 한글 가나다 순으로 배열하였다.
   (2) 〈綜合索引〉은 표제자를 제외한 모든 항목을 포함한 색인이다.
2) 색인어는 ≪譯註 說文解字注 2≫의 本文과 原注, 出土文獻 補註와 譯者注에서 추출하였다.
3) ≪譯註 說文解字注 2≫의 本文과 原注에서 추출한 색인어 중 해당 색인어가 포함된 핵심 語句 등을 종속항목으로 추출하여 참조할 수 있도록 하였다.

3. 색인 작성 방법

1) 索引語
   (1) 〈目次 標題字 音順索引〉은 각 표제자의 음순을 音價대로 정리하였다. 또한 해당 漢字 讀音을 (　) 안에 표기하고 卷數, 部首, 標題字와 冊面은 아라비아숫자로 표기하였다.

      예) 珏(각) 01-007-0201　　玕(간) 01-006-0193
          玪(감) 01-006-0152　　玒(강) 01-006-0087

   (2) 〈綜合索引〉은 해당 색인어의 변별력을 높이고 내용을 전달하기 위해 부가정보를 (　) 안에 표기하였다.

예) 古文字 284(補)　　葛湍(宋) 81(注)
　　賈公彦(唐) 179(注)　　國語 魯語(篇名)

(3) 索引語의 출처가 出土文獻 補註인 경우, ( ) 안에 '補', 譯者注인 경우 '注'라고 구분하여 표기하였다.

예) 庚壺 325(補)　　景帝(漢) 188(注)

(4) 해당 색인어의 변별력을 높이고 書名, 篇名, 人名, 國名, 地名 등에는 내용을 정확하게 전달하기 위하여 부가정보를 ( ), →, ← 등으로 표기하였다.

2) 人名

(1) 人名은 일반적으로 통용되는 名稱을 정하고 異稱, 略稱, 別稱 등을 추출하고 색인어의 옆에 →로 표기하여 상호 참조하도록 하였다. 특히 韓·中·日에 해당하는 인명일 경우 ( ) 안에 韓國・中・日의 형식으로 표기하였다.

예) 伋→姜伋(齊)　　棄→后稷　　大戴→西漢 戴德
　　權丙勳(韓國)　　郭沫若(中)　　尾崎雄二郎(日)

(2) 人名은 ( ) 안에 時代와 國名을 부기하여 인물 구별이 용이하도록 하였다.

예) 蕭何(漢)　　陽虎(春秋 魯)　　王肅(三國 魏)

3) 地名

(1) 地名일 경우 색인어 옆 ( ) 안에 표기하여 밝혔다.

예) 越嶲(地名)　　會無縣(地名)

4) 書名과 篇名

(1) 書名과 篇名의 경우 색인어 옆 ( ) 안에 표기하였다.

예) 高注淮南(書)　　大戴禮(書)　　孔子閒居(篇名)　　大傳小記(篇名)

5) 종속항목

(1) 색인어가 문장이나 구절에 포함된 경우에는 생략된 표시인 —를 표시하였다.

예) 古文　　145, 195, 202, 238
　　—— 奇字　　55

4. 항목 배열 및 표시

1) 색인어의 배열은 한글 가나다 순서로 하였으며 두음법칙을 적용하였다. 漢字音이 같은 경우 漢字의 배열은 ≪康熙字典≫ 部首의 순서를 따랐다.

2) 색인어의 위치는 아라비아숫자로 책의 面數를 표기하였다.

예) 五經文字(書) 86, 134, 147
篆文 55, 62, 119, 162, 164, 172, 197, 251
正義(書) 119, 219, 234

3) 색인에 사용한 부호는 다음과 같다.

—— : 동일한 색인어 생략 표시
→ : 대표 색인어로 가는 표시
← : 대표 색인어로 모아주는 표시
( ) : 색인어에 대한 부가정보 표시
, : 面數와 面數의 구분

2. 目次 標題字 音順索引

【011. 屮部】-【014. 茻部】

【ㄱ】

【ㅇ】

【ㅍ】

【ㅎ】

3. 綜合索引

【011. 屮部】-【014. 茻部】

【ㄷ】

【ㅁ】

【ㅇ】

【ㅈ】

【ㅊ】

【ㅌ】

【ㅍ】

【ㅎ】

1. 參考書目

◇ 底本

• ≪說文解字注≫(段注本), 上海古籍出版社, 上海, 1995. 7次印刷.

◇ 주요 참고자료

• ≪說文解字詁林正補合編≫(12冊), 鼎文書局, 臺北市, 民國72年. 2版.
• ≪字典彙編≫(30冊), 于玉安・孫豫仁, 國際文化出版公司, 北京, 1993. 1版.
• ≪六書尋源≫(30冊), 權丙勳・崔奎東, 中東學校, 京城府, 昭和 15年.
• ≪說文解字翼徵≫, 朴瑄壽(鮮), 光文社, 1912.
• ≪段注說文聲符辭典≫, 금하연・오채금 엮음. 일월산방. 2009.
• ≪訓讀說文解字注≫(金), 尾崎雄二郎編, 東海大學出版會, 東京, 1985. 3刷.
• ≪訓讀說文解字注≫(石), 尾崎雄二郎編, 東海大學出版會, 東京, 1989. 2刷.
• ≪訓讀說文解字注≫(絲), 尾崎雄二郎編, 東海大學出版會, 東京, 1989. 1刷.
• ≪訓讀說文解字注≫(竹), 尾崎 雄二郎編, 東海大學出版會, 東京, 1991. 1刷.
• ≪訓讀說文解字注≫(匏), 尾崎 雄二郎編, 東海大學出版會, 東京, 1993. 1刷.

◇ 字典 및 辭典

• ≪康熙字典≫, 文化圖書公司, 臺北市, 民國 67年. 再版.
• ≪正中形音義綜合大字典≫, 高樹藩, 正中書局, 臺北市, 民國18年, 增訂3版.
• ≪中華大字典≫(2冊), 中華書局, 北京, 1995. 第7次印刷.
• ≪漢韓大辭典≫(16冊), 檀國大學校東洋學硏究所, 檀國大學校出版部, 서울, 2008. 初版.
• ≪中文大辭典≫(10冊), 中文大辭典編纂委員會, 中國文化學院華岡出版有限公司, 臺北市, 民國68年. 4版.
• ≪中華字海≫(1冊), 冷玉龍 等, 中國友誼出版公司, 北京. 1994.
• ≪漢語大辭典≫(13冊), 漢語大辭典編輯委員會漢語大辭典編纂處, 漢語大辭典出版社, 上海, 1993. 1版.
• ≪漢語大字典≫(9冊), 漢語大字典編輯委員會, 湖北辭書出版社・四川辭書出版社, 湖北省・四川省, 1990. 1版.
• ≪大漢和辭典≫(13冊), 諸橋轍次, 大修館書店, 東京, 昭和 43年. 縮寫版第2刷.
• ≪佩文韻府≫(6冊), 上海書店上海發行所, 1983.

- ≪全韻玉篇≫, 庚戌 中秋, 重刊.
- ≪字典釋要≫, 池錫永, 亞細亞文化社, 1976.
- ≪新字典≫, 朝鮮光文會, 新文館, 1915.
- ≪新字海≫, 民衆書林, 1993. 19刷.
- ≪漢韓大字典≫, 民衆書林, 1997.
- ≪言語學辭典≫, 陳新雄 等 編著, 三民書局股份有限公司, 臺北市, 民國87年. 4版.
- ≪言語文字詞典≫, 何立, 學苑出版社, 北京市, 1999.
- ≪中國文字訓詁學辭典≫, 全廣鎭編譯, 東文選, 1993.
- ≪訓蒙字會≫, 崔世珍, 단대출판부, 1983.
- ≪新增類合≫, 단국대학교출판부, 1984.

◇ 文字學

- ≪文字學初步≫, 徐敬修, 五洲出版社, 臺北市, 民國60年.
- ≪今字解剖≫, 王有宗, 臺灣商務印書館股份有限公司, 臺北市, 民國61年, 2版.
- ≪文字蒙求≫, 王筠, 藝文印書館, 臺北市, 民國 63年, 4版.
- ≪文字學≫, 衛聚賢, 黎明文化事業公司, 臺北市, 民國68年, 初版.
- ≪文字學綱目≫, 杜學知, 臺灣商務印書館股份有限公司,臺北市, 民國73年, 4版.
- ≪文字學論叢≫, 杜學知, 正中書局, 臺北市, 民國 63年, 2版.
- ≪辭典部首淺說≫, 蔡信發, 漢光文化事業股份有限公司, 臺北市, 民國76年. 3版.
- ≪說文解字研究法≫, 馬叙倫, 太平書局, 香港, 1976. 重印.
- ≪中國文字學史≫(2冊), 胡樸安, 臺灣商務印書館股份有限公司, 臺北市, 民國 68年. 8版.
- ≪中國文字學通論≫, 謝雲飛, 學生書局, 臺北市, 民國69年. 7版.
- ≪中國文字學通論≫, 謝雲飛, 學生書局, 臺北市, 民國69年, 7版.
- ≪六書今議≫, 杜學知, 正中書局, 臺北市, 民國70年, 2版.
- ≪六書辨正≫, 弓英德, 臺灣商務印書館股份有限公司, 臺北市, 民國75年, 8版.
- ≪字辨≫, 陳兆桓, 文光圖書有限公司, 臺北市, 民國66年.
- ≪中國文字學≫, 潘重規, 東大圖書有限公司, 臺北市, 民國 66年. 初版.
- ≪中國文字學概說≫, 權宅龍, 螢雪出版社, 서울, 1991. 2刷.
- ≪中國文字學概要文字形義學≫, 楊樹達, 上海古籍出版社, 上海, 1988. 1版.
- ≪中國文字學史≫(2冊), 胡樸安, 臺灣商務印書館股份有限公司, 臺北市, 民國68年. 8版.
- ≪漢字部首字典≫, 王延林, 上海書畵出版社, 上海, 1990. 1版.
- ≪漢字學≫, 王鳳陽, 吉林文化出版社, 長春市, 1989. 1版.
- ≪說文解字通論≫, 金槿 譯, 계명대학교출판부, 대구. 1986.
- ≪漢字學總論≫, 李敦柱, 博英社, 서울, 1992. 全訂增補版.

• ≪簡明實用漢字學≫ , 李大遂, 北京大學出版社, 北京, 1993. 1版.
• ≪漢字部首解說≫, 李忠九, 傳統文化研究會, 1998.
• ≪千字文字解≫, 李忠九 등 편역. 도서출판 다운샘, 2012.
• ≪중학교900한자해설≫, 이충구 등 편역. 도서출판 다운샘, 2016.

◇ 音韻學

• ≪中國聲韻學通論≫, 林尹, 黎明文化事業公司, 臺北市, 民國77年, 7版.
• ≪漢語音韻學通論≫, 崔羲秀・李義活, 中文出版社, 대구, 1990.
• ≪聲韻學大綱≫, 葉光球, 正中書局, 臺北市, 民國68年. 4版.
• ≪漢語音韻≫, 吳世畯, 中文出版社, 대구, 1993. 초판.
• ≪漢語音韻學通論≫, 崔羲秀・李義活, 中文出版社, 대구, 1990.

◇ 訓詁學

• ≪訓詁學≫, 徐善同, 臺灣商務印書館股份有限公司, 臺北市, 民國75年, 3版.
• ≪訓詁學概論≫, 齊佩瑢, 漢京文化事業有限公司, 臺北縣, 民國74年. 初版.
• ≪古漢語通論≫, 王力, 中外出版社, 香港, 1976.
• ≪古漢語綱要≫, 周秉鈞, 湖南人民出版社, 1978.
• ≪爾雅注疏≫(6책), 이충구・임재완・김병헌・성당제 번역, 소명출판, 2004.
• ≪訓詁學大綱≫, 胡楚生, 蘭臺書局有限公司, 臺北市, 民國74年, 4版.
• ≪中國訓詁學≫, 馮浩菲, 山東大學出版社, 1997.
• ≪簡明訓詁學≫, 白兆麟, 學生書局, 臺北市, 民國85年.
• ≪훈고학의 이해≫, 정명수・장동우 옮김. 동과서, 1997.

◇ 논문

• ≪說文解字注에 나타난 段玉裁의 古今字觀 硏究≫, 문수정, 서울대학교대학원 박사논문, 2014.
• ≪說文解字 篆文 硏究≫, 徐權, 제주대학교대학원 박사논문, 2010.
• ≪說文解字翼徵 硏究≫, 金玲敬, 華東師範大學博士論文, 2004.
• ≪說文解字翼徵解說者 譯解≫, 文準彗, 서울대학교대학원 박사논문, 2008.
• ≪說文解字注 部首字 譯解≫, 廉丁三, 서울대학교대학원 박사논문, 2003.
• ≪六書尋源 硏究≫, 羅賢美, 부산대학교대학원 박사논문, 2005.
• ≪惺臺 權丙勳의 六書尋源 硏究≫, 河水用, 부산대학교대학원 박사논문, 2005.
• ≪朝鮮 後期 文字訓詁 學究≫, 楊沅錫, 고려대학교대학원 박사논문, 2006.
• 〈說文解字에 나타난 漢字字源 硏究〉, 李忠九, ≪漢字漢文敎育≫제 17집, 2006.
• ≪中國字書史の硏究≫, 福田襄之介, 明治書院, 昭和 57年, 3版.

2. ≪說文解字≫ 학술회의 자료

1) 영상

• QR코드를 스캔하면 2021년 전통문화연구회 국제학술대회 - 出土文獻 硏究의 回顧와 跳躍 : ≪說文解字注≫ 연구번역에 즈음하여- 영상을 볼 수 있습니다.

2) 자료집

• QR코드를 스캔하면 2021년 전통문화연구회 국제학술대회 - 出土文獻 硏究의 回顧와 跳躍 : ≪說文解字注≫ 연구번역에 즈음하여- 자료집을 볼 수 있습니다.

3. 영문 소개

≪*Annotated Translation of Shuowenjiezizhu*(說文解字注)≫
- with the Supplementary Notes of Unearthed Texts -

This book is an annotated translation of "*Shuowenjiezizhu*(說文解字注) or Annotated *Shuowenjiezi*(說文解字)", written by Duan Yucai(段玉裁, 1735~1815) of the Qing Dynasty in which he made extensive annotations to *Shuowenjiezi*, writtten by Xu Shen(許愼, ?~?) of the Later Han Dynasty. Prior to this, it had only been partially translated in China and Japan, and even it that case, they translated only Xu Shen's *Shuowenjiezi*, made notes to *Shuowenjiezizhu*, or read Chinese characters in Japanese way. This is why it is not an exaggeration to state that *Annotated Translation of Shuowenjiezizhu* published at this time is the first copy of full translation with notes of all time in the world.

As a result of the discovery of the oracle bone inscriptions(甲骨文) in Yinxu(殷墟) in 1899, a number of errors were discovered in the *Shuowenjiezi*, which had been based on Qin Script(小篆). Even so, it is undeniable fact that *Shuowenjiezi* is still very valuable in studying graphonomy, phonology, and exegetical studies. Almost all of the limitations of the times have been corrected with the supplementary notes of unearthed text in this edition of *Annotated Translation of Shuowenjiezizhu*.

Based on the graphotactic basision that they have investigated, planned and researched over the past four years until the publication of this book, Dr. Lee Chung-gu(李忠九), Dr. Kim Gyu-seon(金奎璇), Seong-jeongje(成嘖濟), and Lim Jae-wan(林在完), Dr. Seong-deok Cho(趙成德), all of whom are professional translator, devoted themselves to the translation of this book.

The professors Won Yong-jun, Kim Jeong-nam, Kim Hyuk, and Park Jae-bok, all of whom specialize in Chinese paleography, formed a collaborative research & translation team with the translators as research committee members, and underwent detailed verification to review the excavated materials and translated manuscripts every week. Through these efforts, the characters used in each era were included in the Supplementary Notes of Unearthed Texts by classifying them into Letter in Shang period(商代文字), Letter in West Zhou & Spring Autumn period(西周春秋文字), Letter in Warring States period(戰國文字), and Letter in Qin Dynasty(秦文字).

Nearly 2,000 years have passed since Xu Shen(許愼) completed *Shuowenjiezi*, and more than 200 years have already passed since Duan Yucai(段玉裁), the person who wrote *Shuowenjiezizhu*, passed away. There has been a large volume of materials published about *Shuowenjiezi*, but by this time no research has compiled so many materials as *Annotated Translation of Shuowenjiezizhu*published at this time. So it can be claimed to be the most faithful research material over the past 2000 years. From now on, it is planned to be published annually and completed early in a total of 20 books by 2030.

March 2022

Park Hong-sik(朴洪植), chairman of the Institute of Traditional Culture

Song Jae-so(宋載卲), head of the Institute for Translation of the Oriental Classic

협동번역 연구팀 약력

責任飜譯

李忠九

秀松 梁大淵, 龍田 金喆熙 先生 師事
中央大學校 教育學科 國語國文學科 副專攻
成均館大學校 大學院 國語國文學科 碩士, 博士
民族文化推進會 國譯硏修院
檀國大學校 韓中關係硏究所 硏究員(現)
傳統文化硏究會 講師(現)

論著 및 譯書
〈經書諺解 硏究〉〈說文解字에 나타난 漢字字源 硏究〉등
譯書 ≪東山先生奏議≫, ≪선비 安灊 日誌≫, ≪小學集註≫, ≪註釋 千字文≫ 등
共譯 ≪國譯 治平要覽≫, ≪增補四禮便覽 譯註本≫, ≪譯註 國語≫, ≪譯註 貞觀政要集論≫, ≪爾雅註疏≫ 등

共同飜譯

林在完

東亞大學校 哲學科 學士
成均館大學校 漢文學科 碩士, 博士
翰林大學校 泰東古典硏究所 修了
三星美術館 리움 首席硏究員
翰林大學校 泰東古典硏究所 硏究教授
國史編纂委員會 講師

論著 및 譯書
譯書 ≪세 분 선생님의 편지글≫, ≪조선시대 문인들의 초서 편지글≫, ≪정조대왕의 편지글≫, ≪초서로 쓴 구양수・소동파・황산곡・원굉도의 편지글≫, ≪白沙 李恒福 遺墨帖과 北遷日錄≫, ≪國譯 燕行錄 鈔≫, ≪大覺登階集≫ 등
共譯 ≪國譯 三經淺見錄≫, ≪爾雅註疏≫, ≪朝鮮時代 名賢 簡札帖≫, ≪省齋集≫, ≪剛齋集≫, ≪思齋集≫, ≪明谷集≫ 등

成塘濟

成均館大學校 漢文學科 學士, 碩士, 博士
韓國古典飜譯院 國譯研修院 修了
成均館大學校 漢文學科 講士
서울大學校 奎章閣 韓國學硏究院 責任硏究員
傳統文化研究會 講士

論著 및 譯書
〈藥泉 南九萬 文學硏究〉
譯書 ≪譯註 景宗春宮日記≫ 등
共譯 ≪爾雅註疏≫, ≪譯註 昭顯分朝日記≫, ≪國譯 思齋集≫, ≪國譯 村家救急方≫ 등

金奎璇

兼山 安秉炘, 松潭 李栢淳, 龍田 金喆熙 先生 師事
韓國外國語大學校 中國語科 學士, 碩士, 博士
鮮文大學校 教養學部 教授(現)

論著 및 譯書
〈王士禛의 文學批評 硏究〉
譯書 ≪歷代詩話≫, ≪秋史派의 글씨≫ 등
共譯 ≪譯註 貞觀政要集論≫, ≪日省錄≫, ≪毅菴集≫, ≪秋史 金正喜 硏究≫ 등

趙成德

大邱韓醫大學校 漢文學科 學士
成均館大學校 漢文學科 碩士, 博士
金熙鎭 先生 師事
民族文化推進會 古典情報센터
韓國古典飜譯院 朝鮮王朝實錄硏究팀 專任硏究員
成均館大學校 漢文學科 招聘教授
檀國大學校 漢文教育硏究所 先任硏究員(現)

論著 및 譯書
〈韓國 文集 所在 異體字 硏究〉
譯書 ≪武陵雜稿≫ 등
共譯 ≪愚潭全集≫ 등

責任研究

元勇準

成均館大學校 東洋哲學科 學士, 碩士
東京大學 人文社會系研究科 博士
成均館大學校 儒教文化研究所 研究員
成均館大學校 東洋哲學科 BK사업단 研究教授
誠信女子大學校 時間講師
忠北大學校 哲學科 教授(現)

論著 및 譯書

論著 〈中國 古代 신화자료의 儒教的 전개〉, 〈馬王堆帛書 '易傳'의 道器論 研究〉 등
共譯 ≪중국고전명언사전≫ 등

共同研究

朴載福

北京大學 考古文博學院 碩士, 博士
儒道會 漢文研修院 修了
成均館大學校 儒教文化研究所 先任研究員
京東大學校 韓國語教員學科 教授(現)

論著 및 譯書

論著 ≪先秦卜法研究≫, 〈尙書에 보이는 갑골점복 고찰: 최근 발견된 출토자료와의 비교분석을 중심으로〉 등
譯書 ≪中國 文明의 起源을 새롭게 탐구한 區系類型論≫ 등

金 赫

高麗大學校 中語中文學科 學士
延世大學校 中語中文學科 碩士
復旦大學 中國語言文學系, 博士
延世大學校 中語中文學科 講士
慶尙國立大學校 中語中文學科 教授(現)

論著 및 譯書

論著 〈殷墟文字丙編〉, 〈중국 出土文獻의 새로운 세계〉 등
著書 ≪한자, 그것이 알고 싶다≫ 등

金正男

漢陽大學校 中語中文學科 學士
서울大學校 中語中文學科 碩士, 博士
復旦大學 中國語言文學系, 博士
檀國大學校 일본연구소 HK연구教授
慶尙國立大學校 국제지역연구원 학술연구교수(現)

論著 및 譯書

論著 〈≪詩經≫〈關雎〉 新解釋 – 安徽簡 〈詩經〉을 중심으로〉, 〈淸華簡 ≪金縢≫을 통해 본 ≪尙書≫ '詰屈聱牙' 현상의 유형적 고찰 –출토문헌과 통행본의 대조를 중심으로〉
著書 ≪중국 出土文獻의 새로운 세계≫ 등

東洋古典譯註叢書 202

譯註 說文解字注 2　　　　　　정가 38,000원

2022년 10월 30일 초판 발행
2022년 11월 30일 초판 2쇄

企劃編輯　東洋古典飜譯編輯委員會
著者　許愼　注　段玉裁
責任飜譯　李忠九
共同飜譯　金奎璇 成塘濟 林在完 趙成德
責任硏究　元勇準
共同硏究　金正男 金　赫 朴載福
飜譯硏究管理　南賢熙 朴相水
潤　文　南賢熙
校　訂　朴相水
出　版　白俊哲
裝　幀　김진디자인

發行人　朴洪植

發行處　社團法人 傳統文化硏究會
등록 : 1989. 7. 3. 제1-936호
서울시 종로구 삼일대로 428 낙원빌딩 411호
전화 : (02)762-8401　전송 : (02)747-0083
전자우편 : juntong@juntong.or.kr
홈페이지 : juntong.or.kr
사이버書堂 : cyberseodang.or.kr
온라인서점 : book.cyberseodang.or.kr
인쇄처 : 한국법령정보주식회사(02-462-3860)
총　판 : 한국출판협동조합(070-7119-1750)

ISBN 979-11-5794-540-5 94710
　　978-89-85395-71-7 (세트)

※ 이 책은 2022년도 교육부 고전문헌 국역지원사업 지원비에 의해 초판(비매품) 간행.